"十二五"普通高等教育本科国家级规划教材

新编21世纪新闻传播学系列教材

• 广告学与媒介经营管理系列 •

传媒经济学教程

第二版

Introduction to Media Economics

喻国明　丁汉青　支庭荣　陈　端　曲　慧　编著

中国人民大学出版社

· 北京 ·

作者简介

喻国明，教育部长江学者特聘教授、北京师范大学新闻传播学院学术委员会主任、中国新闻史学会传媒经济与管理研究委员会会长。共出版专著、教材等 30 部，发表论文 800 余篇。专业研究方向为新闻传播学理论与方法、网络新媒体、传媒经济与社会发展。邮箱：yuguoming@126. com。

丁汉青，北京师范大学新闻传播学院教授、博士生导师，同时兼任中国新闻史学会传媒经济与管理研究委员会秘书长，曾任教于中国人民大学新闻学院。发表论文 70 多篇，出版专著 4 部、译著 1 部，参编图书、教材 7 部，主持、参与多项纵向与横向课题。

支庭荣，暨南大学新闻与传播学院教授、博士生导师，主攻传媒经济学、传媒社会学，承担国家社会科学基金课题 3 项，先后入选教育部新世纪优秀人才支持计划、广东特支计划“宣传思想文化领军人才”。曾获国家级教学成果奖二等奖、教育部高等学校科学研究优秀成果奖（人文社会科学）三等奖、中国新闻奖三等奖。

陈端，中央财经大学副教授，中经数字经济研究中心执行主任，C&G 新经济新动能研究院院长，人力资源和社会保障部“中国创翼”青年创业创新大赛导师兼评委，商务部数字商务专家，北京文化艺术基金评审专家，中国商业经济学会理事，中国软件行业协会区块链分会传媒部主任，主要从事文化传媒投融资和数字创意产业（投融资方向）研究，社会科学文献出版社《中国数字创意产业发展报告》蓝皮书和《数字经济协同治理创新发展报告》蓝皮书主编。

曲慧，北京师范大学新闻传播学院讲师，中国人民大学传媒经济学博士。主要研究方向为传媒产业、媒介消费行为、媒介与儿童发展。

内容简介

本教材以微观经济学为基本分析框架，致力于回答传媒业“生产什么”“怎么生产”“为谁生产”等基本问题。在回答上述基本问题时，紧扣传媒特殊性，立足现实，阐述了传媒生产场域中多种力量间的作用机制、传媒双边市场与平台经济、传媒领域内的市场失灵与政府规制、新技术与媒介融合、传媒消费者等方面的问题。

除关注上述基本问题外，第二版高瞻远瞩地透视了传媒产业经济的本质，并分析了人工智能时代新技术给传媒业带来的新的赋权逻辑，进而展望传媒业未来的发展图景。

总　序

中国人民大学出版社策划出版的“新编21世纪新闻传播学系列教材”，是一套在新闻传播学领域内密切联系新闻传播工作的实际，广泛吸收新闻传播学的最新研究成果，高挹遐揽，取精用宏，供新世纪的高等院校新闻传播院系教学使用的系列教材。

20世纪初以来的100年，是世界新闻传播事业飞速发展的100年。这100年来，随着科学技术的不断发展，继报纸、期刊、通讯社之后，广播、电视、网络和多种新媒体相继问世，新闻传播的媒介日趋多元化，新闻传播的手段日趋现代化，“地球村”变得越来越小，新闻传播事业对世界政治、经济和文化的影响则变得越来越大。

这100年，也是中国新闻事业飞速发展的100年。尤其是中国改革开放以来，发展得尤为迅猛。

进入新世纪以后，中国新闻事业发展的势头更为迅猛。报纸、期刊、通讯社、广播电台、电视台的数量在宏观调控下，虽无大变化，但软硬件的实力都有了很大的提高。据2011年12月出版的《中国新闻年鉴》的最新统计数字，2010年全国共出版报纸1 939种，平均期印数2.14亿份。共出版期刊9 884种，平均期印数1.63亿份。全国共有广播电台227座，电视台247家，广播电视台2 130家，教育电视台44家。广播综合人口覆盖率为96.78%，电视综合人口覆盖率为97.62%。

另据2012年1月中国互联网络信息中心（CNNIC）发布的《第29次中国互联网络发展状况统计报告》，截至2011年12月底，中国网民规模已达到5.13亿，互联网普及率达到38.3%。其中，手机网民数量为3.56亿，博客和个人空间用户数量为3.19亿，微博用户数量为2.5亿，社交网站用户数量为2.44亿，网络视频用户数量为3.25亿。中国居民中具备上网条件和技能的人已经基本转化为网民，大专及以上学历人群中互联网使用率已达96.1%。中国网站总数为230万个，网页数量为866亿个。

这样大的发展规模，这样快的发展速度，在世界和中国新闻事业史上都是空前的。回顾既往，盱衡未来，新闻传播事业在21世纪还将保持旺盛的发展势头。新闻传播，作为上层建筑和意识形态的一个重要组成部分，在全面准确地宣传党的基本理论、基本路线和基本方针以及各项决策，反映人民群众的伟大业绩和精神风貌，以及推动改革开放和社会主义现代化建设等方面，必将继续发挥重要的作用。

与新闻传播事业的发展相配合，这100年来，为中国的新闻战线培养和输送人才的中国新闻教育，也有了相应的发展。中国的新闻教育起始于20世纪初，迄今已有百年的历史。新中国成立前的30年，虽然先后在个别院校中设立了新闻系或新闻专科，但规模都不大，设备也不够完善，在校学生人数，最多的时候不超过400人，30年间累计培养出来的毕业生还不到3 000人。新中国成立后，为了给新中国的新闻事业培养人才，新闻教育有了新的发展，但到20世纪60年代中期为止，全国的新闻教育机构也还只有14家。当时全国只有343家报社、78座广播电台和13家电视台，革命老区来的新闻工作骨干正当盛年，足以支撑大局，新闻系和新闻专业的学生统招统分，基本上能够满足中央和省市以上新闻单位梯队建设方面的需要。“文化大革命”爆发后，新闻事业进入低谷，新闻人才的培养也被迫中辍。拨乱反正之后，新闻事业有了飞速的发展，但新闻工作的人才却出现了断层，明显供不应求，因而极大地推动了新闻教育的发展。中国的新闻教育得以重振旗鼓并得到空前迅猛的发展，主要是改革开放以来的这30多年的事情。30多年来，中国新闻教育和中国新闻事业同步发展。截至2011年，全国设有新闻传播学类院、系、专业的高校已由改革开放之初的两三所增加到800所以上，各种类型和层次的专业教学点已不下1 000个。新闻专业的教学已从单一的大学本科教育，发展到博士生、硕士生、本科生、大专生、成人教育、函授教育等多层次的格局，不少院系还设置了新闻传播学方向的博士后流动站。改革开放之初，全国在校新闻系科学生总共只有500来人，现在仅在校本科生就有16万人左右，硕士和博士研究生3万人左右，办学层次、办学规模、办学水平都有了很大的提高。进入新世纪以后，随着新闻传播事业的加速发展和新闻战线人才需求的不断增加，中国的新闻教育还将有更大幅度的发展。

一般说来，新闻教育质量的高低，起决定作用的主要是两个因素：一个是师资，一个是教材。两者之间，教材的作用更大。这是因为，师资的多少和良窳，往往受办学主客观条件的限制，而教材一旦完成，就可以直接嘉惠于学子，风行四海，无远弗届。进一步说，一部好的教材，不仅可以满足教学的需要，培养出一大批人才，而且还可以同时拥有一定的学术含量，推动新闻传播学研究的发展。1919年出版的徐宝璜的《新闻学》，1927年出版的戈公振的《中国报学史》，就是这方面的很好的例子。这两本书都是作者在高等学校从事新闻学理论和新闻史教学时作为教材编写出来的，出版之后，立即引起世人的关注和推崇，一再重版，历久不衰，至今仍然是公认的新闻学理论和新闻史方面的传世之作和经典之作。正因为这样，新闻教育的前辈们，历来十分重视教材的建设。新中国成立初期的十来年，坊间出版的新闻学方面的书籍，绝大部分是教材。改革开放以后，新闻传播学研究空前繁荣，新闻学方面的书籍大量问世，但教材仍然在其中占了很大的比重。这些教材，覆盖了新闻传播学的方方面面，经过出版家和众多作者们的长期努力，门类和品种基本配套齐全，曾经为同时期的新闻教学做出过重要的贡献。但是，随着时间的推移和新闻工作实际的飞速发展，这些教材的体例日显陈旧，观点和内容也亟待调整和更新。一些属于学科前沿和科技含量较高的新开课程的教材尚付阙如，使现有的教材出现了不少缺口。在新世纪已经到来之际，集聚力量，重新编写出一套体系完整，门类齐全，能够为新世纪的新闻教育和新闻人才培养服务的新闻传播学的系列教材，已经成为人们的共识和新闻业界与新闻教育界的迫切需求。

呈现在读者面前的，就是应这样的需求产生的一套系列教材，它将涵盖新闻学、传播学两个二级学科的方方面面内容，满足新闻、广播、电视、广告、媒体经济、新媒体等多个专业的教学需要。负责这些教材编写工作的，是中国人民大学、复旦大学、北京大学、清华大学、中国传媒大学、中国青年政治学院等多所著名院校长期从事新闻传播学方面教学与研究工作的专家学者，其中有相当大的一部分编写者是相关学科的国家级的学术带头人，堪称一时之选。收入本系列的教材中，既有国家级重点教材，也有部级重点教材，其他的也是经过严格筛选的精品，所以，本套系列教材的质量是有保证的，其权威性也将得到社会的认同。

21 世纪是一个高度信息化的时代，是信息经济和知识经济占主导地位的时代。信息经济和知识经济有两大支柱，一是以高科技为代表的传播技术产业，二是从事新闻和信息产品生产的媒体产业。新闻传播学作为将这两大领域有机联结的桥梁，在今后的国家建设和社会发展中必将发挥越来越重要的作用。中国人民大学出版社经过精心策划，隆重推出这套系列教材，是具有高度的前瞻性和战略眼光的。在这里，我谨代表编委会和全体作者向中国人民大学出版社表示由衷的感谢。

这部系列教材开始策划于 20 世纪的最后一年，21 世纪初起陆续问世，迄今已编写出版了 50 余种。在体例和内容的创新和开拓等方面，远远超过同时期出版的同类教材。其中的有些教材，还根据整个新闻传播理论与实践的发展和新闻传播学教学与研究的发展，陆续作了必要的补充和修订，重新出版，实现了内容的与时俱进。

这批教材的问世，将会为新闻传播事业和新闻教育事业的发展和繁荣、为新世纪新闻传播人才的培养做出它应有的贡献。这是出版者和全体作者共同的一点希望。是为序。

方汉奇

2012 年 3 月 15 日

于中国人民大学宜园

再版前言

论5G时代传播学科的系统重构

2019年6月6日，工业和信息化部发放5G商用牌照，标志着我国正式跨入了5G时代。中国联通与华为联合发布的《5G新媒体白皮书》预测，媒体行业将首先享受5G红利，5G将在2022年之前带给中国媒体行业超过400亿元人民币的市场空间。站在这样一个现实实践与未来发展的节点上，我们有必要认真思考，面对5G变革所带动的全新格局，新闻传播学学科建设是否还要在原有的逻辑上进行，是否应将“被动迎合”转变为“积极重构”，这是建构包括传媒经济学在内的传播学学科体系必须要探讨的问题。

一、5G技术不是改良型技术，而是革命性技术

一般来说技术分两类：一类是改良型的技术，比如3D技术，实际上只是对视觉效果的改善；另一类是革命性的技术，比如5G技术，它是对信息网络所链接的所有关系的重组。每一次革命性技术的到来，都是对一个领域、一个社会发展基本逻辑的重建。

众所周知，迄今为止，移动通信技术已经经历了从1G到4G共4个时期：2G实现从1G的模拟时代走向数字时代，3G实现从2G语音时代走向数据时代，4G实现IP化，数据速率大幅提升。那么，5G将会给我们带来怎样的革命性改变？

（一）5G将造成万物互联、永久在线

5G技术使数据传输速率提升了100倍，能容纳更多设备连接，同时维持低功耗的续航能力。它意味着网络的超级连接能力有了巨大的突破——网络不再是选择性的（有的连接有的不连接）、分离式的（各个网络之间互不连通）、粗线条式的（仅进行了基础性的连接，远未达到细密的、无所不在的连接）连接，而是使得“无时不有”“无处不在”“万物互联”成为现实。

按照5G技术专家的说法，5G网络将承载10亿个场所的连接、50亿人的连接和500亿物的连接。换言之，5G将把现实世界以数字的方式带入每个人、每个家庭、每个组织，构建出万物互联的智能世界。而且这个世界的链接元素在理论意义上可以永久在线，在数字世界中维持基本关系的恒定存续。

（二）5G将创造不受容量限制的用户体验

5G技术的G比特级接入速率，将使终端用户的体验发生本质变化，令用户进入“无限网络容量”的时代，即让终端用户感觉就像移动网络有无限的容量一样。它的直接结果有两个：一是基于VR（虚拟现实）技术的产品和服务将成为未来网络发展中的一个“爆品”；二是流量不限的MBB模式将成为移动运营商下一个增长的驱动力。换言之，毫无速度障碍、流量障碍的用户体验将成为现实。

（三）5G技术将衍生出多种生产和生活场景

5G的低时延性将催生和创造出更多的生产与生活的场景应用。例如，无人驾驶汽车、工业4.0智慧工厂、车联网、远程医疗等应用都会因为5G的超低时延性而成为现实。在5G定义的未来的发展中，“场景”将成为一个关键词，而场景构建将成为未来发展中价值创新的巨大“风口”。由于网络延时远低于人类的近百毫秒的视觉感知延时，网络两端的用户将具有身临其境、天涯近咫尺、与世界零距离的体验。

（四）5G技术将拓展信息空间，加速人工智能的发展

5G的技术特性使得信息空间更彻底地摆脱物理空间的束缚，建立在大数据和人工智能基础上的智能化连接将成为普遍的无时不在、无处不有的社会现实，构建出端到端的生态系统，数据收集和生产无时无刻不在进行，打造出一个全移动和全连接的智能社会。

概言之，5G技术的应用将创造一个无限量的巨大信息网络，并将从前不能纳入其间的关系纳入进来——从人与人之间的通信走向人与物、物与物之间的通信，创造智能终端之间的超级链接，从而广泛且深刻地改变我们的生活和社会。

二、技术逻辑主导下传播要素的全面变革

由于5G所带来的“百年未遇之大变故”，整个社会和传媒领域都在发生深刻的改变。面对这一系列革命性的甚至是颠覆性的改变，我们进行学科建设的基本逻辑就是要再次回到原点。为什么要回到原点？是因为我们最具基础性的东西都发生了改变。

一直以来，无论新闻传播学如何变迁，始终离不开“媒介”“传播者”“内容”与“受众”这四个基本要素，5G技术正在具体的传播学研究领域改变着这四大要素的内涵和外延。

（一）“媒介”的变革：媒介是人体的延伸，也是人意识的延伸

当下传播学研究的一个根本困境在于，我们所研究的“媒介”是否还是受众所认知的“媒介”，这是一个学科的基点问题。20世纪60年代，著名的加拿大传播学者麦克卢汉曾经说过一句特别具有想象力的话，“媒介是人的延伸”。当时我们对这句话的理解限于媒介对人体物理意义上的延伸，是人的听力、人的视觉等等一系列功能上的延伸。但是随着今天的信息技术革命，以及互联网所带来的深刻改变，媒介开始从一种物理性媒介范畴进入生理性媒介和心理性

媒介范畴。因为它已经开始实实在在地在万物互联的格局中通过传感器连接我们生理、心理、情绪等各种各样的信号，我们身体与情绪的各种变化起伏已经通过传感器的数据连接经由算法跟外界逐渐连为一体。

具体地说，随着5G技术的出现，有越来越多的身体或物件上的感应元件可以实现所谓的万物互联。这种万物互联之后必然会涌现出数量规模及品类极为丰富的全新内容产品——传感器资讯或传感器新闻。相比当年社交媒介把个人连接在一起，赋能于人，使人人都成为传播者之后所涌现出来的海量资讯，传感器资讯或传感器新闻在规模和品类上还要大得多得多，由此给社会和传播领域造成的改变将是难以想象的。而当我们的人体，即我们的生理、心理，也可以通过各种各样的传感器来跟外界进行信息交换的时候，便会由此形成一系列基于全新传播的功能和价值模式。这种巨大的技术革命所带来的人的内外因素的深度链接与“跨界整合”，也必然带来对于媒介自身定义的改变。

（二）传播者的变革：从个人再到人与机器

事实上，即使在网络社交媒体出现之后，“人人都是传播者”也只是理论上的一种可能，因为这时传播主要还是通过书写文字来进行的，书写文字本身是有一种精英逻辑在里面起着作用，绝大部分人还是“沉默的大众”，他们只是一个个点赞者、转发者、阅读者、消费者，而不是内容创造者，不是发言的主体。有研究成果表明，在以书写文字为主的时代，虽然社交媒体上内容很多，但是95%的内容是由3%～5%的人来撰写和发出的，其他人其实就是“打酱油”或者观看、转发、点赞的。

但是从4G开始，短视频成为一种让普通老百姓毫无障碍地把自己的生存状态和所思所想向全社会进行分享的工具，人类历史上第一次把社会性传播的发言者门槛降到如此之低，拥有智能手机的用户无论是否可以描摹书写、遣词造句，按下拍摄键的同时就开始了内容创造，这开启了海量普罗大众成为今天真正意义上的传播者的状态，是一个革命性的转变。抖音、快手上涌现的草根创作者就是这样的变革的实际体现，在智能手机普及率极高的今天，拿起手机拍摄一段视频上传并不是技术门槛很高的事情。技术将释放更多传播者的主体性。

此外，机器生产内容（MGC）异军突起是另一个不容忽视的传播现象。在互联网、社交媒体产生之前，专业媒体、专业媒体人、专业传播机构统揽或者承包社会传播的基本职能。社交媒体出现后，内容生产的主体开始多元化，出现了用户生产内容（UGC）、机构生产内容（OGC）和专业生产内容（PGC），而5G之后出现的一个更重要的生产类别，就是机器生产内容（MGC）。5G是一个“两高两低”（高速率、高容量，低时延、低能耗）的通信技术。低能耗和高容量就造成了万物互联的一个基本现实，让所有的传感器可以永远在线，而且把很多的传感器连为一体。这就意味着，无论是环境还是我们的可穿戴设备，都会参与到未来的内容生产当中，而这种内容生产所呈现出来的类别、价值以及它对社会、商业和人际关系的影响，是极其丰富和深刻的。连人的情绪都可以进行数字显示，整个社会就会呈现出全新样貌，社会管理、社会协同、社会协调以及人们的生活都会发生翻天覆地的改变。

（三）内容的变革：以视频为代表的非逻辑方式或成主要社会表达

如前所述的从基础的文字表达到视频表达，变革的不仅仅是内容形式，更是社会表达。相对来说，书写文字是比较单纯的，表达的含义干净整洁，没有太多杂音或附加成分，适合于表达事实性的、逻辑性的、理性的东西。但是5G所带来的视频的突起，势必会使社会表达的核心、关键性的交流通过视频传达，这是一个大趋势。

传统上，视频仅仅是一种以提供娱乐为主的语言，对主流新闻的表达、主流价值观的承载是不足的。4G时代，随着短视频的出现，视频开始逐渐介入社会影响力的中心，对主流事件、重要事项的关键性发展发挥自己的作用。视频中包含的大量非逻辑、非理性成分，对传播效果的达成产生了重大影响。

进入5G时代，视频市场会发生何种变化？我们知道，短视频虽有“快与活”的特点，但终究因其“轻与短”，缺乏主流与关键逻辑表达所要求的厚重、严谨和周到，对于主流表达的影响依旧有限。因此，借助5G大带宽、高速率的优势，中长视频“登堂入室”表现自身价值是必然的。

当这种表达方式成为社会表达主要的语言形态时，就会带来一系列的问题。因为视频参与这种关键性传播的时候，它的构成要素已经远远超出了事实、逻辑和理性这个层面，越来越多场景性的因素、关联性的因素以及非逻辑、非理性的成分会参与到未来的社会性、关键性、主流性的传播当中。

面对现在出现的新的表达方式和越来越多的非逻辑、非理性成分，如何进行表达方式的配置？如何把握其机制和规律？目前这方面几乎可以说是一片空白，缺少把控力。随着5G技术的商用，大概在两三年后，这样的传播应会成为一种社会基本现实。面对如此繁杂的一种话语方式和表达逻辑的改变，无论是主流价值观的传播，还是在社会沟通中形成共识，都有很多问题要解决，这可能是未来传播领域尤其是政治传播、社会传播中一个相当大的风险之所在。

（四）受众变革：需要更为深入的个体的效果洞察

一方面，在5G时代，流量（用户）在BAT平台上将成为富余资源，这些平台型媒体提供的流量资源会变得越来越“廉价”，因此，传统媒体在转型中获取用户的成本会大大降低；另一方面，传统媒体也可以通过自身的独立端口获得属于自己的“私域流量”（用户）。两者相济，那么原有的用户流失、渠道中断等问题会得到大大改善。在这种情形下，对用户的精准管理便成为未来发展中的重中之重。这其中，既要解决数据库管理中的用户精准洞察与把握（包含其社会特征、生活形态、价值观念、社群交往、行为结构等等）的问题，同时，还要解决自身的内容与服务在同用户连接时的一系列问题。

以内容服务为例，它要解决四个环节的问题：一是使用户能够“看见”，即解决通过什么渠道、在什么场景之下内容能够实际“触达”特定用户的问题；二是使用户能够“看下去”，即解决在形式的选择、技巧的运用、场景的构建上，使特定内容与特定用户的阅读习惯、阅读心境、阅读兴趣相匹配的问题；三是使用户能够“看懂”，即在传播符号的“编码”阶段就充分考虑到特定用户“解码”时可能遇到的知识背景、思维方式、参照标准等方面的特殊性，从而给予特定的解决方案，尽可能避免用户“解码”中的“文化折扣”现象；四是使用户“既看懂又能用”，即尽可能解决用户在信息、知识与行动、决策之间的连接问题，为他们量身定制一整套“学以致用”的“行动路线图”。

比如我们都做传统的效果研究，过去传播意义上的传播效果就是短期效果、中长期效果，所谓效果，简单来说就是人对于外界进入信息进行加工的一种机制。“短期效果”是指你用自己一生的知识、经验、阅历对于外来信息的一种理解、加工和归类，这是个体因素对于传播效果产生作用的一个层次。“中长期效果”指的是社会的中观、宏观因素，如群体压力、社会规范、文化传承、政治规制、伦理道德等等因素对于这些信息的进一步加工所产生的那种影响和改变等。但是整体效果研究缺少最为基础的一环，即对于“人”作为进化了几十亿年的生物体本身对于外来信息基于生理和心理的反应机制和反应模型的研究。如果没有这一层次的研究，我们对于传播效果和信息加工的研究及结论就如同“沙上建塔”，这样一种学术逻辑肯定是不完善、不彻底的。

三、学科边界、要素与结构的重新思考

马克思在一百多年以前讲过一个论断，“历史从哪里开始，思想进程也应当从哪里开始”[①]。这句话非常重要，它告诉我们，历史（实践）逻辑是理论逻辑最为重要的对标物，社会科学的一切学术都应以实践的检验作为最高标准，而不是理论“卡拉OK式”自说自话的产物——即使它看上去形式严整、逻辑自洽。有的时候我们过多地受制于自己某些成果的积累，却常常可能忘记了我们从哪里来，要到哪里去。

由于数字化技术革命带来的改变，技术所连接的对象已经从物理连接达到生理连接和心理连接的复杂系统的境地，这就决定了对于媒介的界定和理解必须有一个非常大的、革命性的改变，需要我们重新定位我们的基础，重新划定我们学科的边界、要素、结构和相应的作用机制，这可能是具体新闻传播学科建设中特别关键的事情。

一个不争的事实是，依托技术的发展，互联网所链接的因素越来越多，必然导致整个传播领域重心的改变、规则的改变。5G环境下的数字化媒介，由于链接了更多重的物理因素、社会因素、生理因素、心理因素，一定是一个更为复杂的系统，这就要求我们用复杂性的观念、复杂性的逻辑、复杂性的范式去把握新传播领域现象的本质。

系统思维的创造者德内拉·梅多斯（Donella H. Meadows）在建立研究复杂性的“系统思维”时告诉我们：（1）不要被表象迷惑；（2）在非线性的世界里不要用线性的思维模式；（3）恰当地划定系统的边界；（4）考虑多重限制因素及其相对强弱；（5）理解无处不在的时间延迟；（6）清晰地意识到“有限理性”。[②] 这对于我们如何看待当下从传播主体到渠道，再到关系面临全面更迭的媒介系统具有启发意义。

对新闻传播学专业而言，不得不首先回答以下三个基础性的问题：

其一，新闻传播学的边界在哪里？当传播学与信息科学、计算机科学紧密相连时，到底什么样的信息传播是传播学应该放入视域之内的研究问题？

其二，新闻传播学的学科基础结构是什么？当信息传播早已不再以大众传播行业来衡量

---

① 马克思，恩格斯．马克思恩格斯选集：第2卷［M］．北京：人民出版社，1995：43.

② 梅多斯．系统之美：决策者的系统思考［M］．杭州：浙江大学出版社，2012：9.

时，当非传统媒介机构可以自己创造有影响力的媒体渠道时，什么样的知识结构是新闻传播学专业需要传递的基本知识框架？

其三，新闻传播学科的要素是什么？如果不仅仅只是人与内容了，什么必须成为今天的新闻传播学必须纳入视野、不可忽视的要素？

此三个问题可以为新闻传播学的重构提供思考框架。

（一）学科边界：人的逻辑与机器的逻辑

回顾新闻传播学科的成长史，媒介技术无疑成为整个学科成长的关键因素：印刷技术的发展促使廉价报纸的诞生，大众传播由此起步；无线广播技术的发展促进广播电视的诞生，声音与影像传播不再是障碍；互联网的发展打破了线性传播的轨迹；社交媒介的崛起打破了机构传播的垄断；而以5G为依托的物联网的普及，将置个人于更纷繁庞杂的信息系统之内，信息流、资讯源、对话者都将不复从前。传播学的学科基础从过去的社会政治治理、经济规律、伦理规则的交互到今天技术逻辑对上述种种传统因素的基础性叠加与化合；传播学的主导性因素的升级迭代，相应机制与规律也势必发生重大改写。概言之，传播学的学科体系从来没有像今天一样面临着扩容、重构的革命性任务。我们必须认识到技术逻辑对于传播学学科体系构建的基础性结构作用。

与此同时，在新闻传播学科与信息科学、计算机科学无限交融汇合的今天，新闻传播学仍然要找到自己的特长和领域。我们认为，信息的“机器逻辑”与“人的逻辑”的不同导向或许可以成为学科分野的关键，也是新闻传播学科在迷失于巨大信息系统研究中的回溯原点。信息科学、计算机科学依托技术的发展带来的信息系统的无限扩容和增值，是新闻传播学科边界得以扩展的重要支撑；但与其他学科相区别的是，人的介入，依托于人对信息的认知、使用、创造、治理等心理与行为，是区分信息与新闻、比特与符号、场景与意义和价值的关键要素，也是新闻传播学科的立命之本。

（二）学科要素的变革：对数据与算法的纳入与包容

随着我们的媒介链接的元素和方式越来越多、越来越复杂，既有的游戏规则、既有的制度体系、既有的解决问题的办法，如果不能包容新的因素、新的智慧力量等等，就会在社会上或某些领域内引起一些不必要的巨大冲撞与消耗。

若干年前，美国的《时代周刊》曾经把当年的年度人物评选为“示威者”。他们的理由是什么？实际上从政治学的角度来说，之所以会出现示威者，最基本的原因是现有的制度体系、利益决策体系不能把这部分人包容其中。社会在不断的发展中会裂变出来一个个新的社会阶层或人群，如果不能将其包容到利益决策体系当中，这些人便会不满于被决定、被分派的地位，所以他们要站在制度体系和利益决策体系之外表示抗议与示威。换言之，所有出现示威者的地方，其实都有一个深层的原因，就是这个利益决策体系没有把他们包容其中。所以解决问题的办法就是要把他们包容在利益决策体系当中，让他们也成为决策的参与者，让他们也成为利益分配实际的投票者和协商者，这就是政治学解决这个问题的办法。

在传播学的学科发展过程中，实际上也必然要带有这样的因素，要越来越多地包容技术革命所带来的新的因素。没有这种制度性的包容、规则性的包容，我们的发展就会付出极大的代价。

以算法为例。算法在传统传播研究中是被无视甚至排斥的，大数据和算法这种在某种程度上解释信息系统“何以可能”的基础技术，无意中“篡夺”了传统媒介思维里媒体人与媒体机构的精英位置，因此我们不断看到对于新要素的反思、质疑甚至讨伐。但是我们必须意识到，在正在到来的5G时代，实时生成数据、实时分析、实时调整的算法，将成为整个信息系统运行的神经和命脉，是无法绕开的基本要素。

算法的诞生本身意味着人类可以更加协调、有效、自如地管理自己的社会生活，但是目前算法技术的发展也在相当大的程度上规定了人对世界的感知及自由度，即它框定了我们的视界，深刻地影响着我们对自我的认识与呈现，并已经渗透到我们的生活空间之中。人们像驾驶着一辆算法制造的信息快车——它既给我们带来了前所未有的自由度，也将我们牢牢限定在这个信息快车特有的行驶规则和框架中。

今天我们跟人工智能之间所出现的一系列问题，如算法之争、算法推送与编辑推送孰是孰非等等，还有所谓为人工智能植入人的伦理规则……所有这些在我看起来，其实是掌握现在技术传播生产力的人们跟过去既有的掌握制度传播生产力的人们之间，在一个特定的发展阶段上的一种矛盾与对冲，也可以说是一种博弈。全面了解这种新的要素，研究如何在博弈之中取得平衡，如何使得算法这一先进的、必要的信息技术更“正确”，更能服务于人的需要，这恰恰是我们这一学科对5G时代算法神经的贡献所在。

（三）学科结构：学科交叉协同后的重新架构

传播学未来发展的不二法门仍然是跨领域基础上的研究协同。我相信，我们这样的一个交叉学科的研究汇聚，就是今天乃至未来发展传播学科的越来越主流的范式。原因无他，就是因为今天传播过程所联结的要素、资源越来越多，它所涉及的领域以及相应的规律机制就越来越多，所以需要多学科之间的共同协同来完成对问题的解读与解决。

任何一个人都不可能成为全才，既是计算机的专家、人工智能专家、大数据的专家，又同时是新闻大家、传播大家——这是不可能的。但在现实生活中确有这样的想法和要求存在。我们认为这种要求本身就是对于专业的一种蔑视和不尊重。须知，任何一个专业都是有门槛、有高度的，跨越它都是有相当的难度的，所以一个人不可能成为面面俱到的全才。有人说“一万小时定律”告诉我们可以通过学习来解决这个问题，终身学习当然是没有问题的，但是在传播和传播研究的实践中扑面而来的问题可不是一个两个，可能是十个、二十个乃至几十个陌生的概念、陌生的技术，你要用多少万个小时来解决今天不断涌现的种种新问题?

今天，区块链、大数据、云计算、人工智能、5G等等一系列新的技术、新的领域带来的问题，并非靠累积和学习能够解决，解决问题的最好办法就是，不同的学者基于彼此之间的理解，基于彼此之间的互融互通，形成一种协同与整合。这才是今天学科发展及实践进步的不二法门。因为对内容专家来说很难的事情，对技术专家而言很可能易如反掌；反过来说，对技术专家来说很难的事情，比如，党和政府对于内容传播的主流化要求、社会的某些适应性法则，是传播专家的所长。这就是彼此之间互相需要、互相协同的基础。而今天这样的领域越来越多，在这种情况之下，我们就需要彼此之间的协同与整合。只有这样的协同与整合，我们才能够产生巨大的传播生产力、技术生产力和社会生产力。跨学科的合作、协同的好处和必要性正在于此。随着5G时代来临，传播学体系的基本学术构架正在发生革命性的改变（图0-1）。

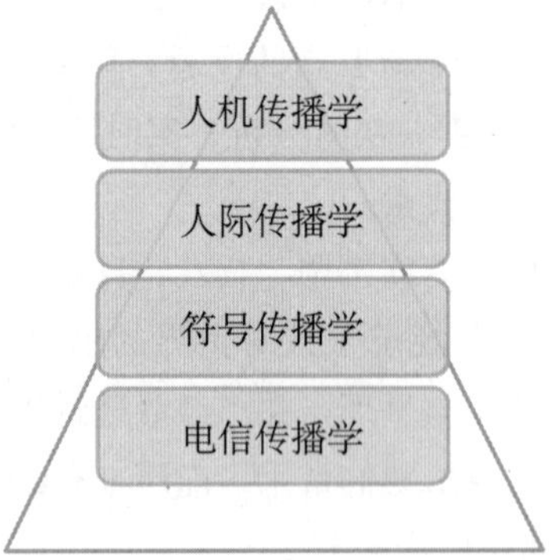

图0-1　传播学体系的基本学术构架

最基础部分应该是“电信传播学”，研究通信技术如何影响着传播的样式、传播的种类等等。之后是“符号传播学”，因为今天各种各样的符号都能成为传播的载体，也会形成各种各样的机制、规律、角色扮演的问题，需要研究。再后就是“人际传播学”，这不是指传统意义上的狭义的人际传播，而是人与人、人与他人、人与社会等等这样的人际社会的传播。再高一层是“人机传播学”，研究人和机器、人和物怎么进行沟通。这些将会成为今天传播学体系的基本构造。

综上所述，我们以5G为技术革命的分析对象，试图探讨今天和未来的技术维度将开创性地将人与机器全部纳入实时互动的信息网络系统之中，从根本上重塑传播学科的几大基本要素，将原本计算机科学领域的数据、算法、机器学习等系统性要素融入学科视野。在学科边界大幅度扩展的同时，我们也须重构学科构架，在更为清晰的边界之内建立核心研究领域，以期在新的信息传播时代实现科学革命的价值。

教育部长江学者特聘教授

北京师范大学新闻传播学院执行院长

中国新闻史学会传媒经济与管理研究委员会会长

喻国明

2019年7月23日于浩思家园

初版前言

传媒经济学的学科构建

回顾30年来的传媒改革，市场因素的浸润与扩张无疑是中国传媒业发展过程中最值得瞩目的现象，研究传媒运作过程中市场机制的作用机理也就成为把握中国传媒业发展总体脉络与未来趋势的必需，国内的传媒经济研究也由此破茧而出，成长为一门独立的学科。

在技术变革与社会文化变迁两大力量的驱动下，我国传媒业正在经历着一场广泛深远的转型与重塑。不仅如此，由于现代传媒对社会生活的强力渗透和两者的高度依存性，它同时也参与了整个社会产业要素的重组和产业秩序的重构，改写着现代人的认知和社会联结方式。

基于研究者不同的学科背景、研究旨趣和方法论取向，本领域的研究一直呈现出一种百花齐放的态势，研究所指向的对象，几乎涉及了与传媒相关的人类社会活动各个方面，也显示了现代传媒经济在许多领域的渗透力，增加了传媒经济学作为一种知识体系的丰富性，拓展了研究视野。

与此同时，反观近年来本领域的研究成果，其中不乏碎片化的个案描述、简单化的政策图解、条目式的经验总结和随想式的趋势预测，真正深入产业本体层面，对推动当前传媒变革的关键致变因素及其相互关联进行系统分析，基于规范的研究方法和学理框架进行理论建构的成果并不多见。

共享的学术话语平台的缺失，使本领域的学术切磋和争鸣成为一种莫衷一是的各说各话，影响了研究成果在广度和深度上的持续拓展。当前，不仅传媒实践的发展呼唤我们提供前瞻式、建构式的理论指导，作为一门独立学科其学科生命力的强弱也取决于本学科基础理论的系统性与生发性。因此，构建传媒经济基础性研究模型体系，以严谨的经济学方法和规范的量化分析对当前变革中的传媒产业进行解释和预测，为微观传媒主体的运营实践提供决策参考，是传媒经济研究深化到一定程度的迫切要求和必然结果。

本书在系统梳理中西方媒介经济学的演进历程、研究视角和范式的基础上，着重借鉴新古典经济学的学术平台，集中研究媒介个体如何在一定的约束因素和资源条件下，选择最优化的行为，实现利润最大化的目标。在本书中，我们假定媒介个体是追求自己最大化利益的经济人，适用于微观媒介经济学的研究方法和分析工具，从而可以讨论需求与供给、生产与成本等问题；在此基础上借鉴产业经济学的分析框架展开对媒介市场结构的分析，并进而探讨媒介产业在市场中的种种联盟与兼并行为，以及媒介产业管制的效率及其依据，在开放条件下的媒介产业政策等问题。

值得一提的是，作为传播学和经济学相结合的一门交叉学科，传媒经济的研究在基本的研究进路与范式上一直存在一定争议。有学者认为它应以传播学为主导，属应用传播学中的一门新兴学科，只有从应用传播学的角度去分析传媒现象，才能保证传媒经济学的科学性，才能科学地回答或解决媒介活动中出现的各种现象和各类问题；有学者主张一种多学科的交叉，但这种交叉也没有很好地融合，同时应用新闻传播学、经济学再加上常识来论述传媒经济学，不同视角与分析框架逻辑混合堆集在一起，使得部分研究成果缺乏内在的逻辑一致性；有学者强调传媒行业的特殊规律和中国传媒业生存发展的特殊语境，对于西方传媒经济学的传媒商品假设和传媒产业利润最大化追求不甚认同，认为西方传媒经济学的逻辑架构对于中国传媒业的发展缺乏适用性和指导性。

从根本上说，这些争议源自对传媒经济学科本体界定及方法论上的不同视角。

对于某些学科而言，可以借助方法来显示和规范本体，以方法作为发现和阐释本体的工具；但传媒本身就是传播学、社会学、文化学等诸多领域交融的结晶，传媒经济又离不开从经营运作的角度对成本、收益、产业结构的审视和剖析，现代传媒技术的飞速发展又将科技之维纳入我们的分析视野。因此，不同的研究方法基于不同的学术基础，关注着不同的研究议题和研究重心。尽管它们给了我们审视本学科的不同视角，但任何一种研究方法或范式都只能管窥其一斑，从单一研究视角和方法入手得出相关结论，往往会带来以方法规约本体而本体逸出方法的结果。

传媒经济这一多元交叉学科的特殊性，注定了它作为一个开放性的研究平台容纳多种研究方法和范式的包容性特征，但一旦采纳了某一种研究方法或范式，就要注意在同一研究框架之内保持框架逻辑的内在一致性，同时明确每一种方法的情景适用性。

在这一点上，美国科学哲学家托马斯·库恩的观点或许会对我们有所启示。

库恩在《科学革命的结构》中提出“范式”概念，基本含义可以概括为：某一科学共同体在某一专业或学科中所具有的共同信念，这种信念规定了他们的共同的基本观点、基本理论和基本方法，为他们提供了共同的理论模式和解决问题的框架，从而成为该学科的一种共同的传统，并为该学科的发展规定了共同的方向。

同时他也指出，新旧范式不可通约。因为不同范式对学科问题有不同的标准和定义，其内部的理论内容和逻辑结构都不同，即使同一词语也可能有不同的含义。当范式发生改变，用新的范式去统摄认识材料时，研究者心目中的世界图式也随之发生变化。正如他所说的：“不同范式的科学家们在不同的世界实践着，他们从相同的方向看相同的问题，而取得的结果却是不相同的……双方都看这个世界，看同一个东西，这个东西也没有变化，但是，由于在不同的相互关系中看这些东西，他们所看到的却是不一样的。”

因此，我们不可能奢望通过一本传媒经济学教材，在一个基本的研究框架中涵盖和回答当前传媒经济领域出现的所有新问题——正如伊尼斯曾提出过“媒介的偏向”问题一样，特定的学科问题自身也会内蕴特定的方法偏向，在特定的问题框架中得到更好的阐释和解决，新古典经济学只是提供了诸多分析方法中的一种。

我们所能做的，是在这本教材中，尽量遵循研究方法和分析逻辑的内部一致性原则，为传媒经济领域基础理论的构建提供一种模式上的参照系。

一种实证性的理论体系是否正确，其判断标准是这种理论对于现实现象的预测能力。经济学在假定人们行动准则是既定且目标最优化的前提下，使用科学的抽象分析方法对现实复杂的经济现象进行简化，在某些假设或前提的基础上，运用严格的数理逻辑推理得出结论。虽然某些假定或前提在现实中不可能存在，但通过这种抽象和简化，它能更好地凸显经济现象中的主要因素，根据这些因素变换及其相关关系进行预测，进而指导人们的决策和行动。作为一种科学研究的工具主义方法，它不是要紧贴现实对某个具体问题做出直接回答，而是提供一套阐释和分析模型，通过将假设条件根据需要逐步放松以逼近真实世界的本来面目。

新古典经济学的核心是局部均衡理论和边际分析理论。前者从各种变量的关系入手，探讨一种或少数几种产品在局部范围内的均衡条件；后者通过边际效用、边际成本、边际收益等边际分析手段，对市场均衡进行量化的、短期的、微观的研究。

我们所要系统学习借鉴的，更多的是新古典经济学的分析思路与模式。

例如，新古典经济学的厂商理论和消费效用论都是建立在以价格为核心的边际分析的基础上的。对于传媒产业而言，由于存在大量免费内容和负定价内容的发行，以及基于“双重售卖”的独特资源补偿方式，传媒产业的稀缺资源界定和预算约束不能像其他产业那样简单货币化；但变换的只是皮相，边际分析的核心理念一样适用于媒介消费者有效可支配时间方面的预算约束。

有学者提出，基于传媒业本身高原创成本、低边际传播成本的特点和网络经济的飞速发展，网络外部性特征在传媒产业的发展中越来越明显，传统的西方经济学分析方法在传媒领域不再适用。应该说这种看法是有失偏颇的。以网络经济学为代表的一些理论，在把握传媒产业整体结构、模式和发展态势上有其独到优势，但在微观、短期的传媒生产决策领域，传统经济学的边际分析依然有其强劲的生命力，在实践操作领域或许有着更频繁和广泛的适用范围。两者在问题分析的基本视域和研究范式上有所不同，不能将两者的分析视角随意糅合或轻易做出高下结论。

本书是集体智慧的结晶。这首先是指本书的资料、观点来自众多研究者的研究成果，如果没有前辈和同辈研究者的丰富研究成果的滋养，本书不可能是现在这个样子。所以作为本书的作者，我们对所有为传媒经济学的发展做出贡献的研究者（我们在本书的行文中尽可能将所有被引用者的名字和篇目注明，但难免挂一漏万）均致以深切的谢意。其次，本书的撰写也是多位传媒经济领域勤奋的研究者的集体智慧的聚合。本书由喻国明教授领衔主持，并与丁汉青副教授和支庭荣副教授共同撰写，陈端博士也参与了部分章节的写作，为本书增色不少。

必须指出的是，传媒经济学基础理论体系的架构，本身就是一个需要多元视角、多种范式的系统工程，本书作为一种探索，期待能够起到抛砖引玉的作用，带来学界同人们更多不同视角的系统理论著述的面世。

喻国明

2009 年 2 月于太阳园

目　录

第一章

传媒经济学科图景概貌

【本章学习要点】

- 传媒经济学形成的历史脉络
- 传媒经济学的研究视角
  - 微观经济学视角
  - 管理经济学视角
  - 政治经济学视角
- 传媒经济学的研究范式
- 传媒经济学要解决的基本问题
- 中外传媒经济学术场域之差异

在我们这个星球上，报纸、图书、杂志、广播、电影、电视、互联网等传播媒介是常见而又奇特的机构、常用而又奇妙的产品，发挥着十分奇异的功能与效果。

自 1833 年以《纽约太阳报》为代表的美国便士报诞生以来，现代传媒便发现了广告的秘密，并从此与市场经营结下了不解之缘。传媒是信息的载体、娱乐的载体，也是政治、经济和文化传播的渠道。传媒不仅以“舆论调控场”“心灵按摩器”的声誉闻名于世，而且还逐渐演化成了一个高度专门化的产业门类。传媒产品的生产、流通、分配和消费过程，构筑了媒介运作的物质基础，使传媒经济融合成为国民经济体系的有机组成部分。

传媒经济指的是由传媒的信息传播活动引发的相关经济活动和经济现象。尽管个别的、偶发的传媒经济活动由来已久，不过当代的传媒经济特指在市场经济环境中的传媒生产、分配和消费实践。

在对有关传媒经济学的研究中，国内外的学者迄今已达成了一定的共识。这种共识一方面表现在出现了大体一致的传媒经济学基本概念和理论框架，另一方面表现在人们基本同意传媒在遵从经济学规律时也保持某种特殊性。

这里首先列举国外学者关于传媒经济学的定义：

传媒经济学关注和研究的是形形色色的媒介运营者如何在各种资源非常有限的前提下，满足受众、广告业者与社会在资讯和娱乐等方面的各种欲求与需要。①

① 皮卡德．媒介经济学：概念与问题［M］．北京：中国人民大学出版社，2005：1.

传媒经济学研究传媒产业如何使用稀缺资源来生产一定的内容以满足社会公众各种不同的欲求与需要。[①]

上述两种表述在内涵上十分接近，都肯定了传媒经济学是运用关键的经济概念来分析传媒产业的。[②] 这些定义在国内学者中得到了越来越普遍的认同，例如：

传媒经济学是研究传媒的社会功能及其生产消费过程的规律和经济关系的科学。它研究人和社会如何进行选择，如何使用可以有其他用途的稀缺的资源来生产各种信息和娱乐内容，并在现在或将来把商品分配给社会的各个成员或集团，以满足他们的各种需要和需求。[③]

传媒经济学主要从事对信息传播活动所消耗的物质资源的分配和补偿方式的研究，并在此基础上对各类传播媒介的经济运作规律，以及传媒经济活动对国民经济的影响进行研究。[④]

传媒经济学“研究的是媒介经济的基本经济关系和经济规律，其核心是要研究媒介稀缺资源的有效配置问题”[⑤]。

总之，应用经济学的核心概念和理论来分析传媒产业中包括资源配置问题在内的各种议题的学科，即传媒经济学。

第一节　传媒经济学的产生和发展

与其他学科一样，传媒经济学有一个较长的孕育期，刚开始只是星星之火，并不是一门显学。传媒经济也被戏称为“眼球经济”，研究者对于传媒的经济特性很难熟视无睹。由于传媒具有内在的规定性和复杂性，把那些特殊性抽象掉之后，又不再能完全识别出传媒自身，因而传媒经济学作为一个专门化的学科，终于从各种应用经济学门类中独立出来。

一、西方传媒经济学的演进历程

相对于高度成熟的传媒运作机制来说，西方传媒经济学研究起步较晚，最早可以追溯到20世纪20年代。在第二次世界大战结束之后，由于众多学者的耕耘，传媒经济学逐步成熟，取得了相对丰富的研究成果，形成了比较稳定的国际交流机制，成为一个十分活跃的研究领域。[⑥]

概括起来，西方传媒经济学研究经历了四个阶段，参见图 1－1。

---

① ALBARRAN A B. Media economics：understanding markets，industries and concepts [M]. Ames：Iowa State University Press，1996：5.

② 艾尔巴兰，等．全球传媒经济 [M]. 北京：中国传媒大学出版社，2007：1.

③ 吴飞．大众传媒经济学 [M]. 杭州：浙江大学出版社，2003：6.

④ 宋建武．媒介经济学：原理及其在中国的实践 [M]. 北京：中国人民大学出版社，2006：3.

⑤ 邓向阳．媒介经济学 [M]. 长沙：湖南大学出版社，2006：303.

⑥ 陈中原．传媒经济学研究的简要回顾 [J]. 新闻大学，2005 (1)：9－13. 杭敏，皮卡特．传媒经济学研究的历史、方法与范例 [J]. 现代传播，2005 (4)：26－30.

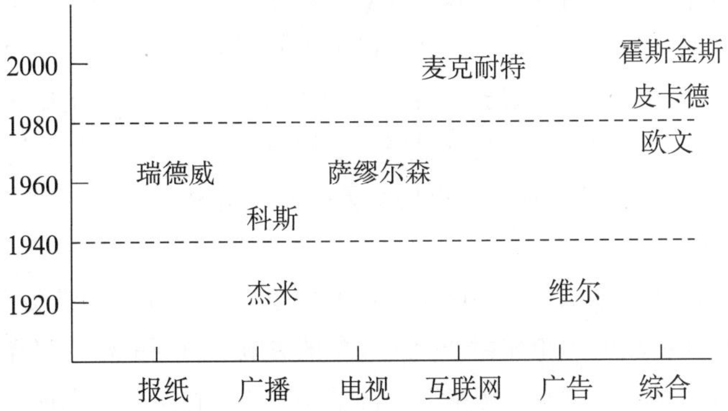

图 1-1　西方传媒经济学的主要脉络

第一阶段，20 世纪 20 年代至 30 年代。传媒活动与传媒产业初步进入经济学、管理学视野，传媒经济学科开始孕育。这一时期涉足无线电广播、广告、电信等传媒领域的主要是美国的一些学者。

20 世纪 20 年代在美国新闻史上被称为“喧嚣的 20 年代”。当时的无线电广播业突飞猛进，美国全国广播公司（NBC）、哥伦比亚广播公司（CBS）等主要广播公司先后成立，频率频谱的管理相当混乱，广播业引起了全社会的关注。1925 年，威斯康星大学社会学和经济学教授、第一次世界大战期间曾任职于广播行业的杰米出版的《广播产业经济学》，堪称最早的系统研究传媒产业的经济学类著作。

1927 年，明尼苏达大学营销学教授维尔（Roland Snow Vaile）出版了《广告经济学》，总结了企业的广告营销行为。

1936 年，赫瑞（James Morton Herring）与戈若斯（Gerald C. Gross）合著的《电信：经济学与规则》出版，标志着“电信经济学”概念的问世。戈若斯曾于 1960—1965 年担任国际电信联盟（ITU）秘书长。

第二阶段，20 世纪 40 年代至 60 年代。这一时期广播依然处于黄金时代，电视也逐渐走进人们的日常生活。同时在欧美分别形成了公营制和私营制两种主导性的广播电视制度，这种制度特性引起了经济学界的关注。

在经济学家中对传媒关注最深的要数英国人罗纳德·科斯（Ronald H. Coase）（见图 1-2）。1937 年，科斯以自己的本科论文为基础，在《经济学》杂志上发表《企业的性质》一文，创造了“交易成本”（transaction costs）这一重要范畴，独辟蹊径地讨论了企业存在的原因及其扩展规模的界限问题，奠定了产权理论的基础。

图 1-2　“新制度经济学之父”罗纳德·科斯

1946 年，科斯回到他就读和任教过的伦敦经济学院，讲授经济学原理，并且继续开展对公用事业特别是邮局和广播事业的研究。1950 年，科斯出版了第一本关于公用事业经济学的专著，即《英国广播业：垄断状况的研究》。1959 年，科斯加入弗吉尼亚大学经济学系，其间对美国联邦通信委员会进行了研究，在芝加哥大学《法律与经济学学报》上发表了《联邦通信委员会》一文，以无线电频率为例对产权与交易关系进行了详细的经济分析。科斯认为，造成20世纪20年代广播频率“大混乱”的关键不在于资源的稀缺性，而在于没有界定产权，使市场交易无法进行。1960年，科斯发表了著名的论文《社会成本问题》，论证了在产权明确的前提下，市场交易即使在出现社会成本（或外部性）的场合也同样有效。

由于科斯对经济的体制结构取得突破性的研究成果，1991年，他获得了诺贝尔经济学奖。对广播业的思考无疑对科斯的理论建树产生了一定的影响。科斯的治学路径也很有意思。对他来说，经济学可分为两类：一类是“黑板”经济学——那些在黑板上推理及求证的，另一类是“真实世界”经济学——那些以现实世界观察为大前提的。科斯对前者毫无兴趣，他的兴趣在真实世界经济学中。

【知识窗】 罗纳德·科斯的贡献

2013年9月2日，102岁的罗纳德·科斯与世长辞。此时，距离他原定的首次中国之行仅差一个月。

科斯是新制度经济学与法律经济学的开山鼻祖，也是1991年诺贝尔经济学奖得主。以其命名的定理（科斯定理）指出，只要财产权是明确的，并且交易成本为零或者很小，那么，无论在开始时将财产权赋予谁，市场均衡的最终结果都是有效率的，可以实现资源配置的帕累托最优。

科斯的产权与交易理论在中国产生了难以估量的深远影响。“如果说马克思的历史唯物主义作为一种老制度经济学鼓舞了中国的革命走向成功，那么科斯所代表的新制度经济学将是中国的改革走向成功的当然指导之一。”①

传媒业丰富的制度层次曾引起科斯极大的兴趣。仅1950年至1979年，科斯就针对传播领域内的课题撰文8篇，清晰地展现了他对传媒业的思考和理念。②

20世纪60年代，传媒产业的主要类型都已分别在经济学中得到了研究。1960年，美国加利福尼亚大学洛杉矶分校政治科学教授伯恩斯坦（Irving Bernstain）研究了电视与电影制作发行的经济学问题。1962年，经济学家阿罗等人探讨过动态条件下的广告投放最佳途径问题。1963年，英国剑桥大学应用经济学教授瑞德威（W. B. Reddaway）在《经济杂志》（*Economic Journal*）上发表了题为《报业经济学》的文章，提出了“报业经济学”的概念。1964年，经济学家萨缪尔森探讨了收费电视节目的公共产品属性问题。

第三阶段，20世纪70年代至80年代。这一阶段电视产业长足发展，电视网作为全国性媒体在美国等西方国家成为重要的媒体形式，无线、有线和卫星电视交错发展，电视重度侵入了

① 冯兴元．科斯：“我将长眠，祝福中国”：科斯的遗产［EB/OL］．（2013-09-05）［2018-02-12］．http：//www.infzm.com/topic/coase.shtml.

② 冯建三．科斯的传媒论述：与激进的反政府论对话［J］．台湾社会研究季刊，2017（68）：361-392.

人们的日常生活，对报纸、广播、电影等其他媒介都带来了一定的影响。在此期间传媒经济学独立成形，其标志是一些针对传媒经济学的专门化研究开始出现。

1970 年，斯坦福大学经济学博士欧文（Bruce M. Owen）专门辑录出版了传媒经济研究资料。欧文后来还出版了《经济学与表达自由：媒介结构与第一修正案》（1975）、《电视经济学》［1974，与毕比（J. H. Beebe）和曼宁（W. G. Manning）合著］、《影碟经济学》［1992，与怀尔德曼（S. S. Wildman）合著］等书。1982 年，斯坦福大学的米勒（Miller）等人编过《媒介经济学资料汇编》。

1983 年，加利福尼亚大学伯克利分校新闻研究生院的本·巴格迪坎（Ben Bagdikian）写了《传播媒介的垄断——一个触目惊心的报告：50 家大公司怎样控制美国的所见所闻》一书，从政治经济学角度描述了 50 家公司对传播媒介的集中控制，以及广告对于传播媒介的微妙而深远的影响。他还一针见血地指出，传播媒介的权力是一种政治权力。

1988 年，密苏里大学新闻学博士皮卡德（Robert G. Picard）在美国创办《传媒经济学刊》（*Journal of Media Economics*，*JME*），它成为传媒经济学领域的核心刊物并延续至今，一举开创了传媒经济学的研究传统。

1989 年，皮卡德撰写了世界上第一部传媒经济学教科书（《媒介经济学》），在应用微观经济学的理论和方法的基础上，介绍基本概念和方法，探讨传媒市场、消费者行为、传媒企业的财务绩效等问题。传媒经济学学科正式形成。

与此同时，法国、西班牙等国也有学者从经济学角度研究报刊和电视。

第四阶段，20 世纪 90 年代至今。市场的变化、技术的变化、经济的变化、传媒产品和服务贸易的增加、向相关行业的资金流动，以及所有权方面的变化等因素，都在塑造着传媒经济学科的内容和方向。在此期间，传媒经济学研究增添了许多具体的内容，传媒企业战略的经济学研究、国际比较研究和全球化研究成为新的研究领域。此外，学者们还对视觉艺术经济学、游戏机经济学、欧洲电视市场、公共服务广播的变革、中东欧的传媒转型、并购、垂直整合、汇流、垄断与所有权的集中、传媒帝国、网络经济、互动电视、IP 电视、免费报纸、传媒创新、数字劳工等问题，展开了深入的探讨。

1994 年起，在皮卡德的倡导下，世界传媒经济学术会议（World Media Economics Conference）在欧洲和北美等地轮流举办。

1995 年，美国麻省理工学院召开“互联网经济学研讨会”。麦克耐特（Lee W. McKnight）和贝利（Joseph P. Baley）编辑了《互联网经济学》一书，于次年出版。

1999 年，《国际传媒管理学刊》（*International Journal on Media Management*，*JMM*）在瑞士面世；2004 年，《传媒商业管理研究学刊》（*Journal of Media Business Studies*，*JOMBS*）在瑞典创刊。这一领域的研究在欧洲得到了加强。传媒经济学术和教育活动都有了较大的发展。

有研究者选择三本国际学刊《传媒经济学刊》《国际传媒管理学刊》与《传媒商业管理研究学刊》2014 年的 40 篇文章作为样本，进行分析后发现：

在研究议题与理论方法方面，既有成果体现出对传统经济学与管理学理论更加规范的阐述与应用，以及对传媒领域战略、政策等基础性议题的持续关注。同时，新媒体与技术的发展也推动了对社交媒体、网络平台和媒介融合等新议题的研究，传媒公司的创新管理本身也得到了重点关注。另外，跨学科理论方法的融合应用也进一步体现在传媒经济与管理的研究中，显示出领域的跨学科特性。

在研究范式与研究路径方面，既有研究呈现出对理论型范例和应用型范例的充分应用，但是对传媒管理政策和制度对社会政治以及文化的影响的批评型范例的使用明显不足。在与此相关联的研究路径分析中，行业市场研究路径与公司研究路径被广泛采纳，而影响力路径采用较少，同样说明对传媒影响的社会研究在成果中呈现不够。这样的状况是否说明目前的传媒经济与管理研究正朝着过度产业化和商业化的方向发展，而逐渐偏离了对其社会功用应有的重视？这是未来需要持续关注和讨论的议题。①

20 世纪 90 年代以来，先后出现了几本影响较大的传媒经济学教科书，主要如下：

美国亚历山大（Alison Alexander）等组织编写的《传媒经济学》，1993 年出版第 1 版，1998 年、2004 年出版了第 2 版、第 3 版；美国阿尔巴朗（Alan B. Albarran，又译为艾尔巴兰、阿尔瓦兰）著《传媒经济学：理解市场、产业及其内容》，1996 年第 1 版问世，2002 年第 2 版出版；英国吉利安·道尔（Gillian Doyle）著《解读传媒经济学》，2002 年出版；加拿大柯林·霍斯金斯（Colin Hoskins）等著《传媒经济学：经济学在传统媒介与新媒介中的应用》，2004 年出版。

这一阶段，走产业经济学路线的学者们的研究得到了官方的认可。美国联邦通信委员会的决策和对《报纸保护法案》的审议都会征求专家的意见。走政治经济学路线的学者则为传播政治经济学赢得了一席之地。

西方传媒经济学数十年的发展历史表现出两个显著的特点：一是该领域逐渐专业化，从经济学偶尔关注的一个领域，逐步发展成一个专门学科，对新闻传媒业的复杂性和特殊性的认识越来越深刻；二是经济学的理论和方法始终是传媒经济的重要基础。

总体来看，西方的传媒经济学研究中尽管确实有一部分考虑到这个学科的理论性、一般性问题，但大多数研究是应用性的，探讨的是某个企业或某个产业门类的特殊问题。② 从研究主体上看，除了供职于大学、研究和咨询机构的研究者外，一些国际机构和非政府组织，如世界银行，联合国教育、科学及文化组织，世界报业协会等，也公开发表大量有关传媒产业的统计和预测文献。

【知识窗】 2013 年国外传媒经济研究图景③

国外传媒经济学术场域常被作为中国传媒经济学术场域的参照系加以研究。研究者一方面希望勾勒国外传媒经济研究的热点知识图谱，描述国外传媒经济研究的新问题、

① 杭敏．鲁莽与疯狂之后的第二十五年：2014 年国际传媒经济与管理研究综述［J］．全球传媒学刊，2015（1）：77－96.

② 陈中原．传媒经济学研究的简要回顾［J］．新闻大学，2005（1）：9－13.

③ 丁汉青，曹璞．2013 年境外传媒经济研究热点与场域：基于文献计量学的方法探索［J］．新闻与传播研究，2015（4）：61－82.

新方法、新范式、新路径，以供借鉴；另一方面亦希望通过中外对比，寻找中国传媒经济研究独特的价值立足点，促使中国传媒经济学术共同体对世界做出贡献。

有研究通过对热点议题进行共词分析，将2013年度国外传媒经济学研究议题归为“策略与战略”“市场”和“生产与消费”三类，“关系”(relationship) 一词单独为一类（见图1-3)：

(1) 关于策略与战略的研究，分布在坐标轴右上象限，包含“策略”“效果”“媒介集团”“全球化”“金融危机2008”“传媒教育”6个关键词。从位置分布上看，这些关键词分别远离两条中心轴，分布较为分散，难以确定中心位置。

(2) 关于市场的研究，分布在坐标轴右下象限，包含“媒介政策”“创新采用”“集中度”“所有权”4个关键词。从位置分布上看，这些关键词分别远离两条中心轴，分布较为分散，难以确定中心位置。

(3) 关于生产与消费的研究，分布在坐标轴左象限上下两侧，包含“受众参与”“受众”“公共媒体”“媒介消费”“创新度”“数字化”“媒介生产”“女性主义”八个关键词。从这八个关键词的分布上看，它们围绕中心横轴，在远离原点处上下聚合为一个词团，“公共媒体”“数字化”“媒介消费”“创新度”等关键词居于该词团的核心地位，表明2013年国外传媒经济学研究在媒介生产与消费的研究中重点围绕这几个领域展开。

(4) “关系”一词自成一类，恰好落在近似于中心纵轴位置上，说明它是一个概念抽象、使用广泛的关键词，进而反映出2013年国外传媒经济学的研究注重解释性分析。

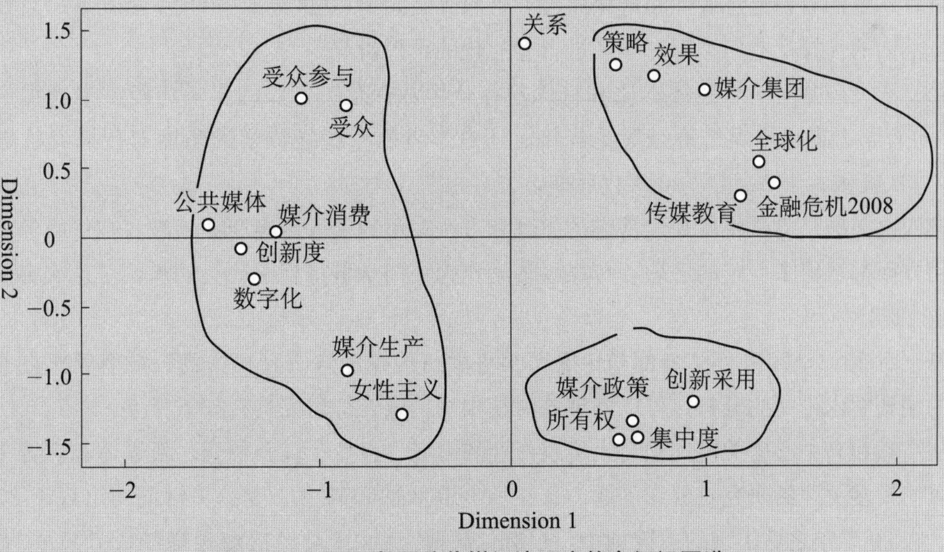

图1-3 2013年国外传媒经济研究热点知识图谱

二、中国传媒经济学的演进历程

虽然国内开展与传媒经济有关的经营、管理、产业等研究的历史较长，但是主题集中的传媒经济学研究则是近30年的事。随着改革开放以来中国宏观经济及位列其中的传媒产业的迅猛发展，新闻传播领域的研究者越来越多地涉足传媒经济领域。在经济学和管理学两大学科门类中，以传媒产业为主题的研究生毕业论文也越来越多。传媒经济学越来越成熟。

如果把相关研究计算在内，国内传媒经济学的早期历史可以回溯到20世纪上半叶。徐宝璜所著《新闻学》（1919）、戈公振所著《中国报学史》（1927）等均对报纸的印刷、销售、发行、广告等有一些扼要性的论述。20世纪30年代，在民营报业蓬勃发展的背景下，有人集中开展了报业经营管理研究，如刘觉民所著《报业管理概论》（1936）等。

新中国成立以后，传媒的经营实践经历了一个曲折的过程。20世纪50年代，王中提出了关于“报纸有两重性：一重是宣传工具，一重是商品”的观点，以及办报要根据读者需要的“读者需要论”①，不过并未成为主流的观点。

始于1978年的改革开放揭开了中国新闻事业和传媒产业发展的新的一幕。自20世纪80年代初期以来，国内有关传媒经济学的研究渐渐摆脱了传播学研究的惯性思维，实现了四次比较大的突破。

第一次突破是将马克思主义政治经济学引入新闻领域②，并且引发了人们对新闻商品性问题的思考。这次突破起步于20世纪80年代初，一直延续到20世纪90年代末期。通过反复争论，人们逐渐认同传媒可以通过销售产品、提供服务和刊播广告进行市场交易。

第二次突破是将产业的概念系统应用到传媒领域，传媒产业化的提法日益成为共识。③ 随着体制与机制改革经验的不断累积，理论界不再坚持传媒只有单一的事业属性，大多数人赞同传媒具有二重的意识形态属性和产业属性。这次突破始于20世纪80年代中后期，一直延续了下来，不同的传媒产业门类都有学者进行专业化的跟踪研究。

第三次突破是对传媒经济本质和特殊规律认识的深化。传媒的影响力经济本质得到了揭示④，也有学者提出传媒经济是舆论经济。还有学者从系统经济学的角度对传媒经济进行探讨。⑤ 这次突破始于20世纪90年代后期，方兴未艾。

第四次突破是尝试将微观经济学的原理和方法完整地引入传媒产业领域，在传媒经济理论和应用方面都取得了一定的进展，传媒经济学作为一门学科得到了社会的承认。这次突破始于21世纪初期。

基于对2003—2014年“新闻与传媒”学科中与传媒经济研究相关的、被引频次在6次及以上的期刊学术论文的分析，可以发现该时期中国传媒经济研究具有如下特点：

从高频和高中心度关键词来看，传媒产业和市场、报业、媒介融合、新媒体和广告是受到研究者们较多关注的研究对象和问题。几乎所有高频次和高中心度的关键词均出现于2008年之前；在2008年之后出现的关键词中，仅有“微博”（2010）、“三网融合”（2010）、“意见领袖”（2009）和“议程设置”（2009）等词排名较靠前。这一方面表明，从研究的热度来看，中

---

① 余家宏，丁淦林．王中研究新闻学的经过与贡献［J］．新闻大学，1995（1）：14－19.

② 周鸿铎．广播电视经济学［M］．北京：中国经济出版社，1990．周鸿铎，胡传林，邢建毅．传媒经济［M］．北京：北京广播学院出版社，1997.

③ 黄升民．重提媒介产业化［J］．现代传播，2000（5）：1－5.

④ 喻国明．关于传媒影响力的诠释［J］．国际新闻界，2003（2）：5－11.

⑤ 昝廷全．论传媒经济学与系统经济学之间的关系［J］．现代传播，2006（2）：92－95.

国传媒经济学研究较早就已经提出了有持续研究价值的议题，并持续关注这些议题；另一方面也说明，2008 年之后虽然业界出现了一些值得研究的新问题，但从整体来看，传媒经济学对这些新议题的关注热度比不上其前期对报业研究的关注热度。

从传媒经济研究者与合作网络来看，与一般学科的平均水平相比，传媒经济学核心研究者的群体规模较小，有 80%以上的研究者在 12 年间仅发表了 1 篇被引频次达到 6 次及以上的论文。这从某种程度上说明，传媒经济学还没有吸引足够多的稳定的、高质量的研究者群体。2003—2014 年我国传媒经济研究领域作者合作的整体网络密度低，网络节点间的关系非常稀疏，整体网络结构极为松散。虽然形成了一定数量的合作团队，但团队间的联系相当分散，尤其是较大的合作团队相对较少，稳定的合作群体还不多，最高产的 10 位研究者之间也没有合作关系。

从研究的无形场域即论文发表的期刊来看，发表于《新闻记者》《当代传播》和《新闻界》上的传媒经济类论文数量最多，这三本期刊较为集中地呈现了传媒经济的研究成果。新闻传播学期刊中的大部分刊登了一定数量的传媒经济研究类论文，这表明传媒经济相关研究得到了国内期刊较广泛的关注。

结合 2013 年的中国知网期刊复合影响因子来看，新闻传播学领域影响因子位居前列的《新闻与传播研究》（影响因子 1.854）和《新闻大学》（影响因子 1.323）并不在发表传媒经济类论文数量排名前十的期刊中，上述两份期刊所发表的传媒经济类论文数量排名分别是第 26 和第 17 位。这说明新闻传播领域内的高质量期刊需对传媒经济研究投以更多关注。[①]

目前，传媒经济学成为国家社会科学基金资助的重点研究方向之一，也是教育部人文社会科学规划中重点发展的学科之一。

【知识窗】 中国传媒经济研究“学术地图”（1998—2009）[②]

以 1998 年至 2009 年发表的以传媒经济为主题且被引频次在 1 次以上的论文为研究对象所开展的一项研究发现，在此 12 年间：

中国传媒经济已经形成了一个较为稳定的研究者群体，并且有明显的学术超星即权威的学术带头人。但是中国传媒经济是新闻传播学的下级学科，且传媒经济领域内跨学科研究者多，这导致传媒经济研究群体与新闻传播学的学术研究群体交叉混同，并没有形成一个独立的、具有较高排他性的传媒经济研究群体。即便是学术带头人也都是基于新闻传播专业，并且跨越多个研究领域，因而传媒经济研究还没有形成一个独立的学术共同体，依然嫁接在新闻传播学研究之上。

传媒经济主要的研究问题包括传媒集团化、传媒体制改革、报业市场、媒介产业化、资本运营等，可以划分为传媒经济基础理论研究领域、媒介经营管理研究领域、传媒市场与资本运营研究领域、新闻传播学中关涉

① 喻国明，丁汉青．传媒经济学：中国的学科构建［M］．北京：人民日报出版社，2016：6－12.

② 喻国明，宋美杰．中国传媒经济研究的“学术地图”：基于共引分析方法的研究探索［J］．现代传播，2012（2）：30－38.

传媒经济的研究领域，已经形成了较为清晰和集中的研究问题与领域。由于传媒经济引文量较小，所以得到的高被引文献有限，但已有的共引文献，即作为典范和知识基础被引用参考的文献大多为基础的教科书，无法充分辨析其研究进路、研究方法与研究中的价值取向。这一方面说明，我国传媒经济研究还较为基础，处于起步期，另一方面也说明目前还少有传媒经济研究者共同承认的学术成就。

第二节　传媒经济研究的视角、范式与内容

从基本的学理依据讲，传媒经济学由于集中研究报刊、广播、电视、电影、互联网及其他类型的媒介涉足的所有经济活动和引发的各种经济现象（如消费者习惯、市场结构、产品特性）而集纳为一门学科，因而传媒经济学是一门应用性学科，属于应用经济学，也就是说，传媒经济学是对经济理论和特定的实证性经济问题在所有传媒类型中的应用。对于传媒经济学来说，西方经济学是一个基础性的参照系。传媒经济学与其他经济学主要分支之间，并不存在本质的差别。

宽泛地看，传媒经济活动其实也是一个具有极大包容性的领域。具有不同学科背景、研究旨趣和方法论取向的研究者都可能找到施展身手的议题。不同的研究取向可以共存或相互补充。

传媒经济学的精确性和包容性根源于现实世界中传媒经济的重要性和多样性。传媒经济学所聚焦的领域确实存在一定的独特性，因而有专门加以研究的必要。在这个意义上，西方经济学无法完全取代传媒经济学。而从现实来看，市场经济是主要的，却不是唯一的经济组织方式。各种不同的经济体制、政治体制、法律法规体系和文化意识形态在世界各国呈现出千姿百态的形式，各种非市场力量对传媒施予了强有力的影响，因此需要在更为开阔的框架内对传媒经济加以研究。

一、传媒经济学的三种研究视角

根据应用学科强调从实际出发的指导思想，我们将传媒经济学的研究视角划分为以下三种：微观经济学视角、管理经济学视角和政治经济学视角。

（一）微观经济学视角

在西方经济学中，微观经济学又称个体经济学，是宏观经济学的对称，亦称市场经济学或价格理论。微观经济学主要以市场中的个体经济单位作为研究对象，分析个体经济单位的经济行为，包括单个生产者如何将有限的资源分配在各种商品的生产上以取得最大的利润、单个消费者如何将有限的收入分配在各种商品的消费上以获得最大的满足等。同时，微观经济学还分析单个生产者的产量、成本、使用的生产要素数量和利润如何确定，生产要素供应者的收入如

何决定，单个商品的效用、供给量、需求量和价格如何确定等内容。

微观经济学的中心理论是价格理论。微观经济学从资源稀缺这个基本概念出发，认为所有个体的行为准则在于设法利用有限的资源取得最大的收获，并由此来考察个体取得最大收获的条件。在商品与劳务市场上，作为消费者的家庭根据各种商品的不同价格进行选择，设法用有限的收入从所购买的各种商品中获得最大的效用或满足。家庭选择商品的行动必然会影响商品的价格，市场价格的变动又是厂商（企业）确定生产何种商品的信号。厂商是各种商品及服务的供给者，厂商的目的在于用最小的生产成本，得到最大的产量，获取最大限度的利润。厂商的抉择又将影响生产要素市场上的各项价格，从而影响家庭的收入。家庭和厂商的抉择均通过市场上的供求关系表现出来，通过价格变动进行协调。因此，微观经济学的任务就是研究市场机制及其作用，做均衡价格的决定，考察市场机制如何通过调节个体行为取得资源最优配置的条件与途径。微观经济学也就是关于市场机制的经济学，它以价格为分析的中心，因此也被称作价格理论。

微观经济学的一个核心思想是，完全竞争下的自由交换往往使资源得到最充分的利用，在这种情况下资源配置被认为是帕累托（Pareto）最优的。在此基础上，微观经济学充分肯定现代西方经济社会的市场机制运行及其在经济资源配置中的作用。微观经济学还认为市场失灵是市场环境摩擦的结果，要纠正失灵必须建设一个完全竞争的交易机制，这是政府如何采取干预行为与措施的理论基础。

微观经济学的发展，迄今为止大体上经历了四个阶段。第一阶段，17 世纪中期到 19 世纪中期，是早期微观经济学阶段，或者说是微观经济学的萌芽阶段。其历史渊源可追溯到亚当·斯密（Adam Smith）的《国富论》(1776)。第二阶段，19 世纪晚期到 20 世纪初叶，是新古典经济学阶段，也是微观经济学的奠定阶段。其标志是阿尔弗雷德·马歇尔（A. Marshall）的《经济学原理》(1890)。马歇尔创造性地将需求、供给曲线放入同一个坐标中，二者的交点即均衡价格——一个可以使供需双方于某时点都达到满足的平衡价格。这个简易的静态模型是所有经济学人入门的第一块敲门砖，含义简单明了且实用。根据需求、供给和均衡价格这三个基本要素，该领域衍生出了微观经济学的主要内容。第三阶段，20 世纪 30 年代到 60 年代，是微观经济学的完成阶段。英国的罗宾逊（J. Robinson）和美国的张伯伦（E. H. Chamberlin）在马歇尔的均衡价格理论的基础上，提出了厂商均衡理论，标志着微观经济学体系的最终确立。第四阶段，20 世纪 60 年代至今，是微观经济学的进一步发展、扩充和演变阶段。微观经济学已发展成为一门拥有一系列数学化概念、工具和模型的社会科学。

在凯恩斯主义的宏观经济学盛行之后，着重研究个体经济行为的经济理论就被称为微观经济学。微观经济学与宏观经济学只是研究对象有所分工，两者的立场、观点和方法并无根本分歧。两者均使用均衡分析与边际分析，在理论体系上，它们相互补充和相互依存，共同构成现代西方经济学的理论体系。

微观经济学包括的内容相当广泛，其中主要有均衡价格理论、消费者行为理论、生产者行为理论（包括生产理论、成本理论和市场均衡理论）、要素分配理论、一般均衡理论与福利经济学、市场失灵与微观经济政策等。

这里再简单介绍一下与微观经济学有密切联系的产业经济学。微观经济学侧重基本经济理论，属于理论经济学；产业经济学侧重实际应用，是相对独立的应用经济学学科。产业经济学以产业内部、企业之间的产业组织问题为研究对象，又称产业组织理论或产业组织学。

产业经济学产生于1930年，至今已有90年的历史。以1970年为界，大体上可分为前后两个阶段。

第一阶段为1930年至1970年。这一阶段产业经济学的研究方法主要有案例研究（case study）方法和计量经济学（econometrics）方法。主要代表作是贝恩（Z. Bain）于1959年发表的《产业组织论》。它是第一本系统论述产业经济学的著作，标志着产业经济学理论体系基本形成。该书出版后的20年中，几乎所有大学的经济学专业都以其作为教科书或参考书。

产业组织理论研究生产相同或具有高度替代性产品的企业之间的垄断、竞争关系，可以理解为研究某产业内企业之间的不完全竞争经济学（包括市场结构、市场行为、市场绩效等方面及其相互关系），因此它属于以微观经济学为基础的应用经济学。

第二阶段大约是从1970年至今，在这一阶段中，产业经济学在各个方面都有了较大进展。主要代表作是泰勒尔（J. Tirole）所著的《产业组织理论》（1998）。该书较为关注产业经济学的理论发展，例如企业理论、市场理论、企业间关系，以及合同与组织间关系等问题。这一阶段的产业经济学从重视市场结构转向重视企业行为的研究，而博弈论，尤其是非合作博弈理论，则是处理策略行为问题的理想方法。

产业经济学既是一门应用经济学，又有自己的理论和方法，特别是在其第二个发展阶段中，大量吸收了企业理论、交易成本经济学、法律经济学、信息经济学等有关学科的研究成果，不仅自身日趋完善，而且它所提出并得以解决的问题又丰富了微观经济理论，也带动和影响了不少其他学科的发展。例如规制经济学，可以说就是在产业经济学基础之上发展起来的。受益于产业经济学的应用性微观经济学科有劳动经济学、国际贸易、比较经济体制、发展经济学等。与产业经济学联系较多的工商管理学科有公司治理结构、市场营销学、企业战略、国际企业管理，以及公司理财学等。可见产业经济学的研究也是经济学和管理学之间的一个桥梁。

回到传媒经济学上来，微观经济学取向的传媒经济研究将传媒经济学视为微观经济学和产业经济学在传媒领域的延伸。在抽象掉传媒的一些特殊性之后，传媒机构与传媒受众的经济行为可以用微观经济学的视角加以解剖，传媒产业内部的组织问题也可以从产业经济学的角度加以研究，这一点是没有什么疑义的。

譬如，运用新古典经济学的局部均衡论分析工具，可以研究传媒经济体系中的生产和消费关系，传媒产品的生产函数分析、成本分析、生产规模分析，以及市场上的价格形成过程和资源配置过程等内容。

基于产业经济学的理论和方法，传媒经济学可以研究传媒市场的结构、变化和趋势，传媒产业的环境，产业价值链，技术进步导致的产业变革等问题，也可以细化到各种类型的传统媒介和新媒介产业。在研究分析框架上可以运用经典的产业结构-企业行为-绩效（SCP）框架，也可以运用博弈论与信息经济学等前沿性成果。① 此类研究的主要目的，是为传媒产业投资和

① 赵曙光，史宇鹏．媒介经济学［M］. 长沙：湖南人民出版社，2003：11-20.

传媒产业政策提供依据。产业经济研究有时也会与宏观经济命题有关，比如涉及广告的税收政策的制定等。

另外，随着信息化和全球化的发展，西方经济学的其他分支，如网络经济学、国际经济学，与传媒经济学研究也存在一定的关联和交叉。

在各种不同类型的分析取向中，本书的旨趣一方面在于借鉴新古典经济学的学术平台，集中研究传媒个体如何在一定的约束因素和资源条件下，选择最优化的行为，实现利润最大化的目标。这里我们假定传媒个体是追求自己最大化利益的经济人，适用于微观经济学的研究方法和分析工具，从而可以讨论需求与供给、生产与成本等问题。在此基础上，我们要展开对传媒市场结构的分析，进而探讨传媒产业在市场上的种种联盟与兼并行为，以及传媒产业管制的效率及其依据、在开放条件下的传媒产业政策等问题。

另一方面，我们并不拘泥于西方经济学的逻辑体系，也将对其他分析取向的主要观点加以吸收和整理，尤其是结合中国的传媒实践，详细讨论经济、金融以及技术、组织等力量对传媒体系、传媒行业、传媒机构的复合影响。

（二）管理经济学视角

传媒经济的本质特性集中反映在以下方面：它具有独特的商业路径和经济模式；它具有较为明显的公共性特征；它对于生产者和消费者来说，意义和价值（符号价值）功能十分突出。① 尤其是由于大众传播的重要影响及其内在的公共性、外部性特征，传媒产业对于政府管制的要求反应较为强烈。从产权的角度看，全世界都很难在传媒产业中普遍地、彻底地将它界定给私人。这无疑体现了传媒经济研究的复杂性。

因此，传媒经济学的任务，是从具有一般产业特征的传播产业、具有创造性特征的文化产业（智慧产业或创意产业）、具有公共产品特征的信息产业的实际出发，运用经济学和其他社会科学的理论与方法，来解释现实，提供方案，预测未来。传媒经济学既有经济意义，又有社会意义。

这样看来，只有微观经济学视角的传媒经济学是远远不够的。传媒经济学的根本立足点，在于其研究对象的特异性。这种特异性一方面来自传媒运作的具体过程，另一方面来自传媒的社会影响力。前者与经营管理有关，在管理学与经济学的结合点上，则是管理经济学。后者与政治、社会、文化有关，在其与经济学的结合点上，则是政治经济学。

管理经济学是应用经济学的一个分支，是微观经济学在管理实践中的应用，是经济学理论与企业管理决策的桥梁。管理经济学视角的传媒经济学研究，不仅深入传媒市场以及传媒企业内部，研究成本收益、价格等财务和金融问题，需求、供给和管理决策问题，传媒企业竞争战略问题，传媒组织的内部治理结构问题等，以使传媒机构的利润最大化，而且关注传媒经济的本质，关注传媒产业的制度安排，关注传媒经济实践中出现的各种政策、决策及其他公共议题。这些贴近前沿的研究，往往能够揭示学科的趋势和方向。

因而我们这里所说的管理经济学视角，其实囊括了管理学的一部分内容，同时与产业经济

---

① 金碚．信息技术产业与媒介经济的发展［J］．经济理论与经济管理，2002（12）：24－29．

学、制度经济学也有一定关联。

（三）政治经济学视角

政治经济学是一个内涵极其丰富的学科。“政治经济学”一词在 17 世纪已经出现，后来经历了以亚当·斯密和大卫·李嘉图为主要代表的古典政治经济学阶段、以托马斯·马尔萨斯和让-巴蒂斯特·萨伊为代表的庸俗经济学阶段、马克思主义政治经济学阶段，以及西方马克思主义阶段。在马克思主义兴起之后，西方的主流经济学经由边际革命而步入新古典阶段，发展成了今天的西方经济学。政治经济学反而被边缘化，成为字面意义上的对政治的经济学分析，以及对经济的政治学分析。

历史地看，现代西方经济学也存在不少缺陷。在现代经济学理论中，市场事实上扮演了人类社会的模板的角色。因为市场需要公共产品，所以有了政府；因为市场需要共同的规则，所以有了道德与法律，而且不断地通过竞争来筛选；人们由交易活动联系在一起，因此有了社会。然而市场的出现和完善经历了一个历史过程，在这一过程中，充满了市场与其他力量的相互作用。

20 世纪 30—40 年代以来，欧洲法兰克福学派吸收了马克思主义的批判精神，在文化工业研究中对资本主义的传播制度展开了尖锐的批判。后来，在传播学界，以赫伯特·席勒、本·巴格迪坎、文森特·莫斯可、达拉斯·斯迈思等人为代表的传播政治经济学流派，打破对于市场和资本主义的迷信，致力于解释资本和其他强势力量如何影响、限制或扭曲传媒的社会功能。此类研究的目的是维护公共利益。

政治经济学视角的研究关注诸如传播工业（传媒产业）的集中与垄断、文化影响、社会效果以及传播工业发展中的一系列问题。政治经济学者大多从经典马克思主义的学术立场出发，分析和揭示媒介的所有制结构，以及其与权势集团的利益关系。他们对传播工业的利润导向，以及受众成为商品的现象，抱有强烈的批判色彩。①

当然，政治经济学视角具有更多的意识形态属性，融合新闻传播、文化批判、政治经济等多学科理论，经济学成分并不多，更多的是对传播活动和制度的批判与修正。在某种意义上，传播政治经济学可以看成是微观经济学视角的传媒经济学的一个“校正器”。②

对传播制度和政府政策的相关研究也可以归属于政治经济学视角。这就是运用制度经济学的一些思想、方法来研究传播制度问题。中国的传媒制度、中国的文化传统和文化产业，均有独特的历史脉络。在世界潮流和中国国情之间取得了微妙平衡的渐进式改革，无疑是最近 30 年来中国制度建设的最大成就。对传媒体制改革道路的探索，更多地与中国的核心国家利益联系在一起。

政治经济学视角也开展国际比较研究，包括传媒制度的国际比较、传媒产业的国际比较、传播产品生产与消费的国际比较、跨国传媒研究等。

---

① 程静薇．传媒经济研究的三种取向［M］//昝廷全．中国传媒经济：第一辑．北京：科学出版社，2004：38-40.

② 谭天．试论我国传媒经济的研究［J］．暨南学报（哲学社会科学版），2007（1）：122-127.

二、传媒经济学的研究范式

综合皮卡德、洪浚浩和杭敏的研究①，我们将传媒经济学的研究范式分为三种——市场范式、企业范式、社会范式，分别对应着微观经济学、管理经济学、政治经济学三种研究视角，并有着不同的分析重点、核心概念和主要议题（见表1-1）。

表1-1　传媒经济学的研究范式

范式	市场范式	企业范式	社会范式
关键视角	微观经济学	管理经济学	政治经济学
其他学术基础	产业经济学、市场营销学、消费者行为学	管理学、组织理论、竞争力理论、创新理论、利基理论	制度经济学、国际经济学、传播研究、媒体研究、文化研究、全球化研究
分析重点	行业市场研究	公司研究	社会影响力研究
核心概念	需求、消费者支出、产业组织、集中化、效率和外部性、传媒行业、传播产业政策	成本结构、融资和投资、回报和决策、绩效、利基、公司组织、企业文化、企业战略、多样化	依赖性、财政承诺、质量、消费者和社会福利、传播制度、全球化、贸易平衡
主要议题	生产什么信息产品？如何生产？为谁生产？	如何决策？依据什么决策？	社会需要什么信息产品？

需要说明的是，这三种范式的划分是相当粗略的，它们彼此之间的联系其实十分密切。

另外，传媒经济学虽然有不同的研究取向，但那只是表明吸收了这些取向中的理论和方法，而不能取代那些理论和方法本身。从国内外的情况来看，从事传媒经济本质和方法的研究，对于综合把握各种社会科学的能力要求较强。反过来，此类研究对于舆论研究、社会研究、文化研究等领域，亦有较强的反哺作用。

对于绝大多数有着新闻传播学学科背景的传媒经济研究者和学生来说，传媒经济学是一门建立在别人“领地”上的学问。② 来自新闻传播学界的研究者，其研究贡献主要反映在传媒产业方面。这些研究的特点是高度熟悉新闻传播行业，同时娴熟应用产业经济学方法，其研究成果有助于公共产业政策的制定。也有一部分新闻传播学者和文化研究学者从事政治经济学批判工作，常常能够代表公众发出自己的声音。

到目前为止，来自经济学界和管理学界的学者，大部分从传媒经济活动中汲取实证素材，或开展管理经济学方面的工作，依然带有明显的应用色彩。

三、传媒经济学要解决的基本问题

传媒经济学要解决的问题有两类：一类是普遍性问题，是所有微观经济学研究都要回答的

---

① 洪浚浩，杭敏．传媒经济学［M］//鲁曙明，洪浚浩．传播学．北京：中国人民大学出版社，2007：143-145.

② 喻国明．《媒介经济学》中文版序［M］//霍斯金斯，麦克法蒂耶，费恩．媒介经济学：经济学在新媒介与传统媒介中的应用．广州：暨南大学出版社，2005.

基本问题；另一类则是特殊性问题，是传媒产业不同于其他产业的本质性问题。

（一）微观经济学的三大基本问题

传媒经济学要探讨的主要议题包括传媒生产什么信息产品，如何生产，为谁生产，如何进行生产和营销决策，依据什么决策，社会需要什么信息产品，如此等等。其中前三个问题也是微观经济学视角的传媒经济学要解决的基本问题。

通常，微观经济学被定义为研究单个经济单位如何在无限的竞争性需要中根据不同的用途对稀缺资源进行配置的科学。这句话包含着以下含义：

首先，任何个人和社会面临的核心经济问题都是稀缺问题。稀缺指的是人类的需要（wants）总是超过现实的生产能力。需要反映了个人或家庭作为消费者所产生的欲求。需要经由商品与服务来满足。需要是一个相对的概念，因为总是会有一些让人眼红的邻居或朋友，他们有能力购买一些有吸引力的东西，我们也想买但却支付不起。尽管大多数人有能力购买大量的及多种多样的其先辈做梦都想象不到的商品与服务，然而，不仅在发展中国家，即便在发达国家，也只有一少部分人有能力消费他们想要的一切。从更普遍的意义上来说，人类的需要总是无限的，满足人类需要的资源和手段则是有限的。这就是稀缺性的根源。

其次，既然存在稀缺性，人们就必须在各种方案之间做出选择。在任何社会形态下，都要进行三大类选择：生产什么、如何生产及为谁生产。

（1）生产什么。由于没有足够的资源生产出人们需要的任何东西，就要决定生产什么商品和服务，以及生产多少。例如，在电视产业中，“生产什么”这个问题不仅包括生产多少台电视机、制作多少小时的电视剧，而且包括电视机的规格、型号，电视剧的题材、风格等更为具体的生产决策。

（2）如何生产。在通常有不止一种生产某种商品的方式的情况下，各种商品如何生产出来？在生产中使用哪些资源？怎样组合？应使用资本密集型的还是劳动力密集型的生产方式？答案会因商品、企业、地域而异。适用于地方电视台采制新闻报道的资源组合，就可能与适用于国家电视台的大不相同。

（3）为谁生产。谁将会得到生产出来的有限的商品与服务？它们在消费者中如何分配？谁将会拥有和使用所生产的报纸、杂志、广播电视节目？谁将会在电影院中观看电影？谁将拥有一部无线上网的手机？如此等等。

这三类选择问题也是传媒经济学面临的基本问题。

微观经济学以西方国家相对成熟的市场经济为现实参照系。在市场经济条件下，资源配置是单个家庭（或消费者）与厂商在产品市场（product market，消费品和服务买卖的场所）和要素市场（factor market，投入买卖的场所）上交互作用过程中所做决策的结果。家庭有两种角色：他们既是商品与服务的消费者，同时又通过要素市场成为劳动的供给者（在某些情况下，也通过投资和金融活动供给资本）。相应的是，厂商向产品市场供给商品与服务，在要素市场上购买（雇用）劳动和进行其他投入。在产品市场上，资金从家庭流向厂商；在要素市场上，资金又从厂商流向家庭。

每一个家庭和厂商等经济单位基于它们各自的私利所做出的选择是理性选择。理性选择源于经济学家的假定，意即经济单位以“经济人”的方式做出行动，经济人总是追求利益最大化，会根据对于任何经济活动的成本与收益的估量，而选择相对于成本而言最大化的收益。

家庭的目标被假定为效用最大化（utility maximization）。在这里效用意味着满足。家庭以最大化他们满足程度的方式在消费品与服务中分配其收入，他们逐一挑选能带来最大化满足的工作。在后者中一个重要的因素是报酬水平，因为这会影响家庭能够购买的消费品与服务的篮子的大小。

厂商的目标被假定为利润最大化（profit maximization）。收益率决定着生产什么、产品的特征、销售价格、产量水平，以及所要采用的资源组合。

家庭和厂商分别根据效用或利润在各种备择方案中权衡成本和收益，所使用的方法是边际分析。边际成本和边际收益是指稍微多做一点或少做一点某种活动的成本和收益。如果边际收益大于边际成本，做这件事或多做这件事就是理性的；如果边际收益小于边际成本，不做这件事或少做这件事就是理性的。

说到成本，由于满足一种需要意味着牺牲另一种，因此做出每一个选择都会有成本。用经济学的术语来说，这叫作机会成本，即一种商品在生产或消费中其他方面的牺牲。机会成本通常是指其他各种牺牲中最大的牺牲。例如，将公共补贴用于多制作一部电影故事片，可能导致少为 100 名贫困大学生提供奖学金。理解机会成本概念对于明智地处理媒介问题是重要的。

在市场经济中，生产什么、如何生产以及为谁生产等资源配置问题通过如下方式予以解决：

生产什么？生产多少？这取决于家庭（作为商品和服务的消费者）在不同的价格水平上对产品的需求与厂商在不同的价格水平上供给产品的意愿。

如何生产？厂商投入的数目及组合方式取决于投入的相对价格及它们的生产效率，就是说，它们怎样有效地用于制造产品。

为谁生产？商品与服务的分配是根据家庭的支付意愿与支付能力来配给的。

市场中企业和消费者的关系是双向的，如图 1-4 所示：消费者需要商品和服务，企业供给商品和服务；消费者供给劳动等生产要素，流向企业，企业则向消费者付钱，即工资、租金、股息等，从而形成了一个收入循环流。

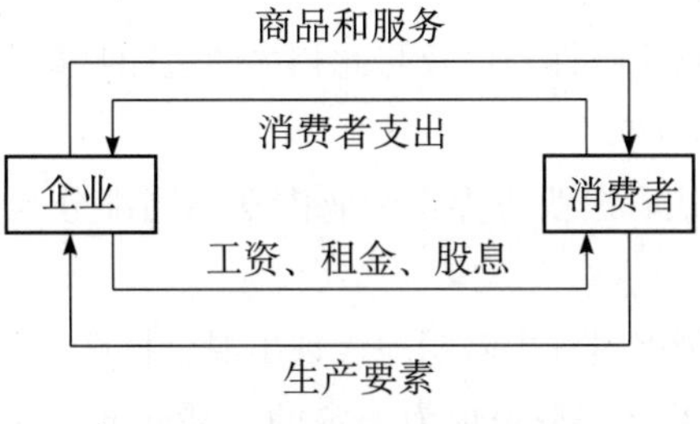

图 1-4　商品和收入流程图

商品和收入的流程图其实忽略了在经济活动中传媒所发挥的作用。传媒经济学不仅要考虑经济学对传媒的影响，也应考虑传媒对经济学的影响。传媒在不同的经济体的交易活动中，扮演着信息传播者的角色。从古代巴比伦的泥板书到现代的互联网，传媒都是交易和贸易的积极的组成部分。在这些过程中传媒的作用机理仍然是一个有待探索的领域。①

最后，对于如何给出令人满意的微观经济学三大基本问题的回答，取决于社会的目标。这些目标分为效率和公平两大类。

如果我们通过生产什么或如何生产，能够使我们当中某些人的境况变好而没有任何人损失什么（帕累托改进），或者使所有人的境况都变好，这样做就是有效率的。效率可以体现在生产中，也可以体现在消费中。效率可以通过专业化来实现。在家庭或个人的层次上，专业化提高效率是因为才华与能力各有擅长。在企业的层次上，专业化提高效率是因为分工使得企业可以用最小的成本提供商品。在国家层次上，一个国家在它拥有比较优势的商品与服务方面的专业化也会更有效率。当每种商品都以最小成本生产出来，每个人、每个企业，乃至整个国家都从其资源中获得最大收益时，就实现了经济效率。

从长期来看，商品与服务的生产会由于技术进步与资本积累而更有效率。技术进步开发出商品与服务的新的更好的生产方式。资本积累包括用作投入以制造商品与服务的资本品（capital goods）的生产。这两种因素会促进产量的增长。增长能提高生活水平，也能创造出资源来研究和解决环境问题，因而经济增长是经济体的一个重要的目标。

公平指的是以公正的方式分配收入，但是不同的人对什么是公平的看法不尽一致。

在当今世界上，纯粹的市场经济和纯粹的计划经济都十分罕见，大多数经济是混合经济，同时拥有私营和公共部门，有时还有非正式部门在起作用。不过，在大多数混合经济中，私营部门，即私有厂商生产商品与提供服务的部门，占主导地位，通过价格机制发挥资源配置的信号作用。在混合经济中，政府也可以在产业中扮演管制与补贴私有厂商的角色。

（二）传媒经济学的特殊问题

与一般的企业、产品相比较，传媒机构和传媒产品具有相当的特殊性。传媒经济学也要相应地研究带有产业特性的种种问题，包括以下方面：

（1）传媒和传媒产业的强大影响力问题。在经济实力方面，传媒机构可能不及一些大型工商企业，但是在舆论和文化的影响力方面，传媒机构要远远超过一般企业。

（2）传媒和传媒产业的公共物品特性问题。传媒和传媒产业是用于满足社会公众需要的，要按照公共利益的原则来运营。

（3）传媒信息的共享和再生特性，以及与此相关的边际收益递增问题。信息产品可以反复使用并且边际效用往往是递增的。

（4）传媒产业的盈利模式、产业边界，产业内部不同细分类型，产业外部环境与规制等问题。

事实上，传媒在生产和消费过程中鲜明地表现出混合特性。例如，它既具有物质属性，又具有精神属性。在形态上，媒介总是表现为一定的传播介质，如报纸、杂志、收音机、电视机、个人计算机和互联网等具体形式。这些传播介质是人类科技革命的产物，也需要一定的资

① TREUTLER M M，孙艺丹．感知的秩序：媒介经济学的理论方法［J］．上海大学学报，2007（1）：95－99．

金投入，是物质形态的。同时，媒介传播的内容能够影响人的精神，进而影响人的行为，因而它具有精神产品的性质。再如，它既具有公共物品属性，又具有私人物品属性。① 此外，信息技术的发展促进了不同类型媒介的汇流，传媒产业与信息产业、文化产业的边界越来越模糊不清了。

因此，传媒服从物质经济、私人物品经济、传统经济的基本规律，同时也大体符合精神经济、公共物品经济、信息经济的要求。相应地，传媒经济学既是理论经济学的推演和直接应用，也是对本行业必然拥有的与众不同的经验和特点的总结和提炼。正如经济学家科斯所做的工作一样，传媒经济学的研究完全可能由于其研究问题的特性而推动或直接带来研究方法、研究结论，乃至研究范式上的进步或革命。

总的来看，传媒经济领域内所开展的研究不管是关乎一般性问题还是关乎特殊性问题，都具有较强的应用性倾向。正如皮卡德所言："我们研究传媒经济与管理不仅仅是因为求知若饥，更是为了能够理解和说明传媒组织进行选择与决策的过程和原因。我们研究它是为了理解影响企业的各种市场力量，以及如何利用这些力量成就事业。我们研究它是为了理解消费者，以及他们在消费媒介产品时所做的决策。我们研究它是为了理解个体利益和社会利益的平衡。尤其在媒介与公共政策息息相关之时，我们还必须要意识到，个体利益并不独立于公共利益，公共利益是个体利益的凝合。当然，我们也要意识到，即便经济学能够通过各式的模型分析阐明多种决策和互动，但它并不能涵盖个人和社会决策的全部。这就像我们研究 DNA，不是为了拿小白鼠做实验，而是为了真正提高人类生存发展的质量。"②

第三节　中外传媒经济学术圈之比较：以 2003—2014 年为例

新中国成立之后，中国的传媒经济实践随着 1978 年改革开放而复苏。自此以后，中国的传媒经济研究才逐渐走上持续发展之路。而以美国为主的国外传媒经济研究则最早可追溯至 20 世纪 20 年代。这样的时间差使我们可以将国外传媒经济学术圈作为一个参照系来对待。通过对比中外传媒经济学术圈，我们希望能找到中外传媒经济学术圈的差异，并明确中国传媒经济研究进一步发展的空间。

中国传媒经济研究较集中于 21 世纪初至今。在此截取 2003—2014 年时段中西代表性学术期刊上发表的传媒经济论文并展开比较。中国方面基于中国知网学术期刊数据库，选择 2003—2014 年"新闻与传媒"学科中与传媒经济研究相关的、被引频次在 6 次及以上的 2 467 篇期刊学术论文（不包括硕博论文），将其作为研究对象。国外则以《传媒经济学刊》《国际传

---

① 皮卡德．媒介经济学：概念与问题［M］．北京：中国人民大学出版社，2005：14.

② PICARD R G. Reflections on a quarter century of JME publication ［J］. Journal of media economics，2014（4）：107－108.

媒管理学刊》和《传媒商业管理研究学刊》在2003—2014年发表的498篇学术论文（不包括书评、介绍等）为研究对象。①

基于此，可以发现中外传媒经济学术圈在以下几方面存在差异。

一、研究热点之差异

经过对关键词共词矩阵的聚类分析，2003—2014年国外的传媒经济研究可以分为八个研究热点：媒介内容研究、规制与投资、传媒市场分析、组织管理研究、策略与战略研究、媒介生产与消费研究、文化贸易研究和报网融合研究。这些热点又可以进一步归纳出四个主要的领域，即宏观市场、组织管理、世界贸易、媒体策略与战略。

国内研究以针对大众传媒整体的产业和行业研究为主，“传媒产业”“传媒市场”这些关键词频次都比较高；规制方面的研究主要集中于媒介产业化和媒介融合进程中传媒业整体的文化体制改革，以及“国家广播电视总局”的相关政策；国内的媒介消费研究相对较少；针对传媒组织内部的管理研究也比较少，缺乏像国外研究那样比较明确的研究议题；贸易研究在国内学界相对不受重视。整体来说，从研究热点来看，国内的研究热点基本能够覆盖国外研究的几大领域，其中报业研究是相对的“重头戏”，而组织管理研究和世界贸易研究则相对薄弱。

从研究对象的产业属性来看，国内研究的状态也和国外的呈现出较大差异。国内有大量的研究（57.3%）是针对大众传媒整体的分析，但在国外研究中，虽然整体性的论文也最多，但是此类研究成果的比重（24%）远远低于国内水平；报纸是国内传媒经济研究领域受到关注最多的媒介形式，其受关注程度远远高于其他媒介，但在国际领域，电视行业受到的关注度要高于报纸；中国对社交网络的关注度也要高于国外，国外对互联网的关注则要高于中国（见表1-2）。

表1-2　研究对象的产业差异

	频数（篇）	中国对该行业的关注频率	国际对该行业的关注频率
传媒业整体	59	57.3%	24.0%
报纸期刊	22	21.4%	17.1%
社交媒体	8	7.8%	0.9%
电视	6	5.8%	23.1%
互联网	4	3.9%	11.6%
通信	3	2.9%	3.4%
广播	1	1.0%	5.1%

---

① 仅以上述三本英文期刊作为西方传媒经济学术圈的代表有一定的局限性，但考虑到这三本英文期刊在国际传媒经济研究领域内的影响力及研究的可操作性，基于这三份期刊的分析结论仍在可接受范围之内。

由此比较可以看出：第一，无论中外，纸媒作为四大传媒中最早出现的媒介形式，受到研究者的关注都较多。第二，随着网络技术的兴起，新兴媒体亦受到研究者的关注。中国传媒经济学术圈更青睐社交媒体可能与微博、博客等社交媒体曾在传统媒体不可为的领域内因有相对宽松的施展空间而表现出较大的社会影响力有关。第三，与四大传统媒体相比，市场属性更为纯粹的电影与音乐产业在中国较少受到研究者的关注，这可能与中国传媒经济学术圈与新闻传播学术圈关系密切、研究者普遍与市场较为疏离有关。

二、研究范式之差异

国内的传媒经济研究更多偏向新闻传播学，对新闻传播学理论成果借鉴较多，“传播学”“人际传播”“议程设置”“意见领袖”等是国内研究的高频词。从研究范式上看，虽然基于应然角度探讨传媒经济研究的范式已有众多结论，但是从实然角度可以判断出中国传媒经济研究还没有形成明确清晰的范式。

而相比之下，国外传媒经济学研究虽然也有新闻传播学的背景，吸收了如“创新扩散”等传播学理论，但是“商业模式”“决策”“兼并与收购”“市场结构”“集中度”等均为研究高频词，经济学和管理学研究范式亦较清晰。

三、研究方法之差异

第一，研究方法类型的差异。国外研究中，实证研究略多于质化方法，最主要的实证类研究方法是问卷调查（17.4%），其他的实证类研究方法还有内容分析（4.0%）和实验法（1.0%）。而国内研究从总体来看，实证研究仍偏少。

第二，研究方法多样性的差异。国内传媒经济研究所采用的研究方法种类相对较少，消费者研究中常用的问卷调查法、管理研究中使用的深度访谈法、金融领域中使用的事件研究法在国内研究中也较少或者几乎没有使用。这说明国内的传媒经济研究更多地具有新闻传播学的学科属性，在未来的发展中也亟须吸收更多经济学和管理学的理论和方法。

第三，研究方法运用规范性的差异。受学科在发展初期不重视研究方法、不少学者未接受过系统的研究方法训练之影响，从整体来看，国内传媒经济研究所用研究方法的规范性值得商榷，主要表现在两个方面。一是“事后解释性文本”研究较多。有些研究采用大量的调查统计数据、表格，并以这些量化的资料为依据提出了自己的观点和结论，但由于没有提出理论假设并给予证明，因此只能算作“事后解释性文本”，而称不上规范的“实证研究”。二是思辨研究易落入“宏大叙事”的窠臼。无论是采用“实在论”范式的实证研究，还是采用“建构论”范式的质化研究，都包含思辨，因此传媒经济研究并不排斥哲学思辨与科学思辨。已有传媒经济研究在思辨中常招人诟病的一个原因是研究文本在理论建构上易落入“宏大叙事”的窠臼。正如社会学家米尔斯所言：“宏大理论的基本起因是开始思考的层次太一般化，以至它的实践者们无法合乎逻辑地回落到观察上来。作为宏大理论家，他们从来没有从更高的一般性回落到他们所处的历史的、结构性的情境中存在的问题。”①

上述差异在某种程度上可以说明，相比于国外的研究状态，即使是在国内传媒经济学最有影响力的论文中，研究方法的规范性与多样性仍有进一步提升的空间。传媒经济研究方法的单一与不够规范其实与研究范式的缺失密切相关。

四、研究对象所属地域之差异

中国传媒经济研究以国内为中心，国外较侧重美国。在国内影响力排名前 100 位的论文中，针对国内的研究占到了研究对象地理分布总体频次的 60%，另外有 17.3%的研究是没有特定地理区域的纯理论研究，涉及 5 个以上国家的跨国研究和有具体地理区域指向的国外研究的总体比例约为五分之一，其中美国受到的关注最多（见表 1-3）。

表 1-3 国内影响力排名前 100 位论文研究对象的地理分布

研究对象地域	频次	频率
中国国内	66	60.0%
无特指	19	17.3%
美国	12	10.9%
跨国研究	4	3.6%
新加坡	3	2.7%
英国	2	1.8%
加拿大	1	0.9%
日本	1	0.9%
俄罗斯	1	0.9%
印度	1	0.9%

国外传媒经济研究美欧并重，兼及跨国。在三本国际学刊上，论文研究对象的地理分布共涉及 30 多个国家和地区，其中对美国的研究是最多的（34.9%），其次是欧洲（29.3%），跨国研究有 7.0%。这三本国际学刊美欧并重从一个侧面反映出美欧之间的文化、经济、政治联系更为密切。

和国外传媒经济研究对比，国内传媒经济研究有以下特点：第一，中国传媒经济研究者更愿意将目光瞄准美国，对欧洲问题的关注相对较少。这当然与美国是当今世界最强大的一极有关。第二，中国传媒经济关注的国别还不够多样。造成这一现象的原因在于本研究所选中国样本为中文期刊上发表的中文论文，其作者与读者均以中国人为主。而三个国际学刊覆盖的是国际，吸引的是全世界研究者，所涉及的国别自然更多样些。

五、研究者协作程度之差异

传媒经济学作为一门交叉学科，更依赖于不同学科背景的研究者的合作。但总体来说，无

① 米尔斯．社会学的想像力［M］．北京：三联书店，2005：35.

论是国内的传媒经济研究者还是国外的传媒经济研究者之间，均没有形成比较广泛的合作网络。相比之下，国内的传媒经济研究者之间的协作意识更弱，合作规模也更有限。

在 2003—2014 年国内传媒经济研究者中，合作度（即作者总数与论文总数之比）为 0.93，论文发表的合作率（即合作的论文篇数占论文总数的比例）约为 27%，而国外传媒经济研究者的合作率约为 55%。也就是说，在国外传媒经济研究的论文中，大多数的论文是以合作形式发表的，且合作论文的比例是国内的两倍。不仅如此，国外传媒经济研究者超过两人的合作比例也远高于国内的水平（见表 1-4）。

表 1-4 单篇论文的作者人数占比

单篇论文作者数	国内研究		国外研究	
	篇数	比例	篇数	比例
1	1 802	73.0%	224	45.0%
2	574	23.3%	176	35.3%
3	71	2.9%	74	14.9%
4	14	0.6%	23	4.6%
≥5	6	0.2%	1	0.2%

总的来看，中外传媒经济学术圈受各自所处社会、文化、产业、学科等“土壤”的滋养而表现出不同的面貌。在当今全球化背景下，两个学术圈可以加强对话与交流，彼此借鉴，共同致力于传媒经济学科的发展。

【本章小结】

传媒经济学是一门应用经济学学科，经历了将近一百年的发展历程。

传媒经济学主要有三种视角：微观经济学视角、管理经济学视角和政治经济学视角。其中微观经济学视角最为基础。

微观经济学研究单个经济体怎样在无限的竞争性的需要之间，将稀缺资源在各种替代性用途中进行分配。在市场经济中，配置问题是由家庭与厂商在产品市场与要素市场上相互作用过程中所做的决策引起的。家庭与厂商被假设为按各自的私利行动，家庭试图最大化满足需求，厂商试图最大化利润。在稀缺资源配置中，价格扮演着关键的角色。

微观经济学使用实证分析和规范分析，边际分析和均衡分析，以及静态分析、比较静态分析和动态分析等方法。实证经济学关心与可观察到的经济现象有关的解释和预测。规范经济学考虑什么是应该或应当的价值判断问题。

传媒经济研究的主要范式有市场范式、企业范式和社会范式，分别对应着微观经济学、管理经济学、政治经济学三种研究视角。传媒经济学要解决的基本问题如下：“生产什么”——要生产什么商品与服务，每种生产多少；“如何生产”——怎样生产出来，要使用哪些稀缺资源，以何种组合方式生产；“为谁生产”——谁将得到生产出来的有限的商品与服务。由于传媒产品、传媒市场、传媒组织等的特殊性，传媒经济学亦面临着一系列特殊问题。

中外传媒经济学术场域有所不同。一方面，以美国为代表的国外传媒经济学术场域可为中国传媒经济学科发展提供一个参照空间；另一方面，基于中国丰富的传媒经济实践所建立的中国传媒经济学术场域亦可丰富国外传媒经济研究的范式与方法。

【思考与练习】

1. 传媒经济学是如何形成和演变的？主流经济学家对传媒经济学有哪些贡献？为什么说传媒经济学是一门应用经济学学科？
2. 传媒经济学有哪些一般问题？有哪些特殊问题？
3. 传媒经济学依托哪些学术平台和视角？存在哪些研究路径？它们之间有什么差别？
4. 请谈谈你对中外传媒经济学术圈差异的理解。
5. 请谈谈可以运用哪些方法来刻画某一领域的学术场域。
6. 为什么要研究传媒经济学？

【推荐阅读书目】

皮卡德．媒介经济学：概念与问题［M］．北京：中国人民大学出版社，2005.

道尔．理解传媒经济学［M］．北京：清华大学出版社，2004.

霍斯金斯，麦克法蒂耶，费恩．媒介经济学：经济学在新媒介与传统媒介中的应用［M］．广州：暨南大学出版社，2005.

阿尔瓦兰，等．传媒经济与管理学导论［M］．北京：清华大学出版社，2010.

亚历山大，等．媒介经济学：理论与实践：第三版［M］．北京：中国人民大学出版社，2008.

沃格尔．娱乐产业经济学：财务分析指南：第 8 版［M］．北京：中国人民大学出版社，2013.

喻国明，丁汉青．传媒经济学：中国的学科构建［M］．北京：人民日报出版社，2016.

OWEN B M，WILDMAN S S. Video economics［M］. Cambridge：Harvard University Press，1992.

第二章

影响力经济——关于传媒产业本质的经济学解读

【本章学习要点】

- 现代西方经济学分析框架在传媒经济研究中的作用
- 传媒经济在研究预设和研究重点上的特殊性
- 从注意力到影响力的转化机制
- 提升注意力资源价值的两种途径
- 传媒经济本质通过“连接一切”所表达出来的新机制与新范式

第一节　如何看待现代西方经济学分析框架在传媒经济研究中的作用

从本质上说，经济学是研究稀缺资源如何在无限的竞争性用途中进行最优化配置的学科。在以制造业为社会生产重心的工业社会，资源的稀缺主要体现在从生产维度来看的生产要素的稀缺性上，价格是实现资源优化配置的重要杠杆，也是整个西方经济学分析框架建构所围绕的核心概念。

例如，假定整个经济原来处于一般均衡状态，如果现在由于某种原因使商品X的市场供给增加，按照局部均衡分析，其价格将下降，供给量将增加；按照一般均衡分析，X商品的价格下降，会提高对其互补品的需求，降低对其替代品的需求。这样，互补品的数量和价格将上升，替代品的价格和数量将下降（假定供给曲线向右上方倾斜）。商品市场的上述变化也会影响生产要素市场，因为它导致了生产互补品的要素价格和数量的上升，同时又导致商品X的替代品的需求下降，因此又引起生产商品X的替代品的生产要素的价格和数量的下降。由于上述变换，不同生产要素的收入及收入的分配也发生变化。商品X及其互补品的投入要素的所有者因对其要素需求的增加，其收入便随着要素价格的上升而增加。商品X的替代品的投入要素的所有者因对其要素需求的减少，其收入便随要素价格的下降而减少。这些变化转而又或多或少地影响包括商品X在内的所有最终商品的需求。

这些分析在传媒经济运营的微观决策中同样适用。对于现代西方经济学在传媒经济研究中的作用，我们要从两个方面辩证地审视。

一、现代西方经济学为我们提供了相对规范的审视问题的视角、参照系和分析工具

正像经济学家钱颖一所指出的，现代西方经济学作为理论分析框架，由三个主要部分组成：视角（perspective）、参照系（reference）或基准点（benchmark）、分析工具（analytical tools）。接受现代西方经济学理论的训练，是从这三方面入手的。理解现代西方经济学的理论，也需要懂得这三个部分。

第一，现代西方经济学提供了从实际出发看问题的角度或曰"视角"。这些视角指导我们避开细枝末节，把注意力引向关键的、核心的问题。

现代西方经济学分析框架中的首要组成部分，就是对所要研究的问题或对象所处的经济环境（economic environment）做出界定。描述经济环境时，一个同等重要的问题是如何做到既清楚、准确地描述经济环境，又精练、深刻地刻画经济环境的特征，以便能抓住所要研究问题的本质。

一个现实经济环境包括众多方面，非常复杂，如果只是将环境的所有要素简单罗列，就抓不住重点，不知道哪些方面对所要研究的问题最重要，就会无法看清问题的本质，而被大量繁杂的事实淹没。为了避开细枝末节，把注意力引向最关键、核心的问题，我们需要根据所考虑的问题，对经济环境进行特征化的刻画。

第二，现代西方经济学提供了多个"参照系"或"基准点"。这些参照系本身的重要性并不在于它们是否准确无误地描述了现实，而在于建立了一些让人们更好地理解现实的标尺，就像无摩擦状态中的力学定理一样，尽管无摩擦假定显然是不现实的。

参照系的建立对任何学科的建立和发展都极为重要。我们常见到，一些记者洞察力很强，有经济头脑，写的文章又非常有感染力，然而，他们与受过现代经济学训练的经济学家的不同之处往往是若没有参照系他们的分析就会缺乏主线和深度。

第三，现代西方经济学提供了一系列强有力的"分析工具"，它们多是各种图像模型和数学模型。这种工具的力量在于用较为简明的图像和数学结构帮助我们深入分析纷繁错综的经济行为和现象。就像供需曲线图像模型，它分别以数量和价格为横、纵轴，提供了一个非常方便和多样化的分析工具。起初，经济学家用这一工具来分析局部均衡下的市场资源配置问题，后来又用它来分析政府干预市场的政策效果。不仅可用它来研究市场扭曲问题，也可用它来研究市场失灵问题和收入分配的福利分析等问题。

这三部分合在一起便构成了现代西方经济学的理论分析框架。这是一个人受现代西方经济学理论训练时所接受的核心内容，也是理解现代西方经济学的关键所在。现代西方经济学提供的这种由视角、参照系和分析工具构成的分析框架是一种科学的研究方法。

现代西方经济学并不是一些新鲜的经济学名词和概念的汇集，经济学家的工作也不是任意套用这些名词和概念，而是运用这些名词和概念所代表的分析框架来解释和理解经济行为和现象。

上述的经济学分析框架是当代在世界范围内唯一被经济学家们广泛接受的经济学范式。在这方面，经济学与其他社会科学不同。比如，社会学中没有一个主导性的范式。多元化虽然可贵，但由于缺乏一致的分析框架，学科的发展会大受局限。政治学的现状则介于经济学和社会学之间。虽然目前政治学有朝经济学方向发展的明显趋势，比如“理性选择”（rational choice）学派运用经济学的分析方法研究政治学的问题，其影响正在迅速扩大，但它在政治学中还不是唯一的范式。现代经济学趋同于一种范式，有利亦有弊，但到目前为止，经济学从中受益远远大于损失：正是经济学的这一被广泛认同和使用的分析框架，才使得经济学相对于社会学和政治学而言发展得更快，应用范围更广，影响力更大。

但是，由于具有公共产品特征、影响力经济、双重市场售卖等特点，传媒经济毕竟有着自身与众不同的产业特殊性。

最核心的一点是在“稀缺资源的配置”问题上，关注重心由要素资源的配置转向注意力资源的配置，由此“有效可支配注意力”取代价格成为传媒经济分析框架的核心概念。

二、在面对传媒产业进行经济学视角的分析时，我们不能忽略传媒行业的特殊性

（一）传媒经济研究在给定假设上的特殊性

“社会偏好结构”和“个人偏好”处在由媒介产品不断重塑的过程之中，由此带来媒介产品价值生产和价值实现上的特殊性。

经济学研究的基本方法可以归纳为 16 个字：给定假设，简化关系；放松假设，逼近现实。

在经济学的研究中，一个结果往往是多种因素的共同作用而产生的。经济学往往在假定其他条件不变的前提下，分析某个或某几个自变量对因变量的影响。显然，简化关系后得到的结论，与现实生活是有很大差距的。为了缩小差距，经济学就必须不断放松假设，用与现实状况更加接近的非理想状态取代理想状态，并分析其对研究对象的影响。

在其他领域的经济学分析中，“社会偏好结构”和“个人偏好”不变都是几乎不言自明的给定假设，而恰恰在这一点上，传媒产品与其他产品的核心差异凸显出来。

媒介传播本身就蕴含了社会偏好结构形成和改变的机制。

首先，从物质技术层面讲，不同媒介载体有着不同的可获得性、参与条件和内容偏向，形成一种过滤机制，最终对一个时代的社会集体偏好产生影响。

其次，不同媒体组织基于不同的媒体文化理念，通过其对于资讯的选择、处理、解读及整合分析等等，在传播资讯时打上各自的社会能动性的烙印，并由此对人们的认知、社会判断和社会行为产生影响。

社会偏好结构和个人偏好的不断嬗变，使媒介产品的价值衍生和价值界定呈现出属于自己的鲜明特征。

从个体层面讲，在一个较长的时间轴线上，消费某类媒介产品越多，对它的偏好和依赖就越强，单位产品为消费者带来的效用可能就越大。如经常上网的人，越是能够熟练使用各种网络工具，对网络媒体的情感和行为依赖就越强，形成所谓“网瘾”；经常看某种杂志的人，对其栏目设置、话语风格乃至专栏作家都越来越熟悉，个人偏好无形中也会向其靠拢。

从社会层面讲，一个媒介产品的价值并非内在于自身，其在空间维度上传播范围越广，引发的社会共鸣越强，其价值就越大；同时，其在时间维度上不断融入新的形式元素并循环出现，由于传播心理效应的累积性，其价值也会实现动态成长；另外，消费者经由媒介消费所形成或更新的社会心理偏好转换成为现实生活中的相关消费行为（如媒介衍生品或在媒介所提供的理想生活形态或者广告诱导下形成的消费行为）时，媒介的价值进一步得到复合延伸。

由于每一个个体的偏好不同，媒介产品价值实现的过程往往是一个随机性很高的动态过程，媒介内容消费的时间、地点、受众群范围和受众间互动关系等都可能影响最终的价值实现，并且随着传播范围和偏好结构的改变，最终的价值确认可能有一定的滞后性。

（二）传媒经济领域“稀缺资源”的界定和分析侧重点的不同

从大的意义上讲，所有拥有竞争性用途的资源都可被视为是稀缺的，但特定产业总是对某些特定资源依赖程度更高。传媒产业的特殊性在于，在现代市场经济运行过程中，支持传媒业发展所必需的有形的生产要素不难获得，真正稀缺的是当代人的“注意力”资源。因此，传媒经济领域研究的重点是，除了作为稀缺资源的“生产要素”的配置外，更重要的是稀缺注意力资源的配置问题。

因此，除了前面所介绍的借以配置生产要素的“价格”杠杆外，我们要研究的另一个重点是作为传媒经济领域衡量产品价值的通货——“有效可支配时间”。

在后文中，我们从个体消费效用、社会范围内注意力资源的配置等角度围绕传媒经济的特殊规律展开深入分析。

第二节　媒介注意力资源的配置

一、媒介消费者个体的注意力资源配置

媒介消费者面临的预算约束，除了有效可支配收入外，同时还有有效可支配注意力。由于大量媒体内容以免费或负定价形式发行，并且有效可支配收入存在着提升的可能性，而作为同一个个体，其每天的有效可支配注意力则面临着刚性约束，因此个体注意力的预算约束与优化配置是传媒经济的分析重点。

假设主体在 t 时刻面对可能由 n 种信号传达给他的外部世界图景，每一种外界信号都从主体那里获得一个一定宽度的信道，则在特定时刻 t，主体要把注意力总量 A 在这 n 种信号间进行分配。而这种分配遵循的原则也不外乎一种成本-收益的综合衡量。

所谓成本，包括为获得该外部信号所支付的金钱成本、时间精力成本和机会成本的综合；所谓收益，包括接收该信号的现时回报与预期回报的贴现。

除了支付金钱外，每一位主体的知识结构、兴趣结构与需要结构不同，其对特定信号进行解读所要花费的时间精力也不同，从特定信号获取中所获效用也自然不同。如果主体发现对信号 X_1 的注意力的边际增加可以产生比由此而放弃的信号 X_2 的注意力所产生的边际效用更大的边际效用，那么他就应当增加对信号 X_1 的注意，直到对所有信号的注意力的边际变动不再增加边际效用为止。

但是，主体会发现，在特定时刻，注意力资源配置的总体回报并非单个信号预期回报的总和。将注意力同时投放到太多信道引起“万花筒”般的信息互扰，反而可能使总体回报降至很低。因此，更为理性的做法，就是在特定时刻将注意力资源排他性地投注在某一信号或某一些彼此兼容的信号上。由此放弃的对其他信号进行关注所可能获得的收益，就是本次注意力投放的机会成本。

主体从注意力消费中得到的现时收益，包括欣喜、愉悦，也包括体验经济概念下的一些惊悚、感遇、感怀等多元情感体验；预期回报则包括获取有用信息带来的机会与金钱收益、象征性认同的建立、人际网络的搭建等。预期回报的实现往往与其他现实条件相关联，而且须对贴现方有意义。

因此，媒介要赢得主体的注意力资源，需要在三个层面做出努力：

一是尽可能捕捉机会进入主体的信道组合中，主要体现在形式要素层面，调动各种表现元素形成自身特色。

二是降低主体接触自身的各种成本，提高现时和预期回报。

降低金钱成本主要体现在价格上；降低时间精力成本主要体现在对信息的分类、梳理上，充任特定目标受众群的“信息管家”，用目标受众更易理解的语言和形态进行内容表达；降低机会成本则主要体现在传播内容与传播情景的贴合上。

提升现时回报主要体现在用目标受众偏好的风格、形态、立场、站位来定制相关内容，通过传播产品与其受众达到价值观上的认同和思想情感的共振。

三是通过自身内容帮助目标受众优化其注意力资源的配置，进而优化目标受众其他经济社会资源的配置。

在信息泛滥和信息超载的时代，“关于信息的信息”显现出更大的价值，因为它们可以帮助主体优化自身注意力资源的配置，这也正是很多辅助检索类、导航类媒介内容受欢迎的原因。在目标受众的预期回报中，媒介信息往往只是桥梁，更重要的是通过该信息优化更大范围内其他经济社会资源的配置。如通过一些新闻对外部社会图景产生总体认知，进而对相关机遇进行评估和筛选，通过广告提供的品牌品质承诺和价格促销信息等更好地配置自己的预算支出等。

在协助目标受众优化其他经济社会资源配置方面，媒介内容与广告在功能上并无本质区别，这也是我们后面要探讨的。

二、社会层面注意力资源的配置

在整个社会层面，注意力资源的总体流向结构、配置机制和变动情况，会通过牵引消费、拉动投资直接影响关联资源的流向、配置与变动。而这种社会整体层面注意力资源的配置又牵涉到社会集体偏好的结构及其变更，以及注意力资源牵引方面的社会博弈。

总体而言，某类媒介内容与社会集体偏好关联程度越高，其能吸引的社会注意力资源就越多；其与社会特定阶段特定人群需求的契合程度越高，对该人群所拥有的社会注意力资源吸引程度就越高；其所吸引的特定人群社会影响力和辐射力越强，通过关联效应引发相关社会资源流动与配置的幅度和规模就越大。

因此，在特定时点，围绕社会注意力资源牵引和配置方面的社会博弈，就体现为具有互补或替代效应的媒介内容之间的竞争。这种竞争行为在空间上体现为其在内容有效传播人群中与其他媒介内容的竞争，在时间上则体现为其在该人群每天有限的 24 小时注意力时间约束中的竞争。

对于社会层面注意力资源的配置，我们不能忽略两个方面：一是特定媒介的议程设置，二是媒介间的议程设置。

议程设置（agenda setting）的基本思想最初来源于美国新闻工作者和社会评论家沃尔特·李普曼（Walter Lippmann）。1922 年，李普曼在其经典著作《舆论学》（*Public Opinion*，又译《舆论》或《公共舆论》）中提出了他的观点，"新闻媒介影响'我们头脑中的图像'"，这成为议程设置理论的雏形。

1963 年，伯纳德·科恩（Bernard Cohen）提出了对"议程设置"最有影响力的表述："在多数时间，报界在告诉它的读者该怎样想时可能并不成功；但它在告诉它的读者该想些什么时，却是惊人地成功。"这更清楚地指出了媒介的议程设置功能。

1968 年，美国北卡罗来纳州的两位研究人员马克斯韦尔·麦克姆斯（Maxwell Mocombs）和唐纳德·肖（Donald Shaw）对李普曼的思想进行了实证性研究。他们对 1968 年美国总统选举期间传播媒介的选举报道对选民的影响进行了调查分析，并于 1972 年在《舆论季刊》上发表了论文《大众传播的议程设置功能》，作为他们研究的总结。其主要含义是：大众媒介注意某些问题而忽略另一些问题的做法本身就可以影响公众舆论，而人们一般倾向于了解大众媒介注意的那些问题，并采用大众媒介为这些问题所确定的优先次序来确定自己对这些问题的关注程度。他们的研究标志着一个新的传播效果理论——"议程设置理论"——的诞生。这个理论分为两个方面：一个方面是议题从媒介议程向公众议程传播的过程，另一个方面是公众在头脑中形成这些议题和对象时新闻媒介所起的作用。

《新闻学大辞典》将议程设置理论解释为："由马克斯韦尔·麦克姆斯和唐纳德·肖于 1972 年提出。……核心观点是：大众传播媒介在一定阶段内对某个事件和社会问题的突出报道会引起公众的普遍关心和重视，进而成为社会舆论讨论的中心议题。"美国学者沃纳·塞佛林（Werner J. Severin）和小詹姆斯·坦卡德（James W. Tankard，Jr.）在其《传播理论：起源、方法与应用》一书中，对议程设置理论提出了较为理性的认识，认为"媒介的议程设置功能就是指媒介的这样一种能力：通过反复播出某类新闻报道，强化该话题在公众心目中的重要程度"。而在我国学者郭庆光教授的《传播学教程》一书中，他认为议程设置的中心思想是，大众传播具有一种为公众设置"议事日程"的功能，传媒的新闻报道和信息传达活动以赋予各种"议题"不同程度的显著性的方式，影响着人们对周围世界的"大事"及其重要性的判断 。

根据麦克姆斯和肖的研究，媒介的议程设置效果还要受公众与媒介的接触频率、公众对媒介的需要程度、当时人际交流的情况、不同公众的兴趣等因素的影响。而且，人际交流和亲身观察以及很多具体情况也会增强或减弱媒介议程设置的效果。另外一些学者通过研究发现，时间在媒介的议程设置中也是一个重要的因素，媒介议程设置的效果并不是立即出现的，一般都是在新闻报道发出几周之后才会产生。同时，公众对信息的接收量一般是有一定限度的，过多的议程往往会削弱媒介议程设置的效果。麦克姆斯和肖的一项研究发现，一定时期内公众的议事日程中不能超过 5 至 7 个议题，否则受众就会忽略很多媒介认为重要的议题。

就特定媒介的议程设置而言，要注意对海量信息的遴选把关与信息资源的合理配置。首先，信息资源的无限性与媒介容量的有限性的矛盾，决定了传播者对信息必然有所取舍、搭配、整合，以符合世界的本来面貌；其次，传播者的主观立场及目的性与信息内容的客观性的矛盾，决定了传播者要对信息把关，使之符合自己的目的。大千世界，信息如潮，但在某一节目时段或版面上安排什么内容进入下一阶段的传播，就需要记者、编辑的配置。哪些信息有传播价值？用什么形式来传播？这些都是配置的体现。在某一特定的时间内，只能有一定限量的信息通过媒介这个“独木桥”。如约翰·奈斯比特所言：“简而言之，因为报纸的‘新闻洞’是个有一定之规的系统。为了从经济上考虑，报纸上刊登新闻的版面大小在一定时间之内不会有很大的变化。所以，当报道一件新事情时，就必须略去一件或数件其他的事情。要想加上一点东西，就必须减去一些东西，这是一个在有一定之规的封闭系统中的强迫性选择。新闻报道的过程就是一个在封闭系统里的强迫性选择。”① 这种因媒介渠道有限而必须对传播内容进行强迫性的定量选择的情况，有人称之为“新闻洞”理论。

与此同时，一个人在某一时间内接收的信息并不是越多越好，适当的信息量有助于提高信息传播的有效传通量。传播学的研究表明，信息的有效传通量并不是与信息的条数成正比的。现代心理学的研究表明，人们在同一时间内能够接收和理解的事物一定是非常有限的。人们接收信息的渠道容量是有限的，这就是说在接收者身上也存在一个“新闻洞”。人们接收信息主要是通过听觉渠道和视觉渠道，过量的信息刺激会造成听觉和视觉的疲劳。接收渠道的拥挤，容易导致信息的堵塞，接收效果不好。读者自己面对众多信息资源时，也会有所选择和安排，这也是一种潜在的配置。

“新闻洞”的存在，决定了能通过“新闻洞”的信息应该是最有价值的信息。媒介产品在空间上表现为各类内容的集合，在时间上表现为一个连续发展的过程。这种空间上的集合和时间上的发展并不是随意的、简单的堆积，而是一种定向的形态，即按照一定的意图来选择、组织这种集合和发展的可能性，使其尽量指向一定的目标，把社会注意力资源往对社会和受众最有价值的方向牵引。

根据美国学者休梅克（Pamela Shoemaker）和瑞斯（Stephen Reese）的总结研究，新闻媒体之间存在相互依赖关系，各媒体制作的新闻有很大的相似性，这被称为“团体性思维”（pack mentality）。根据丹尼利恩（Danielian）和瑞斯的研究，有些媒介议程是媒介间相互设定的，称为“媒介间的议程设定”（intermedia agenda setting）。这时的议程设置理论研究结合

① 奈斯比特．大趋势：改变我们生活的十个新方向［M］．北京：中国社会科学出版社，1984：4.

了媒介建构社会真实的假设，整合出议程建构(agenda-building) 理论，成为议程设置理论的研究新取向。议程建构理论使得议程设置研究不再局限于“媒介议题设定了公共议题”这一视角，而是将一个完整的议程建构过程视为媒介议题、公众议题、政策议题(policy agenda) 三者的互动历程。

曾经有学者以“扳机效应”（triggering device）来形容媒介间的议程传散现象，即“媒介议题会牵动媒介议题，让发展中的新闻事件成为大家炒作、关心的焦点”。媒介议题不仅仅会影响受众对事件重要性的认知，还会影响其他媒介对事件重要性的认知。

那么媒介是如何影响媒介的呢？纽曼（Noelle Neumann）等学者在研究 1968 年伦敦的反越战示威时发现有“媒介意见领袖”的存在，即某些媒介最先报道相关新闻后，其他媒介跟进报道。这些媒介所报道的内容，也被其他媒介采纳，形成连锁反应。扮演意见领袖的媒介通常是传统的建制媒介（established media，如《泰晤士报》《卫报》），跟进的媒介是另类媒介（alternative media)，这种议题流动方式被称为“共鸣效果”(consonance effect)。

1991 年，马瑟（Mather）等学者在研究中则发现了与“共鸣效果”相反的议题流向。这个在德国进行的关于“反对议题”(counter-issues) 的研究，发现“反对议题”可能由另类媒介引入建制媒介的视野，这种由另类媒介流向建制媒介的方式被称为“溢散效果”(spill-over effect)。

不管是共鸣效果还是溢散效果，媒介间议程设置对于社会注意力资源的流向和配置的效用都是非常大的。即使是新闻价值相仿的事件，也由于初始媒介关注度不同、其后不同媒介通过对新闻事件的多方位挖掘彼此设置议程关联互动程度不同，最终所凝聚起来的社会注意力资源可能相差很远，“马太效应”在这里再度体现出来。

以“芙蓉姐姐”事件所引发的媒介关注为例，尽管后来又出现过“菊花妹妹”“石榴哥哥”等类似人物，但芙蓉姐姐始终高居榜首，在这类人物中间的受关注程度无可撼动。不同媒介对“芙蓉姐姐”不断进行后续报道和强化的结果，使这一人物超出了个体自身的特质而上升为一种类型化的符号，其他同类人物则沦为这一符号类型下的个体化延伸。

三、注意力资源配置对于社会资源配置的乘数效应

需要强调的一点是，社会注意力资源在媒介牵引下流向不同的焦点领域，其对社会资源配置所引发的“乘数效应”是不同的。

乘数效应（multiplier effect）原本是宏观经济学的一个概念，系指支出的变化导致经济总需求与其不成比例的变化。其原理在于，一个变量的变化以乘数加速度方式引起最终量的增加。

举一个简单的例子：

> 一群无法无天的小流氓砸碎了一家商店的橱窗后逃之夭夭。店主自认倒霉，只好花 1 000 元买了一块玻璃换上。这个时候，一个经济学家走过来，说要恭喜店主。正在窝火的店主见有人说风凉话，非常气愤。这位经济学家不慌不忙，一番解释，居然让店主目瞪口呆：店主花钱购置玻璃，玻璃店老板因为商店橱窗的损失得到 1 000 元收入。假设他支出其中的 80%即 800 元用于买衣服，服装店老板得到 800 元收入。再假设服装店老板用这

笔收入的80%即640元用于买食物，食品店老板得到640元收入。他又把这640元中的80%用于支出……如此下去，最初是商店老板支出1 000元，但经过不同行业老板的收入与支出行为之后，所有人的总收入增加了5 000元，拉动了整个社会需求的增加。

在影响力经济时代，不同的人物、事件或领域与社会生活的关联程度不同，社会辐射力和社会资源动员能力不同，其所吸引的同等规模的社会注意力资源引发的社会偏好变动、需求变更和要素配置方面的关联效应也是不一样的。姚明和“芙蓉姐姐”同为能够大规模吸纳社会注意力资源的焦点人物，但他们如果同时代言某体育商品，则对于人们消费心理偏好和消费行为改变的影响力显然是不同的，因为姚明与体育用品领域的关联程度更高，社会辐射力更强，美誉度也更高，消费者会无形中把对姚明的喜好与信任转移到相关体育品牌上。

第三节 从注意力到影响力的转化机制

以上从个体和社会层面对注意力资源的配置做出了剖析。在一个信息超载的时代，人们能够用来接收信息的注意力资源和处理信息的心智资源显示出了其稀缺性。现代社会信息资源和注意力资源的不对称性越加剧，争夺注意力资源的竞争就越激烈。但是，单纯的注意力资源凝聚并不足以产生对目标受众群体乃至社会的影响力。

学者喻国明认为，传媒对于市场的真正价值在于，它在多大程度上成为其所凝聚的那群具有某种社会行动能力的人了解社会、判断社会乃至做出决策、付诸实践的信息来源和资讯“支点”。换言之，传媒作为一项产业的市场价值在于，它能够在多大程度上影响它的受众，并且这种对于受众的影响力能够在多大程度上进一步地影响社会进程、影响社会决策、影响市场消费和影响人们的社会行为。

无论是媒介内容还是广告，其本质都是通过特定的传播过程凝聚起相关的社会注意力资源，再把这种注意力资源转换为社会行动或者消费层面的影响力。

就媒介资讯内容而言，从吸纳凝聚社会注意力资源到媒介影响力的真正发挥，其总是与这个时代的人们更好地认识世界、改造世界的社会主流要求联系在一起的。

认知心理学的研究表明，人们在接收外来信息时，绝不会让各种信息杂乱无章、互不相关地进入大脑，而是立即将其组织起来，赋予意义。并且，这种意义的赋予不会是抛开其原有的关于事物的整体认识去简单地“就事论事”，而总是将个别事物置于事物整体的认知结构和认知框架之下进行定位、“释义”和理解。所谓“文化地图”是一种形象的比喻，指的正是人们的头脑中为每一条外来信息进行价值“释义”的意义定位系统。它的客观有效性取决于外来信息的性质与人们已有经验（主要包括以人生阅历为代表的直接经验和以书本知识为代表的间接经验）的范围及其质量的契合程度：当外来信息的性质在相当大的程度上落入人们的经验范围之内且人们理解此类信息的经验结构的质量水平比较高时，人们化解这类信息客观意蕴的“释义”质量就比较高；反之，当外来信息在相当大的程度上超出了人们的经验范围，或者人们理解这类信息的经验结构的质量水平比较低时，人们对这类信息的“释义”质量就比较低，化解其客观意蕴的水平就较差。

当人们的社会化程度（所谓人的社会化程度指的是一个人的有效生存和发展在多大程度上、多大范围内对于其他人的依赖程度）相对较低时，人们所面对的绝大多数外来信息是在其已有的经验范围之内的，人们对于媒介环境守望的要求就是一种信息告知。尽管新闻媒介的客观报道如同李普曼在《舆论学》一书中所描述的“像探照灯的光束一样不停地照来照去”，把新闻事件以片段的、支离破碎和互不联系的方式带进人们的视野中，人们仍然可以借助于个人头脑中的“文化地图”很好地对这些外来信息的意义进行有效的化解和释义。在这种情况下，传播者只要简要地交代清楚何人（who）、何事（what）、何时（when）、何地（where）、何故（why）以及如何（how），无须传播者的解说和评论，人们就能“自然而然地”理解所报道事实的意义以及它可能对人的影响。这种事实表白的“自动性”实际上是建立在人们所拥有的“文化地图”的有效性的基础上的。

但是，随着人类生活的社会化程度极大提高（所谓“地球村”便是这种情形的形象性的比喻），急遽变动的社会现实将呈“爆炸”态势的海量信息一股脑儿地呈现在人们面前，越来越多的外来信息就其性质而言已大大地超出了人们头脑中“文化地图”的有效定义范围，因此，一个个片段的、支离破碎和互不联系的客观报道再也无法在人们的头脑中构成关于周围世界真实图景的有效认知。当 20 世纪 30 年代世界性的经济大恐慌以一种在客观报道的视野中全无先兆、突如其来的方式降临的时候，人们便再也不相信事实会自动“表白”了，就如同在一个陌生之地，我们对自己凭着老经验的定位行动能力失去自信一样。于是，人们强烈地需要专业人士为那些超出自己经验范围的新闻事件提供有关确定其意义方位的“文化地图”。这种强大的社会需要，要求媒体为受众编制有关新闻事件的“文化地图”，从总体的联系和结构上把握新闻事实，把新闻事实“还原”到其现实的社会联系和社会发展中去。换言之，以现实问题的解释分析为核心，为呈“点”状分布的有关新闻事实编织出一个正确地确定其社会位置的经纬度坐标系来。

就媒介广告而言，学者周笑曾提到过媒介的“序参数效应”这一概念，“除了生活必需品外，实物商品的需求是不连贯的，各类实物商品的需求之间也缺乏内在的必然联系，因此实物商品的消费也就无法给消费者带来持续增长的效用和收益。然而，媒介的序参数作用是人类社会的一种自觉要求。提供特定信息和情绪体验的媒介内容产品的本质是塑造人类社会的集体记忆和共同意志，这是社会整体和社会个体的一致性需求，不仅有连贯性，而且始终存在着将所有内容商品的需求联合成统一体的内在趋势”。

正是媒介的这种“序参数效应”，将偶发事件、个体行为或单次商品消费纳入社会符号意义系统，同新闻资讯一样变成人们文化心理地图上的“地点”。通过媒介为商品“赋值”，单个商品可以获得远大于其实际使用功能的符号价值，这种符号价值在交换过程中就可以体现出来。可以说，媒介在产业化运作过程中所表现出的产业亲和力和资源涵化力，很大程度上就是基于这种“序参数效应”。

现代人生活于一个媒介化的社会，媒介接触无处不在。娱乐情思类媒介内容作为生活的直观展示窗口，结合人们特定的生活情景、生活方式和情态心态，将人类由心所生发出的符号意义秩序寄托到特定物品与生活方式中去；广告则在商业利益的驱动下，通过商品功能与社会意义的关联与置换，于物质丰盛中刻意制造意义匮乏，再将人们社会生活中的意义匮乏感用符号化了的商品来补偿和填充。

就从注意力到影响力的转化机制而言，广告与媒介内容在本质上是没有差别的，这是我们后文分析的一个基点。基于这一点，传媒经济领域目前仍占据主流地位的商业模式——广告支撑型模式，在媒介产品所面对的两个市场——受众市场和广告市场——之间，有了真正的内在相关性。后面我们引入传媒经济分析中的一个基本通货——受众有效可支配注意力，以其在两种媒介产品（内容和广告）之间的分配和关联作为分析的基础。

第四节　受众有效可支配注意力——媒介影响力建构的核心与前提

从受众注意力的凝聚到媒介影响力的发挥，都是以受众有效可支配注意力的投入为前提的。

从个体层面而言，受众的有效可支配注意力是其进行媒介消费时的预算约束；从社会层面说，它在空间上的规模性凝聚和在时间上的延展积累又是传媒建构和实现影响力的基础。它既是受众用以“购买”某些媒介内容产品所花费的“成本”，又是媒介通过对其进行规模化凝聚和细分化梳理后出售给广告主的“商品”。它在媒介内容与广告之间进行分配，这种分配有时体现为排他竞争性的（如报纸的新闻内容与分类广告），有时又体现为融合共生的（如电影《天下无贼》中的手机植入广告，其本身也是构成情节的重要部分）。

媒介产品作为一种特殊的精神文化产品，因为受众前偏好结构的存在和接受心理、接受能力、接受情景的不同，其最终的传播和说服效果可能大相径庭。因此，对于受众的有效可支配注意力资源的配置，我们不能简单用一个时间标准进行量化对比观照，内容与广告传播的情景适用性、彼此干扰性、内部整合性和外部关联性等因素都必须被纳入分析视野。

> 2006年6月9日，当亿万网民登录QQ.com浏览世界杯报道时，人们惊奇地发现腾讯世界杯频道悄然更名为“润洁2006德国世界杯”。当用户开启自己的QQ时，他熟悉的系统消息窗口自动送出“润洁提醒您关注××比赛”的字样。最重要的是，在这个平台上，腾讯推出了专门的2006年世界杯迷你首页，新增了一屏专门为世界杯量身打造的页面，将世界杯相关资讯推送至网友桌面，在迷你首页的黄金位置，“润洁”的字样与内容紧密结合。
>
> 特别值得注意的是，集中在15～35岁的世界杯球迷正是润洁的目标用户，他们熬夜看球、经常上网的习惯又为润洁功能与世界杯内容的顺利衔接打下良好基础，使得广告指向性精准，反馈直接。在这里，无论是媒体目标用户与产品目标用户群的重合度，还是广告投放时机与目标用户情景需求的合宜度都有了一个完美的结合。

无论是电视频道、报纸版面还是网络主页，都不仅代表特定的传播通道，同时也代表了特定的内容与广告产品的组合。作为媒介产品的组合销售载体，拥有免费或低价搭售其他注意力产品的便利。而受众对于所搭售注意力产品的关注度和卷入度则取决于该产品与受众的兴趣关联度以及规避成本与接受成本之间的对比衡量。

以电视媒体为例，电视频道以广告主付费播放商业广告的形式来偿付受众被迫收看广告的损失，同时也为电视媒体运作支付运作成本，使得免费的电视内容节目成为可能。如果把所有电视节目都视为受众有效可支配注意力分配的对象，那么电视广告不过是一种目的性有别于一般节目形态的媒介产品。其本质目的不是以一种强迫视听的信息传播方式简单告知，而是实际消费偏好的改变和消费行为的发生，亦即媒介序参数效应的实现。因此，广告发布的时间、长度和频率都不过是决定广告效果的众多因素之一，广告产品在形式上的亲和力、创新性，对于所推介商品品牌价值主张的提炼与表达，以及所吸引受众与广告播出期间电视内容节目受众群的重合度、情景合宜度，节目编排与受众群生活节律的吻合度等都是要考虑的因素。

台湾东森购物频道堪称这方面的一个典范。

> 1999 年 8 月，台湾东森媒体科技集团推出东森首个购物台——东森购物 1 台，也叫东森得易购（下文简称东森购物）。现有 5 个频道，会员 250 万，年营业收入 5 年增长近 60 倍。
>
> 东森购物的 5 个频道基本都是 24 小时现场直播，销售的商品均以节目形式出现，并按照分类的不同放在不同的栏目中播出。每个频道有 10 个左右的节目贯穿全天，基本没有重播。节目时长一般为 2 小时，但也会根据现场销售情况随时决定延长或缩减。
>
> 根据各自定位，每个频道会相应推出和所展示商品风格相近的栏目。定位为综合商品销售的购物 1 台拥有包括《时尚精品馆》《生活高手》《3C 信息馆》《精品嘉年华》《台长推荐》《东森名品馆》等在内的 10 多个栏目。《时尚精品馆》大多展示时尚服饰、珠宝等，《全民购物节》侧重于全家性的商品，《婆婆妈妈照过来》多是家庭妇女喜爱的商品，《流行新风潮》代表最新流行趋势等。定位为旅游商品销售为主的购物 3 台则推出《旅游全精选》《旅游玩家》等栏目。在有限时间内安排多元商品，创造最大营业额，是购物台面对的最大课题。东森购物台的做法是，根据不同时段的收视族群，将节目分成不同时段，出售不同商品。白天妇女观众多，就主卖保养化妆品、珠宝首饰或服饰等女性商品；晚上 7 时至 11 时的黄金时段，因收视群扩大至夫妻或全家，就专卖 3C 用品、家电或家具等单价较高的主力商品。
>
> 东森购物销售的产品以整个台湾为对象，项目多达一万多项。根据商品的特性与价位，东森购物规划出每个商品所需销售时间的长短。高单价或功能复杂的商品，如 3C 用品、大家电等就用较长的时间解说与实际操作展示；而单价低或功能简单的商品，如衣服、袜子等，则只要 30 分钟就更换其他商品上场。

在这一案例中，东森购物通过有针对性的栏目设置与时段编排将台湾受众群的注意力资源进行有效梳理和划分，并提供具有针对性的产品推介，将这种稀缺资源有效转化为现实的消费偏好与购买力。

第五节　提升注意力资源价值的两种途径

对于特定个体来说，其可用于媒介产品消费的注意力资源好像是一个具有硬预算约束的常量，而事实并不尽然。通过发挥的媒介社会能动性，不管是对于受众个人还是社会层面上的受众群体而言，其注意力资源的价值都存在着大幅挖掘和提升的可能。

第一，通过受众媒介接触行为与日常生活的彼此渗透，提高有效可支配注意力的时间长度。

传统的媒介概念局限于报纸、广播、电视、网络等几大类，但从一种“泛媒介”的视角出发，所有以某种载体形态承载和传播一定符号意义信息，在人们有意识或无意识的接触过程中产生告知乃至说服效果的物质载体和相关传播动态流程，我们都可以称之为媒介。“泛媒介时代”带来的是一种深层的媒介理念变更。在泛媒介时代，不仅像公交视频广告、卖场视频广告这一类广告媒介产品把人们原来用于其他生活安排的非媒介消费时间通过兼容性的处理同时转化成为媒介消费时间，拓展了受众用于媒介消费的有效可支配注意力的时间平台，与此同时，还有与某类生活情态相关的符号指涉与偏好培育过程，我们都可以将其视为一种泛媒介的传播过程。例如，现代时尚的流行往往不是局限于某一单个产品而是体现为某种风格、潮流，除了在几大传统媒介载体上的宣传推介外，其作为一种符号形态在人们生活中无处不在地渗透和无意识关注也起到了强化推动作用。

在这一媒介理念下，广告信息和其他媒介内容的传播都有了更广的媒介出口。例如：

> 当前市面上出现的“地图媒介”，把原本用于交通信息检索的地图当成是特定的广告宣传载体，“交通道路旅游图”“汽车门店专版地图”等专门种类地图不仅可以对广告客户所需展示的内容进行一定的强化，而且不同专版地图的功能细分与强调本身也是对地图读者人群细分的一个工具，可以为其他类型的广告客户提供更富针对性的广告投放版位。某些餐馆在人们点餐之后等餐的间歇，提供印有自家菜式、都市游玩资讯的小册子，把人们这些原本闲置的碎片化注意力资源开发成为广告时段。有些商家赠送的印有某些商品或品牌广告的遮阳伞与T恤衫成为都市街头流动的风景，也都是通过另类途径使受众的媒介接触行为与日常生活更紧密地渗透交融。

第二，通过提升内容与广告之间的内在关联性及其与传播环境在培育社会偏好过程中的内在一致性，提高媒体所凝聚的有效可支配注意力的使用效果。

在相当长的时间里，媒介内容与广告的关心体现为一种彼此的分立，受众投入广告消耗掉的那部分注意力资源排他性地减少了在时间预算约束下对内容产品的消费，因此广告成为不受欢迎的规避对象。即使作为一种注意力资源的搭售品未被规避，内容与广告之间彼此不相关联，它们对社会偏好的触及范围不同，互相之间也未能构成助力，最终的有效说服程度也会打折扣。

随着传播模式中受众主权的增强，原来建立在单向、大规模传播基础上的媒介二元售卖模式受到冲击，越来越多的受众付费自主选择内容产品，不再给硬性广告以存在空间，传统的硬性广告空间逐渐缩小。媒介消费的个性化、差异化使广告空间变得琐碎，而信息生产和消费的融合化又导致广告空间的模糊，这就要求广告手段多样化，并且以融合化的沟通模式来应对广告空间的模式，由此带来广告行业的生产形态向融合化的生产形态转变。

在新的媒介时代，原来的“单向推送式”传播转变为“参与式接收”，媒介受众对于魔弹式的告知性广告信息兴趣减弱，广告活动已经进入一个更高层级——沟通性阶段，受众将自己的观念和意志注入产品和品牌的设计传播中，在深度参与中不断推动自身的期待价值与品牌价值的交互、积累和变换。这要求根据不同的媒介终端的应用属性，将信息内容有机融合进来。因为不同的媒介在应用的场合、时间、目的、氛围上是不一样的，这时候就需要将广告信息内容以不同的表达方式、内容、角度、诉求、风格等分别与属性适合的媒介终端进行结合。

在运作方式上，可以从时间和空间两个维度来进行广告载体和广告信息的匹配融合。例如在时间轴上，一天中的不同时段，受众所使用的媒介终端和所需要的媒介信息是不一样的。早上是报纸、手机，上午、中午是互联网，下午是互联网、手机，晚上是现场、电视等。不同的媒介载体和信息又可以运用不同的广告方式：硬广告、置入式广告、点播广告等。在空间轴上，不同的终端适用于不同的场合和氛围，这个时候广告就可以和不同的信息融合在一起进行传播。不同环境下信息的享用方式和氛围不同，接收心理也就不同，所以就需要不同的广告分支信息与之匹配，从而形成一个完整的融合传播体系。

广告业要创造性地通过融合营销传播联结起广告主和消费者，一方面需要与广告主的营销活动相融合，另一方面需要与各种终端媒介的信息服务相融合，才可能有机地将广告主的营销目标信息传递给消费者并产生效果。这使得对广告业服务范畴的要求发生了变化。在以大众媒体为主的广告时代，广告业是以代理媒体时段、版面为业务范畴的，而到了媒介融合时代，广告业需要面对整个媒介空间来整合各种媒介终端和融合应用广告信息，即单纯的广告代理已不能满足广告主和媒介的需求，作为广告主和媒介之间桥梁的广告业必须变革自己的服务形态才能重新寻求到核心竞争力。

广告主除了继续强化应用传统的单向硬性广告方式外，还应该积极向媒介内容领域寻求新的载体，通过软性的方式传播企业、品牌、产品信息，其中以体验性和交互性为特征。广告和娱乐结合在一起的新型方式“广告娱乐”（advertainment）由此兴起，即广告信息与媒体内容信息相融合的“置入式广告”成为重要的广告方式，娱乐成为广告的载体，广告也成为娱乐的一种形式。

【知识窗】 案例链接：置入式广告的运用[①]

2004年3月23日，育碧软件和索尼爱立信（简称“索爱”）宣布，在发行的《分裂细胞：明日潘多拉》（Splinter Cell：Pandora Tomorrow）中，索爱具有强大功能的手机P900

① http：//news.xinhuanet.com/it/2004-04/28/content_1445163.htm.

（国内版本叫作P908）将会在游戏中作为一种道具登场。

《分裂细胞：明日潘多拉》中的一个关卡任务是要求玩家去拍摄恐怖组织头目Soth的相片，此时游戏的主角Sam Fisher所采用的拍摄工具就是索爱的P900手机，玩家在Xbox和PC平台上都可以清晰地看出P900的模型。

P900是索爱新近推出的一款融合了通信、摄影、PDA功能的强大手机，而这一切条件都符合《分裂细胞：明日潘多拉》中道具使用的要求，所以育碧采取和索爱合作的模式，把现实中的手机引入游戏中去，让玩家在无形中接受并对所宣传的产品产生兴趣，这一全新的游戏合作模式无疑有着媒体广告不可比拟的优势和效用，受到了许多厂商的广泛关注。

置入式广告的好处在于，它可以令观众在不经意、低涉入的情况下，建构起对商品的潜意识知觉。由于观众对广告有天生的抵触心理，把商品融入剧情的做法往往比直接诉求的效果好得多。台湾今生金饰在《流星花园》中置入"流星钻戒"后，该公司的"流星"系列商品两个月内便完成了一个季度的营业额。

与电影、电视相比，游戏独具的互动性令它可以更好地发挥置入式广告的优势。消费者不再是被动地接收商品的信息，而是主动地与被宣传商品产生交互。被置入的商品信息，可以是静态的摆设，比如《虎胆龙威：广场风云》中照明用的Zippo打火机，《超级猴子球》中都被贴上了美国多尔食品公司商标的香蕉；也可以是游戏人物所使用的道具，像《古墓丽影》中劳拉使用的爱立信手机等；也可以是游戏中的互动场景，比如《莎木》里各类真实的香港知名商店、《疯狂的士》（Crazy Taxi）内的必胜客就属于该类；而更多的则是体育类游戏中形形色色的广告标牌，比方球员身上的商标、车身上的Logo、足球场周围的滚动广告牌、赛车道两旁的挡板等等。

一方面，消费者对于媒介的运用要求变得多样、复杂，广告信息接收模式已不是原来的"单一承载式"，而是消费者接收从各种缝隙中传来的信息，再经过自我融合，从而形成"碎片融合式"的融合效应。另一方面，企业的竞争进一步升级，需要依靠信息传播来构筑竞争优势，广告主对于营销信息的传播要求会更高。在要求变得都很苛刻的广告主和媒介消费者之间，广告行业只有创造性地应用媒体和创造信息才能将双方密切对接起来。而在数字时代，技术赋予了广告行业在面向这三块领域时的一个因为"共通"从而形成系统性核心竞争力的手段——数据。如果能同时拥有媒介终端消费者的数据库和面向企业营销的关于市场和竞争状况的数据库的话，基于这两个数据库的分析得出企业的广告目标和消费者的行为特征，进而来寻求适合的媒介终端，并且创造性地运用该终端媒介，再创造性地生产广告信息，并创造性地以融合的方式将广告信息传递出去，最广泛地接触目标受众群体并最深刻地改变目标受众的认知，这就是媒介融合时代广告行业的业务核心。基于企业营销的数据库和基于消费者行为的数据库而形成的系统性数据库是媒介融合时代广告行业的核心实体生产资源。

第六节　在注意力资源争夺中不同媒介载体的优势对比与替代性分析

我们生活在一个多种媒介共存的时代，不同性质的媒介之间的竞争关系如何？这取决于我们对于媒介市场的定义和对于市场分类的口径。如是按照地理区域来划分，还是按照人口统计学特征进行人群划分？在特定市场中，它们的可替代程度如何？在整合传播中又有哪些互补优势？①

虽然各种类型的媒介在提供资讯和娱乐方面有相似之处，但报纸、电视、广播、杂志、书籍、电影、音像制品等不同媒介各自关注的是受众迥然不同的需要层面，受众也以截然不同的方式使用和利用这些媒介，其在功能上是不能够完全替换的。例如，传统的纸质媒体尤其是杂志偏重于深度逻辑思维，在媒介生态的重新定位中越来越朝精英媒体的方向发展，电视媒体因其传播的声像直观性和使用上的便捷低廉性更适合作为大众化娱乐传播平台，网络则以其互动性、受众主权和良好的媒介体验适合提供更为个性化的媒介需求满足服务。

受众与不同媒介之间的关系不仅仅由使用来决定，因为受众面临的预算约束除了时间外，还有财务预算约束。不同媒介有着不同的盈利模式和定价水准，这会影响受众在对它们进行选择性消费时的行为偏好和情感偏好。反过来，不同定价水准与盈利模式的媒介又可以在某种程度上对受众人群进行反向细分。例如，在电影院线中，越来越多的影院在电影放映前的几分钟里播出广告片。应该说，电影在这时作为广告载体其优势是非常明显的：付费去影院观看电影的受众群一般都是经济实力较强的高端消费人群，而观影厅里相对较少其他媒介干扰的氛围以及大银幕高保真的观赏效果也更有利于广告信息的传达与接收。通过直接付费而得到媒介产品的受众对于该类媒介内容的关注和介入程度要远远高于那些无须直接付费即可得到的媒介内容，同时他们对于媒介内容（包括广告）的感兴趣程度也远远高于无须金钱交换的媒介内容。

因为许多媒介内容高度附着于形式，而且形式要素方面的差异化竞争越来越成为媒介竞争的重心，因此在媒介内容提供领域，各类媒介的可替代性相对较小；但在广告市场，由于广告主的投放目的不是媒介消费过程中的愉悦体验而是人们消费偏好与消费行为的改变，终极目的指向的一致性使得广告市场上的媒介载体的可替代性相对更强一点。但总的来说，由于不同类型的媒介提供给广告主的受众类型各不相同，在各个社区中，不同媒介在不同家庭中的渗透程度不同，赢得和维系受众注意力的方式手段不同，适合传递的信息类型不同，所以其差异性特征是广告主在决定广告投放时始终存在而且不可回避的考虑因素。例如，超市与百货公司需要能够展示其产品的媒介广告，因此报纸的特性最能满足它的需求。至于麦当劳这样贩卖快餐式快乐文化的企业，电视广告的直观形象更有助于其品牌精神的传达。

---

① 皮卡德．媒介经济学：概念与问题［M］．北京：中国人民大学出版社，2005.

第七节　从“连接”到“场景”：互联网时代影响力经济发展的价值逻辑与市场版图

早在 1994 年，凯文·凯利就指出，互联网时代最核心的行为就是把所有的东西都联结在一起，任何事物都会在多个层面上被接入庞大网络中，缺少了这些巨大的网络，就没有生命，没有智能，也没有进化。[①]“万物互联”刷新着影响力经济发展的价值逻辑与市场版图。

一、互联网用“连接一切”的方式重构了社会，重构了市场，重构了传播形态

最新的《互联网趋势报告》显示，2018 年底全球网民数量已经达到 39 亿，互联网全球渗透率超过 51%，用户的整体基数接近自然人口的一半，这意味着网民的经济社会属性、群聚属性以及网络生长机制等等都不再仅仅是一个虚拟空间的特性，自然社会的经济发展态势与社会组织形态都需要重新将网民生态纳入社会性实践的范畴。根据中国互联网络信息中心（CNNIC）的最新数据，中国网民数量达到 8.02 亿[②]，互联网渗透率超过全球平均水平，其中手机网民达到 6.95 亿，移动互联网发展推动了消费的共享化、设备的智能化和场景的多元化，进而使移动互联网生态成为网络社会发展进阶的关键部分。换言之，互联网用“连接一切”的方式重构了社会，重构了市场，重构了传播形态[③]，这种连接使人与人之间的社会关系发生变化，社会场景的重新细分在移动互联时代有了更大的发展空间。而传媒经济在互联网时代，其影响力经济的本质没有改变，但其发生作用的形态与模式应随互联网的连接与再连接所造成的新格局而表现出一系列新的样貌。我们这里仅以微信小程序的价值逻辑和市场版图的改变来透视影响力经济的新形态与新机制。

微信是中国网民用户人数最多、最经常使用的“连接型”App，除了即时通信外，其衍生出来的社交服务朋友圈、信息阅读、服务订阅号以及微信支付等已经高频度、深层次地渗透进了网民的日常生活。伴随着中国移动互联网用户增速趋缓的整体态势，拥有 8 亿月活跃用户的微信在实现人与人的连接、人与社会的连接以及人与商业的连接之后，开始探索如何进一步实现人与物品、人与环境的连接，以期激活更多线下服务与商业的价值变现的场景。

2017 年 1 月 9 日，微信小程序就是在这样的背景下推出的。微信小程序从高调推出的那一

---

① 凯利．失控［M］．北京：电子工业出版社，2016：316.

② 据中国互联网络信息中心（CNNIC）发布的《第 42 次中国互联网络发展状况统计报告》：截至 2018 年 6 月，我国网民规模达 8.02 亿，互联网普及率为 57.7%。

③ 喻国明，马慧．关系赋权：社会资本配置的新范式——网络重构社会连接之下的社会治理逻辑变革［J］．编辑之友，2016（9）：5-8.

刻起就被赋予腾讯发展的重大战略之举的意义，瞬间引爆了各行各业的关注，但没过多久，这种热度便迅速消退，被寄予厚望的小程序一路高开低走，渐次陷于沉寂。小程序到底是潜力尚未被挖掘的“革命”级应用还是腾讯网络“帝国”的一次滑铁卢，一时间众说纷纭。判断一个网络新生事物是否具有社会的生命力与市场价值，需要考察其传播技术与产品形态是否契合互联网时代传媒经济的进化逻辑、是否具备发展所需的各项主客观条件，即“风口”。

二、从连接到场景：互联网应用模式的演进路径

尽管互联网上构成连接的主客体以及连接方式和价值逻辑在不断发生变化，但“连接”始终是互联网的要义[①]，“连接”模式的演进路径恰好是互联网发展过程的一个映射，它作为一种经济逻辑的映射也造就了不同的商业盈利模式。

（一）实体连接的广泛性造就了海量内容的网络

互联网范畴内的实体连接始于计算机应用进入联机化阶段，联机系统的发展与应用将人类慢慢带入一个高效率的计算机化社会。20 世纪 80 年代初期，TCP/IP 协议的开发和使用开启了互联网的成熟之路。到 20 世纪 80 年代中期，美国国家科学基金会为了推动全美的计算机和网络资源共享，投资建立了基于 TCP/IP 协议的计算机网络 NSFnet 来连接本地区的大学和研究单位。之后很多大学、政府甚至私营的研究机构纷纷把自己的局域网并入 NSFnet 中，NSFnet 为计算机网络设备的连接奠定了互联网向全社会开放的基础。

互联网由军用转化为教育科研用后，英国的蒂姆·伯纳斯-李提出了万维网（World Wide Web）协议，即通过 HTML 超文本链接技术，便可方便地跳转到相互连接的网页。万维网利用超链接实现了个人电脑与网络的聚合，吸引了数量庞大的用户群来通过网络访问网站和信息资源。在强大的商用需求推动下，20 世纪 90 年代 NSFnet 解除了互联网不能用于商业领域的限制。这立即激发了它在通信、资料检索和客户服务等方面的巨大潜力，互联网以惊人的速度在世界范围内的商业领域拓展，其使用也开始逐渐大众化、平民化。

Web 1.0 时代的核心即超链接将网络信息资源连接成了一个巨大的内容网络，用户使用网站的方式以浏览为主，通过浏览器获取信息。内容网络中的互联互通、海量存储和相关链接将繁杂的信息聚合起来，再通过搜索引擎满足用户搜索与使用需求。Web 1.0 时代的网页信息不对外部编辑，用户只可以读取信息而无法与页面的内容进行交互，网站的编辑权实际掌握在少数互联网公司手中，接近于复刻传统媒体的中心化传播模式，优先掌握资源的互联网公司纷纷倾向于发展门户网站。尽管超链接完成了人与内容的连接，但 Web 1.0 时代的单向传播模式无法满足用户的参与与互动需求，站点盈利模式也仅仅依托用户的点击量，将点击量售卖给广告主以产生利润，这种对传统媒体广告形式的照搬与模仿和良好的用户体验往往背道而驰。显然，基于连接的信息传播形态革命才刚刚开始。

---

① 彭兰．“连接”的演进：互联网进化的基本逻辑［J］．国际新闻界，2013（12）：6-19.

（二）技术逻辑的内在连接造就了关系网络

麦克卢汉认为，一旦新技术进入一种社会环境，它就不会停止在这一环境中渗透，除非它在每一种制度中都达到了饱和。① 计算机作为运算工具毫无疑问将世界推进了一个更高效的时代，但从电子邮件（E-mail）开始，计算机被用作通信工具后，被网络连接起来的计算机屏幕前的个人便挣脱出 Web 1.0 中心化网络格局的束缚，开始重新塑造着社会结构与关系属性，其最大的特征就是关系网络的形成，而关系网络的典型特征即对个体的赋能与赋权。

如果说 Web 1.0 是信息只读平台，那么 Web 2.0 则是信息交互平台，基于社交的 Web 2.0 以广大的互联网用户为主体，允许个人通过网络技术创建信息、生成内容，比如维基百科、脸书（Facebook）、微博等。信息技术的普及将传播作为一种权力自然赋予社会成员，社交媒体对个体的激活构建了一个去中心化的网络，“人人都有麦克风”及“人人都是直接生产力”的趋势就此崛起，这表明 Web 2.0 赋予个人的不只是话语权和行动权，还有个人生存发展的社会资源与物质基础。②

在这种背景下，互联网关系网络中人与人的连接不能再延续现实社会的固有社会关系特征。尼古拉斯·克里斯塔基斯和詹姆斯·富勒认为“我们相互连接的关系不仅是生命中与生俱来的、必不可少的组成部分，更是一种永恒的力量”③，这种力量与 Web 2.0 的开放性和复杂性相互作用，形成了新的交往逻辑——个体或者自组织群体之间基于互联网关系网络自下而上的共享与协作。当然，这种共享与协作的实现离不开技术逻辑的内在支持。克里斯塔基斯与富勒的观点是强连接关系能将个体结合为群体从而引发行为，弱连接关系可以将不同的群体结合为更大的网络社会来传递信息④，这便是所谓“强关系形成功能、形成价值；弱关系形成认知、形成联系”。Web 2.0 通过模糊强弱关系的界限来分享社会资源、促进协同合作。可以说，Web 2.0 的到来，让互联网体系从原来自上而下由少数资源控制者主导的体系转变为自下而上由广大用户集体智慧主导的体系。由此，Web 2.0 环境下的商业盈利模式考虑的是社交网络引起的人们在线互动结构的变化、以“用户中心论”为指导的互动方向、用户定制和个性化需求以及用户自身创造力的价值，流量变现的方式也开始基于最大限度降低对用户体验的损害而发展出广告服务、电商导购、应用分发等形式，比如新浪微博广告把规模化的流量导入了天猫和淘宝。

（三）外部界面的全方位连接凸显出场景价值

互联网基于人与人的连接带来双向互动机制，促使企业利用互联网以更快的速度、更灵活的方式，生产更贴近消费者需求的产品。随着“以人为本”的主观评价标准与价值体系逐渐主导技术与社会的发展，人们在产品的使用权而非所有权方面表现出越来越大的灵活性，用户对

① 麦克卢汉．理解媒介：论人的延伸［M］．北京：商务印书馆，2000：226.

② 喻国明，马慧．互联网时代的新权力范式：“关系赋权”——“连接一切”场景下的社会关系的重组与权力格局的变迁［J］．国际新闻界，2016（10）：6-27.

③ 克里斯塔基斯，富勒．大连接：社会网络是如何形成的以及对人类现实行为的影响［M］．北京：中国人民大学出版社，2013：153.

④ 同③.

互联网的需求开始超越双向互动的层面，更加强调媒介与在地环境融合提供特定场景下的适配信息和适配服务。罗伯特·斯考伯及谢尔·伊斯雷尔在《即将到来的场景时代：移动、传感、数据和未来隐私》中预言：在未来25年，场景时代即将到来。他提出构成场景的五大要素：大数据、移动设备、社交媒体、传感器、定位系统。① 由此，无论是设备还是媒体，移动化转型成为大势所趋，而场景则成为移动互联时代的一个关键性的核心要素。此时互联网发展的新趋势从满足人与人之间的沟通需求转变为对接人与商业和服务，并全面嵌入人的日常生活，成为生活形态的重要组成部分。由此，互联网从提供相对有限的服务转变为提供适配于时空场景甚至心理场景的复杂服务。

从最开始的 Web 1.0 到人们正在讨论的 Web 3.0，计算设备性能的提高、电信技术的进步、移动设备以及人工智能的发展一步一步实现了实体设备的连接、人与人的连接、人与物的连接、人与环境的连接，并开始迈向虚拟与现实、线上与线下的高连接阶段，连接将变成“anytime，anywhere，anyway”，无处不在的连接构成了将来的数据网络，真正满足用户的个性化和全方位的需求。当然，要实现人与各个外部界面的连接、适应和匹配或者说实现信息之间、信息与人之间、人与物和环境之间的智能关联还需要解决诸多技术难题，但可以肯定的是场景价值的认识与把握已经成为移动互联网发展的新“风口”，并深刻影响着 Web 3.0 时代商业模式的构造。

移动互联网基础下的信息适配和服务适配意味着服务提供商需要在理解用户特定场景的基础上迅速找到并推送出与他们需求相适应的内容或服务，其中服务适配更加复杂——需要通过界面的“节点”价值激活和匹配线上与线下的相关资源，形成最终的服务。未来一个理想的状态是任何一个带有传感器的物体都能够成为传播界面或终端。现阶段来看，智能手机是最受欢迎的移动设备，连接用户、场景与服务成为智能手机应用发展中所关注的新课题，而对于用户需求和偏好的把握成为商业化设计的重要考量因素。目前基于场景的服务类应用主要见于高频刚需的日常出行类应用，如滴滴出行、共享单车等，以及满足多种支付场景的扫码支付，或者是实时天气查询等工具类应用，线下服务资源的匹配与跟进还比较有限。在今天，基于场景的服务几乎都是彼此割裂的，如果可以将与某一场景相关的一整套服务整合在一起，那么场景将成为未来产业与社会生活的关键入口（见图2-1）。

图2-1　外部界面的全方位连接凸显出场景价值

① 斯考伯，伊斯雷尔．即将到来的场景时代：移动、传感、数据和未来隐私［M］．北京：北京联合出版公司，2014：12-26.

三、微信小程序：场景入口的尝试

(一) 小程序发展的外部环境

在我国，随着手机网民数量超过 PC 端，移动端带来的巨大流量也开启了全新的移动互联网商业模式，音乐、游戏、媒体、零售甚至金融，大数据技术让所有行业的各个企业都通过用户“洞察”来获得流量变现的机会与可能。2016 年中国移动互联网网民每日在线时长合计超过 25 亿个小时，超过电视媒体占据中国用户媒体时间的 55%。[①] 其中，腾讯、阿里巴巴、百度和今日头条占据 77%的使用时长。在所有的上网行为中，电商、在线手游逐渐覆盖了 PC 端的商业变现优势，单位时长变现效率最高。

这些流量优势带来的结果一方面是付费内容的崛起：首先是网络游戏、网络直播、网络视频等娱乐内容的大热，其中网络直播更是成为了一个现象级的行业趋势，形成了一个“网红”经济产业、演艺/体育/时尚/娱乐/游戏产业、电商平台、粉丝经济、视频直播技术服务产业、手机/VR/应用产业等相互交织的“产业网络”。[②] 其次是知识付费市场的稳步走高，主要包括订阅付费咨询、付费参加线上线下课程、微博和微信公众号打赏、付费参加个性化咨询等。在内容付费阶段，优质创作者必然是制胜关键。

但内容付费尤其是知识付费规模短期内很难引爆，因此另一方面，大部分移动应用或者自媒体还是依靠广告服务来获得规模经济下的财富增长，这主要见于微博与微信公众号。比如微博视频红人“Papi 酱”的首个贴片广告卖出 2 200 万元人民币的天价，微信公众号大 V“咪蒙”一条广告推送标价数十万，并且这类标出高额广告费的自媒体事实上并不鲜见。

实现流量变现的关键在于优质内容的提供方与强有力平台方的整合，双方缺一不可。平台是由一个企业创建的流量吸聚场域，使得企业可以在其基础上提供丰富的产品和服务。微信成功地通过订阅号打造了一个流量平台，信息阅读服务、即时通信服务以及朋友圈社交服务相辅相成，顺应了关系网络的运作逻辑，构建出一种生活方式甚至是一个生态级意义的社会系统。

微信已经成为当今移动应用中的佼佼者，那么小程序的出现又意欲何为?

流量变现大战的发生主要基于 Web 2.0 环境下人与人连接建立的关系网络，但是一旦移动互联网用户停止爆发式增长且流量几乎集中于第一阵营的主流应用服务，便鲜有线上空间留给后继的新生应用。基于连接的演进逻辑，人与环境和物的连接以激活个人线下场景必将是移动互联网确定无疑的发展方向。事实上这一趋势已经初露端倪，比如 2017 年 5 月发布的《深圳市互联网自行车发展评估分析报告》指出，大约有一半的用户利用共享单车上下班，且中国已经领先全球，成为规模最大的共享汽车和共享单车市场。此外，支付宝以及微信钱包通过创造多元小微支付场景促进了中国移动支付市场的迅猛发展。不难预测，未来在电子商务、在线医疗、实时咨询等领域必然会有越来越多基于场景的服务出现。小程序或许正是看到了这一趋势。

---

① 腾讯科技. 2017 互联网女皇报告 [EB/OL]. (2017-06-01) [2018-04-20]. http://tech.qq.com/a/20170601/009038.htm?pgv_ref=aio2015&ptlang=2052#p=1.

② 喻国明. 从技术逻辑到社交平台：视频直播新形态的价值探讨 [J]. 新闻与写作，2017 (2)：51-54.

（二）小程序发展的内在逻辑

小程序到底是什么？张小龙对小程序的定义是“它是一种不需要下载、安装即可使用的应用，它实现了触手可及的梦想，用户扫一扫或者搜一下就能打开应用。也体现了用完即走的理念，用户不用安装太多应用，应用随处可用，但又无须安装卸载”。“无须安装”“触手可及”“用完即走”“无须卸载”四个特性让小程序不同于其他软件，免去了下载和卸载的过程，利用手机扫描二维码即可和周边产生互动。比如在公交车站等公交车时，扫一下公交车站的二维码就可以看到下一班车什么时候来。简而言之，微信团队对小程序的定位是一种基于线下丰富的商业场景连接提供线上直接服务的“不打扰的”轻质工具。

小程序推出之始，无须下载这一特性导致用户想用小程序的原因无外乎是简化手机上过多的 App，释放内存；对于开发者而言与原生 App 相比小程序可以降低应用开发成本，且微信解决了兼容性问题，以往开放一个程序需要适应安卓和 iOS 两个平台，小程序可以实现一次开发、多平台通用，降低了技术难度。许多用户将小程序看作 App 的替代品蜂拥而至，生活服务、美食、交通、旅游、电商等不同领域的小程序纷纷上线。但是在真正接触小程序之后，用户发现这一“轻量级应用”过于简陋的功能完全无法媲美原生 App：首先，针对电商之类的应用，大小不超过 1MB 的小程序无法承载这些应用的基本功能，尤其影响用户体验。其次，小程序在微信页面没有标签入口，也没有小程序商店，用户只能通过线下扫码、精确搜索以及朋友分享来打开小程序，增加了用户进入（找寻及应用）的难度，无法分享到朋友圈和不会被主动推荐这两个门槛也直接限制了小程序的线上导流和使用规模，这与急切抢占流量的各类移动应用似乎背道而驰。一周左右，许多开发者相继停止进驻，比如“罗辑思维”直接宣布退出小程序。显然，第一批进驻的各大企业并没有把握小程序的真正性能。

实际上，不是小程序出了问题，而是第一批应用者在使用逻辑上出了问题。正如农业 4.0 不同于工业革命一样，小程序的价值逻辑不是以往互联网应用逻辑的简单延伸。我们不妨回到小程序出发的原点——小程序的官方介绍突出了三个关键词：“工具”“连接”与“场景”。这是我们理解和把握小程序价值逻辑的关键所在。

须知，工具最大的意义是提高解决实际问题的能力。抛却了消息推送功能的小程序本质上应该是一个工具，以传统的流量入口来定义小程序很难真正发挥它的工具属性，即用最为便捷高效的方式来满足用户的需求。用户不再需要去应用商店下载、注册、登录，省去了一系列操作的麻烦，这对于满足低频需求提供了一个极为便利的渠道。从开发者的角度来看，较低的开发成本以及微信自带的流量基础都是其去开发低频应用小程序的动力。这也是小程序之于 App 的不同之处，相较于高频刚需，开发者往往不愿意花大成本满足用户的低频需求，用户也会因为施拉姆所谓的“选择的或然率公式”[①] 中的“费力程度”太高而抑制了自己的这类需求——比如不愿意再专门安装一个 App 来满足自己低频度的需求。从解决买电影票、门店点餐、查看公交车候车时间等问题

---

① 施拉姆在 20 世纪 50 年代就影响受众对大众传播节目选择的决定性因素提出了选择的或然率公式：选择的或然率＝报偿的保证/费力的程度，即人们的选择概率与可感知的价值报偿呈正相关，与人们获得这种服务所需付出的成本代价呈负相关。

来看，小程序使用流畅、方便，不用下载且用完即走，被选择的“或然率”自然会提高。

建立人与服务的最短连接路径。小程序作为一项提供即时服务的工具，最大的问题是如何实现人与物、人与服务在特定场景中的连接。近年来，人们一直在探索人与物的连接方式。比如，生活中的智能设备，将芯片装进手表，通过手机 App 与其产生连接，测量人的运动与睡眠状况等，或者利用图像识别和 AR 技术，识别现实世界的物体。上述智能设备与技术都需要高昂的研发费用与推广费用，无论是适用场景还是使用人群暂时都很难普及。小程序另辟蹊径，让二维码和近场搜寻把现实世界的物与服务呈现在特定场域并实现与人的即时连接。近场搜寻与二维码已经从微信里的一个基础入口（添加好友和公众号）转换为移动端的信息入口，附近搜寻或扫一扫既能提供基本信息及服务，也能完成移动支付。小程序的“触手可及”使用户可以面对不同的物与服务，搜一下或扫一下二维码就可以获得相关服务：从逛博物馆到饭店点餐，无论是满足信息需求还是满足服务需求，用户都可以在最短时间内感受某一小程序的核心功能。

激活并整合线下商业场景。社会网络在流动的关系情境中会不断生产出新的场景，不同的场景会唤起人们不同的需求，但场景的动态性也决定了它的不易感知性。微信团队曾强调小程序最大的入口存在于各类线下的商业场景，这里的商业场景指的是一种人为构设且“被建立”的环境①，人为构设的原因是基于满足受众心理预期而达到商业目的，这要求对场景进行进一步细分、提供更加精细的服务，近场搜寻和扫二维码是这种细分的重要手段。基于“场景”的服务是小程序运行的基本原理，但也是阻碍小程序发展的重要因素，因为显然初期的小程序用户对其使用场景和小程序的匹配关系缺乏认知与把握。

四、小程序的适用场景

我们知道，界面形式和功能满足是场景划分的重要维度。② 按界面形式划分，可以分为现实性场景、虚拟性场景与现实增强场景。现实性场景指基于现实界面形成的构建于现实生活中的场景形态，虚拟性场景指互联网线上服务提供的虚拟界面环境，现实增强性场景则是两者相结合的产物。按照场景的功能划分，分为满足生理需求、安全需求的实用性功能场景，以及满足受众社交需求、尊重需求、自我实现需求等更高层次需求的社会性功能场景。分别从上述两个角度来看，小程序目前适用的场景偏重于现实性场景与实用性功能场景，但也并不意味着其余几种场景无法应用小程序。

结合功能满足与使用频率两个维度来对小程序的适用场景进行简单划分。功能满足参考上述划分，使用频率分为高频与低频，具体分类见表 2-1。

表 2-1　基于功能满足与使用频率的场景分类

高频实用性功能场景	衣食住行等基本生活服务需求
低频实用性功能场景	美甲、美容、旅游等非基本生活服务需求
高频社会性功能场景	社交、娱乐、资讯获取、学习等需求
低频社会性功能场景	冷门、专业级需求

① 喻国明，梁爽．移动互联时代：场景的凸显及其价值分析 [J]. 当代传播，2017 (1)：10-13.

② 同①.

高频实用性功能场景由于用户使用频次很高，相关 App 开发应用市场较为饱和且基本被巨头垄断，小程序在这类常规场景中很难与功能齐全、用户黏度大的原生 App 竞争。低频实用性功能场景则涵盖了大量长尾的生活服务需求，比如旅行过程中的各类到地预订需求、日常生活中各种上门服务以及医疗、法律咨询等等，这些需求尚未饱和。一方面由于原生 App 使用频次过低且开发成本大，另一方面由于微信提供的服务号因其 WebApp 的性能运行缓慢，不够流畅的用户体验无法满足功能性需求，小程序恰好在开发成本和性能体验中取得了良好平衡。高频社会性功能场景分类繁杂、需求多样，是否适合使用小程序还需具体分析，但是目前用户越来越注重精神需求的满足，只要场景足够细分，这类场景也是小程序一个很好的用武之地。低频社会性功能场景一般是满足小众兴趣需求的产品以及专门针对某领域的专业级产品，如果该类型的具体场景注重便捷性，则可以选择使用小程序，如果用户期待较高的性能和交互体验，则原生 App 或许更好。

概言之，小程序只是完成人与人、人与物、人与环境、人与服务连接的大系统中的一种类型，它总体上与原生 App 并不冲突，但在某些需求细分的“灰色地带”或有竞争和交集。因此，在考察小程序的具体使用场景时需要将使用频率、功能需求以及用户体验等因素考虑在内。只有将小程序看作解决问题、满足需求的灵活便利的隐形工具，才能找到更适宜的应用场景和服务展开的市场价值空间。

五、结语

互联网原住民有自己的文化、语言和价值体系，在互联网全程参与的成长过程中，人与人、人与物和环境，乃至世间万物相互连接渐已成为理所当然的现实存在和未来趋势。雅虎、新浪缩短了人与媒体的连接，谷歌、百度缩短了人与信息的连接，微博、微信缩短了人与人的连接，eBay、淘宝缩短了人与商品的连接，因此互联网连接法则的终极价值是互联网连接并激活人和“以人为本”的运行逻辑，技术、设备、商业的创新的核心逻辑是基于个体需求和有助于人的连接、扩大人的行动空间及自由度，以及在此基础上的“赋能”与“赋权”。移动互联网的发展创造了满足用户随时随地、无处不在的即时需求的条件，未来的趋势必然是缩短人与服务的连接与提升社会效率。小程序是一种有别于目前主流商业细分市场上各类 App 的“场景连接”与变现模式，尽管目前小程序总体上的确还存在诸多不足，比如开发团队还处在摸索与调整阶段、用户入驻规则还未成形、未来是否会有一个应用的爆发期还并不明朗，但它确实是一个符合移动互联网“连接”逻辑的产物，产品定位与设计都超前于一般产品。比如，它诠释了商业应该存在于无形、在合适的时候自动响应以满足或主动激发用户需求的理念——其实微信推出小程序的市场目标正是旨在占据场景入口而非流量入口。

凯文·凯利在《必然》一书中预言：我们会继续给自己制造的事物添加新的传感器和器官功能，每样事物都将相继获得视力、听力、GPS 定位能力等，这些能力会提升我们与技术的互动水平、促进我们与技术的亲密度，直到我们欣然融入技术本身。① 依靠技术实现万物连接、

① 凯利．必然［M］．北京：电子工业出版社，2016：263.

不断缩短连接距离、提升社会效率是互联网永恒的发展主题。事实上，技术驱动下人类改变社会交往方式的步伐才刚刚启动，一旦我们把自己置身于全球实时同步的社会，每个人都能随时与他人以及广域的事物相联通，过去被视为不可能的事将真正开始以“涌现”的方式变为现实。这便是媒介经济作为影响力经济的现实生成逻辑与未来发展的图景。

【本章小结】

从本质上说，经济学是研究稀缺资源如何在无限的竞争性用途中最优化配置的学科。现代西方经济学为我们提供了相对规范的审视问题的视角、参照系和分析工具，但在面对传媒产业进行经济学视角的分析时，我们不能忽略传媒行业的特殊性。在其他领域的经济学分析中，“社会偏好结构”和“个人偏好”不变都是几乎不言自明的给定假设，而恰恰在这一点上，传媒产品与其他产品的核心差异凸显出来。而社会偏好结构和个人偏好的不断嬗变，使媒介产品的价值衍生和价值界定呈现出属于自己的鲜明特征。

传媒产业的特殊性在于，在现代市场经济运行过程中，支持传媒业发展所必需的有形的生产要素不难获得，真正稀缺的是当代人的“注意力”资源。因此，传媒经济领域研究的重点，除了作为稀缺资源的“生产要素”的配置外，更重要的是稀缺注意力资源的配置问题。

媒介消费者面临的预算约束，除了有效可支配收入外，同时还有有效可支配注意力。由于大量媒体内容以免费或负定价形式发行，并且有效可支配收入存在着提升的可能性，而作为同一个个体，其每天的有效可支配注意力则面临着刚性约束，因此个体注意力的预算约束与优化配置是传媒经济的分析重点。媒介要赢得主体的注意力资源，需要在形成媒介自身特色、降低主体接触媒介的各种成本、提高现时和预期回报等方面做出努力。而对于社会层面注意力资源的配置，我们重点从特定媒介的议程设置和媒介间的议程设置两个方面着手。同时，社会注意力资源在媒介牵引下流向不同的焦点领域，其对社会资源配置所引发的“乘数效应”是不同的。

传媒对于市场的真正价值在于，它在多大程度上成为其所凝聚的那群具有某种社会行动能力的人了解社会、判断社会乃至做出决策、付诸实践的信息来源和资讯“支点”。换言之，传媒作为一项产业的市场价值在于它能够在多大程度上影响它的受众，并且这种对于受众的影响力能够在多大程度上进一步地影响社会进程、影响社会决策、影响市场消费和影响人们的社会行为。

从受众注意力的凝聚到媒介影响力的发挥，其都是以受众有效可支配注意力的投入为前提的。提升注意力资源价值的两种途径如下：通过受众媒介接触行为与日常生活的彼此渗透，提高有效可支配注意力的时间长度；通过提升内容与广告之间的内在关联性及其与传播环境在培育社会偏好过程中的内在一致性，提高媒体所凝聚的有效可支配注意力的使用效果。

互联网用“连接一切”的方式重构了社会，重构了市场，重构了传播形态。作为传媒经济的最新发展，其影响力的生发机制完成了从“连接”到“场景”的蜕变，成为理解影响力经济作为传媒经济的本质在互联网发展条件下的新机制与新范式。

【思考与练习】

1. 如何看待现代西方经济学分析框架在传媒经济研究中的作用？
2. 传媒行业特殊性的内涵是什么？
3. 媒介注意力资源在个体配置与社会配置两个层面上是受哪些因素影响的？
4. 什么是注意力资源配置对于社会资源配置的乘数效应？
5. 从注意力到影响力的转化机制是什么？怎样理解“传媒产业的价值本质是影响力经济”？
6. 在互联网时代，传媒经济作为影响力经济的作用机制具有了新的实践范式，怎样理解传媒经济的价值实现从“连接”到“场景”的新改变？

【推荐阅读书目】

克里斯塔基斯，富勒．大连接：社会网络是如何形成的以及对人类现实行为的影响［M］．北京：中国人民大学出版社，2013.

第三章

传媒生产要素

【本章学习要点】

- 传媒生产要素的基本构成与特殊性
- 影响劳动需求的因素
- 个体层面上向后弯曲的劳动供给曲线
- 明星的高收入现象
- 现代商业模式的九要素
- 传媒资本的具体构成
- 传媒资本运营的内在逻辑、运作关键点与未来态势
- 传媒无形资本运营的具体方式
- 传媒无形资产评估的几种方法

生产要素指进行生产经营活动时所需要的各种社会资源及其环境条件。一般而言，生产要素至少包括人的要素、物的要素及其结合因素。随着科技的发展和知识产权制度的建立，亦有人倾向于将知识信息也作为相对独立的要素投入生产。技术变革则不断改变要素之间的结构方式，进而带来全要素生产率的提升。

第一节　传媒生产要素的基本构成与特殊性

传媒生产要素的基本构成与其他产业相比差别不大，不过，由于传媒产品为精神文化产品，传媒生产要素具有一些特殊性。

一、传媒生产要素的基本构成

传媒基本生产要素主要包括传媒劳动力、传媒资本、土地（自然资源）、企业家才能等。

（一）传媒劳动力

微观经济学关注劳动力需求与供给，以及劳动力的价格形成机制与边际产出效率。从管理经济学视角看，传媒劳动力常被称为人力资本。如果按知识和技能的各项权重来计量人力资本，那么每一个体都是千差万别的。人力资本的特殊性在于其不可计量，不能体现于会计的资产负债表中，其作用发挥也不仅取决于人自身的知识和技能储备，还有赖于人的主观意愿和环境资源对其才能释放的配合程度。在构建人力资源向人力资本转化的过程中会出现新型企业以股权或期权作为员工或核心员工的资本收益。传媒业产出质量高度依赖劳动者个性化的知识经验积累和创意能力，传媒劳动力市场并非完全竞争的要素市场，因而行业内不同劳动者之间存在着基于人力资本差异的工资差异。此外，不同地区之间、不同传媒细分部门之间也存在着均衡工资水平的差异。

传媒业属于智力密集型行业，劳动力价格分层和市场供求结构性失衡是常态现象，往往出现创意型、复合型人才供不应求而普通传媒劳动力供过于求的局面。

（二）传媒资本

传媒资本要素的来源有两大类：以股权投资为代表的直接融资市场和以银行借贷为代表的间接融资市场。传媒资本在整个要素体系中不只是提供资金支持，而且还能借助资本的逐利本能和一系列制度安排，优化其他要素资源的配置效率和产出效能。

具体而言，传媒资本要素的作用体现在以下几个方面：

1. 价格发现功能

在追求流动性与安全性的前提下追逐尽可能高的利润回报是资本的本能。资本的逐利行为涉及对传媒行业或细分领域市场结构、市场行为、市场信息、市场趋势的综合研判和对相关要素在当下和未来供求关系、价格走势的研判，体现出传媒资本的价格发现功能。

2. 风险分层与风险管理功能

在传媒资本市场，不同类型的资本要素拥有者具有不同的风险偏好，例如风险投资家就以承受创新早期的高风险为代价追求新兴领域有可能产生的高投资回报，而银行资本则以稳健经营为原则。伴随多层次资本市场的完善，不同风险偏好人群可以选择在不同阶段以不同的机制参与传媒生产投资并获取相应回报。

3. 激励约束功能

无论是股权投资抑或银行借贷，传媒资本对生产过程的介入都基于一定的契约关系，这些契约关系本质上构成了对传媒生产者和运营负责人的激励约束体系。这些激励约束可以让所有要素相关方以更为积极的姿态整合要素资源，获得最大产出回报，提高传媒要素资源的使用效率。

（三）土地（自然资源）

传媒生产活动离不开土地等自然资源。土地等自然资源有时会作为有形资产的重要组成部分，作为抵押物为传媒企业提供资金融通，满足传媒企业生产的流动性需求。

（四）企业家才能

企业家才能（entrepreneurship）是企业家管理与经营企业的才能。法国经济学家萨伊将土地、劳动与资本视为生产三要素，企业家才能附属于劳动要素。但随着资本所有者与经营者的分离，企业的经营管理权与所有权渐次分离，出现了专门的职业经理人，他们在经济中扮演着越来越重要的角色。正因如此，19 世纪后期英国经济学家马歇尔把企业家才能从劳动要素中分离出来，作为与劳动、土地、资本并列的第四种生产要素。

技术进步、规制调整与社会变化使传媒业处于一个持续变化、各种新商业机会层出不穷的环境中。[①] 传媒企业家需要基于对传媒环境的敏锐感知和对传媒变革内在逻辑的深刻思考，挖掘具有市场价值的新兴传播增长点，捕捉机会、获取外部资源、整合企业内部其他要素资源，并构建组织能力以利用环境中的机会。

二、传媒生产要素的特殊性

传媒业生产的是精神文化产品，其要素投入结构和产出结构与一般产业也因此有所不同。

（一）就要素构成而言，轻资产和智力密集型产业属性凸显，融资操作处于不利地位

传媒产业作为典型的智力密集型产业，土地要素在业内企业成长发展和整体产出进程中并不起关键作用，而资本和人的智力要素投入则至关重要。就中国传媒行业发展现实而言，多数国有传媒企业在发展早期获得了国家划拨的一些土地资源，而后来伴随网络经济新崛起的一些中小传媒企业则多数呈现“轻资产”特征。

当前传媒产业整体呈现出“前端融媒化，后端智媒化”的发展态势，而无论融媒化抑或智媒化都需要大量的资本要素投入。在竞争马太效应不断强化的今天，“大投入大产出、小投入无产出”已经成为基本规律，企业不仅需要借助多种形态的融资操作来突破自身发展所面临的资金瓶颈，而且还需要通过并购整合快速壮大规模以获取市场头部效应，同时也可以通过一些针对性的融资操作实现投资风险、经营风险的社会化分担或对冲。但是，因为缺乏土地等重资产型抵押品，以“轻资产”为显著特征的传媒类企业在向金融机构申请贷款等资金支持时往往处在不利地位。

（二）就风险因素而言，价值变现影响因子较多，要素投入与最终产出绩效之间存在不确定性

对很多工业企业而言，要素投入规模与最终产出绩效之间存在着可计量、可预测的关联关系，因此企业在一个会计年度初期可以根据上一年度各种投入产出绩效和市场变动情况有计划地安排本会计年度的要素投入规模、产出规模并估算基本回报。而传媒产业的终极产出是社会影响力，产品形态大多体现为一些具有版权属性的内容产品，该内容产品的价值实现不光取决于投入要素的规模和比重，更多取决于文化消费市场的偏好需求，以及与同时点上其他竞品和

---

① HANG M. Media corporate entrepreneurship：theories and cases [M]. Singapore：Springer，2016：3.

替代品的比较优势。以电影产品为例，缺乏良好的创意、合适的档期及有力的营销支撑，或公映时意外遭遇特别强劲的竞争对手，都会导致前期生产要素投入血本无归。此外，传媒产品的生产和市场变现往往受政策因素影响较多，风险因素较一般工业企业更为多元，这也会影响最终的产出绩效。

接下来，着重谈谈劳动力生产要素与资本生产要素，前者偏重于微观经济学视角，后者偏重于管理经济学视角。

第二节　传媒劳动力

市场经济要求生产要素商品化，通过市场交易实现流动和配置，从而形成各种生产要素市场，这些生产要素进行市场交换时遵循一定的价格形成机制，并在时间截面上构成了生产要素价格体系，具有互补性或替代性关系的生产要素在竞争性用途中进行配置时，要素间的相对价格成为影响资源最终配置组合的重要因素。本节关注传媒劳动力要素的市场配置。

一、劳动需求

劳动卖方（劳动者）与买方（生产者）共同构成劳动市场。劳动市场中基本的支配力量仍然是供给与需求。劳动供给与劳动需求共同决定着劳动价格。先看劳动需求。

（一）边际产值和劳动需求量

传媒对劳动的需求是一种派生需求——从传媒生产产品和服务的决策中派生出来的需求。假定传媒是追求利润最大化的竞争企业，则其对劳动的需求量就是劳动的边际产值等于工资时的员工数量。

以节目制作公司为例（见表 3－1）。当公司雇用一名员工时，公司 1 个月制作出 10 小时的节目，增加 1 名员工所引起的产量增加值，即边际产量（marginal product of labor，MPL）为 10 小时节目。假设该公司节目的价格为 1.5 万元/小时，则第 1 名员工所带来的边际产值（value of the marginal product of labor，VMPL）为 15 万元，在月工资为 1 万元/人的情况下，增加这名员工所带来的边际利润为 14 万元。由表 3－1 可以看出，在其他因素（如办公室大小、可用的机器设备等）不变的情况下，随着员工人数的增加，劳动的边际产量递减，即所谓的边际产量递减规律。

当员工增加到第 6 个人时，第 6 名员工的边际产量为 1，边际产值为 1.5 万元，边际利润为 0.5 万元，虽然这名员工带来的边际利润已小于前面的 5 位员工，但仍保持正值。但如果公司再新增第 7 名员工的话，这名员工带来的边际利润为－0.1 万元。因此，公司至多只雇用 6 名员工。

以上所谈是在月工资 1 万元水平上单个节目制作公司的劳动需求，在此工资水平上，市场中有很多个节目制作公司需要节目制作人员，该职业整个市场对节目制作人员的需求量等于各个节目制作公司需求量之和。

表 3-1　节目制作公司的劳动需求量

劳动	产量	劳动的边际产量	劳动的边际产值	工资	边际利润
L（员工人数）	Q（节目时数/月）	$MPL=\Delta Q/\Delta L$	$VMPL=P\times MPL$（万元）	W（万元）	Δ利润$=VMPL-W$（万元）
1	10	10	15	1	14
2	18	8	12	1	11
3	24	6	9	1	8
4	28	4	6	1	5
5	30	2	3	1	2
6	31	1	1.5	1	0.5
7	31.6	0.6	0.9	1	−0.1
8	31.8	0.2	0.3	1	−0.7

（二）劳动需求变动

正如其他市场存在一些引起需求变动的因素一样，劳动需求曲线也会随着一些因素的改变而发生移动。需要注意的是，这里谈及的是劳动需求的变动，而不是劳动需求量的变动。

劳动需求曲线亦是劳动边际产值曲线。劳动边际产值 $VMPL=P\times MPL$。由此可见，引起劳动需求曲线发生位移的因素首先是价格（P）和边际产量（MPL）。

在其他因素不变的前提下，当劳动产品价格上升时，劳动需求增加，劳动需求曲线外移；反之，劳动需求减少，劳动需求曲线向内移动。譬如随着播出渠道数量的增加，节目市场需求旺盛，市场供不应求，以致节目价格由原先的 1.5 万元/小时增至 2 万元/小时。在这种情况下，公司会将员工数量从 6 名增至 7 名，因为第 7 位员工带来的边际产值为 $0.6\times 2=1.2$ 万元，大于 1 万元的工资支出，边际利润为 0.2 万元。相反，如果节目制作市场对外国公司的开放程度提高，在外国公司所制作节目大量涌入的情况下，电视台对国内节目制作公司所制作的节目需求量减少，致使国内节目制作公司的节目价格由 1.5 万元下降至 9 000 元，那么，公司可能不会雇用第 6 名员工，因为这名员工带来的边际产值为 9 000 元，低于 1 万元的工资支出。

在其他因素保持不变的前提下，边际产量增加，劳动需求增加，劳动需求曲线外移；反之，劳动需求减少，劳动需求曲线向内移动。边际产量实际上衡量的是劳动生产率，引起边际产量变化的原因可以是技术变革，也可以是劳动者劳动技能的提高（如通过职业培训技能得以提升）。

影响劳动需求的第三种可能是其他生产要素（土地、资本）的供给。对可以替代某种劳动的生产要素来说，该要素供给量的增加会导致劳动需求减少。譬如激光照排设备价格的下降使越来越多的报社能买得起激光照排设备，报业对“铅与火”时代所必需的检字工的需求随之下降；电脑特技软件价格的下降亦使制片厂愿意使用电脑制作特技效果而减少对特技演员的需求；动画制作软件的供给可以使制片厂创造出动画明星（譬如史瑞克），从而降低对明星劳动力的需求；写作机器人的兴起会降低传媒业对普通记者的需求；等等。但是其他生产要素的供给并非对所有的职业种类而言都是“坏”消息。某些生产要素可以互补某种劳动，互补某种劳动的生产要素的供给则会增加市场对该劳动的需求，譬如电脑特技软件和动画制作软件的供给使制片厂增加对操作这类软件的工作人员的需求，写作机器人的兴起则增加了对能够与人工智能配合的新闻从业者的需求等。

二、劳动供给

劳动者权衡工作与闲暇时间的分配，分配到工作中的时间便构成劳动供给。我们先看看劳动供给曲线，然后再看看影响劳动供给的因素。

（一）个体劳动供给曲线——有可能向后弯曲的供给曲线

劳动供给曲线与其他产品或服务的供给曲线虽然都反映供给量与价格之间的关系，但劳动供给曲线可能“向后”弯曲。假使你是一名制片人，你的劳动供给曲线可能如图 3－1 所示。

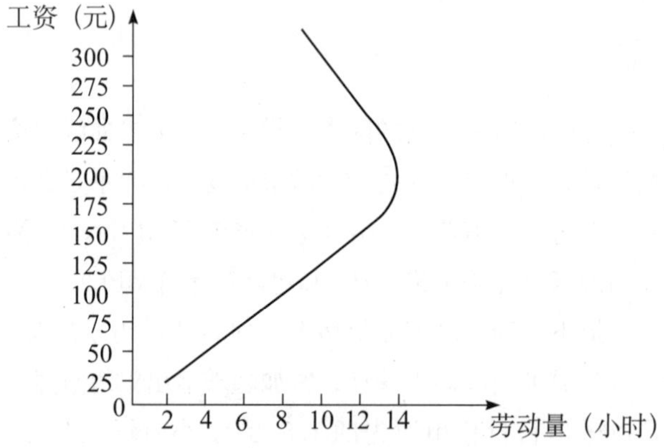

图 3－1　制片人的劳动供给曲线

当每小时工资为 100 元时，你一天工作 8 个小时，共挣 800 元。8 小时之外的时间你见见朋友、陪陪家人、看看电影、做做锻炼等。但是随着工资的提高，你越来越倾向于延长每天的工作时间，缩短休闲的时间，因为每放弃一小时闲暇你会得到更多的可用于消费的收入。当工资涨至 200 元/小时时，你将工作时间延长至 14 个小时，每天挣得 2 800 元，但是这时你觉得自己物质上足够富裕，钱能带给你的满足已很有限；相反，越来越少的休闲让你觉得弥足珍贵起来。你觉得钱再多些并不能给你带来额外的满足。当工资增至 250 元/小时时，你不但不会再延长劳动时间，反而会将工作时间缩减为 12 个小时。因为这 12 个小时足可以让你挣到能给你带来足够满足的收入。当工资提高至 300 元/小时时，你又将工作时间缩短为 10 个小时（见表 3－2）。这就出现了劳动供给曲线向后弯曲的情况。

表 3－2　劳动与闲暇的分配

工资（元/小时）	劳动时间（小时）	闲暇时间（小时）	总收入（元/天）
100	8	16	800
150	12	12	1 800
200	14	10	2 800
250	12	12	3 000
300	10	14	3 000

（二）劳动供给曲线的移动

以上我们谈的是个体劳动的供给。正如某种职业劳动市场的需求曲线是无数单个需求曲线的加总一样，某种职业劳动市场的供给曲线也是从事该职业的无数个体劳动供给曲线的加总。

由于不同职业类别的劳动会相互流动，所以劳动市场中的劳动供给曲线不像个人劳动供给曲线那么容易向后弯曲。譬如制片人收入很高时，一些制片人在工资增加时倾向于减少劳动时间，但是制片人工资的提高使很多以前不是制片人的人（譬如导演、策划等）转行成为制片人。工资提高吸引来新人所增加的工作时间可能会大于原有制片人因收入效应超过替代效应而减少的工作时间。制片人劳动市场的总供给仍会随着工资的提高而增加。

工资引起劳动供给量沿劳动供给曲线移动。2018 年，国家广播电视总局相继下达影视圈和综艺圈“限薪令”，工资上限的锁定可能会影响影视与综艺明星的劳动供给量。

能引起劳动供给曲线移动的因素主要包括工作态度的改变、备择机会的改变和移民及就业等政策的改变。

（1）工作态度的改变。

如果劳动者普遍不愿加班，甚至倾向于缩减工作时间或不再工作的话，那么该市场的劳动供给短期内会有所减少，供给曲线会发生位移。

（2）备择机会的改变。

因为整个社会的劳动供给在特定时期内是一定的，所以，某一劳动市场的供给会受其他劳动市场上可以得到工作机会的影响。如果快递公司突然提高员工工资，那么一些报纸投递员会考虑转行为快递员，报纸投递员市场的劳动供给就会减少。

（3）移民及劳动就业等政策的改变。

好莱坞吸引着世界各国的演艺界人士，源源不断的外来移民增加了好莱坞演员、导演、技术人员市场的劳动供给。如果美国移民政策突然收紧，则好莱坞劳动市场的供给可能会减少。

三、劳动力的价格——工资

工资即劳动力的价格。影视明星通过开公司等赚得的收入不在工资收入之列。

（一）均衡工资

劳动市场的均衡亦由劳动供给与劳动需求决定。当劳动供给曲线与需求曲线相交时，市场达到均衡状态，此时的工资水平为均衡工资。

总的来看，在竞争市场结构下，劳动市场供求状况的变化会改变市场均衡工资，任何改变供求状况的事情都必定会使劳动边际产量与工资同向、等量变动。

不过从现实来看，工资并非很灵敏地随着劳动供求的变化而变化，而是滞后于劳动供求的变化，从而形成工资黏性。工资黏性是劳动者和企业为稳定各自收入和生产成本而做出的选择。劳动者与企业一般会签订持续一段时间的工资合约。在合约期内，若某种原因导致均衡工资降低，企业无权降低工资；相反，若某种原因致使均衡工资提高，员工亦无权要求提高工资。

均衡工资反映了劳动供给与劳动需求间的均衡，劳动者之间及工作之间的差别如此明显，以至于我们在现实生活中能观察到许多影响均衡工资的因素和高于均衡工资的工资。

（二）效率工资

1914年，福特汽车公司开始向工人支付5美元/天的工资。该工资高于当时流行的工资（2～3美元/天）。福特汽车公司所支付的工资为效率工资（efficiency wages），即企业为提高员工工作效率而支付的高于均衡工资水平的工资。

假设某一特定市场中共有七家节目制作公司，劳动市场均衡工资为1万元/月。如果这七家公司都向员工支付均衡工资，则对每一位劳动者来说到哪家公司工作都一样。劳动者在工作中总有"偷懒"的行为，对于"偷懒"者的惩罚至多是解雇（若不被发现，则没有惩罚），但是被解雇的员工可以在其他公司找到工资水平一样的工作。相对于成本来讲，"偷懒"的收益较大，因此员工倾向于选择"偷懒"。但是如果一家节目制作公司将工资提高到1.5万元/月，则偷懒的成本提高（找不到另一份工资为1.5万元/月的工作），因此，该公司员工倾向于勤奋工作。此外，效率工资还可以让该公司得到市场中最优秀的员工，以此提高劳动效率。20世纪90年代都市报兴盛时期，南方一些都市报曾以效率工资吸引全国各地优秀记者加盟。

（三）补偿性工资差别

补偿性工资差别是指"为抵消不同工作的非货币特性而产生的工资差别"①。生活中，我们会观察到人们会特别偏爱某项工作，这种偏爱并不是因为工资高，而是因为该工作可以给劳动者带来不是用货币度量的满足。

20世纪90年代至21世纪初，中央电视台曾汇聚了一批临时工。这些临时工又分为三种情况：一是没有任何挂靠单位的临时打工者，这部分人的人数最多；二是有挂靠单位，而由中央电视台采取发函借用的方式借到央视有关部门工作的员工；三是从各个院校和各地方台来的实习生。② 这些临时打工者和借调者在中央电视台的工资收入未必会高于自己在原单位（或其他单位）工作时的工资收入，那么是什么因素将这些人吸引过来呢？解释之一便是补偿性工资差别。虽然到中央电视台打工的某些电视从业者的工资收入可能比其在其他单位时低，但有中央电视台记者的身份后，他们便可以到全国各地采访，建立起更广泛的人脉关系，获得更大的成就感和满足感，谋得更好的发展机会。这些"收益"并不直接体现在工资上，但劳动者在择业时亦会将其考虑在内。

美国的记者等职业尽管工资水平相对比较低，但在相当长时间内一直有充足的劳动力供应，其原因亦在补偿性工资差别。近些年，众多传统媒体的资深从业者纷纷离职，这一现象除与工资下降有关外，还在一定程度上与新环境中的从业者无法从工作中获得足够的成就感、满足感有关。③

---

① 曼昆．经济学原理：下册：第二版［M］．北京：三联书店，2002：26.

② 孙玉胜．十年：从改变电视的语态开始［M］．北京：三联书店，2003：86.

③ 丁汉青，王军．冲突与协调：传媒从业者后备军职业认同状况研究［J］．国际新闻界，2019（2）：113－131.

（四）明星高收入

明星特别是超级明星的工资收入会非常高。原因何在？先看一下超级明星的劳动供求曲线。

许多职业都会对劳动者有先天条件及后天努力方面的要求，譬如警察职业对从业者的身高、视力、健康状况（先天条件）和学历（后天努力）有特定要求，大学生找工作时用人单位一般也会要求“身体健康，相貌端正”（先天条件）及“××以上学历”（后天努力）等。但是，相对于其他工作而言，超级明星这一职业对人的先天条件的要求如此苛刻（譬如漂亮），以至于有可能成为超级明星的人并不多。所以，超级明星总是供不应求，甚至在某一点上，超级明星的供给达到极限（表现为供给曲线变为垂直），工资收入自然也就高起来了。

供求分析解释了超级明星高收入的一般原因。除此之外，超级明星现象（极受关注、高收入等）的出现还与传媒市场的两个特点密切相关：第一，传媒市场上每位消费者都希望消费最优秀（或最受欢迎）的生产者所提供的物品；第二，传媒市场上最优秀（或最受欢迎）的生产者所提供的物品可以相对便宜地卖给消费者，因此消费群体庞大。传媒市场的第一个特点并不奇怪，亦无特殊之处，因为任何一个消费者在消费某种物品时都希望能享受到最优生产者提供的产品或服务，譬如你希望能吃到最好的厨师做的食物而不是露天摊点的小吃。但为什么传媒业有家喻户晓、收入非常高的超级明星，而其他行业则很少有此类超级明星呢？奥秘就在传媒市场的第二个特点上。由于传媒产品边际成本非常低甚至为零，这就使传媒市场上最优秀（或最受欢迎）的生产者所提供的物品可以相对便宜地卖给消费者。譬如，在导演这一行里，斯皮尔伯格才华出众，世界各地的观众都希望看到他执导的影片。在影院，他所导演的影片的电影票价一般在十几元至几十元，许多观众都能承担得起。并且，观众若觉得仍难负担此票价的话，他还可选择付费点播、免费电视等途径以更低成本完成消费。这就使斯皮尔伯格所导演作品的需求量非常庞大。但厨师所提供的服务就不具有这种特性，世界上最优秀的厨师能提供的服务非常有限，价格高昂，超出了绝大多数消费者的承受能力。其工资可能远超厨师们的一般工资，但难以与传媒超级明星的工资相提并论。

一些剧院演员的工资收入不如影视明星高，并不一定是因为前者不如后者优秀，而是因为影视媒体技术可以让影视明星的表演能相对便宜地卖给消费者，从而更容易获得被消费者品评、追捧的机会。相对影视表演来讲，剧院表演的观众范围小，并且票价一般较高，剧院演员即使非常优秀亦可能因小规模传播而获得较少关注，结果其收入可能不及广受关注的影视明星。一些优秀话剧演员转为影视演员后，名气与收入大增就是一例。

另外，传媒业降低投资风险的需求亦助长了明星的产生及明星的高收入。消费者口味千变万化，传媒产品的市场风险难以预料。面对如此高的风险，投资者降低风险的一种选择是根据员工以往表现和声望来决定投资。当众多投资者都追捧以往业绩记录优秀的少数人时，明星的受关注度和收入自然也就抬高了。

第三节　传媒资本运营——产业与资本要素的协同

传媒资本并不是简单指传媒企业财务报表上的金融资产，它提供了审视传媒企业所拥有整体资产的一个视角。

从构成上看，传媒资本涵盖了传媒实业资本运营、金融资本运营、产权资本运营以及无形资本运营等几大类别，它既具备资本的共性特征，同时基于传媒业精神文化产业的特质又呈现出一些特殊规律，其中一个鲜明特点就是传媒无形资本在传媒资本构成中占有很大比重。

一、传媒资本运营的关键点

传媒资本运营指遵循资本运作规律，将传媒所拥有的可经营性资产（包括和新闻业有关的广告、发行、印刷、信息、出版等产业，传媒所经营的其他产业部分以及商誉等无形资产等）都视为有经营价值的资本，通过多种途径进行运作，优化传媒资源配置，扩张传媒资本规模，以实现最大限度增值目标的一种经营管理方式。

与产品导向型运作机制不同，传媒资本运营是以资本导向为重心的企业运作机制，主要目标是实现资本最大限度的增值。同时传媒资本运营是一种开放式经营，要求最大限度地支配和使用资本。传媒企业不仅关注内部自有资源，还利用一切融资手段、信用手段扩大可利用资本的份额，将企业内部资源与外部资源结合起来进行优化配置，以获得最大的价值增值。再者，传媒资本运营注重资本的流动性和资本形态的多样性，要求加速资本的流通过程，避免资金、产品、半成品的积压。此外，传媒资本运营是一种结构优化式经营，包括对企业内部资源结构（如产品结构、组织结构、技术结构、人才结构）的优化，实业资本、金融资本和产权资本等资本形态结构的优化，存量资本和增量资本结构的优化，资本运营过程的优化等。

传媒资本运营涵盖了实业资本运营、金融资本运营、产权资本运营以及无形资本运营等方面，其本质是传媒产业要素与资本要素在各个层面的协同运作。资本运营（发起设立、重组、兼并、联合等方式）能够将传媒集团创造利润的主营业务同非主营业务的资产有效结合，盘活不良资产，激活无形资产，从整体上提升集团资产的运作效率。另外，通过资本运营实现投资主体多元化，是建立新的体制平台的有效手段。

传媒资本运营的关键点如下。

（一）立足战略高度追求各种要素协同价值最大化

传媒资本运营的实质是传媒产业要素和资本要素的协同运作。当前传媒产业的内外融合发展主要沿着三个维度进行：一是传媒产业与现代信息产业的融合；二是传媒产业与文化产业的融合；三是传媒产业和大众消费产业的融合。在这些斜向融合发生之前，传媒企业的主要竞争对手是产业内部同类产品（服务）的提供者；产业融合发生之后，竞争对手从产业内部扩展到了产业外部。竞争的加剧使得传媒机构自有资源与其市场战略目标之间的不平衡加剧，在充满不确定性的传媒市场与产业融合形成的新市场边界中，以合作博弈为基础的竞争成为企业谋求边界扩张和进入新市场的首选战略，而资本则成为合作博弈的重要纽带。

金融资本在传媒资本运营中所起的作用主要体现在以机构优势推动产业信息披露与流转，通过一系列股权债权等契约协议关系形成激励约束机制优化产业资源配置，以及借助金融产品创新来实现产业发展进程的风险分层、风险匹配与风险管理，让一部分风险偏好型主体以获得更高收益为代价选择承担更高风险。运作是手段，协同才是目标，通过要素协同充分发挥现有要素资源的杠杆价值，撬动更多外部资源，使传媒企业获得跨越式成长和自身资产价值增值的机会。

传媒资本运营在金融资本层面往往涉及投资和融资两个维度，这两个维度事实上一体两面，根本区别在于主体对象的目的诉求不同。传媒融资指一切向传媒企业内部或外部、直接或间接筹集资金，并且将该资金用于传媒企业经营发展的行为。传媒投资是指特定机构或个人主体向传媒企业、传媒市场或传媒要素等标的对象进行投资以期获取预期回报的行为。

在市场经济中，传媒一般通过两种方式获得资金：内源融资和外源融资。前者主要是使用自己的留存利润不断追加投资；后者则是通过金融市场，以间接融资或直接融资方式实现。所谓直接融资，是指资金盈余部门在金融市场上购买传媒企业发行的有价证券，如商业期票、商业汇票、债券和股票，从而使传媒企业融得资金。所谓间接融资，是指由金融机构充当信用中介，来实现资金在盈余部门和传媒企业之间的流动。具体的交易中介包括货币和银行券、存款、汇票等非货币间接证券。

传媒产业基于影响力打造与变现需求交叉补贴、多重售卖的整体产业运营模式决定了其价值链条复杂交织，尤其在沿上述三个维度不断深化斜向融合的大背景下，已经拓展为各种软硬件彼此支撑的产业价值系统，运营环节多，内部关联程度高且与社会外部资源联系紧密，受政策因素影响大，这样的业态特点决定了传媒资本运营是一个空间大但风险也大的系统工程，需要远见卓识和系统思维。

（二）立足生态视野构建多重回报体系

对于当下处于深度变革中的中国传媒业而言，传媒是整个社会大系统不可分割的组成部分，对于社会大系统的有机整合与有效运转起到重要作用。决定传媒场域资源流动与配置的，除市场力量外还有其他多方面的因素，这些关键致变因素之间的力量消长构成了传媒投资领域的外部风险。对于资本来说，秉持大局意识，辨析国家发展战略需求，顺应大国博弈和治国理政进程中媒体的角色、使命、职能动态调整，寻求商业价值创造、资本回报、媒介伦理和当下中国传媒自身使命担当的内在契合点，既是规避非经济风险的底线，也是获取更多资源支撑的策略。

从产业自身发展逻辑来说，一系列新兴技术从研发阶段渐渐进入民用商用领域，将又一次改写人与世界的联结及互动体验方式，改变传媒的影响力格局并带来全新的产业风口和投资机遇。这些新兴技术的应用绝非简单的硬件导入，而是对过往以智能手机为载体和中心的社会联结与互动机制的颠覆。从更高层面来说，人类的意识空间、注意力投放空间、社会行动空间与互动沟通机制都面临着深刻再造，传媒产业与其他产业无缝融合，内容、应用、场景和金融服务的一体化创新势不可挡。

伴随中国多层次资本市场格局不断完善，传媒领域的市场化运作从初期产业资本起主导作用的精细化经营模式过渡到金融资本起主导作用的全媒体、全版权运营模式。传媒产业本身兼具规模经济和范围经济属性特征，尤其是在“互联网＋”大背景下各种产业融合加速进行，以并购为主要形式的外延性扩张仍是产业扩张最重要的推动因素。金融资本的杠杆效应和风险收益偏好特征对传播场域的资源配置起着越来越大的作用，善用者可以在短期内实现巨额财富积累，但业外资本盲目涌入也会抬升行业估值泡沫与潜在风险。

金融资本力量对产业的整合作用，既体现在以“合并同类项”方式通过并购取得规模经济效益方面，也体现在以创新型的金融联结机制优化资源配置，提升产业的生态化效能方面，而且后者的效益在未来会更加凸显。以更宽泛的视野审视当前的传媒投资，“生态化布局”应该成为一个核心词，对任何单个项目的投资都必须着眼于更大的生态化平台布局和更长远可持续的生态化成长，谋求最大的生态化协同效果。未来在单个热点领域凭借产品创新或模式创新已经很难再成长出强势的“独角兽”企业，单项创新成长到一定程度总是难以避免被生态型巨头借资本之力参股或控股收编的命运，也唯有借助更大的生态化网络才能更好实现核心价值的多元多维变现。

网络经济发展至今天，同一类型的传媒生态位上能容纳的企业越来越少。在一个环境资源有限的竞争性生态系统中，企业之间的竞争程度与其生态位重叠程度相关。为回避生态位重叠带来的恶性竞争，企业需要通过生态位分离来实现生态位共生，从而形成少数生态型巨头与众多差异化依附型中小企业共存的格局。而传媒资本运作的智慧，就体现在识别天时地利人和所造就的创新风口，在最合适的创新点位和时间节点上进行适度规模的资本布局，然后在该创新不断融入更大商业生态系统进而赢得估值提升的各个阶段，以相应的方式退出变现或获取期待回报。而未来传媒投资带来的回报体系也将远远超越单一的货币价值层面，源自生态系统的多重回报体系可能是战略型投资更为看重的因素。

二、传媒无形资本运营

传媒无形资本是指具有资本特性的传媒无形资产，核心是商誉，还包括传媒版权资源、用户资产、关系渠道、营销网络、频道资源、栏目品牌、节目形式等。在西方发达国家，无形资本已经成为传媒的核心竞争力所在，有的传媒企业的无形资本的价值甚至数倍于有形资本。

（一）传媒无形资本的主要门类

会计学上将资产分为四类，即流动资产、固定资产、无形资产及其他资产。无形资产（intangible assets 或 immaterial assets）指由特定主体控制的，不具有实物形态，对生产经营长期发挥作用且能带来经济利益和影响力的资源。其中主要包括专利权、专有技术、商标权、著作权、土地使用权、特许权和商誉。

传媒业拥有的无形资产主要包括以下门类：

1. 特许经营权

在中国，政府对大众传媒业准入实行审批特许制度。传媒业中拥有特许经营权的企业，仅凭借此特许经营权，就能在经营合作中拥有关键性资源优势，并获得保值、增值。虽然国家禁止买卖刊号、书号等各种传媒许可证，但不禁止经营合作。因此，很多传媒机构以特许经营权作为对外合作的资源置换基础，在市场经营中进一步提升了品牌、商誉等无形资产。

2. 名称、商标、品牌

传媒名称、商标、域名具有占有权、排他权、转让权。

3. 著作权

即版权，它是传媒其他无形资产生成、积累、拓展的基础。

4. 渠道网络资源

传媒企业的发行、传播网络和经由内容传播建构起来的社会网络资源都是具有市场价值和影响力的无形资产。

在所有无形资产中，知识产权（intellectual property）是评价传媒机构竞争力与创新力的一个最重要的标准。知识产权包括财产权利和精神权利，它不但能使所有者获得人身权利，如名誉权、荣誉权、署名权、商誉等，也能使所有者获得经济利益。

无形资产是会计学范畴的概念，而无形资本是金融学范畴的概念。传媒无形资本是和有形资本相对应的一个概念，主要强调无形资产的资本特性。随着信息时代和传媒时代的全面到来，企业赖以求存和发展的核心价值已经发生了实质性的变化：从以实物型资产（如土地、矿产、物业、机器设备、存货等）为主，演变为以实物型资产和金融/财务型资产（现金、存款、应收款、信贷、投资、股东权益）为主，进而演变为以金融/财务型资产和无形资产为主。在西方发达国家，无形资本已成为传媒的核心竞争力之所在，成为企业发展方向、升级方位、转变更新的主要决定力量。

（二）传媒无形资本运营的方式

传媒无形资本运营，是指传媒对自身所拥有的各类无形资产的使用进行运筹和规划，通过融资、对外投资等活动使其合理流动，实现价值的最大增值的活动。无形资本运营是传媒整个经营活动中极其重要的组成部分。如何整合运用传媒拥有的无形资产，将决定传媒产业化的发达程度。

由于传媒的权威性、公信力以及长期信息传播过程中积累的渠道关系、网络资源，传媒相对于普通企业而言具有更为开放的对外合作界面，也比较容易找到合作伙伴与项目资源，在此基础上投入传媒品牌、商誉、网络等无形资产，推进资本运营层面的合作。具体而言，传媒无形资本运营包括以下四种主流方式。

1. 交易式传媒无形资本运营

按无形资产交易的权益分类，可分为无形资产所有权交易和无形资产使用权交易。后者通过许可合同实现，只是有偿许可使用，不涉及所有权的转移，这种方式在传媒无形资本运营中更为多见。

2. 扩张式传媒无形资本运营

传媒企业利用品牌效应、技术优势、管理优势、销售网络等无形资产可以盘活有形资产，通过注入无形资产与外部企业联合、参股、控股、兼并等形式实现资本扩张。利用无形资产进行资本扩张，其最大优势在于成本低、投资省。无形资产的价值是通过市场经营创造出来的，这种合作运营本身也可以提高企业的无形资产价值。

3. 投资式传媒无形资本运营

它指媒体将自身所拥有的无形资产作价让渡给其他单位的经济活动。以无形资产输出为手段，可以减少资金的投入，实现在少投资或不投资前提下企业的规模化扩张与成长。

4. 融资式传媒无形资本运营

它是指运用传媒无形资产的影响力和信誉度拓展融资渠道进行信用融资，或者用传媒自身积累的品牌、版权等无形资产质押融资。

（1）信用型融资。

信用型融资即利用企业财务上的良好信用，在金融市场上取得三个优先，即优先取得银行贷款、优先发行企业债券、优先发行上市股票。

（2）惠利型融资。

惠利型融资的运作特点是，全方位地展现企业商业信誉之能量，让合作伙伴在供应价格、货源占有、结算方式等诸多方面给予优惠待遇。在传媒领域，由于当前我国特殊的传媒经营语境，各种政策壁垒相对较多，股权融资困难重重，而以无形资产为质押或担保的各种创新融资方式也仍处在成长阶段，以单个项目为中心进行灵活机动的项目融资成为很多中小传媒企业的首选。项目融资不涉及复杂的公司间关系，主要是以资金为纽带实现彼此优势资源的战略对接，为合作双方开拓更为多元化的商业合作空间，这是惠利型融资的典型。

（3）引资型融资。

它是指传媒企业借助自身在长期经营中创造之名牌、销售网络及良好声誉，运用无形资产转让、合资经营、合作经营来吸收外来资金，壮大自己的资本实力，增强自有资本的造血功能，比如利用无形资产吸纳风险投资。

（4）无形资产质押贷款。

无形资产质押贷款是企业筹资的一条新途径。传媒企业可以把商标专用权、专利权和著作权中的财产权等无形资产列为质押财产，在第三方评估的基础上，由保险公司担保，银行提供贷款，三者互相牵制，共同盈利。

（三）传媒无形资产的评估

资产评估是进行上述传媒无形资本运营的基础前提。传媒无形资产的价值评估是指按照一定的估价标准，采用适当的评估方法，通过分析各种相关因素的影响，计算确定传媒无形资产在某一评估基准日现时价值。传媒无形资产的评估方法主要包括重置成本法、收益现值法和市场价格法，应当根据具体合作情况和无形资产有关情况恰当选择。

1. 重置成本法

重置成本法即根据该无形资产形成时所耗费的成本，并考虑其在未来时期内获益能力折现相加得出其价值的计算方法。这种方法比较客观，尽量避免了人们的主观随意性，具体计算类似有形资产评估方法。这一方法适用于专有技术、技术诀窍等。注册资产评估师使用重置成本法时应当注意下列事项：一是无形资产的重置成本应当包括开发者或持有者的合理收益；二是功能性贬值和经济性贬值。

2. 市场价格法

根据该项无形资产的替代品（当其功效一致、寿命相同时）的市场最低价，将其作为该项无形资产现时价值的计算方法。这种方法比较能体现无形资产的实际价格，因为在充分的市场条件下经过充分的市场竞争，市场价格一般能反映出商品的真实价格。

3. 收益现值法

根据该项无形资产在未来时期内的收益，将其折现作为该资产价值的一种方法。使用这种方法时需要注意两个因素：一是如何确定折现率，二是如何确定该无形资产的使用寿命。如美国规定专利有效期为17年，著作权为作者毕生加50年。这种方法比较能体现无形资产的意义，只是评估过程中对未来收益需要预测，折现率也需要操作人员运用自己的专业知识根据具体情况来确定。因此，该方法的主观性比较强，如果操作人员的职业道德素质不高，就有可能出现人为操纵的情况。收益现值法适用于专利权、商誉等无形资产的评估。

上面的三种方法各有弊端，不同评估方法得出的评估额相差较大。即使几种方法配合使用，仍会有较大误差。因此有人认为，无形资产评估是一种艺术。这种说法说明了无形资产评估的动态性和随机性。当对同一无形资产使用多种评估方法时，注册资产评估师应当对取得的各种价值结论进行比较，分析可能存在的问题并做相应调整，确定最终的评估价值。

（四）传媒无形资本运营中的难点与误区

在以传媒无形资产作价进行投资或争取融资时，能够获取多方认同的传媒无形资产评估成为一个焦点和难点问题。

首先，传媒产品的价值实现具有随机性、偶然性和不确定性。例如，在从创作到产品变现的不同时点上，一部影视剧作品的版权价值相去甚远。在脚本的形成阶段，不确定性最大，各种金融风险和投资风险也最大；已经取得文字版权，进入拍摄制作期，风险相对降低，但仍然面临不能预期完成或预算超支等风险；即使作品已经完成，进入发行阶段，上映或公演的档期不同，其可能实现的票房收入和发行回报也各不相同。例如，每年的贺岁档原本是电影发行创收的黄金档期，很多大制作电影都热衷于选择这一档期进行公映，但2010年初，在国外创下良好票房口碑的美国科幻大片《阿凡达》来势汹汹，导致不少影片为了避其锋芒而被迫调整档期，痛失这一黄金档，票房收入和版权价值实现相应受损。

其次，在邀请专业评估机构对特定的传媒机构或其传媒产品进行无形资产评估时，由于评估值与评估费用成正相关，因此有些评估师会为了提高收入而在评估结果中“注水”。这需要投资者或者银行在评估过程中构建各方协调与约束机制，共同搭建业务操作与风险控制平台，建立相应的风险防范与化解体系，从企业还款能力角度脚踏实地进行价值测评。

第四节　商业模式——传媒生产要素的整合框架

传媒企业作为一个要素资源的集合体，需要立足于不断变化的外部环境和市场需求动态，实现要素资源的有效配置、有机组合和高效能产出。是否拥有稀缺资源（如基于品牌声誉优势的隐形准入壁垒、牌照或特许经营权等）构成企业竞争力的重要维度，而能否把既有要素资源以创新模式进行组合，把输入的同质性资源转化为异质性输出，从而使公司获得竞争优势则构成了企业竞争力的又一个维度，这就是传媒商业模式的价值所在。换言之，传媒商业模式承载了传媒要素的整合框架，而它对传媒企业家的环境感知力、前瞻性判断力和创新性资源整合能力都提出了较高要求。

一、商业模式的概念与构成要素

商业模式是包含了一系列要素及其相互关系的概念性工具。学者泰莫斯将其定义为“一个完整的产品、服务和信息流体系，包括每一个参与者及其在其中起到的作用，以及每一个参与者的潜在利益和相应的收益来源和方式”①，它是通过参与方的关系构建和利益协调来寻求系统价值最大化的拓展工具。

表 3－3 揭示了现代商业模式的关键要素及其相互关系，这些关键要素之间的重新组合则引发商业模式创新。商业模式创新是指企业价值创造与价值提供基本逻辑的创新变化，它既可能包括多个商业模式构成要素的变化，也可能包括要素间关系或者动力机制的变化。当今世界，商业模式创新已经和技术创新、金融创新一起构成促动变革的强大动力因素，也由此引发产业竞争模式和竞争格局的深刻嬗变。

表 3－3　现代商业模式九要素

<table>
<tr><td rowspan="2">重要伙伴
(key partner)</td><td>关键业务
(key activities)</td><td rowspan="2" colspan="2">核心价值主张
(value propositions)</td><td>客户关系
(customer relationships)</td><td rowspan="2">客户细分
(customer segments)</td></tr>
<tr><td>核心资源
(key resources)</td><td>渠道通路
(channels)</td></tr>
<tr><td colspan="3">成本结构
(cost structure)</td><td colspan="3">收入来源
(revenue streams)</td></tr>
</table>

需要说明的是，本章第一节所谈到的传媒生产要素与商业模式九要素之间既有联系又有区别。对传媒生产要素的界定和梳理关注的是要素资源自身的属性价值，以各要素资源本体作为分析对象；而商业模式九要素则更多侧重于关系维度的建构与描述，以核心价值主张提供和系统价值最大化为聚焦目标，其所涉及的是不同的概念框架体系。

商业模式搭建的关键要素之一是核心价值主张，而核心价值主张的遴选、创造和传递离不开对变革社会中深层价值体系嬗变的理解和把握，以及对变革社会中不同人群结构化需求与关切焦点的敏锐捕捉。对传媒经济商业模式创新逻辑的研判必须超越简单的经济学、管理学分析框架，将传媒业的发展置于更大的社会发展脉络之中，面对 5G、云计算、人工智能、大数据等新兴技术带来的全新媒介生态，找出包容技术逻辑、商业逻辑、文化逻辑和社会发展逻辑的传媒内容生产及商业模式搭建方向。

二、影响当前传媒要素组合配置及产出效能的关键因素

当下中国传媒产业的技术、市场、资本抑或政策、主流用户群体和用户需求结构等均处于

① 李振勇．商业模式：企业竞争的最高形态［M］．北京：新华出版社，2006.

持续变动之中。这种变动构成了促动传媒业发展的深层动力，而每年的动力重心则随形势发展有所迁转。识别特定发展阶段的关键致变因素与关键驱动力量，方能在传媒经营和传媒投资过程中顺势而为。

(一) 技术迭代及其商业应用深化成为最鲜明的驱动力量

改革开放前三十年，传媒产业发展最重要的驱动力量来自市场力量的渗透和扩张及其引发的传媒产业资源优化配置与效能提升。近十年来，传媒市场化进程不断完善以至渐趋尾声，技术转而成为影响传播渠道伸张与影响力重构的重要驱动力量。

技术根据自身的市场渗透力与社会影响力，可以区分为工具性技术和制度性技术。如WiFi就是一个工具性技术，可以为人们的生活提供便利但不足以引发产业要素资源和商业模式的重构。互联网则为一项制度性技术，基于互联网衍生出数量繁多的新兴商业模式，由此引发经济制度、经济结构乃至社会结构的变革。

目前多种变革呈现出整合汇流的态势，人工智能、区块链、云计算、大数据、新能源、边缘计算、物联网这几大关键技术不断融合，将会促进新一轮信息技术的跨越式发展，实现对传统发展模式的颠覆与再造。例如，大数据以相关关系取代因果关系，通过对海量非结构化和半结构化数据的深度挖掘和专业化处理，带来更多趋势洞察、用户洞察、决策优化和流程优化能力。透过云计算，人们可以在数秒之内处理数以千万计甚至亿计的信息，并且实现相关结果在不同终端上的无缝衔接和转换，云计算让信息的汇聚和分发摆脱了对单一终端的物理性依赖，一屏多云、一云多屏、平滑切换将成为未来用户使用的常态。大数据和云计算互为掎角，可以通过数据的关联建构起新的行为主体关联，让内容传播更为精准，后端服务的关联性更为多元。

(二) 政策导向成为牵引传媒发展方向的深层支配力量

在中国传媒产业的发展历程中，技术、资本、市场和政策之间的复杂博弈贯穿始终。传媒先天的意识形态属性使其作为治国理政基石的重要意义远大于其经济层面的价值创造功能。自党的十八大以来，政策层面体现出“引导、规范与强化监管”并重的色彩。在中国大国崛起、民族复兴并深度融入全球治理体系和治理格局再造的进程中，对外传播在全球格局深刻调整、大国动态博弈中作用凸显，构建现代传播体系亦被赋予了更高层次的战略使命。

传媒发展被置于推动国家治理现代化的大局与高度之上用以强化顶层规划。面对国内、国外不同细分人群，以灵活多样、喜闻乐见的方式阐释时代精神、讲好中国故事，既是新形势下中国媒体的责任所系，也为媒体发展提供了重要机遇空间。伴随媒介融合持续向纵深拓展，传统媒体渠道影响力式微，腾讯、今日头条等新兴媒体平台在舆论场域构建中的地位进一步强化，国家在战略层面推动新旧传媒融合的力度也不断加大。中国“十三五”规划提出，“以先进技术为支撑、内容建设为根本，推动传统媒体和新兴媒体在内容、渠道、平台、经营、管理等方面深度融合，建设内容＋平台＋终端的新型传播体系，打造一批新型主流媒体和传播载体”①。

---

① 新浪财经．新华社受权播发“十三五”规划纲要［EB/OL］.（2016－03－17）［2019－07－26］. http：//finance. sina. com. cn/stock/t/2016－03－17/doc-ifxqnsty4468180. shtml.

新媒体与传统媒体、大型文化企业与小微文化企业、国内媒体与国际传媒集团之间将以技术、资本和机制为纽带，在纵深方向上继续推进彼此的渗透与融合。这种融合并非仅仅出于产业发展的考虑，高层在国内外，以及政治、经济、文化复杂博弈中的通盘考量才是背后的深层支撑逻辑。

（三）资本纽带成为多种力量彼此借势渗透的重要纽带

近年来，传媒领域一道重要风景线就是各类型金融创新与传媒创新的有机融合。各类型的传播渠道载体不断涌现，泛传播时代的到来既挑战传统的媒介概念认知与分类框架，也不断突破过去传媒监管的体制边界，多层次资本市场体系渐趋完善为文化传媒领域的产品及服务创新、模式创新和业态创新注入了更多资本动能，各类型金融资本游走于新兴增长点与既有传播格局之间，围绕内容 IP 价值的全方位开发立体化运作，对传播场域的资源配置起着越来越大的作用。

目前适合文化传媒产业轻资产特征的融资模式创新和筹投贷组合融资机制不断涌现，主板、创业板、新三板、科创板等融资平台为不同规模和不同发展阶段的文化传媒企业提供了多样化的发展路径选择，未来资本与资源有机结合形成对产业全方位孵化支撑的态势可期。同时也需要清醒地认识到，文化传媒板块的投融资运作难以脱离中国资本市场整体发展阶段和格局而独善其身，在资本市场监管态势不断趋严的大背景下，文化传媒产品本身受公众文化消费偏好快速迭代的影响，在市场价值实现上存在较大的不确定性，而其所负载的意识形态属性特征又面临着内容审查和播出、公映环节的非市场风险，资本作用的发挥是双刃剑，需要强化对各种显隐风险的综合评估和防范。

三、当前中国传媒要素组合与商业模式变革的趋势特征

商业模式是传媒要素组合的整体框架。从价值提供的基本逻辑看，新形势下媒体商业模式探讨在本质上就是重新厘定媒体在新的社会生态与传媒生态之下的核心价值，并确定这种核心价值如何通过商业操作传递给用户，从而构筑起一个多赢的利益共生体。

在这个“一切皆媒体”的时代，信息平台和话语平台的价值湮没在自媒体和社交媒体的众声喧哗之中。虽然媒体本身作为渠道、通路和中介的价值不断降低，但有形载体背后的品牌忠诚度、传播公信力、关系资源链和数据资产池等的重要性更加显现出来。在一个万物互联互通的时代，连接变得异常简单，边界可以轻易跨越，信任和了解却成为稀缺产品。互联网和大数据时代正在形成一种全新的社会信用基础和诚信验证体系，正是基于信任、信用的价值共生关系，构成了信息文明下生产关系的基础。而如何开发利用这种基于媒体品牌和传播公信力的价值共生关系，为参与各方带来持续性的盈利空间，考验的正是不同传媒组织的创新创造能力。兵无常势，水无常形，商业模式的发展本身就处在一个不断流变的过程之中。唯有前瞻趋势、战略谋划、主动应对变革者，才能从新一轮竞争中胜出。

具体而言，当前传媒要素组合与商业模式变革呈现出如下几种整体趋势特征。

（一）“传媒创新＋金融创新＋业态创新”跨界融合

大数据、云计算、人工智能、区块链等新兴信息技术改变了传媒运作的基础条件，5G 商

用带来的万物互联则成为推动新技术协同作用的引擎，通过数据关联建构起新的行为主体关联和场景关联，以用户为中心重构传播的时空背景，服务的云化和应用的社交化相伴而行，信息、人、知识、智能化应用将以新的形态不断链接和组合。万物皆媒介，而传播则弥散到社会运行的各个角落，在更广袤的时空维度下成为构筑新型万物互联关系的基础黏合介质。

以用户的场景化需求为中心，内容的传播不仅与社交链条彼此黏着，而且与功能性应用深度融合。基于用户数据、内容数据和场景数据关联分析及精确匹配的场景化服务远远超越了单纯内容的层面，让传播开始与更多的场景化消费行为相联结，场景化传播、场景化消费、场景化金融深度融合，移动化、社交化、社会化和产业化互为助力，将对未来的产品形态、消费形态和产业业态创新都产生深远影响。传媒创新、金融创新和业态创新将迎来一个持续互动的高速发展期，传媒也通过对这种联动创新的深度融入，在更广阔的变革图卷上发挥更大的社会功能，其作为一个产业部门的独立性逐渐消融，但影响力却越来越以弥散状态深入社会生产和生活的肌理，“传媒＋”时代渐行渐近。

下一阶段的传媒扩张将进入一个“外延式扩张”主导的新时代。这种外延式扩张一方面表现为“泛传播”模式下传媒产业及其产业逻辑向其他领域的深层渗透，另一方面则表现为收购、兼并等资本运作手段取代传统的内生性发展模式成为传媒产业运作及发展的重要抓手，而传媒产业与金融资本运作之间的关联也越来越密切。

例如，近年来国内多层次资本市场不断完善，创业创新创投浪潮叠涌。伴随时代大势一批创投类媒体成长起来，这些创投媒体自带科技和资本基因，依托网络平台打造创业创新创投项目信息的集纳分发平台并直接导入多种维度的投融资后端服务，内容生产与资本运作深度耦合。以集股权投资、投融资 FA 服务、媒体、联合办公等业务为一身的互联网创业生态服务平台“36 氪”为例，该平台致力于为中小微及科技创新企业提供包括媒体曝光、办公场地、融资对接等在内的全方位一站式服务。媒体端围绕科技创新型基金投资需求设置内容架构与媒介议题，引导资本流向和结构。后台则借助内容生产积累的信息和人脉资源打造 36 氪产业创新中心、开设企服活动“创业者训练营”等，强化自身流量入口和资源入口的角色定位与影响力价值的多重开发。截至 2018 年 1 月，氪空间在全国 9 座城市拥有 30 个联合办公场所，管理面积已接近 20 万平方米，提供超过 30 000 个工位，有 2 000 多家中小微企业在氪空间办公。2018 年 36 氪集团发起 10 亿规模创投基金，该基金实行全赛道布局，其中新消费、智能制造、企业服务等为重点领域。

36 氪的探索揭示了未来传媒要素组合的一种新趋势，在传统的广告营收模式之外拓展投融资收益和延伸增值服务收益，形成全要素价值开发、全产业链彼此协同的良性发展架构，具有一定启迪借鉴意义。①

（二）“内容＋社群＋商业”构筑新型商业生态系统

在以大众传播为主导的传媒运营时代，以广告为主要支撑的“二次售卖”模式是传媒资源

---

① 张琳宜．创新创投类财经新媒体社会责任执行能力研究：以 36 氪、虎嗅、钛媒体的对比剖析为例［M］//黄晓新，刘建华，邸昂．中国传媒社会责任研究报告：2018—2019. 北京：中国书籍出版社，2019.

补偿的主要模式。媒体通过内容生产和分发凝聚社会稀缺注意力资源，再以广告的形式把这些注意力资源售卖给广告主，传媒影响力的价值生发始自内容而变现于广告市场，其发展增长空间取决于广告市场增长的空间，而后者很容易受宏观经济状况或者细分行业景气程度的影响，并且面临着增长上的外部天花板。

在新的历史条件下，有必要对影响力经济的实现机理和传媒价值生发的源泉重新进行梳理。当前，传播行为日益“去中介化”，用户自我生产并通过社交分享的内容成为传媒价值生发的重要源泉。传播功能重心亦从内容资讯传递转向基于内容的关系建构与维护，人际互动影响取代过去内容对受众的影响成为“影响力”生发传导的关键。具备媒体属性的信息或其他内容资源在社群关系链中流动，推动社群关系的建构和巩固，积累各类数据并且基于数据挖掘再造生产流程，实现 C2B（customer to business）模式下对社群用户的个性化、定制化服务，基于高度的精准化匹配促进资源优化配置，从更深层次介入社会生产和消费环节并提升生产效率和消费效用。

在上述模式中，社群成员在互动中建构起情感和信任关系后提供价值互哺，彼此既互为用户、互为渠道也互相提供体验，基于社群互动本身可以生发出很多新的线上线下社交场景需求和互换价值，而企业的竞争发展机遇就存在于对社群主题的厘定、社群成员互动机制的设定、互动体验持续维系和互动价值开发变现的过程中。这种基于价值观或兴趣偏好的社会分层、消费分层、媒介分层一体化运作模式既是人的重新聚合，也是社会需求的重塑和社会供给模式的再造。它让创新摆脱了过去线性迭代的模式，各种创新在社群内百花齐放、渗透交融，推动内生性需求膨胀、市场规模扩张，实现由规模经济向范围经济的转变。此外，现代传播与大数据技术结合，不仅可以在生产和消费环节优化资源的匹配，同时还可以提供全新的社会征信机制、信用体系和风控机制。传媒利用过去长期积累下来的品牌忠诚度、关系资源链和数据资产池，其核心价值从信息中介和关系中介转向更为深化的互动平台、信任平台及信用平台。

在围绕“内容＋社群＋商业”构筑的新型商业生态系统中，内容作为流量入口，社群用以沉淀流量，商业用以变现流量价值，一切触点皆媒体，一切关系皆渠道，一切环节皆体验，构筑多维多层多元的社群价值体系，服务于社群中消费者不同层次的价值满足。就传媒产品生产而言，需要从产品中心转向用户中心和数据驱动，打造情感信任与价值互哺的良性闭环，要对社群聚合生长的基本动力、演化的基本法则、价值构成体系和商业变现途径进行系统设计。

【本章小结】

传媒劳动、传媒资本、土地（自然资源）与企业家才能是传媒业的基本生产要素。这些生产要素共同决定着传媒经济的总供给能力，进而决定着传媒经济增长的态势。传媒产业生产的不是具体有形产品，而是精神文化产品，其要素投入结构与产出结构与一般产业也因此有所不同。就要素构成而言，轻资产和智力密集型产业属性凸显，融资操作处于不利地位；就风险因素而言，价值变现影响因子较多，要素投入与最终产出绩效之间存在不确定性。

从微观经济学角度看，传媒劳动市场中的支配力量仍然是需求与供给。假定传媒是追求利润最大化的竞争企业，则其对劳动的需求量就是劳动的边际产值等于工资时的员工数量。引起劳动需求曲线发生位移的因素首先是价格（P）和边际产量（MPL），其他生产要素（土地、资本）的供给也可能影响传媒劳动需求曲线的移动。

传媒业个体劳动供给曲线有可能向后弯曲。由于不同职业类别的劳动会相互流动，所以市场层面的劳动供给曲线不像个人劳动供给曲线那么容易向后弯曲。

传媒劳动供给曲线与需求曲线相交时所对应的工资便为均衡工资。劳动需求与供给的变化会引起均衡工资发生相应变化。不过从现实来看，工资并非很灵敏地随着劳动供求的变化而变化，而是滞后于劳动供求的变化，从而形成工资黏性。效率工资和补偿性工资差别是劳动市场中常见的现象。在传媒劳动市场中，明星特别是超级明星的高收入现象引人瞩目。

从管理经济学角度看，传媒资本运营涵盖了实业资本运营、金融资本运营、产权资本运营以及无形资本运营等方面，其本质是传媒产业要素与资本要素在各个层面的协同运作。传媒资本运营的关键点包括立足战略高度追求各要素协同价值最大化、立足生态视野构建多重回报体系等。

传媒无形资本运营包括交易式传媒无形资本运营、融资式传媒无形资本运营、扩张式传媒无形资本运营和投资式传媒无形资本运营。传媒无形资产评估的方法包括重置成本法、收益现值法和市场价格法等。进行无形资产评估时，应当根据无形资产的有关情况进行恰当选择。

传媒商业模式承载了传媒要素的整合框架，其关键要素之一是核心价值主张，而核心价值主张的遴选、创造和传递离不开对变革社会中深层价值体系嬗变的理解和把握，以及对社会中不同人群结构化需求与关切焦点的敏锐捕捉。对传媒经济商业模式创新逻辑的研判必须超越简单的经济学、管理学分析框架，在更大的社会发展脉络中，把握传媒业的发展空间。当前中国传媒要素组合与商业模式变革的趋势特征包括“传媒创新＋金融创新＋业态创新”跨界融合、“内容＋社群＋商业”构筑新型商业生态系统等。

【思考与练习】

1. 假定你是一家民营传媒公司的总负责人，从经济角度看，你会依据怎样的原理来决定员工人数？

2. 试举传媒业中的例子说明什么是补偿性工资差别。

3. 请解释传媒行业中的超级明星现象。

4. 请收集资料，说明一家媒体的资本来源与资本构成。

5. 结合传媒资本运营的内在逻辑和具体案例谈谈传媒资本运营过程中需注意的关键点与未来态势。

6. 传媒无形资本运营的具体方式包括哪些？请选择一个现实个案分析其在进行无形资产评估时适用哪种方法，需要注意哪些事项。

7. 结合现代商业模式的九要素和最新的案例事件阐述当前中国传媒要素组合与商业模式变革的趋势特征。

【推荐阅读书目】

奥斯特瓦德．商业模式新生代［M］．北京：机械工业出版社，2016.

郑翔洲，叶浩，等．资本与商业模式顶层设计：互联网时代如何发现企业高利润区［M］．北京：电子工业出版社，2014.

何小锋，韩广智，等．资本市场运作案例［M］．北京：中国发展出版社，2006.

范桃根．运营力：企业内部运营与资本增值［M］．北京：机械工业出版社，2017.

第四章
传媒生产

【本章学习要点】

- 市场视角的传媒生产
  - 生产可能性边界
  - 短期生产与短期成本
  - 长期生产与长期成本
  - 极长期生产
- 组织视角的传媒生产
  - 个体层面
  - 群体层面
  - 生产流程层面
- 大众视角的传媒生产
- 人工智能对传媒生产图景的重构

经济学研究的三大基本问题是生产什么、怎么生产、为谁生产。“生产”一词贯穿始终。传媒生产自然亦是传媒经济学科的重要话题。本章关心的主要问题是到底有哪些力量作用于传媒生产以及这些力量到底如何发挥作用。

在传媒生产“是什么”这个问题上，学者们有不同的看法。有研究者认为“虽然由于多种生产方式和多元生产主体的逐渐介入，媒介‘生产’和‘消费’的边界在移动，但其在经济学上的基本分野仍然清晰：一切以一定媒介为平台，关心受众抵达效果并借此获得经济效益的行为，就是媒介生产行为；与之相对，一切不以经济效益为目的的媒介接触、使用、选择、再处理行为，都是媒介消费行为”①。这种以“是否以经济效益为目的”的划分标准有一定的道理，但是考虑到公共媒体、基金会媒体等的生产虽不以经济效益为目的，但其在传统上仍倾向于被认为是传媒生产而非消费，故本书仍将传媒生产理解为将劳动力、土地、资金等生产要素转化为传媒产品和服务的过程。完成此转化过程的主体既可以是以获取经济利益为首要目标的传媒公司、以实现社会利益为首要目标的公共媒体组织，也可以是以满足个人兴趣为首要目标的个人。

---

① 曲慧．秩序重构：流动现代性视域下的媒介消费研究［D］．北京：中国人民大学，2018：II.

传媒生产依靠团队成员间的协调完成价值创造。根据传媒生产过程所倚重力量的差异，传媒生产机制可以分为基于价格信号的市场机制、基于科层结构的组织机制，以及基于个人兴趣的大众生产（peer production，亦被译为对等生产、并行生产、同侪生产、同好生产等）机制。一般而言，市场机制与组织机制在专业生产内容领域更显著，大众生产机制则在用户生产内容领域更显著。需要注意的是，这三种生产机制并非完全割裂，在传媒生产过程中，经常能看到两种或两种以上生产机制相互关联或同时发挥作用的场景。本章为叙述方便，将分别从市场、组织、大众三个视角分析传媒生产过程。

市场视角强调供求机制、成本机制、竞争机制在传媒生产过程中的作用，体现市场这只“无形的手”在传媒生产中的力量。本章在谈及市场机制时，偏重于“生产与成本”，其他内容将在“传媒市场”及其他章节有不同程度的涉及。

组织视角则倾向于观察特定生产场域中的媒体内部、媒体之间以及媒体与其他社会机构的关系对传媒生产的影响，体现的是各种权力关系（不局限于经济权力）交织互动的复杂现实。

大众生产视角则倾向于介绍目前大众生产研究的主要路径及主要研究成果。

第一节　市场视角的传媒生产

传媒企业是市场中组织生产的基本单位。为实现经济利润最大化的目标，传媒企业采用有效的技术和产业组织方案，把生产投入（土地、劳动力和资本等）转化为产出（商品和服务），并在最终以特定价格售出产出的过程中产生营销和分配成本。在市场中，价格是连接市场交易的关键节点。从传媒生产角度看，与价格关系最密切的两个因素分别为产量与成本，产量与成本同时也是企业理论关注的核心问题。我们可以先从生产可能性边界入手分析传媒企业是如何决定产量的。

一、生产可能性边界

很多企业不只生产一种产品，因此企业就需要权衡如何在多种产品或服务上配置资源。在生产要素（投入）与生产技术（将投入变为产出的方法）既定时，企业能生产的产量可以有多种组合，所有这些组合用图形表示出来，则为生产可能性边界。

以某制片厂为例，假使该制片厂致力于制作电影与电视剧。如果把所有资源用于生产电影，则该制片厂可以在一年内生产 30 个小时电影，如果把所有资源用于生产电视剧，则可以在一年内生产 100 个小时电视剧。除此两种极端情况外，制片厂还可以选择其他各种产出组合。譬如生产 20 个小时电影、70 个小时电视剧。图 4－1 中的弧线表示该制片厂的生产可能性边界。落于生产可能性边界上的各种生产组合都可以充分利用制片厂所拥有的全部资源，使生产结果有效率。落于生产可能性边界外的 C 点超出制片厂生产要素与技术条件所能达到的范围，不可能实现。落于生产可能性边界内的 A 点，虽可实现，但由于未充分利用制片厂的资源和技术，因此是无效率的。

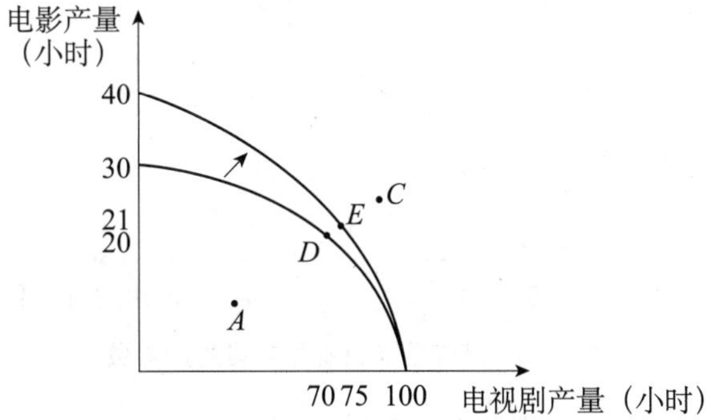

图 4-1　某制片厂的生产可能性边界

随着生产要素或生产技术的变化，生产可能性边界会移动。假设制片厂的生产技术不变，但所拥有的生产要素增加一倍，那么制片厂的生产可能性边界将会向外移动，原定条件下不可能的生产组合 E 也许会成为生产可能性边界上有效率的点。或者在生产要素不变的情况下，电影制作技术进步，劳动生产率提高，原先能生产 30 个小时电影的生产要素在新技术条件下可以生产 40 个小时电影，生产可能性边界外移。同样的道理，激光照排技术的引入使印刷厂的生产可能性边界大大外移。每一次技术进步几乎都导致传媒产业的生产可能性边界向外移动，这也是传媒产业可以为社会提供越来越多传媒产品或服务的原因之一。

以实现利润最大化为目标的企业追求经济效率的最大化，亦即以最小的成本（购买投入的支出）获得最大的收益。收益来自企业售卖产出所获得的收入。企业的很多决策都是围绕产出与成本做出的。接下来我们就来考虑传媒组织的生产与成本。由于不同时间区间下对成本的衡量不同，所以我们分别来谈论短期生产与短期成本、长期生产与长期成本及极长期的情况。

短期和长期是根据投入的变动情况相对区分的一对概念。前者指厂房、设备等产能要素固定不变，只有劳动及原材料等投入能够变动的一个时间区间；后者指所有生产要素都发生变动，但生产的基本技术不变的一个时间区间。

二、短期生产与短期成本

生产函数表示企业投入与产出之间的物质技术关系。生产函数受到边际产量递减规律的制约，即增加一单位某生产要素所引起的产量增加随着该要素投入量的增加而减少。以劳动要素为例，假设某综艺节目制作公司雇用一位员工可以完成 10 个小时的节目，雇用两位员工可以完成 18 个小时的节目，雇用三位员工可以完成 24 个小时的节目，雇用四位员工可以完成 28 个小时的节目。则第一、二、三、四位员工的边际产量分别为 10 个小时节目、8 个小时节目、6 个小时节目和 4 个小时节目，呈现递减态势。由图 4-2 可以看到，边际产量随着员工数量的增加而递减，该节目制作公司的生产函数变得越来越平坦。

接下来看成本。传媒的总成本亦可分为两大类：固定成本与可变成本。前者不随产量变动

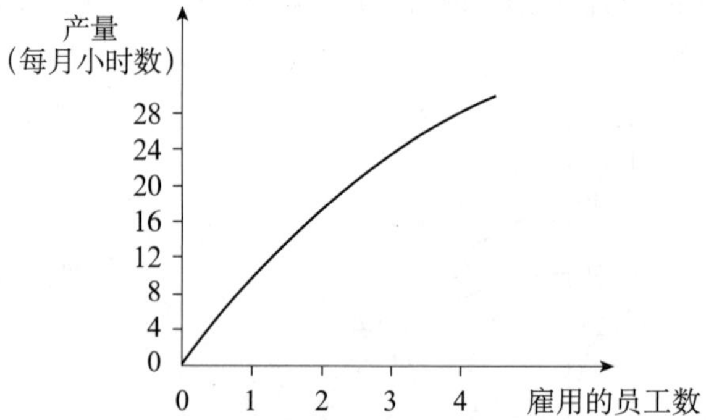

图 4-2 某综艺节目制作公司生产函数

而变动，后者随产量变动而变动。以杂志社为例，从短期来看，杂志社产量的增加与杂志社的机器设备、办公大楼等成本并无关系，不管杂志社每天生产 10 万份杂志还是每天生产 1 万份杂志，机器设备、办公大楼等部分的成本均相同，因此这部分成本均属固定成本。与此不同，杂志社的劳动力、纸张等成本则会随着产量的增加而增加，随杂志社产量的缩小而减少，因此劳动力、纸张等成本属于可变成本。表 4-1 表示的是某杂志社短期成本与产量间的关系。

表 4-1 某杂志社短期成本与产量间的关系

总产出（Q）（万份）	0	1	2	3	4	5	6	7	8	9
TVC（总可变成本）（万元）	0	9	16	21	28	37	49	69	98	130
TFC（总固定成本）（万元）	100	100	100	100	100	100	100	100	100	100
TC（总成本）（=TVC+TFC，万元）	100	109	116	121	128	137	149	169	198	230
AVC（平均可变成本）（=TVC/Q，元）		9.0	8.0	7.0	7.0	7.4	8.2	9.9	12.3	14.4
AFC（平均固定成本）（=TFC/Q，元）		100.0	50.0	33.3	25.0	20.0	16.7	14.3	12.5	11.1
ATC（平均总成本）（=TC/Q，元）		109.0	58.0	40.3	32.0	27.4	24.8	24.1	24.8	25.6
SMC（短期边际成本）（=ΔTC/ΔQ，元）		9.0	7.0	5.0	7.0	9.0	12.0	20.0	29.0	32.0

下面以杂志社生产 1 万份杂志为例，说明表中各栏的意义。请看表 4-1 第二行。总可变成本（total variable cost，TVC）是指生产某一数量产品或服务的可变成本之和。杂志社生产 1 万份杂志时总可变成本为 9 万元，这 9 万元成本包括员工工资、纸张等成本。在短期生产中，生产任何数量杂志的总固定成本（total fixed cost，TFC）均保持为 100 万元，所以第三行第三列对应的值为 100 万元。总成本（total cost，TC）是指总可变成本与总固定成本之和，杂志社不生产杂志时固定成本仍需支出，但此时没产生可变成本，因此当产量为零时，杂志社的总成本等于总固定成本。在产量为 1 万份杂志的情况下，杂志社总成本为 109 万元。分摊在每一份

杂志上的总可变成本、总固定成本与总成本分别为平均可变成本（average variable cost，AVC）、平均固定成本（average fixed cost，AFC）和平均总成本（average total cost，ATC），其值分别为 9 元、100 元、109 元。短期边际成本（short-run marginal cost，SMC）是增加或减少一单位产量所对应的总成本的变动。杂志社总成本由 100 万元增至 109 万元时，产量由 0 增至 1 万份，多生产一份杂志的成本（即短期边际成本）为 9 元。由于短期内固定成本保持不变，所以短期边际成本亦等于可变成本的变动量/产量的变动量，即（9－0）/1＝9 元。由于平均总成本等于平均固定成本与平均可变成本之和，短期来看，平均固定成本随着产量的增加而分摊到更多产品中，因而逐渐下降，平均可变成本则随着产量增加先降后升。在这两种力量的作用下，杂志社的平均总成本曲线呈 U 形。

由表 4－1 可以看到，产量增至 3 万份以前，平均可变成本与短期边际成本均逐渐下降。当短期边际成本小于平均可变成本时，产量的增加有助于平均可变成本的降低。表中杂志社产量由 0 增至 1 万份，再增至 2 万份，甚至增至 3 万份时短期边际成本都小于平均可变成本，因此，平均可变成本亦不断下降。当平均可变成本处于极小值时，短期边际成本与平均可变成本相等。杂志社会选择生产 3 万份杂志或 4 万份杂志，而不会选择超过 4 万份的产量。

有线电视网发展初期需要大量资金用于基础设施建设，包括一些获取和引进信号的手段、处理和增强信号的核心设施以及分配信号的有线网络等。但网络一旦建成，其运营成本就相当低，主要包括支付给职员的少量工资、电力和设备修理等成本。基础设施成本属于固定成本，日常运营成本属于可变成本。只要有线电视网服务价格高于平均可变成本，有线电视网便会选择营业。假使有线电视网的用户为 500 户时的价格为 140 元/月，其平均可变成本为 100 元/月，平均固定成本为 3 000 元/月，平均总成本为 3 100 元/月。虽然用户为 500 户时有线电视服务的价格低于平均总成本，但由于固定成本在短期内属于沉没成本，它与有线电视网的短期决策无关，短期决策只需要考虑价格与平均可变成本的关系。140 元的价格高于 100 元的平均可变成本，因此，有线电视网应选择正常运营。网络服务提供商、卫星电视等的情况与此类似。

三、长期生产与长期成本

我们需要记住，在长期这一时间段上，所有投入的成本都会发生变化，唯一不变的是将投入转化为产出的方法，即技术。这里只谈谈生产者均衡问题。

在成本既定的情况下，生产者希望这些成本能产生最大量的产出。这与消费者希望在预算既定情况下得到最大化的效用是一样的。在总成本给定的情况下，企业决定投入组合的一个基本判断依据便是生产者花在每一生产要素上的最后一元钱得到相等的总产出的增量。其表达公式为：

$$\mathrm{MP}_L/P_L=\mathrm{MP}_K/P_K=\cdots$$

这里 MP_L 是要素 L（L 可以代表劳动）的边际产量，MP_K 是要素 K（K 可以代表资本）的边际产量，P_L 是要素 L 的价格，P_K 是要素 K 的价格。

试举一例说明此问题。

假使某杂志社打算投入 38 万元的成本用于支付员工工资和购买机器设备。劳动成本为 6

万元/年，机器设备成本为 2 万元/年（考虑到折旧与利率），那么，该杂志社可选择的投资组合如表 4-2 所示。

表 4-2　某杂志社的投资组合

	劳动		机器设备	
数量	边际产量	边际产量与价格之比	边际产量	边际产量与价格之比
1	800	133	350	175
2	650	108	250	125
3	350	58	108	54
4	240	40	60	30
5	180	30	30	15
6	100	17	5	2.5

由表 4-2 中可以看到，满足 $MP_L/P_L = MP_K/P_K$ 条件的劳动与机器设备的数量分别为 5 名员工、4 台机器。在总成本保持 38 万元的情况下，假设员工工资水平由 6 万元/年增至 8 万元/年，机器设备价格由 2 万元降至 1 万元，则该杂志社实现利润最大化的资源配置方式为减少 1 名员工，增加 1 台机器。因为此时当杂志社雇用 4 名员工、购置 5 台机器时，MP_L/P_L 基本等于 MP_K/P_K（见表 4-3）。另外，还需注意的是由于现实中员工与机器设备都以整数计，所以在某些情况下，MP_L/P_L 只是接近而非完全等于 MP_K/P_K。

表 4-3　某杂志社新的投资组合

	劳动		机器设备	
数量	边际产量	边际产量与价格之比	边际产量	边际产量与价格之比
1	800	100	350	350
2	650	81	250	250
3	350	44	108	108
4	240	30	60	60
5	180	23	30	30
6	100	13	5	5

该杂志社的这种决策并不难解释：一种生产要素的价格提高会导致杂志社花在该要素上的最后一元钱将得到较少的总产出的增量，因此杂志社在保证总产量的前提下，会用价格较低的生产要素替换价格提高的生产要素。实际上我们也经常能观察到此理论在实践中的应用，譬如制片厂用电脑软件制作的动画明星代替薪水上涨的电影明星等等。

四、极长期

在极长期这一时段上，传媒组织的技术也会发生变化。

新技术是一种“创造性力量”。它既可以让老媒介“旧貌换新颜”，生产效率大大提高（譬如“光与电”技术对报业的影响），又可以在原有的媒介图景中催生出一批新势力。虽然技术进步最终意味着效率提高，但在现实中，技术进步常常成为社会资源在传媒行业“新进入者”与“在位者”间重新配置的基本动力，常常意味着传媒产业边界的重构与“在位者”既有利益的调整，因此有时会遭到“在位者”的牵制与反对。例如，20 世纪 30 年代，美国无线电公司因担心推广 FM 广播会破坏该公司在 AM 设备上的投资、担心 FM 广播会与自己拥有专利的电视竞争频谱资源而在 1936 年联邦通信委员会听证会上反对给 FM 广播分配频谱，强烈主张频谱应当被保留下来以测试电视。

目前来看，量子信息技术、天地通信技术、类脑计算技术、AR/VR/MR（增强现实/虚拟现实/混合现实）、人工智能、区块链、超级计算机、工业互联网、脑机接口等新兴技术正从概念逐渐进入应用。并且，上述技术的发展速度已超出了大多数人的想象：2019 年 1 月《经济学人》封面文章将脑机接口技术定义为“下一个前沿”（the next frontier）；2019 年 7 月中旬，埃隆·马斯克（Elon Musk）宣布刚成立两年的脑机接口研究公司 Neuralink 发布了其首款“脑后插管”技术（见图 4－3）。该技术将彻底改变人与机器的交互方式，推动“人类”向“超级人类”转变。[①]

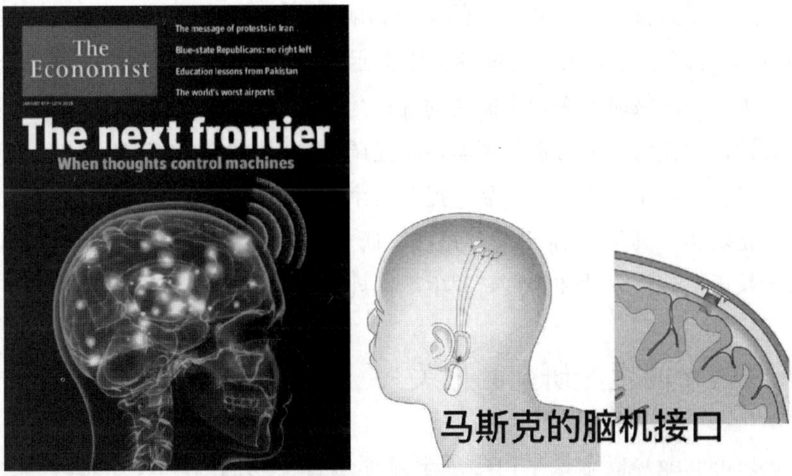

图 4－3　2019 年 1 月《经济学人》封面与马斯克的脑机接口示意图

每项技术在应用层面的成熟都能为人类信息传播开辟出一个前所未有的新天地，为传媒生产创新提供技术上的可能性。从长远来看，传媒运用新技术开展生产是迟早的事情，但在向新技术转型的过程中，无疑将会受到各种利益力量的牵制。传媒管理者着眼的是传媒产业的长期发展，在制定策略时需要厘清诸多权力在生产场域中的博弈态势，制定更具针对性与前瞻性的政策，促使传媒生产顺利完成技术创新。

第二节　组织视角的传媒生产

从市场角度看，报刊社、电台、电视台、网络公司、传媒集团等厂商与其他市场主体通过

---

① 科技狂人马斯克又刷屏了，用意念控制电脑！脑机接口技术被赞现实版《黑客帝国》[EB/OL].（2019－07－17）[2019－07－20]. http://finance.ifeng.com/c/7oORPh6nwgX.

价格机制建立互动关系。从组织视角看，传媒组织内部生产要素之间、传媒组织之间、传媒组织与其他社会机构之间的互动建立在更广泛的权力关系之上。虽然有此区别，但与市场机制一样，组织机制同样有降低传媒生产成本、提升生产效率这一功能。

传媒组织作为一种人为设计的对象，始终处于各种力量的控制之下。这些控制力量从来源方向上看，可分为自我控制、内部控制与外部控制；从利益诉求指向上看，可以分为政治控制、市场控制、业务控制等；从控制规则的形态上看，可以分为正式规则与非正式约束。本部分着重谈组织层面中非正式约束对新闻生产的影响，而不涉及政策规制等正式规则的影响。

非正式约束指“人们的行事准则、行为规范以及惯例等”[①]。对新闻生产中非正式约束的关注可以追溯至20世纪40年代的“把关人”研究。[②] 20世纪50年代以来有关“潜规则”[③]“常规”（routine）[④] 的研究以及20世纪90年代以来有关“惯习”[⑤] 的研究所关注的对象都是新闻生产中的非正式约束。上述研究虽然聚焦点类似，但研究视角仍存在差异：“把关人”研究采用个体视角，强调个人偏好对新闻选择的重要影响，显示了编辑个体在新闻生产中的价值；“潜规则”研究强调管理层与员工间的博弈，既揭示出无形的编辑政策约束员工行为的事实，又未忽视员工突破编辑政策时所表现出的主动性；“常规”研究偏重组织视角，揭示出组织内员工将一些默会知识内化为个人习惯的现实，既强调“常规”对传媒组织“驯化”瞬息万变的社会现实、生产符合一般用户需求的产品、提升效率的重要性，又未完全忽视“常规”使“媒体机构成为合法化现实工具”[⑥] 的后果；“惯习”研究则偏重于“场域”视角，强调行动者背后的权力关系，长于“分析驱动和约束新闻生产常规的结构性力量”[⑦]。

一、个体层面的新闻生产研究：把关人

“把关”（gatekeeping）概念最早由心理学家库尔特·勒温（Kurt Lewin，又译“卢因”）于1943年在“渠道理论”中提出。此概念提出后，便引起了一些学者的兴趣。1949年戴维·怀特（David Manning White）和1991年格伦·布列斯克（Glen L. Bleske）采用个案研究法所完成的两项“把关”研究颇具代表性。怀特选择美国一个中小城市的通讯社新闻版编辑（wire editor）作为研究对象，这位研究对象被称为盖茨先生（Mr. Gates）。他40多岁、有25年新闻从业经验，位居新闻生产流程的最后一“关”。怀特的研究试图弄清影响编辑取舍新闻的因素到底有哪些。研究发现，新闻编辑会受到个人经历、个人态度、主观偏好、主观判断等的影

① 诺思．制度、制度变迁与经济绩效［M］．上海：格致出版社，上海三联书店，上海人民出版社，2014：50-63.

② WHITE D M. The “gage keeper”：a case study in the selection of news［J］. Journalism quarterly，1950，27（4）：389-390.

③ BREED W. Social control in the newsroom：a functional analysis［J］. Social forces，1955，33（4）：326-335.

④ TUCHMAN G. Making news by doing work：routinizing the unexpected［J］. American journal of sociology，1973，79（1）：110-131.

⑤ 布尔迪厄．关于电视［M］．沈阳：辽宁教育出版社，2000：45.

⑥ 陈阳．为什么经典不再继续?：兼论新闻生产社会学研究的转型［J］．国际新闻界，2018（6）：10-21.

⑦ 王敏．从“常规”到“惯习”：一个研究框架的学术史考察［J］．新闻与传播研究，2018（9）：68-80.

响。怀特虽只研究了一个个案，但他相信，盖茨先生只是成百上千个“把关人”中的一员，这些“把关人”在复杂的新闻生产流程中扮演着非常重要的“把关”角色。1966年，保罗·斯奈德（Paul Snider）重复了同样的研究后发现，尽管1966年通讯社新闻版编辑不再从三家而是从一家通讯社稿件中挑选新闻，但他仍有根据自己的职业和个性判断选择新闻的余地。① 不过，上述两个研究均侧重于强调盖茨先生的个人偏好、态度、经历等主观因素在挑选稿件中所发挥的重要作用，并未考虑到盖茨先生所处的环境因素对其稿件挑选的影响。1976年麦克姆斯和肖在重新分析怀特和斯奈德的研究数据后发现：在怀特所做研究中，盖茨先生收到的通讯社稿件中各类新闻的比例和最后采用的新闻中各类新闻的比例之间的相关系数达到0.41；在斯奈德的研究中，这一数据达到0.64。② 这说明“无形”的环境也在影响着“把关人”盖茨先生的选择。

1991年布列斯克继承了怀特“把关人”研究的基本思路与方法，同时吸收了麦克姆斯与肖的创新成果。在布列斯克的研究中，研究对象为一位被称为“盖茨女士”的女性编辑。该研究结果不仅证明了盖茨女士也像盖茨先生一样依据自己的主观偏好选择新闻，而且还发现了盖茨女士选择的各类新闻所占的比例与通讯社供稿中不同新闻类别的比例的相关系数竟高达0.86，再次证明了“无形”环境对“把关人”把关行为的影响。③

怀特与布列斯克的研究均证实了在媒介生产过程中，勒温所言“把关”行为是客观存在的，编辑是重要的“把关人”，他们的个人偏好等主观因素在新闻选择中扮演着重要角色，同时“无形”环境亦会影响编辑的把关行为。这为人们理解新闻生产“黑箱”投注了一束“光”。此后，针对“大众传播是如何发生的”这一问题，研究者一方面不断探索个体层面上的新闻生产影响因素，另一方面又不断拓展中观和宏观层面上组织特征、压力团体和社会环境对新闻生产的影响。前者的代表性成果体现在职业角色的研究中，研究者发现新闻工作中存在“中立报道者”与“参与者”④，以及“宣传者、参与者、营利者和观察者”⑤ 等多种职业角色。新闻从业者的职业角色认知与个人价值观、生活背景、个人期望、个人态度一样，也会影响传媒生产。后者的代表性成果主要体现在有关组织目标和权力结构、组织内部“潜规则”、“常规”、其他组织、伪事件和媒介事件等诸多方面的研究中。⑥

二、群体层面的新闻生产研究

群体层面的非正式约束研究将目光转向特定结构中人与人之间的功能互动。20世纪50

---

① SNIDER P. Mr. Gates' revisited：a 1966 version of the 1949 case study [J]. Journalism quarterly，1967，44 (3)：419-427.

② MCCOMBS M E，SHAW D L. Structuring the “unseen environment” [J]. Journal of communication，1976，26 (2)：18-22.

③ BLESKE G L. Ms Gates takes over：an updated version of a 1949 case study [J]. Newspaper research journal，1991，12 (4)：88-97.

④ COHEN B. The press and foreign policy [M]. Princeton：Princeton University Press，1963：191.

⑤ 陈阳. 当下中国记者职业角色的变迁轨迹 [J]. 国际新闻界，2006 (12)：58-62.

⑥ 刘海龙. 大众传播理论：范式与流派 [M]. 北京：中国人民大学出版社，2008：390-399.

年代和70年代，新闻编辑部里的生产机制曾引起研究者较大的热情，研究者特别关心的一个重要问题是，“在特定的社会与职业环境中，新闻是如何被建构（construct）出来的”①。“建构论”与怀特所持的“反映论”相对，强调新闻生产是诸多要素互动的过程，新闻是被社会建构出来的。1996年，瑞斯和休梅克将形塑媒介信息的力量整合为一个“影响层级”（hierarchy of influences）。在该“影响层级”中，传媒生产者的个人观点和角色（personal views and roles of media workers）位于最底层，再往上的层级依次为媒介常规（media routines）、传媒组织（organizations）、外部压力（external pressures）和意识形态（ideology）。②总的来看，欧洲的媒介研究较多聚焦于意识形态和制度分析，而美国学者则一开始就更青睐于较低的层级。③

（一）控制视角：潜规则

20世纪50年代，沃伦·布瑞德（Warren Breed）结合自身新闻工作经验和对120名新闻从业者的深度访谈，从社会控制角度揭示出媒体内部潜规则对新闻生产的影响。该理论延伸了麦克姆斯和肖重新分析怀特的研究数据后所发现的“无形”环境对新闻生产的影响。布瑞德强调编辑部里不成文的“编辑方针”成为新闻生产的内在控制力。编辑方针指通过社论、新闻栏与头条所选择的话题与事实而体现出来的稳定的报纸定位。不管承认与否，每份报纸都有自己的编辑方针，政治、商业与劳工等领域的报道最能体现报纸的编辑方针。报纸的编辑方针很大程度上植根于报纸所隶属的社会阶层，并通过报纸有倾向性地编写或报道表现出来。此外，编辑方针因常违反新闻伦理规范而总是秘而不宣。编辑方针由发行人和主编等主管领导制定，由包括记者、普通编辑等在内的员工遵守并执行。在管理层与员工之间有时还存在处于居间位置的城市版编辑或通讯社新闻版编辑。令布瑞德着迷的问题是，尽管报纸的编辑方针常与新闻规范相抵触、常遭到员工们的私下反对，并且执行者不能合法地命令员工遵守它，但为什么仍能保持下去呢？经过研究，布瑞德认为，编辑部员工在社会化过程中感知编辑方针，并因下述六大原因而服从编辑方针：（1）体制权威与制裁；（2）对上级的敬重和对报纸的义务感；（3）社会流动的强烈愿望；（4）行业及群体组织的大原则很难对编辑部的内部事物产生影响；（5）新闻采写活动令人愉快的本质；（6）紧急情况下新闻本身成为首要的价值，竞争和压力使客观性等一般行业规则从属于编辑方针。与此同时，布瑞德还发现，员工并非完全被动地服从编辑部里的方针，他们会利用编辑方针的模糊性及编辑对事实的不甚了解而采取某些策略加以规避。对此，布瑞德总结了五种情况：（1）编辑方针并不总是非常清晰的，而是像许多其他规范那样既模糊又非结构化，这给员工灵活执行留下了空间；（2）编辑方针的主管领导可能不甚了

---

① REESE S，BALLINGER J. The roots of a sociology of news：remembering Mr. Gates and social control in the newsroom [J]. Journalism & mass communication quarterly，2001，78（4）：641-658.

② REESE S，SHOEMAKER P. A media sociology for the networked public sphere：the hierarchy of influences model [J]. Mass communication & society，2016，19（4）：389-410.

③ 同①.

解特定事实，员工可以利用他们对事实的熟知来规避编辑方针；（3）除利用主管领导对琐碎事实的无知而采用“挤出”策略外，编辑部员工还可以暗中将部分信息透露给竞争对手，从而给本媒体的管理层施加压力；（4）新闻报道可以分为在主管领导直接指挥下撰写的例行报道、由城市编辑分派下来的指定报道、跑线报道和员工自行开展的报道等不同类型，在“例行报道”“指定报道”“跑线报道”和“自行报道”四种类型中，排在后面的报道类型赋予记者的自主性要高于排在前面的报道类型，员工在完成高主动性报道时可以对编辑方针有所突破；（5）明星编辑记者比新入职员工更能轻易突破编辑方针。①

布瑞德的研究不仅揭示出编辑部内控制从业者的无形的“编辑方针”，以及此种控制因何得以实现，而且还让人们意识到，在新闻生产过程中，媒体从业者虽然要受到“无形”环境的控制，但仍拥有发挥主动性的空间。

后继学者循着布瑞德开拓的控制视角继续前行。

首先，拓展了组织层面上控制传媒生产的维度，勾画出传媒生产控制力量间的结构关系。黄旦将传媒组织内部的控制分为调配控制和操作控制两个层次。“前者决定整个传媒组织联合发展的目标和规模，确定利用生产资源的总体方式。后者的权力则是在较低层次，主要是如何有效使用分配到手的资源，执行已经决定的政策。”② 张志安则不仅描述了《南方都市报》内部的调配控制、操作控制和专业控制，而且还将政治控制、市场控制纳入分析视野。③ 此外，周翼虎在勾画不同控制力量间的结构关系上做出有价值的尝试。他描述了“自 1978 年来市场化政策带来的自主空间或对自主空间的预期始终被国家所压扁的历史进程，最终导致新闻业全面与国家合作的动力机制”④，揭示出国家驱动的市场力量已成为实现政治控制的重要路径，媒体会从关心自己经济命脉的角度自觉服从国家控制，强调“生存逻辑促使整个新闻业朝功利主义的方向发展。在这种国家力量的崛起和生存逻辑的凸显局势下，新闻记者作为政治群体的力量进一步衰落，最终为新闻走向自觉为国家服务一锤定音”⑤。

其次，基于对中国媒体的观察，研究者总结出中国媒体诸多规避内部与外部控制力量的策略。如“打擦边球”“临场发挥”⑥“钟摆现象”⑦“异地监督”“推敲禁令”“一起越位”“模糊表达”等。⑧ 王毓莉通过分析《南方周末》的文本，总结出“多重消息来源”“事实标准”“安全选题”以及“避免究责”等写作避祸策略，又通过深度访谈方式，汇总了国内新闻工作者一

① BREED W. Social control in the newsroom：a functional analysis [J]. Social forces，1955，33 (4)：326 - 335.

② 黄旦．传者图像：新闻专业主义的建构和消解 [M]. 上海：复旦大学出版社，2005：195.

③ 张志安．编辑部场域中的新闻生产：《南方都市报》个案研究（1995—2005）[D]. 上海：复旦大学，2006：63 - 72.

④ 周翼虎．抗争与入笼：中国新闻业的市场化悖论 [J]. 新闻学研究，2009 (100)：101 - 136.

⑤ 同④.

⑥ 陆晔，潘忠党．成名的想象：中国社会转型过程中新闻从业者的专业主义 [J]. 新闻学研究，2002 (71)：17 - 59.

⑦ CHAN J. Calling the tune without paying the piper：the reassertion of media controls in China [J]. China review，1995 (5)：1 - 16.

⑧ 田中初．当代中国灾难新闻研究：以新闻实践中的政治控制为视角 [D]. 上海：复旦大学，2005：109 - 144. 张志安．编辑部场域中的新闻生产：《南方都市报》个案研究（1995—2005）[D]. 上海：复旦大学，2006：65 - 70.

系列的“隐藏文本”，如“时空转换策略”“责任转移策略”“报道事实策略”“合纵连横策略”“反客为主策略”及“钻研漏洞策略”等。①

（二）内化视角：新闻常规

在20世纪70年代的一波研究中，新闻常规（news routine，也有译为新闻惯例）受到密切关注。新闻常规并无严格定义，被宽泛地用来指新闻组织在日常工作中发展出来、记者在新闻工作中重复出现的习惯性社会实践。“对于传媒组织，常规是一套控制机制，以促使媒介工作者达到组织的预期目标；对于传媒内容生产者，常规是他们工作时所依循的脉络。”② “新闻工作常规包含甚广，既包括传媒组织的一整套日常工作规程，也包括微观层面上从业者个体重复性的新闻采制规范，后者也叫报道常规，指采编人员发现、判断、采访和写作新闻等具体内容。”③ 倒金字塔结构、5W等写作模板，客观平衡、故事化、戏剧化等写作技巧，新闻价值、平衡版面等工作原则，新闻敏感等职业特征，分“片”划“线”（报道线路：news beat）、互不侵犯等默契均属于报道常规。本部分将偏重于报道常规，有关日常工作规程方面的常规将置于“生产流程”部分来介绍。

“研究者笔下的新闻常规起初是为了提高组织生产效率而日积月累形成的习惯性规范，它并无强制力，也无须明文规定，新入行的记者从工作实践中慢慢掌握了这一套常规，从而成为熟练记者。”④ 从这个角度看，新闻常规对“潜规则”研究有所承继。不过，布瑞德在研究潜规则时，暗含在管理层与员工之间存在控制与反控制的力量角逐，而常规研究则一方面扩大了“无明文规定”规则的外延，另一方面则侧重于强调无明文规定的规则内化为新闻从业人员的实践意识，沉淀为从业人员的职业经验，最终促使从业人员完成从新手到熟练工的嬗变。研究者们分别从“控制”与“常规”两个角度所开展的研究得到类似的结论，也说明了这两种研究视角有着相通之处。譬如夏倩芳等的研究发现，“近些年来，我国媒体对社会冲突性议题的报道，已形成了一套以规避风险为逻辑的报道常规。这套常规在当下的政治和市场情境下，透射着‘生存理性’的意味。无论是媒体组织还是从业者个体，在职业价值感普遍失落的情势下，都难以避免向生存理性趋近的宿命”⑤。这一发现与周翼虎有关“生存逻辑促使整个新闻业朝功利主义的方向发展”⑥ 的结论相一致。

不少新闻常规虽然出现在新闻教科书中，成为在校学生可以学习的“显性知识”，但其最初的存在形态却是新闻实践过程中隐含的“默会知识”。新闻专业学生在校学习的这些知识虽使其到媒体工作后可以较其他专业学生更快“上手”，但从“书本知识”到“习惯成自然”仍需要一个过程。

---

① 王毓莉．驯服VS抗拒：中国政治权力控制下的新闻专业抗争策略［J］．新闻学研究，2012（110）：43-83.

② ELIASOPH N. Routines and the making of oppositional news [J]. Critical studies in mass communication，1988，5（4）：313-334.

③ 夏倩芳，王艳．风险规避逻辑下的新闻报道常规：对国内媒体社会冲突性议题采编流程的分析［J］．新闻与传播研究，2012（4）：33-45.

④ 陈阳．为什么经典不再继续?：兼论新闻生产社会学研究的转型［J］．国际新闻界，2018（6）：10-21.

⑤ 同③.

⑥ 周翼虎．抗争与入笼：中国新闻业的市场化悖论［J］．新闻学研究，2009（100）：101-136.

媒体中的常规主要来自三个方面：受众（消费者）、传媒组织（生产者）、消息来源（供应者）。[①] 注重故事化、形象化等主要是为了取悦受众，记者包“片”跑“线”主要是为了满足传媒组织通过劳动分工提高效率和不遗漏重大消息的需要，双重核查（double check）和使用匿名消息源等主要是为了适应消息源的需要……不过，有些常规可能并非来自一个方面。譬如，起源于20世纪60年代美国独立战争期间的“倒金字塔结构”最初是记者为了在电报随时可能中断的情况下确保重要信息可以传至报社而采用的写作模式，后来，因这种结构可以让读者在较短时间内抓取重要信息而广受欢迎，最终以常规的形式保留下来，因此“倒金字塔结构”这一常规的来源就包括传媒组织与受众两个方面。除上述三个方面外，“监管者”也可视为常规的来源之一。《南方都市报》在生产中“遇到绿灯赶紧走，遇到黄灯抢着走，遇到红灯绕着走”，“红灯就是宣传报道的‘禁区’，‘绕着走’是惯例的、必然的选择”[②]，“红灯绕行”“党报不能批评同级党委”等常规主要体现为对监管者的“顺从”。

新闻常规虽然有可能产生诸如严肃事件闹剧化、新闻炒作或新闻扎堆、报道视野受限等负面影响[③]，但其在降低成本、提高效率方面功不可没。

发轫于20世纪50年代、异军突起于20世纪七八十年代的新闻生产社会学多以一个或多个媒体机构中的新闻生产者和制作者为研究对象，致力于回答“新闻是如何被生产出来的”。对新闻生产的这股追捧热潮与媒介被视为构建社会舆论的途径、报纸被视为社会改善的工具有关。进入21世纪以来，新闻生产社会学发生转向，主要体现在两个方面：

第一，新闻生产社会学内部的转向。

（1）由报纸、电视新闻生产转向网络媒体的新闻生产。（2）研究网络媒体新闻生产时的焦点纷纷转向新闻内容、新闻工作者的标准以及受众/用户，对新闻生产报道常规和生产情境（context）的关注热度明显下降。（3）所采用的研究方法由长期参与观察的民族志转向访谈和观察。（4）研究焦点由组织层面逐渐转向文化层面。[④]

第二，新闻生产社会学拓展为媒介生产社会学。

（1）研究的行业类别由新闻业扩展到流行音乐、图书出版、新媒体等非新闻类行业。（2）研究的生产场域由线下现实场域扩展至线上虚拟场域或线上与线下两个场域的结合。（3）研究所关注的人物主体由新闻从业者拓展到非新闻领域的劳动者，也包括参与“个人生产内容”的“普通人”。媒介生产社会学中有关大众生产的部分将另节来谈。

社交媒体、移动技术、大数据等已经并将继续变革传媒业，这种变革“必然会反映在新闻常规的变化上，体现在新闻工作者习以为常的工作方式中”[⑤]。目前来看，传统媒体所恪守的报道常规的变化不太明显。不过，在自媒体这股新生力量身上，可以看到更多打破报道常规的

① REESE S, SHOEMAKER P. Mediating the message: theories of influences on mass media content [M]. NY: Longman, 1996: 108-110.

② 张志安．编辑部场域中的新闻生产：《南方都市报》个案研究（1995—2005）[D]．上海：复旦大学，2006：66.

③ 刘海龙．大众传播理论：范式与流派 [M]．北京：中国人民大学出版社，2008：396.

④ 陈阳．为什么经典不再继续？：兼论新闻生产社会学研究的转型 [J]．国际新闻界，2018（6）：10-21.

⑤ 夏倩芳，王艳．风险规避逻辑下的新闻报道常规：对国内媒体社会冲突性议题采编流程的分析 [J]．新闻与传播研究，2012（4）：33-45.

迹象。譬如，自媒体文章标题字数一般不超过 22 个字便为其中一例。此常规的形成源自两方面考虑：一是字数太少不容易捕捉网络用户的注意力；二是字数太多的话，平台推荐空间不允许。短期来看，自媒体新闻标题常规倒不至于对传统媒体报道常规造成什么挑战，但是，2019 年 1 月自媒体“呦呦鹿鸣”所发、引爆朋友圈的《甘柴劣火》一文所引发的争端①让我们看到，在“诉诸情感及个人信念较客观事实更能影响民意”的后真相时代，遵从“以报道单一新闻事件为主，而非长期的社会问题”“平衡报道而非偏见先行”“客观冷静讲事实而非掺杂情绪与意见”等常规的传统媒体在同与上述常规背道而行的自媒体争夺读者注意力时，似乎并未占据上风。至少从读者偏好角度看，传统媒体对上述报道常规的恪守似乎正在遭受某种挑战，此种挑战是否会导致传统报道常规嬗变仍需拭目以待。从现实来看，往昔的报道常规既是传统媒体区别于新兴媒体的光荣，同时似乎也变成了一种重负。这种重负对传统媒体来讲，丢了，可能换得一身轻松，就像某些舍弃传统媒体大船后在自媒体领域风生水起的记者那样，但对整个社会来讲，也许是不可承受之重。

三、结构性控制：新闻生产流程

20 世纪 50 年代布瑞德研究编辑部内潜规则时注意到编辑流程对新闻生产的影响，他“揭示出层级化的审阅链条是如何将赞扬和批评的意见层层下达，‘痛骂和蓝铅笔修改批示’是编辑室控制系统的一部分，潜在地会影响从业者的升迁、岗位聘用和职业评价等，形成对从业者的压力，迫使其遵循编辑室的价值观和操作规范”②。

“流程”是指完成一项任务、一件事情或一项活动的全过程，此过程由一系列相互之间有先后顺序的工作环节或步骤组成。流程也可以被理解为规定各种生产要素流转衔接的结构化安排。早在 20 世纪初，科学管理之父泰勒将刚刚脱离农业生产环境的产业工人聚拢在一起，使其有效率地完成了生产任务，从而开创了单个或局部工作流程的分析，可谓流程管理的鼻祖。其后，亨利·福特的流水线流程设计更是将泰勒的流程管理理念推至极致。时至 20 世纪 60 年代，哈默（Michael Hammer）和钱皮（James Champy）为企业突破已有劳动分工所设定的绩效增长天花板，提倡流程再造（reengineering），主张以富有弹性、扁平、面向顾客的生产流程代替工业时代典型的线性、机械刻板、生产者导向的生产流程。

致力于信息生产的传媒业同样受制于大时代背景的影响，其生产流程亦经历着从传统的机械生产流程向再造的柔性生产流程的转变。当然这种转变并非一蹴而就，而是表现为顺应技术发展的需要，在劳动分工与业务整合间不断寻求新平衡点的过程。

以下为叙述方便，将传媒生产流程简单分为传统生产流程与再造生产流程两个阶段。

（一）传统生产流程

传统的传媒生产流程遵循亚当·斯密劳动分工的观点，倾向于把工作分解成若干极其简单

---

① 杜骏飞，等．甘柴劣火又如何？[EB/OL]．(2019-01-14)[2019-01-16]．http://www.360doc.com/content/19/0115/16/10309_809055869.shtml.

② BREED W. Social control in the newsroom: a functional analysis [J]. Social forces, 1955, 33 (4): 326-335.

的任务，然后交由专门人员去完成。

传媒传统生产流程的重要价值体现在以下几个方面：第一，劳动分工带来效率提升。由于“学习效应”的存在，记者、编辑和其他传媒劳动者在持续不断地从事某一专门性劳动的过程中，熟能生巧，实现效率提升。第二，传统生产流程将复杂的生产活动细分为一系列标准化劳动并明确规定每一细分工种的完成时间，每个人员都要对各自承担的工作负责，这使管理者可以通过流程管理，确保媒体能在截止日期前产出合乎一般质量标准的内容产品。第三，传统生产流程中每个人都各司其职，从事一项相对简单的操作，传媒组织不必雇用能胜任多个工种的复合型人才。

传媒业传统生产流程虽然总体来看具有机械细分、线性、封闭、界限清晰的特点，但是在具体操作中，亦存在某些媒体类别、某些节目类型、某些从业者从局部调整生产流程的实践。

1. 采编合一与采编播合一——放宽工作宽度

传媒业传统的生产流程总体来看以劳动分工为基础，但是劳动分工对于流程设计的最终目的——提升效率——却有两方面的影响：一方面，劳动分工的经济性影响可以提升效率，另一方面，人的非经济性因素（厌烦情绪、压力感、疲劳感等）又会导致效率的降低。[①] 传统传媒实际上也曾为平衡劳动分工对效率的双向作用而在局部调整生产流程。纸媒所实行的采编合一以及广播电视所采用的采编播合一的主持人制都是放宽工作宽度的实践活动。

采编合一又称部版全一，与采编分离相对。采编分离是一种流水线作业法，记者、编辑各司其职。记者前往所负责领域采集信息，编辑、责任编辑按版面分工组版、把关。采编合一则模糊了编辑与记者间的界限，用任务目标将采与编锁定在一起，将编辑和记者捆在一起考核，形成联动。采编合一便于采编人员及时交流对稿件的看法，减少因相互不了解而造成的摩擦与资源浪费。

采编播合一的主持人制则突破了记者、编辑、播音员间的界限，由一人承担起采访、编辑、播音的全部工作。与采编合一类似，采编播合一对于生产效率的提升作用主要体现在两个方面：第一，可以降低记者、编辑、播音员间的沟通成本；第二，可以使员工在不同的工作角色间转变，降低单一工种所带来的职业倦怠等消极影响。

2. 边拍边播——突破封闭性、及时纳入用户反馈

媒体虽然也会通过举行读者/观众/听众座谈或委托第三方系统开展受众调查来收集用户反馈，但是这些反馈多作为媒体中长期策略调整的依据，而较少直接纳入生产流程、直接指导节目生产。季播剧则对此有所突破。季播剧在相当长的时间段内持续按季播出，边拍边播，可以根据前一季观众反馈及时调整与更新包括情节结构、人物设定、台词风格等在内的众多内容。譬如《丑女无敌》第一季在结尾处给观众留下悬念，吸引众多观众和网友在线上和线下讨论剧情发展。制作方响巢国际亦将观众反馈引入《丑女无敌》第二季的编排中。

边拍边播打破了“编剧—摄制—播出”的线性生产流程，让观众观看后的反馈作用于后续的编剧、摄制、播出等环节，打破了原有流程的相对封闭性。

---

① 罗宾斯．组织行为学：第七版［M］．北京：中国人民大学出版社，1997：424－425.

3. “后台”前台化——生产流程中业务活动的套叠与换位

粗略来看，电视业的一般生产流程以成形的产品为界，分为“制作”与“播出”两部分。播出之前的一切活动以及未成形产品的粗陋均隐于“后台”。呈现在观众面前的成品符合人们对“理想产品”的想象：完整、流畅、无一眼就能看出的瑕疵。但是直播等技术则将播出活动“前移”，实现了生产流程中制作与播出环节的部分重叠。“直播最重要的机制在于将新闻发生与报道之间的时间差降低到几乎为零，因此传统的‘后台’生产与‘前台’发布之间的时间差也随之被极度压缩。在传统的电视新闻生产中，新闻和广告长度、稿件、字幕等，都在‘后台’被精心排练；而现场直播（特别是针对突发事件的直播），打破了事先的从容准备和时间控制，‘后台’工作被直接推向‘前台’——包括现场采访、即席评论、电话联线等。”① “后台”工作“前台化”大大提高了新闻报道的时效性，使事件发生与事件观看同步进行，消除了观看者与观看对象在时间上的隔膜。但与此同时，原先被隐于后台的种种“失控”亦可能同时呈现在观众面前。孙玉胜在《十年：从改变电视的语态开始》这本书中曾详细描述了中央电视台在直播1997年香港回归、直播1998年6月美国总统北大演讲时所出现的种种无序与失控。②当然，随着直播技术与参与直播的工作人员越来越成熟，直播中的无序与失控大为减少，但是在制作与播出部分重叠的生产流程中，失控只能被减少，而无法完全消除。“联线中断、主持人与现场记者通话中的误解、抢话或打断、主持人失语，甚至不雅言行等”在现今直播中亦时有出现，“这些与‘理想化’‘神秘化’表演不相符的‘失控’”“也带来了对媒体权威的可能消解”③。

不管是采编（播）合一、边拍边播，还是直播，都是传媒生产流程随技术变迁所实行的局部优化与调整。优化与调整后的生产流程可以提升效率，形成竞争优势，但传统的传媒生产流程总体来看仍是基于亚当·斯密劳动分工原理所形成的制度安排。该制度所造成的效率“天花板”来源于大部分劳动者被“编织”在“精致”而又相对封闭的“流程”中，埋头专注于单个部门生产流程的局部事项，无力对用户需求、竞争环境及技术变化及时做出回应。经由这样的生产流程所生产出的产品不管从组织内部看怎样地令生产者满意，怎样地有效率，仍有可能因与用户需求错位而无人消费，最终造成社会资源的浪费。近些年传媒行业的流程再造可视为突破此效率天花板的尝试。

（二）生产流程再造

哈默和钱皮将再造界定为“针对企业业务流程的基本问题进行反思，并对它进行彻底的重新设计，以便在成本、质量、服务和速度等当前衡量企业业绩的这些重要的尺度上取得显著的进展”④，同时明确这个定义包含了四个关键词：基本的——“再造意味着任何事物都不是理所当然的。它并不注重事情‘现在是’怎样，而是注重事情‘应该是’怎样”；彻底的——

---

① 周葆华．“后台”到“前台”：新媒体技术环境下新闻业的“可视化”［J］．传播与社会学刊，2013（25）：35－71.

② 孙玉胜．十年：从改变电视的语态开始［M］．北京：三联书店，2003：241－244，348－358.

③ 同①.

④ 哈默，钱皮．企业再造［M］．上海：上海译文出版社，2007：25.

"意味着要不顾现有的种种组织结构和工作流程，开辟完成工作的崭新蹊径"；显著的——"不是要在业绩上取得点滴的改善或逐渐的提高，而是要在经营业绩上取得显著的改进"；流程——"一系列业务活动，其中包括将某种或多种东西投入并创造出对顾客有价值的产品"[①]。哈默与钱皮所提出的企业再造理念强调员工以"流程为导向"，以克服泰勒以来"任务导向"企业所积累的"机制不灵活；无人负责；不以顾客作为各项工作的中心；重活动，轻结果；官僚主义的麻木不仁；因循守旧，缺乏创新；间接管理费用极高"[②] 等痼疾。在当前以"顾客（customers）占上风""竞争（competition）在加剧""变化（change）是常事"（简称"3C"）为特征的世界中，该理念有助于企业更好地生存下去。哈默与钱皮将进行再造的公司分为三种情况：一是公司感到自己深陷困境，除再造外，别无选择；二是公司尚未陷入困境，但其管理层已预见到企业将面临困难；三是公司正处于鼎盛期，但是管理层把再造看成进一步超越竞争对手的机遇。

传媒生存环境同样以"3C"为特征。首先，社会化媒体开启了"以用户为中心"的时代[③]；其次，网络空间中无数信息渠道正在拼命竞争用户的注意力；最后，移动、VR/AR/MR、AI、区块链等不断涌现的技术已经改变或将要改变传媒生产的手段、时空、原材料、产品形态等诸多方面。技术就像一列疾驰的列车，似乎无意为传媒业留出醒悟、应变的时间窗口，就那么突然地将危机推到传媒面前：2005年，中国报业广告低于GDP增幅是个显著的预示危机逼近的信号。随后，"报业寒冬""报纸消亡"等说法又进一步加剧了报业的普遍焦虑。正是在这样的背景下，再造生产流程在传媒业推广开来。

传媒的传统生产流程体现出各种媒介的介质特点，并且区隔出报纸、杂志、广播、电视等多个细分市场。数字技术的出现，一方面淡化了介质差异，所有媒介生产均被通约为以数字为基底的信息生产，另一方面也改变了受众的媒介接触习惯，碎片化、移动化、个人化、嵌套型的场景使用打破了受众原有的媒介接触时空边界。可以说，数字技术的通用性、开放性使传媒有可能再造生产流程，而用户的变化则促使传媒必须再造生产流程。

与单个部门所开展的局部流程优化与调整不同，传媒生产流程再造实际上是站在整个传媒组织角度对传媒生产总体框架所做的顶层设计。在新技术条件下，生产流程再造是全球传媒业共同面对的一个话题。

1. 生产流程再造的理论依据

信息管理领域的"波纹理论"常被视为中国传媒生产流程再造的理论依据之一。波纹理论的基本思路是当一个新闻事件发生时，其影响面就像一颗落入水中的石子激起的波纹，迅速扩散开来。此理论所揭示出的信息传播规律对于传媒生产的启发意义在于，传媒生产者可以圈层式地生产各类信息产品，实现多层次的收益。譬如拥有报纸、杂志、通讯社、电台、电视台和互联网服务的道琼斯公司在面对一个新闻事件时，一般先由道琼斯通讯社提供第一次报道，再由《华尔街日报》新闻网站跟进，接着是道琼斯和GE合资的CNBC对事件进行报道，随后道琼斯广播继续跟进，然后由《华尔街日报》展开更详细的报道，接下来由《精明理财》(*Smart Money*) 等

---

① 哈默，钱皮．企业再造［M］．上海：上海译文出版社，2007：25－27.

② 同①22.

③ 彭兰．社会化媒体、移动终端、大数据：影响新闻生产的新技术因素［J］．新闻界，2012（16）：3－8.

系列刊物对新闻事件展开深度报道。最后，新闻事件入库，由道琼斯和路透合资的商业资讯数据库 Factiva 进行数据处理，供收费用户检索。① 依据波纹理论所完成的生产流程再造实质上是实现商业传媒收益最大化的一项制度安排，其与电影“窗口理论”所主张的一部电影依次经由电影院线、音像制品、付费电视、免费电影等多个窗口②获取收益的实践有着异曲同工之妙，差别仅在于生产流程再造强调的是“生产”，窗口理论则侧重于“销售”。

2. 生产流程再造实践——从“全媒体”到“中央厨房”

在日新月异的新竞争环境中，中国传媒一直没有停止改造业务流程的步伐。2005 年，报业“拐点”的出现成为报业思考再造流程的契机。此后出现的“全媒体”“中央厨房”具有顶层设计，跨部门、跨行业、多层区域全面铺展，以及流程导向等特点，基本具备哈默与钱皮所言的“基本的”“彻底的”“显著的”“流程”等关键词。因此，我们倾向于将其归为业务流程再造，以区别于此前局部范围内所开展的以任务为导向的流程改造。

（1）新闻出版总署报业数字化战略下的“全媒体”实践。

新闻出版总署 2006 年 5 月完成的《全国报业出版业“十一五”发展纲要》将数字报业实验室纳入规划项目，目的在于以数字报业实验室作为创新平台，使传统报业在信息传播技术和媒体营运模式方面有所突破，实现传统纸介质出版向数字网络出版的转型，推动报纸出版业态的重大变革。这股报业数字化风潮助推出一批全媒体样例。

2007 年 10 月 29 日，烟台日报集团正式成立“1029 项目组”，摒弃原先单一的媒体新闻生产流程，开发全媒体数字采编复合出版系统。2008 年 7 月 1 日，全媒体采编系统上线。该生产流程打破集团内部各子媒各自为政的格局，将“新闻生产上升到集团层面，由集团统一采访选题策划、统一新闻报料处理、统一全媒体报道统筹、统一资源调配、统一全媒体考核”③。相对于传统的单一生产流程，“全媒体”生产流程虽然在凸显子媒个性，增强记者忠诚、归属感、责任感等方面力所不及，但由于其在以下方面优势明显，因此，在全国范围内产生了一定的示范效应。这些方面如下：整合集团资源、推动集团从报纸产业向内容产业转型；整合新旧媒体，达到最佳传播效果；多形态呈现新闻产品，多渠道发布，多次滚动售卖，最大化集团收益等。④

《南方都市报》（简称“南都”）在 2009 年提出构建“南都全媒体集群”，从九个方面支持“南都”全媒体平台再造，其中全媒体流程再造是九大支持之一。南都的全媒体流程秉承“以活性用户为中心建立自洽式应用平台系统，实现全天候动态报道模式，做到快速共享和 100%被多层次利用加工”⑤ 的理念，“打破以《南方都市报》报纸为中心的现有采编生产和经营流程，围绕全媒体信息集成中心，建立新的以媒体资产为基础、以产销结合为目标的全流程模式。生产流程按照新闻采集、制作等一系列功能来划分，这样的划分为南都全媒体集群的发展提供了接口和资源共享的通道”⑥。

---

① 杨娟．中国媒介生产融合研究［D］．上海：华东师范大学，2011：179－180.

② 董璐．媒体营销数字时代的传媒动力学［M］．北京：北京大学出版社，2009：34－35.

③ 同①182.

④ 同①182.

⑤ 郭全中．解剖南都全媒体的流程再造［N］．中国新闻出版报，2013－08－06（6）.

⑥ 曹轲，庄慎之，陈雨．南都全媒体集群构想［J］．青年记者，2010（19）：21－26.

（2）中央融媒发展战略下的“中央厨房”实践。

2014年，中央出台《关于推动传统媒体和新兴媒体融合发展的指导意见》。各级传统媒体积极响应该意见。经过两年多的尝试，媒体融合的实践逐渐聚集到“中央厨房”上。中央级（如《人民日报》[①]）、省级（如浙报集团[②]）、地市级（如《荆州日报》[③]）“中央厨房”延续了“全媒体”“节目素材库”所强调的“一次采集、多种生成、多元传播”的业务流程特征（见图4-4），同时又结合自身特点，发展出聚合型“中央厨房”和内控型“中央厨房”等不同的形态[④]。在2018年的全国宣传思想工作会议上，习近平总书记提出“要扎实抓好县级融媒体中心建设，更好引导群众、服务群众”，这表明县级媒体亦被纳入媒体融合的国家战略中来。有研究指出，“‘中央厨房’已是各县级媒体推进融合时的标配”[⑤]。

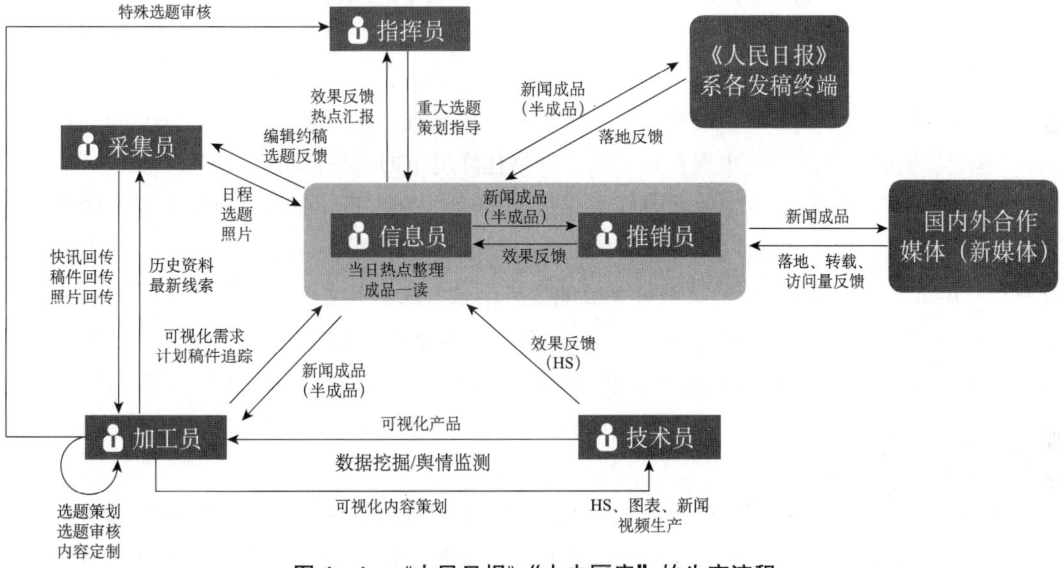

图4-4 《人民日报》“中央厨房”的生产流程

资料来源：何炜，张旸．“中央厨房”烹制新闻美味：人民日报全媒体平台创新融合发展途径的实践［J］．中国报业，2016（7）：14-18.

“中央厨房”虽然已从中央、省市级媒体扩展至县级媒体，但该新型业务流程的绩效与价值仍存在争议。有研究者认为，“中央厨房”虽然在“节约成本”“提高生产效率”“提高传播时效性”“形成舆论合力”“营造新媒体思维”等方面存在价值，但是至少从目前来看，“中央厨房”仍存在“以传者为中心”“成本高昂”“同质化”等问题。[⑦]

---

① 关玉霞，宋曼，杨知然．人民日报“中央厨房”：基于媒体融合的产业供应链再造［J］．南方电视学刊，2017（1）：35-40.

② 鲍洪俊．真融、全融、深融加快“中央厨房”建设［J］．传媒评论，2017（8）：8-11.

③ 代志武．感受来自地方媒体“厨房”的声音：《荆州日报》“党报云中央厨房”建设一年来的思考［J］．中国记者，2018（1）：49-51.

④ 陈国权．中国媒体“中央厨房”发展报告［J］．新闻记者，2018（1）：50-62.

⑤ 张诚，朱天，齐向楠．作为县域治理枢纽的县级融媒体中心建设刍议：基于对A市的实地研究［J］．新闻界，2018（12）：27-32.

⑥ 何炜，张旸．“中央厨房”烹制新闻美味：人民日报全媒体平台创新融合发展途径的实践［J］．中国报业，2016（7）：14-18.

⑦ 同④.

还有研究者则进一步回顾“中央厨房”这一原本属性为“一次采集、多种生成、多元传播”的内容生产与传播方式在我国传统媒体中“出现、消退、再出现”的轨迹，并揭示出其在成为“顶层设计”后由单纯的“生产传播方式”转变为功能更为丰富与开放的“融合转型载体”的过程。通过这种历时性的洞察，研究者指出，当前“中央厨房”业务流程再造中出现的问题部分源自“部分媒体仍然停留在‘如何来用’的路径依赖中，没有找到适合自己的‘用来如何’的改革之路”[①]。“中央厨房”作为“全媒体”的继承者，其发展前景仍需拭目以待。

第三节 大众视角的传媒生产

“大众生产”这一概念最早由哈佛大学法学院教授尤查·本科勒（Yochai Benkler）首先提出。“基于公地的大众生产是出现在数字化、网络化环境中的一种社会-经济生产体系。在互联网技术的推动下，此社会-技术体系以无数个体间的合作为特征，有时参与合作生产的个体达到十万甚至百万，这些个体在合作过程中，既不依靠市场定价（market pricing），又不依靠管理科层（managerial hierarchies），但可有效地生产信息、知识或文化产品。”[②] 2006 年，本科勒的《网络财富》（*The Wealth of Networks*）一书进一步介绍“大众生产”的概念与实践。本科勒虽然并不是首个注意并研究诞生于互联网时代的新型生产方式的学者，但与研究包括合作生产（collaborative production）、众包（crowdsourcing）等主题在内的前人相比，其杰出贡献在于以下方面：

第一，首次将大众生产视为一种可与市场机制、组织机制相并列的第三种（层）生产机制。

微软公司采用市场与组织机制生产出 Windows 操作系统，无数大众则利用网络生产出了 GNU/Linux 操作系统；大英百科全书公司采用市场与组织机制生产出了纸质大英百科全书，无数大众则利用网络生产出了维基百科……支持 GNU/Linux 操作系统与维基百科的新型生产机制与人们早已熟悉的市场机制和组织机制有所不同，成为可与其相提并论的第三种生产机制。

第二，将研究者的聚焦点从大众生产动机引向视野更宽广的议题。

本科勒教授强调，“当足够多的个体贡献者能够被互联网连接起来，并且他们所做出的规模不等的贡献（取决于驱动每一贡献者的激励因素）能被整合为一个最终产品时”，动机问题便微不足道。[③] 研究者可将目光投向“大众生产合作行为的实证研究”“大众生产在信息生产

---

① 曾培伦，朱春阳．“如何来用”到“用来如何”：中央厨房的“载体化”实践改造面向［J］．新闻界，2018（8）：10－17.

② BENKLER Y. Coase's penguin, or, Linux and the nature of the firm [J]. Yale law journal, 2002, 112 (3): 369－446. BENKLER Y. Sharing nicely: on sharable goods and the emergence of sharing as a modality of economic production [J]. Yale law journal, 2004, 114 (2): 273－358. BENKLER Y, NISSENBAUM H. Commons-based peer production and virtue [J]. The journal of political philosophy, 2006, 14 (4): 394－419.

③ BENKLER Y. Coase's penguin, or, Linux and the nature of the firm [J]. Yale law journal, 2002, 112 (3): 369－446.

体系中的重要性之比较”“使用不同组织方法所生产信息产品的特征”① 等问题。

第三，弥补了仅将此现象局限于软件领域的不足，强调大众生产在信息、知识或文化产品生产领域中的普遍性。

本科勒强调，大众生产的确首先在软件领域卓有成效地开展起来，并产出一批包括GNU/Linux、Apache等在内的惠及全球的旗舰产品。但必须认识到，大众生产早已溢出软件领域范围，成为信息、知识或文化产品领域内不可忽视的生产机制。本科勒的这一观点为传媒生产引入大众生产概念奠定了基础。毕竟，信息、知识、文化产品与传媒的关系较软件业更密切些。

目前来看，不同学者在定义大众生产时侧重点有所不同。有的学者强调技术背景和主体自愿性，例如常静将其界定为“基于互联网技术和网民自愿参与而进行的知识生产”②；有的突出个体间的合作，例如科尔内利（Corneli）等将其定义为“多个个体合作研究，共同开发复杂的计算机程序、共同编写百科全书或共同生成和改进复杂的人类知识系统”③；有的则强调主体的动机，如本科勒将其定义为“分散在各地的互联网用户基于对回报的期待，在‘礼物交换’的文化场景下，共同生产并共同享用知识产品的现象”④。我们认为，大众生产不仅是一种新“活动”、新“现象”，更是新“社会-经济生产体系”。鉴于此，大众生产可被界定为，在特定的互联网平台上，分散的个体基于特定动机，主动参与信息、知识和文化产品生产活动的社会-经济生产体系。它主要可分为源代码开放项目（open source software，简称OSS项目）和内容开放项目（open source content）两类，前者的典型代表是Linux、Apache等开源软件，后者的典型代表是维基百科、百度百科等网络百科全书。除此之外，新闻业⑤、游戏业⑥等也都有大众生产的实践。

大众生产机制并非与此前的组织生产机制彻底决裂，而是在新技术赋予个人信息生产能力之后，个人兴趣、个人对某种意义的追寻放大成为参与生产的重要动力。与此同时，去中介化趋势消弭掉传统的组织边界，个体可以生产者（此前生产者主要以组织身份出现在消费者面前，如派拉蒙、《人民日报》等）的身份生产信息产品，同时消费他人生产的产品。此时组织的力量仍在，只是在一定程度上表现为“无组织的组织力量”。

---

① BENKLER Y. Coase's penguin，or，Linux and the nature of the firm [J]. Yale law journal，2002，112 (3)：369-446.

② 常静，杨建梅，欧瑞秋．大众生产者的参与动机研究述评 [J]. 科技管理研究，2009 (5)：423-425.

③ CORNELI J，KROWNE A. A scholia-based document model for commons-based peer production [C] //Proceedings of the symposium on free culture and the digital. Atlanta：Emory University，2005：296.

④ BENKLER Y. The battle over the institutional ecosystem in the digital environment [J]. Communications of the ACM，2001，44 (2)：84-90.

⑤ WITT L. Constructing a framework to enable an open source reinvention of journalism [EB/OL]. (2006-06-05) [2019-07-10]. https：//digitalcommons. kennesaw. edu/cgi/viewcontent. cgi? referer=https：//x. glgoo. 99lb. net/&httpsredir=1&article=2630&context=facpubs.

⑥ ONDREJKA C. Education unleashed：participatory culture，education，and innovation in second life [M] // SALEN K. The ecology of games：connecting youth，games，and learning. Cambridge：The MIT Press，2008.

“在这种生产机制中，所有参与者共同拥有和参与工作，地位相同的人共同创造，没有管理阶层的压迫。”① 这是信息时代出现的一种崭新的生产方式，它的核心特征主要有两点：一是去中心化，行动的权力属于个人，而非处于中心的组织者（比如公司经理或政府官员）；二是运用社会性动机激励和协调参与者之间的行动，而非价格或命令。②

以本科勒为首的倡导者对大众生产普遍持乐观态度。他们倾向于将大众生产视为纠正科层组织弊端的一种新生产方式：“大众生产提供灵活、平等的人际关系，科层组织造就僵硬、等级制的社会关系；大众生产分散财富和权力，科层组织则聚敛财富和权力；科层制培养起心理分裂的‘组织人’，大众生产造就‘完整的人’。总之，大众生产有望通过促使大众消费文化中的客体成为积极的生产者而将其解放。”③ 不过，在这一片乐观情绪中，亦有研究者提醒人们注意大众生产所存在的局限性。2011年丹尼尔·克雷斯（Daniel Kreiss）等发表《大众生产的局限》（The Limits of Peer Production）一文，该研究以马克斯·韦伯的组织理论为“镜”，重新审视有关大众生产的一些共识，并提出自己的观点。他们认为大众生产很可能会将我们的职业活动延展至私人领域，从而伤害我们的私人自主权。因此，我们可能需要开展一次批判性讨论，看看线上和线下公共生活和私人生活的混淆是否真的会带来更大的社会满足感。他们还认为，大众生产的支持者经常将大众生产网络平台描述为精英管理的平台，同时认为科层组织所依赖的专业化、职业化和资格认证阻碍了权力和专业知识的平等分配。但是实际上，支持人们在网络上自愿劳动的社会动力涉及许多其他形式的规制，这些规制不像科层组织中的规制那样透明，但仍客观存在。基于此，人们需要着手探索大众生产如何依赖持续的、制度化的资格认证和知识生产模式，需要弄清楚参与大众生产在什么条件下是一种自愿活动，在什么条件下意味着工作场所悄悄地、强制性地扩展到日常生活中。克雷斯等人的研究让人们留意到大众生产中也存在等级权力结构、大众生产仍得益于组织生产的支持（譬如维基百科的生产者实际上以大学生为主，大学这种组织支持了大众生产）、大众生产并不适用于所有领域（也许在知识生产领域很有效，但在政治、高质量新闻生产等领域可能不那么有效）等问题，为人们重新审视大众生产与组织生产的关系提供了契机。克雷斯等认为，“我们不但应将大众生产视为科层组织的挑战，而且更应将其视为科层组织形式的补充，甚至在相当长的时间内，大众生产应被视为延伸科层组织使命的一种形式。大众生产与科层组织间的关系与其说是代替与被代替的关系，倒不如说是协同演化关系”④。

总之，相对于市场机制与组织机制而言，大众生产仍是个新鲜事物。我们在欢呼其给原有生产理论带来新鲜血液的同时，亦应更加深入细致地研究其内部机制。

---

① 舍基．认知盈余：自由时间的力量［M］．北京：中国人民大学出版社，2012：133.

② BENKLER Y，NISSENBAUM H. Commons-based peer production and virtue［J］. The journal of political philosophy，2006，14（4）：394－419.

③ KREISS D，FINN M，TURNER F. The limits of peer production：some reminders from Max Weber for the network society［J］. New media &society，2011，13（2）：243－259.

④ 同③.

【知识窗】 共同作画：Reddit的大众生产实验①

Reddit是个社交新闻站点。2017年4月1日上午，Reddit发布了一则社交实验公告。用户点击这条公告后，显示器上会闪过一块空白的灰色“画布”，上面有一个调色板、一个滑块和一个写有“r/place”的标题。用户点击这块由1 000×1 000的网格组成的“画布”上的一个像素，像素就会变成红色，同时一个5分钟的计时器开始在屏幕上闪烁。

Place没有管理员，没有版主或监管员。在实验限定的72小时内，Reddit用户可以随心所欲地决定这百万像素的颜色。任何人都可以给任何像素上色。唯一的限制是每个像素的两次填色之间有5分钟的“冷却”时间。Place的“5分钟冷却时间”给了用户流动性的创作空间，游戏头像、品牌标识、各国旗帜甚至蒙娜丽莎的肖像都在页面上活跃起来（见图4-5）。在三天时间里，用户实时在线人数一直保持在10万以上，总共超过100万独立用户为这个平台做出了贡献，填色的像素数量超过1 600万。可以说，Place生动地展现了大众生产的魅力。

图4-5　Reddit/Place生成的作品（片段）

一、大众生产研究的三个面向

目前来看，大众生产研究有组织模式研究、系统动力机制研究、社会网络研究三大研究面向。

① 全媒派.Reddit社交实验：百万用户共同作画的“并行生产”的新想象［EB/OL］.（2019-07-03）［2019-07-03］. https：//www. huxiu. com/article/306890. html.

（一）组织模式研究

传统的团队生产机制有两种，一是市场机制，二是有管理的组织机制。大众生产作为“第三种机制”，在产权缺失、无管理层级和市场定价的情况下却能运作成功，其背后的组织模式是研究者思考的重点之一。

首先，大众生产的组织模式有何特征？

弗乔微克（Vujovic）和尤惠（Uihøi）通过多案例研究指出开源软件的参与群体组织既不是层级制的组织，也非完全的自组织。[①] 雷蒙德（Raymond）认为开源社区的管理采用分散的、民主的组织方式进行，像是“一个巨大的、有各种不同议程和方法的乱哄哄的集市，一个一致而稳定的系统奇迹一般从这个集市中产生了”。这种集市化的组织模式具有四个特征：缺乏集中决策中心、开发和改进同步进行、用户参与软件的开发、参与者根据自己的能力选择任务。[②] 本科勒也提出大众生产得以成功运作所必需的组织模式：第一，任务是模块化的，个人可以根据自己的偏好和能力自由选择适合自己的任务模块；第二，任务模块以较小为宜，如果模块过大，人们需要付出的成本过高，则可能导致他们放弃参与；第三，较低的整合成本，该成本包括对模块的质量控制及将各模块整合为最终产品的成本。[③]

其次，大众生产有何优势？

郭宇飚在对大众生产的产权制度、生产方式和产业形态进行系统研究的基础上，认为大众生产的组织模式在创新能力、交易成本、资源配置效率、组织灵活性和适应性方面有明显的制度优势，是适应于信息技术革命环境的先进的生产组织方式。[④] 卢军等指出维基百科的大规模协作模式实现了专业化分工和降低了交易费用。[⑤]

（二）系统动力机制研究

大众生产是一个典型的复杂系统，展现出巨大的创造力。许多学者从不同角度探讨了大众生产平台中的动力机制问题。李志宏和王娜从参与主体、互动模式、层次结构、评价指标四个方面分析了大众生产系统，建立了基于系统动力学的一般大众生产系统发展动力模型机制。[⑥] 阿甘（Algan）等人研究了维基百科中大众生产合作的亲社会性基础（prosocial foundations），研究显示交流互惠和社会形象是维持大众生产环境中合作的重要动机，而利他主义则不是。[⑦] 但徐和李的研究结果与此略有不同。他们基于维基百科的实证数据探究了动力因素对

---

① VUJOVIC S，UIHØI J P. An organizational perspective on free and open source software development [J]. The economics of open source software development，2006：185 - 205.

② RAYMOND E. The cathedral and the bazaar [J]. Knowledge，technology&policy，1999，12 (3)：23 - 49.

③ BENKLER Y. Coase's penguin，or，Linux and the nature of the firm [J]. Yale law journal，2002，112 (3)：369 - 446.

④ 郭宇飚．知识经济中一种新的产权制度和生产方式 [D]. 北京：北京大学，2004.

⑤ 卢军，卢雅怀．专业化分工与交易费用控制的共赢：维基百科大规模协作模式的分析与启示 [J]. 学术论坛，2009 (6)：150 - 153.

⑥ 李志宏，王娜．大众生产系统发展动力机制建模：基于系统动力学方法 [J]. 科学学研究，2012 (2)：232 - 240.

⑦ ALGAN Y，BENKLER Y，MORELL M F，et al. Cooperation in a peer production economy：experimental evidence from Wikipedia [EB/OL]. (2016 - 09 - 27) [2019 - 07 - 04]. https：//papers. ssrn. com/sol3/papers. cfm? abstract _ id=2843518.

用户内容贡献和集体参与行为的影响，发现用户的内容贡献行为更多地源于外部动机（例如交流互惠和自我发展需求），而集体参与行为更多地由内在动机驱动（例如利他主义和集体归属感）。①

（三）社会网络研究

社会网络理论的研究对象是行动者之间的“关系”和整体网络的“结构”。不少学者将其应用于依赖互联网进行互动协作的大众生产研究中，探究大众生产合作网络的结构和特性。姚灿中、杨建梅基于维基百科票选管理员的行为网络构建大众生产虚拟社区合作网络，揭示了择优机制是大众生产虚拟社区的一个显著演化特征。② 曾进群等人以 Google Code 开源社区为例，依据生产者合作关系，按照复杂网络理论构建大众生产合作网络模型，证实了该网络的小世界、无标度及同配性特征，发现该网络模型同步能力较强，开源社区合作涌现性可能与这些模型存在密切联系。③ 孟韬和孔令柱以社会网络理论为基础，通过对 Linux 等开源软件的开发参与者进行问卷调查，论证了大众生产网络的结构、关系、认知维度作用于组织行为进而影响组织绩效的治理机制。④ 黄顺铭等则从“维基百科作为全球记忆空间”的视角出发，采用社会网络分析法揭示在线记忆社群的关系网络，进而分析在线记忆社群如何通过协作与争夺来建构关于一起历史事件的集体记忆。⑤

虽然本科勒认为组织模式是理解大众生产现象最合适的研究视角，但针对系统动力尤其是参与者动机的研究最为常见。接下来将进一步详细介绍有关大众生产动机与行为方面的研究成果。

二、大众生产中的动机与行为

其实早在本科勒教授提出大众生产概念之前，以 GNU/Linux、Apache 等为代表的开源软件生产现象就引起了人们广泛的关注，这一现象令人着迷之处在于它颠覆了人们对基于产权的生产体系的认知。

在 Web 2.0 时代之前，如果人们对某种资源拥有使用权但不拥有排他权（如公共草场），那么基于理性人追求个人收益最大化的假设，这种资源很可能会因遭受竞争性过度使用或侵占而枯竭，即出现“公地悲剧”⑥。为避免公地悲剧，就需要明晰产权。但产权并不明确的开源软件的生产却打破了人们熟知的这一范式。为解开这一谜团，研究者首先将目光聚焦在开源软

---

① XU B，LI D. An empirical study of the motivations for content contribution and community participation in Wikipedia [J]. Information & management，2015，52 (3)：275 - 286.

② 姚灿中，杨建梅. 基于复杂网络的大众生产社区的演化机制研究 [J]. 计算机工程与应用，2012 (23)：1 - 5.

③ 曾进群，杨建梅，陈泉. 基于加权网络模型的开源软件社区大众生产结构研究 [J]. 工业工程，2013 (3)：110 - 115.

④ 孟韬，孔令柱. 社会网络理论下“大众生产”组织的网络治理研究 [J]. 经济管理，2014 (5)：70 - 79.

⑤ 黄顺铭，李红涛. 在线集体记忆的协作性书写 [J]. 新闻与传播研究，2015 (1)：5 - 23.

⑥ HARDIN G. The tragedy of the commons [J]. Science，1968，162 (3859)：1243 - 1248.

件生产的心理动因上：开源软件生产者看起来并未从这些无明确产权归属、可让所有人免费公开使用的开源软件中获得实际的经济利益，到底是什么动机促使其投身其中？

整理国内外有关大众生产动机与行为的9个定量研究成果可以发现（见表4-4）：

在理论框架与解释变量设置上，第一，学者主要基于自我决定理论（6项研究），将动机分为内在动机和外在动机两类，并在此基础上进行细化分类。第二，引入自我概念的理论视角（2项）。所谓“自我概念”，是一个人对自己的特质、能力和价值观的一系列看法①，可分为内在自我概念动机（某一行为符合个体内在能力价值观）和外在自我概念动机（某一行为符合外在环境要求）。第三，基于克兰德尔曼斯（Klandermans）的社会运动理论（1项），将大众生产与社会运动相类比，从成本效益衡量、群体规范、集体目标、群体身份认同方面建构动机变量的维度。第四，根据克莱瑞（Clary）的志愿者动机理论（1项），探讨八类动机对大众生产行为的影响，通过对量表的分析，这八类动机并未超出上述理论框架的范围。

整体来看，自我决定理论从个体自主性出发，根据个人从事活动是高度自我选择还是被外界力量控制，将动机分为外在和内在两类。但是，对于同一行动，不同个体感受到的自主性往往是不一样的，为何存在这种差异？自我概念动机给予这个问题一种解答路径，即从个体特质出发，认为当行动与个体能力、价值观相吻合时，行动的自主性越强，个体在活动中就越主动。② 而社会运动理论则侧重社会运动的群体，强调个体所处的群体规范、群体关系等的影响。

在已有解释变量的基础上，可归纳出相关子动机类型共13类：享乐（8项研究）、社交和归属感（6项）、理想目标（6项）、求知和提高技能（5项）、提高声誉（4项）、自我效能感（4项）、社会规范（4项）、互惠（4项）、职业发展（3项）、利他主义（2项）、获取报酬（2项）、符合价值观（2项）、工作需要（1项）。其中，研究者普遍考虑的子动机类型有8个，即享乐、社交和归属感、理想目标、求知和提高技能、提高声誉、自我效能感、社会规范，以及互惠。

表4-4 变量汇总

编号	研究者	理论基础	解释变量：动机及子动机	因变量
1	Xu Bo Li Dahui③	自我决定理论	内在动机：享乐、利他主义、社交和归属感、理想目标 外在动机：求知和提高技能、互惠、提高声誉	内容参与频率 社区参与频率

① ROGERS C R. A theory of therapy, personality, and interpersonal relationships as developed in the client-centered framework [M] //KOCH S. Psychology: a study of a science. New York: McGraw-Hill, 1959: 184-256.

② 赵燕梅，张正堂，刘宁. 自我决定理论的新发展述评 [J]. 管理学报，2016 (7): 1095-1104.

③ XU B, LI D. An empirical study of the motivations for content contribution and community participation in Wikipedia [J]. Information & management, 2015, 52 (3): 275-286.

续前表

编号	研究者	理论基础	解释变量：动机及子动机	因变量
2	Li Yan Tan Chuan-Hoo Teo Hock-Hai①	自我决定理论	内在动机： 基于乐趣的内在动机：享乐 基于义务的内在动机：理想目标、互惠 外在动机：提高声誉、求知和提高技能、职业发展、获取报酬	参与时长
3	Ke Weiling Zhang Ping②	自我决定理论	内在动机：享乐 外在动机：职业发展、获取报酬 信念：符合价值观 社交和归属感	参与时长（目标承诺：时间贡献情况） 参与强度（努力强度：全力以赴的程度） 参与评价（任务表现：对自身参与情况的评价）
4	Yang Hengli Lai Chengyu③	自我决定理论 自我概念的理论视角	内在动机：享乐 内在自我概念动机：符合价值观 外在自我概念动机：社会规范 外在动机：提高声誉	参与频率
5	Yang Hengli Lai Chengyu④	自我概念的理论视角	内在自我概念动机：自我效能感 外在自我概念动机：社会规范	参与意愿 参与频率
6	Joachim Schroer Guido Hertel⑤	克兰德尔曼斯的社会运动理论	内在动机：享乐、自我效能感 社会规范动机：社会规范 成本效益动机 集体动机：理想目标 身份认同：社交和归属感	参与时长
7	Oded Nov⑥	克莱瑞提出的志愿者动机理论	保护动机：社交和归属感 价值动机：利他主义 社会动机：社会规范 理解动机：求知和提高技能 增强动机：自我效能感 职业动机：职业发展 享乐动机：享乐 理想动机：理想目标	参与时长

① LI Y，TAN C H，TEO H H. Leadership characteristics and developers' motivation in open source software development [J]. Information & management，2012，49 (5)：257 - 267.

② KE W，ZHANG P. Motivations in open source software communities：the mediating role of effort intensity and goal commitment [J]. International journal of electronic commerce，2009，13 (4)：39 - 66.

③ YANG H L，LAI C Y. Motivations of Wikipedia content contributors [J]. Computers in human behavior，2010，26 (6)：1377 - 1383.

④ YANG H L，LAI C Y. Understanding knowledge-sharing behavior in Wikipedia [J]. Behavior & information technology，2011，30 (1)：131 - 142.

⑤ SCHROER J，HERTEL G. Voluntary engagement in an open web-based encyclopedia：Wikipedians and why they do it [J]. Media psychology，2009，12 (1)：96 - 120.

⑥ NOV O. What motivates Wikipedians? [J]. Communications of the ACM，2007，50 (11)：60 - 64.

续前表

编号	研究者	理论基础	解释变量：动机及子动机	因变量
8	J. Feller B. Fitzgerald S. Hissam K. R. Lakhani①	自我决定理论	内在动机： 基于乐趣的内在动机：享乐、社交和归属感 基于义务的内在动机：理想目标、互惠 外在动机：求知和提高技能、工作需要、提高声誉	参与时长
9	常静 杨建梅②	自我决定理论	求知动机：求知和提高技能 互惠动机：互惠 交往动机：社交和归属感 兴趣动机：享乐 胜任性动机：自我效能感	未明确指出

在因变量上，学者主要测量的是参与时长（5 项研究）和参与频率（3 项），一致性较高。所提及变量的概念辨析如表 4－5 所示。

表 4－5　各变量概念辨析

解释变量	概念辨析
动机	
内在动机	参与大众生产是为了体验内在的快乐和满足
外在动机	参与大众生产是为了外在的工具性结果
子动机类型	
基于乐趣的内在动机	因为感到快乐而参与大众生产
基于义务的内在动机	因为个体责任、崇高理想而参与大众生产
成本效益动机	个体参与大众生产的收益大于成本
集体动机	大众生产的理想目标（如知识开放、代码开放）对个体而言的重要性
享乐	获得乐趣，为参与者带来挑战感、新鲜感和创造感
社交和归属感	与其他成员紧密联系，产生归属感
理想目标	追求知识开放、代码开放的理想目标
求知和提高技能	获得新知识，提高专业技能
提高声誉	提高自身的声誉和知名度，获得尊重
自我效能感	认为自己有能力胜任大众生产任务
社会规范	重要他者对参与者大众生产行为的评价和影响
互惠	因受惠于他人，而认为有义务参与大众生产
职业发展	为未来的职业生涯做准备
利他主义	希望能分享知识、帮助他人
获取报酬	获得一定形式的物质回报
符合价值观	大众生产平台的价值观与个体既有价值观相符

① LAKHANI K R，WOLF R G. Why hackers do what they do：understanding motivation and effort in free/open source software projects [M]. Cambridge：The MIT Press，2003.

② 常静，杨建梅. 百度百科用户参与行为与参与动机关系的实证研究 [J]. 科学学研究，2009 (8)：1213－1219.

工作需要	因为工作需要而进行大众生产，如改进软件性能以提高工作效率
因变量	**概念辨析**
参与意愿	将来继续参与大众生产的意愿
参与频率	受访者自我报告的参与大众生产的大概频率
参与时长	每周或每天参与大众生产的时长，以小时或分钟为单位
参与强度	参与大众生产时全力以赴的程度
参与评价	参与者对自身参与数量、贡献质量和工作效率的评价

总之，大众生产并不是网络时代独有的生产方式。1876 年墨里（James Murray）接手编辑《牛津英语字典》后，为解决编写该字典工作量巨大与时间、人力等资源极其有限之间的矛盾，曾广发广告，呼吁读者提供字的引文，参与到字典编辑工作中来。电影《教授与疯子》戏剧性地呈现了此历史事件（电影海报如图 4－6 所示）。无论是从规模、深度还是广度、持续性上看，虽然 100 多年前民众对《牛津英语字典》编撰工作的参与与 2001 年以来民众对维基百科的参与不可同日而语，但实质上，它们身上均有着大众生产的光环。

图 4－6　《教授与疯子》电影海报

大众生产为微小民智汇为洪流提供了机会，互联网技术更是放大了此机会，将更多人卷入进来。不过，相对于大众生产蓬勃的实践，目前有关大众生产内部机制的研究还相对较为薄弱，需要更多研究者对此投入时间与精力。

第四节　人工智能技术给新闻生产带来的新景观

自 1990 年以来，互联网沿着"网"（web）（1990—2000 年）、社会网（social web）（2000—2010 年）、语义网（semantic web）（2005—2020 年）、遍在网（ubiquitous web）（2015—2030 年）的路径不断演进着。在此演进过程中，网络技术对传媒的影响亦逐渐从传播模式、传播渠道延展至传媒生产层面。如今，除网络技术外，量子信息技术、天地通信技术、类脑计算技术、AR/VR/MR、人工智能、区块链、超级计算机等新兴技术亦正从概念逐渐进入应用，上述技术相互支持，多有交叉，它们在应用层面的成熟为人类信息传播开辟出一个前所未有的新天地，为传媒创新提供了技术上的巨大支持。

《华尔街日报》与《福布斯》将 2017 年称为人工智能元年。人工智能与其他信息技术一样，具有通用性与开放性，其有望成为继互联网之后改变世界景观的主要技术动力。

人工智能的核心在于算法（algorithm）。算法让机器/系统具有“类人”的信息加工处理能力、交流能力甚至是艺术创作能力等。虽然在中国，人工智能是近些年才出现的热词，但早在 2005 年，人工智能就已成为日本爱知世博会的“亮点”。世博会丰田馆的机器人乐队、三菱未来馆的机器人解说员尤其引人注目。除此之外，载人步行机器人、迎宾机器人、主持机器人等亦给人留下深刻印象（见图 4-7）。

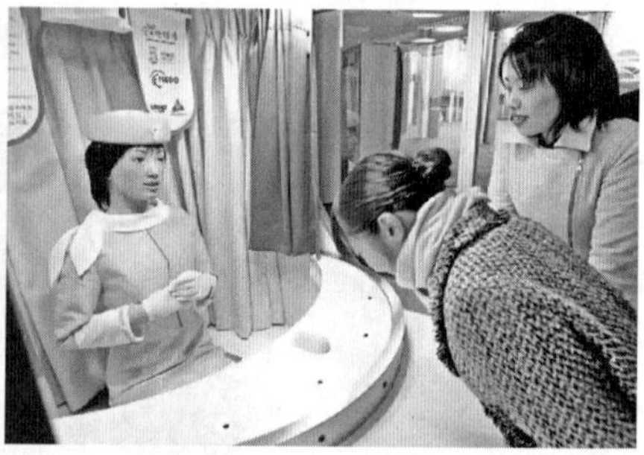

图 4-7　2005 年日本爱知世博会上的机器人乐队与迎宾机器人

就新闻生产来看，目前人工智能已在新闻采写、编辑与分发、播出及用户交流等方面均有不同程度的应用。

一、人工智能在新闻采写中的应用

人工智能在新闻采写中的应用分为三个方向：一是发现新闻线索。其技术基础是有监督和无监督的机器学习。典型案例包括《卫报》数字新闻部、《纽约时报》的 The Upshot 和美联社数据新闻团队等。二是记者助手。其技术基础是语音识别、语音转化文本。典型案例包括亚马逊的 Echo、雷诺兹新闻研究所未来实验室的 Recordly、Vox 的 Autodit 等。三是新闻撰写与自动化报道（机器写作）。其技术基础是自然语言生成和处理。[①] 典型案例包括《洛杉矶时报》2011 年推出的报道地震情况的机器人 Quakebot、2014 年美联社开始用来生产财经新闻的 Wordsmith、2015 年 9 月腾讯财经推出的 Dreamwriter、2015 年 11 月新华社推出的自动新闻协作工具“快笔小新”、2016 年 5 月阿里巴巴与第一财经联合推出的“DT 稿王”及今日头条在 2016 年里约奥运会期间推出的机器写作工具 Xiaomingbot 等等。这里我们重点谈谈机器新闻写作。

① 陈昌凤，霍婕．以人为本：人工智能技术在新闻传播领域的应用 [J]．新闻与写作，2018（8）：54-59.

机器新闻写作（robot journalism）更确切的名称应当是“自动化新闻”（automatic journalism），指运用算法，将数据进行加工处理并转化为叙事体新闻文本的方式。①

机器新闻写作是人工智能技术在新闻传播领域的一个现象级发展，其高效率给人留下了极其深刻的印象。譬如，2014 年美联社的 Wordsmith 仅需 0.3 秒就可以撰写、发布上市公司盈利报道，还能定制多种语言风格。不过，人们现在可能更多注意到的是它在“写”（内容生产）这个环节上的作为，其实人工智能技术的渗透对于新闻传播生产方式和传播格局的改变是全方位、全环节的。仅就内容生产而言，机器新闻写作至少可以做到以下四点：其一，对于规格化的新闻资讯（例如灾害、体育、财报等动态信息）可以做到精确、迅捷的生成和发布，时间一般不超过 30 秒，且差错率远低于人工写作。这是机器处理的强项。其二，通过对不同语料库语言风格的智能化学习，可以自动生成适应不同人群语言习俗的表达方式，比如专门针对“90 后”人群的报道方式、专门针对女性人群的报道方式、专门针对低文化人群的报道方式等等。这会使同一条新闻报道在适应不同用户群体语言风格的多样性方面，实现自动匹配，使得具有鲜明个性的新闻表达方式与各种渠道和终端实现自动匹配与渗透。其三，对于“公民新闻运动”的内容生产，机器新闻写作可以实现智能化标签、聚类、彼此匹配，甚至为每一条信息做出是单一消息来源抑或多重消息来源的判断和自动标注，以便使目前个人生产的显得杂乱无序的资讯纳入到一个拥有某种生态意义的传播框架和平台上，有利于个人的传播能力被激活后于新闻资讯的传播领域形成互相核对、互相补充、互相延伸、互相纠错的“无影灯效应”。其四，建构“上帝视角”，即通过对大数据和碎片化文本的总体性处理，形成结构性的分析结论，将单独看来意义不大的数据和文本的社会价值挖掘出来，给人以总体性的全新视角。这种方式如果再加上人工智能中的“可视化”技术的表达，则可以使囿于一隅的人们有一种超乎局部观点和眼界的“上帝视角”。②

虽然利用擅长处理海量数据的优势，写作机器人在更快速、精准地找到完成新闻文本所需信息从而减轻人类工作量上有着无与伦比的优势，机器新闻写作亦因此给我们带来巨大的想象空间，但“现阶段机器新闻写作的原理是基于大数据驱动，通过数据检索、数据分析、自然语言处理等算法将所需信息填入人工设计的模板中，不能从真正意义上完成有逻辑、有态度观点的自动化文本生成”③。因此至少从目前来看，新闻写作人工智能宜被当作辅助传媒内容生产的一个高效工具，而不是被当作新闻从业者的替代品来对待。

二、人工智能在新闻编辑与分发中的应用

（一）人工智能的三个应用方向

在新闻编辑与分发两个领域内，人工智能的应用包括校对与修改、信息核查、算法推荐三

---

① CARLSON M. The robotic reporter：automated journalism and the redefinition of labor，compositional forms，and journalistic authority [J]. Digital journalism，2015，3（3）：416 - 431.

② 喻国明．“机器新闻写作”时代传媒发展的新变局 [J]. 中国报业，2015（23）：22 - 23.

③ 韩晓乔，张洪忠，何苑，等．文科思维与技术思维的碰撞：新闻传播经验应用在机器写作技术开发中的个案研究 [J]. 全球传媒学刊，2018（4）：81 - 91.

个方向。

第一，校对与修改。对新闻进行校对和动态修改的技术基础是自然语言生成和处理，典型案例是路透社的 Open Calais。

第二，信息核查。技术是把“双刃剑”，互联网、人工智能等技术在极大地提升信息生产与传播效率的同时，亦极大地增加了识别、筛选过滤不良信息的紧迫性与必要性。早在 2012 年，《华盛顿邮报》就开发出新闻核查机器人 Truth Teller。除专业新闻媒体外，各大互联网公司亦加入到运用智能化技术来识别假新闻并阻断其传播的行列中来。譬如脸书（Facebook）于 2017 年开始使用 AI 检查每天在脸书上分享的数百万个链接，识别出其中的可疑内容，然后将它们发送给事实核查人员。当事实核查人员确认可疑内容为虚假信息时，脸书就会对可疑的信息添加警告标签，对“有争议的”信息加上第三方事实核查网站的链接；并通过降低其在用户 News Feed 中的排序位置等方法来缩小此内容的传播范围。谷歌新闻（Google News）于 2017 年引入了事实核查标签，推出了“猫头鹰项目”（Project Owl）。2018 年 4 月份以来，谷歌彻底调整其搜索引擎背后的算法，把具备误导性、虚假性特征的在线文章进行排名降级。2018 年 1 月，脸书宣布改变其算法，优先考虑可信赖的新闻，以回应关于其算法是否促进垃圾内容传播的社会讨论。① 2018 年 3 月 15 日，今日头条披露资讯打假技术路线图，将 NLP 技术引入自动化谣言识别工程，阻断假新闻传播。② 2018 年 10 月 4 日，麻省理工学院 CSAIL（计算机科学与人工智能实验室）和 QRCI（卡塔尔计算研究所）宣布研究出一种可以识别虚假新闻在传播前的来源和个人政治偏见的 AI 系统。该系统或可将不可信赖的新闻信息自动分类。③

第三，算法推荐。其技术基础是引擎推荐、文本分析 NLP 等，典型案例包括 Google News、今日头条等。接下来我们着重谈谈算法推荐。

（二）算法推荐

随着互联网的迅猛发展，网上信息呈指数增长的态势。海量信息让用户面临“沉溺大海，无以为渡”的窘境。个性化的算法推荐被认为是可以帮助用户从容航行于信息汪洋大海的有效工具之一。算法推荐从根本上看是让计算机系统帮助用户评估他从未看过的信息/内容产品，从海量信息中过滤出对用户最有价值的那部分信息并呈现给用户。一个完整的推荐系统一般包括收集用户信息的行为记录模块、分析用户喜好的模型分析模块和推荐算法模块，其中推荐算法模块是推荐系统中最为核心的部分。这部分决定着什么样的内容能被呈现在用户面前，行使着信息“把关人”的权力。

1. 推荐算法的基本类型

推荐算法即推荐逻辑，即决定呈现什么、怎样呈现及以什么顺序呈现资讯的内在逻辑，包

---

① BOND S. Facebook to priorities news rated trustworthy by users [EB/OL].（2018-01-20）[2019-04-12]. https://www.ft.com/content/2d303634-fd65-11e7-9b32-d7d59aace167.

② 今日头条披露反谣言技术路线图 [EB/OL].（2018-03-16）[2019-04-03]. http://www.sohu.com/a/225675112_161623.

③ 亿欧，赖燕芳．制止假新闻传播，谷歌、Facebook 如何用好 AI 这把剑？[EB/OL].（2018-10-05）[2019-04-17]. https://www.iyiou.com/p/82868.html.

括基于内容的推荐（content-based recommendation）、协同过滤推荐（collaborative filtering recommendation）、基于知识的推荐（knowledge-based recommendation）、组合推荐（hybrid recommendation）等多种类型。

基于内容的推荐是指根据用户选择的对象，将其他类似属性的对象推荐给该用户。

协同过滤推荐是基于其他用户对某一内容的评价向目标用户进行推荐。其基本思想是，“找到与当前用户 c_{aur} 相似（比如兴趣和口味相似）的其他用户 c_j，计算对象 s 对于用户的效用值 $u(c_j,s)$，利用效用值对所有 s 进行排序或者加权等操作，找到最适合 c_{aur} 的对象 s”①。

基于知识的推荐不是建立在用户需要和偏好基础之上的，而是“利用针对特定领域制定规则来进行基于规则和实例的推理”②。

组合推荐是指混合利用两个或两个以上算法，使不同算法可以取长补短、优势互补，满足不同应用场景的需要。

目前应用较多的是基于内容的推荐和协同过滤推荐两种算法的组合。算法组合思路又可分为后融合、中融合、前融合三种。后融合指融合两种或两种以上的推荐算法各自产生的推荐结果，分别得到不同算法的推荐列表，融合列表的结果决定最后推荐的对象；中融合指以一种推荐算法为框架，融合另一种推荐算法；前融合则指直接融合各种推荐算法。③

2. 新闻生产中的算法推荐

用算法编选新闻肇始于 Google News。而 Google News 的前身则是 2001 年谷歌当时的首席科学家克里希纳·巴拉特（Krishna Bharat）开发出的一个与谷歌搜索核心技术 PageRank 算法相关的算法 StoryRank，该算法可用于新闻的推荐排序。如今，算法不仅用于新闻内容推荐，而且已经是信息平台、搜索引擎、浏览器、社交软件等几乎所有软件的标配。

Google News 实质上就是一款 Web 新闻聚合器。这款新闻聚合器并不生产新闻，只是依据平台所设定的计算新闻价值的“算法”，对选定样本框内的新闻进行自动选择、推荐、排序，最终由后台的聚合算法实现“千人千面”的信息分发。曾经大力宣称“我们不生产新闻，我们只是新闻的搬运工”的今日头条亦是 Google News 的变种与升级。2018 年谷歌又推出了由 AI 驱动的新版 Google News 应用，该款应用中的 Newscast 功能能提取新闻梗概，帮助用户快速了解信息，Full Coverage 功能则能打通网络上各种散乱信息之间的时间、逻辑联系，建立新闻专题，帮助用户了解新闻的来龙去脉。新版 Google News 在“让用户时刻关注新动态、理解新闻事件全貌、享受并支持你喜爱的媒体”等三个方面表现不俗。

Google News 诞生之初，算法考虑的主要维度是报道在网上的受关注程度，衡量指标包括报道被哪些网站发布、在网站的什么位置发布、报道的转发量和频率等等。随着互联网从 Web 1.0 向 Web 2.0，再从 Web 2.0 向 Web 3.0 的演进，被考虑进算法的因素亦在增多。以今日头条为例，其推荐算法从 2012 年 9 月第一版开发运行至 2018 年 1 月已经过四次大的调整和修改。目前今日头条采用的推荐算法属于组合推荐算法，该算法组合了协同过滤、Logistic Re-

① 许海玲，吴潇，李晓东，等．互联网推荐系统比较研究 [J]．软件学报，2009 (2)：350－362.

② 同①.

③ 同①.

gression、DNN（基于深度学习的模型）、Factorization Machine 和 GBDT 等多个模型。并且，今日头条旗下几款产品都在沿用同一套强大的算法推荐系统，不过各款产品会根据各自业务场景的不同来调整模型架构。

目前，今日头条采用的算法函数为 $Y=F(X_i, X_u, X_c)$。函数中的 X_i 表示内容特征维度。内容特征是对各类文章、视频提取的关键要素，比如可以通过对文本进行语义识别，识别出文章的关键字、视频标题的关键字等。此工作的主要目的是对文章进行画像，方便以后向用户推荐。X_u 表示用户特征维度。用户特征包括兴趣标签、职业、年龄、性别、机型，以及多个模型刻画出的用户隐藏兴趣等。X_c 表示环境特征维度，包括所在时间、位置、场景等。输入三个维度变量后，模型会给出一个将此内容推荐给此场景下的用户是否合适的预估。这套算法的实质是解决用户、环境与资讯的匹配问题。

3. 算法推荐引发的忧虑

算法推荐可以迅速完成信息、用户、场景的准确匹配，将“人找信息”变为“信息找人”，大大降低用户获取自己感兴趣信息的成本，对于解决数据过载问题贡献巨大。但是，算法推荐所引发的争议亦客观存在。普遍的看法是算法在给人类提供便利、带来福利的同时，亦给人类带来意想不到的麻烦。

目前来看，算法推荐所引起的忧虑主要集中在如下几方面：

其一，算法推荐有可能导致“信息茧房”（information cocoons）效应，进而伤及整个社会的民主基础。

早在 20 世纪 90 年代，尼葛洛庞帝（Nicholas Negroponte）就曾预言每个人都将拥有为自己量身定制的个人日报（daily me）。[①] 算法的普及使该预言已成现实。不过，信息定制带来的并不都是好消息。凯斯·R. 桑斯坦在《网络共和国：网络社会中的民主问题》一书中对这种“个人日报”式的信息选择行为可能产生的“信息茧房”[②] 后果颇为担心。他认为，个人长期处于过度的自主选择中，沉浸在“个人日报”式的满足中，失去了解不同事物的能力和接触机会，不知不觉间为自己制造了一个信息茧房。[③] 此即信息茧房效应假说。可能存在的信息茧房效应引人焦虑的主要原因在于，算法推荐所支持的个人信息定制有可能伤及社会民主的基础：“大部分公民应该拥有一定程度的共同经验，公共媒体能为几百万人提供一个共享的参考框架。而定制化信息很容易让人们处于一个封闭的状态中，各自在封闭的情形下做出自认为理性的选择，汇集在一起后，往往与民主的目标背道而驰。”[④]

不过，客观地讲，信息茧房效应只是“假说”，首先要考虑的问题是其到底是否存在以及在什么条件下存在，而非将其作为已被证实的理论来对待。从现有研究来看，有限的几个实证研究在不同程度上证明了信息茧房效应在微博/微信用户中是存在的，并尝试厘清与信息茧房

---

① 尼葛洛庞帝. 数字化生存［M］. 海口：海南出版社，1997：31，69.

② 与“信息茧房”类似的提法还有“过滤气泡”和“信息回音室”。“过滤气泡”概念由伊莱·帕理泽（Eli Pariser）于 2011 年提出，认为用户天然地追求个人兴趣，无视信息多样性，而社交网络和个性化推荐对信息的过滤作用会迎合这种期待，窄化用户信息获取的范围，形成过滤气泡。

③ 桑斯坦. 网络共和国：网络社会中的民主问题［M］. 上海：上海人民出版社，2003：8.

④ 魏武挥. 逆民主：信息定制化的悲剧［EB/OL］.（2013－10－11）［2019－04－06］. https://www.tmtpost.com/70138.html.

效应相关的因素。但现有实证研究不仅数量少，而且在设计的严谨性、操作规范性、个案代表性上均有不同程度的缺陷。因此，根据现有实证研究成果断定信息茧房效应假说成立还为时过早。

比较有意思的一个现象是，中文文献中广泛使用的“信息茧房”概念在英文学术界却很少使用，欧美学者常使用“信息回音室”（echo chamber）和“过滤气泡”（filter bubble）来描述算法推荐可能带来的视野变窄问题。比较上述三个概念可以看出：“信息茧房”强调的是“被束缚起来”的感觉，“信息回音室”突出的是“人们听到和自己类似的声音”，“过滤气泡”则强调社交媒体上的人际关系及算法推荐功能带来的信息过滤效果。

有研究者系统性地阅读了近年来发表在一流学术期刊上的针对“信息回音室”和“过滤气泡”效应的学术研究成果后发现，大部分研究显示：使用社交媒体和算法推荐 App 的人，并没有明显出现视野变窄的现象。造成此种情况的原因在于：算法是有不同类型的，人们的社会关系是复杂的，人并不是只读特定内容的生物，人们喜欢夸大媒体的负面影响。① 虽然欧美学者的已有研究倾向于证明“信息回音室”效应、“过滤气泡”效应并不存在，但考虑到中国语境与欧美语境的不同，我们并不能由此推断上述效应在中国并不存在。

总之，“信息茧房”“信息回音室”“过滤气泡”等假说的重要价值在于预警了算法所支持的信息定制化可能带来的长期的、消极的社会后果。在人工智能仍处于快速发展期的今天，我们与其将其视为“定论”，不如将其视为“假说”；与其将其作为批判算法的论据，不如设计周密严谨的研究方案厘清其存在的现实条件并提出减轻效应（若存在的话）的策略方案。

其二，算法权力潜在地控制用户，伤及用户的信息选择自由权与隐私权。

从物理层面上看，人工智能的算法为一组在后台运行的计算机代码，并无价值观与倾向性。但是从逻辑层面上看，算法为一套推荐逻辑，决定着呈现什么信息、不呈现什么信息、以什么样的顺序呈现信息等。这套逻辑由有自己价值观与倾向性的代码编写者设定。因此，虽算法中立，但由代码编写者所编写的算法并不可能完全中立。推荐算法会用代码编写者灌注其中的价值观与倾向性控制人的信息选择范围，从而有可能伤及用户的信息选择自由权。也正是在这个意义上，英国文化研究专家斯科特·拉什（Scott Lash）指出：“在一个媒体和代码无处不在的社会，权力越来越存在于算法之中。”

此外，算法推荐建立在对用户信息掌控的基础之上。互联网上的用户变得越来越透明，在法律仍不明确算法抓取用户信息边界的情况下，人工智能有可能为追求对用户的充分了解而过度抓取用户个人信息，侵害用户的隐私权。

三、人工智能在新闻播出领域内的应用

2019 年 3 月，AI 主播频频亮相中国媒体：先是在全国“两会”期间，新华社推出以屈萌为原型的 AI 合成主播“新小萌”，向世界播报中国“两会”盛况；不久，中央电视台又请 AI

---

① 方可成．算法导致“茧房”“回音室”？学术研究说 NO [EB/OL].（2019－07－03）[2019－07－04]. https://36kr.com/p/5221743.

合成主播“姚小松”播报预告“3·15”晚会。这些AI合成主播借助语音合成、唇形合成、表情合成及深度学习等技术，能够在提供文字的情况下自主播报。在一段介绍视频中，人工智能主播说：“我将孜孜不倦地工作，让您随时了解我的系统。文本将不间断地输入到我的系统中。我期待为您带来全新的新闻体验。”

与此前所论及的人工智能在新闻生产领域中的应用不同的一点是，AI主播使人工智能以“类人”的形象与用户面对面接触，而非隐于幕后，悄悄地参与新闻生产。

除中国外，其他国家亦在此领域内积极探索。早在2017年6月，人工智能机器人“索菲亚”（Sophia）加入了英国广播公司（BBC）《早安英国》节目组，在发明人戴维·汉森（David Hanson）博士的陪同下，成为了一名机器人主播。

目前来看，人工智能主播还普遍缺乏感情和个性，存在表情生硬、互动流畅性较差等问题。即使是世界上首个获得公民身份的网红机器人“索菲亚”，其离拥有自我意识的“强人工智能”还很远。人工智能主播对不少媒体来讲还只是吸聚注意力的噱头。不过，可以预见的是，随着人工智能技术的整体提升，人工智能主播将从“婴儿”迅速成长为“成人”甚至“超人”。

四、人工智能在传媒与用户交流中的应用

在互联网时代，传媒不仅生产信息产品，而且与用户生成关系。传媒不仅向用户“传播”，而且还要与用户“对话”。人工智能在支持传媒与用户展开对话、生成关系方面发挥着越来越重要的作用。

自2016年起，Skype（一款即时通信软件）、连我（Line）、脸书等社交网络相继开发出聊天机器人程序，随后这些程序陆续对媒体开放。① 数字媒体Digiday在2017年的调研显示，47%的媒体人员会在工作中采用新闻聊天系统。② “新闻媒体依托嵌入在社交网络中的聊天机器人程序与读者展开‘直接’对话，通过‘聊新闻’的方式真正建立起媒体和用户之间的社交连接。”③ 比如在2016年美国大选期间，《纽约时报》在Facebook Messenger上专门打造了一款聊天程序，通过模拟时政记者尼克·康菲索尔与读者的对话过程来表达观点。④

人工智能避免了传统的以“留言-回复”为特点的人机交互模式的“生硬”，使媒体与用户关系的生成更接近人与人之间关系的生成。

五、传媒生产过程中人工智能与人的价值匹配

在人工智能时代，媒介不仅是“人的延伸”，而且因其渗入新闻生产的各个环节而成为潜在的“信息生产者”。也正是由于“写稿机器人”和“算法推荐系统”具有替代记者、编辑等

---

① AMRANI D. Digiday research：attack of the chatbots [EB/OL]. (2017-08-07) [2019-05-26]. https://pubtechgator.bmj.com/2017/08/digiday-research-attack-of-the-chatbots/.

② 同①.

③ 杭敏，李唯嘉. 从定制化推送到智能对话，传媒流量如何变现？[J]. 中国出版，2019 (3)：7-13.

④ 同①.

传统新闻生产者的潜质，在人工智能时代，新闻从业者何去何从这一问题屡屡被提及。

短期来看，由人工智能引发的“技术性失业”将在所难免，并且这一现象已开始出现。长期来看，人工智能将使传媒生产者“能做回新闻的本质工作，而不是忙于数据处理”。也许，现在要思考的关键问题不是编辑、记者会不会被人工智能取代，而是人和机器如何在人机对话中实现功能的互补和价值的匹配。机器的特长在于高效且精准地处理海量资讯素材以及完成机器学习。但是，在大跨度的复杂变量的处理和判断方面、在微妙情感关系的处理和表达方面，尤其是在价值规则的制定和参照框架的选择方面，人的智能的介入不可或缺。内容的深度处理能力、资讯汇聚的激励能力和节点打造能力，成为未来新闻人的技术关键。因此，随着“机器新闻写作”的逐渐成熟和应用，新闻人的角色升迁至少表现在以下两个方面。第一，动态性的报道已经不再是新闻人需要处理的对象，他们的工作重心将集中在两个方面：一是重点挖掘和采集机器新闻写作所无法完成的调查性报道、深度解释性报道；二是连接更多的社会人成为新闻生产的来源和节点，开展组织、策划、激励和整合活动，成为新的发展阶段上新闻生产的组织者和新闻来源系统的建构者、维护者。第二，通过设计框架、制定运作法则，构建能够充分吸收“公民新闻运动”能量的新型新闻传播平台，打造具有平衡和再平衡能力的信息场域，实现互联网时代多元信息的生态化导流和管理。①

总的来看，人工智能已经登场，人工智能对传媒生产的渗透与改造将是大势所趋。在此过程中，人工智能将使“人”越来越专注于自己最擅长的领域，“人”也将使“人工智能”逐渐习得人类社会的逻辑。

【本章小结】

每一次技术进步几乎都导致传媒产业的生产可能性边界向外移动，这也是传媒产业可以为社会提供越来越多传媒产品的原因之一。

成本可分为固定成本与可变成本。传媒的短期生产决策只考虑可变成本的变动。由于固定成本从短期看属于沉没成本，因此媒体产品或服务价格只要高于平均可变成本（即使低于平均总成本），媒体单位便会选择营业。

传媒的长期生产决策假定可变成本与固定成本均可变化，唯一不变的因素是技术。传媒生产者在总成本既定的情况下，决定投入组合的基本依据是生产者均衡，即生产者花在每一生产要素上的最后一元钱得到相等的总产出的增量。

新闻生产最能体现传媒业的特殊性。20世纪40年代的“把关人”研究、20世纪50年代以来所关注的“潜规则”研究、“常规”研究，以及20世纪90年代以来有关“惯习”的研究分别从不同角度揭示出新闻生产过程中非正式约束力量的作用机制。

从“全媒体”到“中央厨房”，中国传媒生产流程再造是一场自上而下推动的工程，其绩效如何仍值得进一步探究。

从极长期生产来看，技术是决定性变量。目前来看，人工智能对传媒生产各环节、各生产

① 喻国明．“机器新闻写作”时代传媒发展的新变局［J］．中国报业，2015（23）：22-23.

要素的影响已初露端倪并引起许多讨论与思考，人工智能最终将塑造出怎样的传媒生产图景仍有巨大的想象空间。人工智能的核心是算法。算法作为一项有着颠覆性意义的重大技术变革，其所引起的社会影响是多层面的。譬如有研究者认为，算法使信息接收者由“单向度”的人变成“被算计”的人[①]，使控制模式由“全景监狱”变为“超级全景监狱”[②]，使符号暴力由“粗暴”变得“温和”[③]，等等。算法所引起的上述影响固然值得关注，但更值得关注的问题是算法所引起的社会关系的重构和社会权力结构的变化。

仅就公共传播权而言，在传统社会中，公共传播权掌握在传统媒体手中，传统媒体已形成稳定的专业主义规范，且与社会中其他系统建立了稳定关系。而在人工智能时代，既掌握先进技术又获得资本青睐的人工智能公司有能力对传统媒体实现“降维”打击，它们可以凭着技术、资本与数据优势从社会中获取更多资源与权力。当包括公共传播权在内的公共权力从传媒等公共机构迁移到资本与技术驱动的公司时，有可能引发新的社会问题。

【思考与练习】

1. 短期、长期、极长期影响传媒生产与成本的因素有何不同？
2. 从生产角度看，新闻是如何被建构起来的？
3. 请设计一份研究传媒大众生产领域内某一具体问题的方案。
4. 目前来看，人工智能对传媒生产的影响体现在哪些方面？
5. 如何认识当前包括人工智能在内的各种新技术对传媒生产的影响？

【推荐阅读书目】

舒德森．新闻生产的社会学［M］//库兰，古尔维奇．大众媒介与社会．北京：华夏出版社，2006.

舒德森．发掘新闻：美国报业的社会史［M］．北京：北京大学出版社，2009.

本森，内维尔．布尔迪厄与新闻场域［M］．杭州：浙江大学出版社，2017.

布尔迪厄．关于电视［M］．沈阳：辽宁教育出版社，2000.

伯克．知识社会史：下卷：从《百科全书》到维基百科［M］．杭州：浙江大学出版社，2016.

延森．媒介融合：网络传播、大众传播和人际传播的三重维度［M］．上海：复旦大学出版社，2012.

舍基．认知盈余：自由时间的力量［M］．北京：中国人民大学出版社，2012.

---

① 江作苏，刘志宇．从“单向度”到“被算计”的人：“算法”在传播场域中的伦理冲击［J］．中国出版，2019（2）：3-6.

② 张金鹏．超级全景监狱：信息方式下的权力技术——波斯特论信息方式下的统治模式［J］．南京社会科学，2007（8）：40-45.

③ 尚帅．传播的兴趣偏向和浑然不觉的符号暴力：基于《今日头条》的算法控制研究［J］．现代传播，2018（10）：58-62.

舍基．人人时代：无组织的组织力量［M］．杭州：浙江人民出版社，2015.
凯利．必然［M］．北京：电子工业出版社，2016.
科特．传媒组织与生产［M］．上海：复旦大学出版社，2014.
张海华．形态变革与话语转型：1990 年代央视新闻评论部生产实践［M］．北京：社会科学文献出版社，2018.
孙玉胜．十年：从改变电视的语态开始［M］．北京：三联书店，2003.

第五章
传媒市场

【本章学习要点】

- 传媒双边/多边市场
- 传媒产品或服务需求量的影响因素
- 需求弹性概念在传媒产业中的应用
- 报纸降价策略可以增加利润的条件
- 供给弹性概念在传媒产业中的应用
- 传媒产业中存在的市场结构
- 不同市场结构中厂商的决策
- 传媒产业绩效的衡量维度

在产业组织理论中，“市场”与“产业”两大概念常被混用。

马歇尔（Marshall）在《经济学原理》中提出，市场是买方和卖方可以自由进入并在同一时间对同种商品形成相同价格的所有交易关系的总称。① 尼德姆（Needham）认为市场是指一组从事买卖或交易的供方和需方，这些供方和需方在同一地域范围内买卖效用可以互相替代的产品。② 可见，确定市场边界的关键在于市场地域范围的划定和产品之间可替代性的度量。

“产业”一词具有多重含义，不同语境下外延不同，如《国际标准划分产业分类》中的产业指社会经济生产部门，而产业组织理论中的产业（industry）仅指生产同类有密切替代关系的产品的厂商在同一市场上的集合。③ 本章在后一个意义层面上使用“产业”一词。

第一节 传媒市场的重要特征：双边市场

1833年，由本杰明·戴（Benjamin Day）创办的《纽约太阳报》开创了“新闻事业的新纪

① 马歇尔. 经济学原理［M］. 北京：商务印刷馆，1964：18.

② 臧旭恒，徐向艺，杨蕙馨. 产业经济学［M］. 北京：经济科学出版社，2008：66.

③ 同②62.

元”。[①] 这份致力于“为人人发光”的报纸推开了现代报业的大门。现代报业借助广告收入对报纸内容生产的反哺，既实现了低价服务读者的目的，同时又赚得了丰厚的经济收益。服务读者为报业赢得了社会影响力，报业因此被冠以“社会公器”之名，并拥有“第四权力”。服务广告主使报业在经济上如此成功，以至于报业一度被称为“暴利”行业，“印报纸”也被人戏称为几乎等同于“印钞票”。20 世纪 20 年代之后，相继登场的广播与电视虽丰富了传媒类别，但仍沿袭了现代报业的市场逻辑。大众传媒在受众与广告两个市场中大放异彩的现实很快就引起了诸多研究者的关注。

一、研究者对传媒市场“双边”特征的关注

1922 年，李普曼在《公众舆论》一书中写道，“公众会为新闻报道付钱，但支出必须是隐性的”[②]。出版商通过广告主获利，广告主从读者身上获利，所以最终由读者支付报纸的间接税。[③]

1963 年，瑞德威更详尽地描述了报业这种“两种产品、两个市场、相互影响”的特征。他指出，“报纸所有者实际上生产两种不同的产品，并将其在两个不同的市场售卖：他将报纸（copies of the newspaper）卖给读者，将广告位（advertising space）卖给广告主”。“当然就其自身来看，这没什么特别之处，但是考虑到一种产品（广告位）的需求受到另一种产品（报纸）的极大影响，报业市场就有些不同寻常了；并且当我们发现对广告位的需求进一步受到报纸读者特征的影响时，报纸市场就更显得非同寻常。”[④]

1964 年，麦克卢汉（Marshall McLuhan）从文化研究角度提出，受众认为自己购买的是报纸、电视、广播等硬件，但实际上他们购买的是信息商品，这些“实物产品只不过是信息运动的偶然形态”而已。“广告客户付钱在报刊上买版面，在电台和电视上买时间”就像用钱租了一间宅子，真正的目的是吸引读者、听众和观众到这个房间举行集会。受众在接收免费信息的同时，其实是在从事“一种有报酬的雇佣劳动”。[⑤]

1977 年，达拉斯·斯迈思（Dallas Smythe）则进一步阐述了“受众为传媒打工”的观点。首先，他认为大众传媒是把受众当作卖给广告主的商品来生产的。大众传媒的节目内容只不过是用以招徕受众的“免费午餐”。其次，他论称，受众自行把商品推销给自己，等于受众为广告主劳动。[⑥] 受众在从事“雇佣劳动”或“打工”的观点，与 21 世纪之后“数字劳工”“免费劳工”[⑦] 的提法有相通之处。苏特·杰哈利（Sut Jhally）认为斯迈思的观点对于我们从政治经济学角度理解传播现象贡献巨大，但同时还指出，斯迈思一味强调受众为一般的商品生产者

---

① 埃默里 M，埃默里 E. 美国新闻史［M］. 北京：新华出版社，1982：161.

② 李普曼. 公众舆论［M］. 上海：上海人民出版社，2002：257.

③ 同②257－260.

④ REDDAWAY W B. The economics of newspapers［J］. The economic journal，1963，73（290）：201－218.

⑤ 麦克卢汉. 理解传媒：论人的延伸［M］. 北京：商务印书馆，2000：259.

⑥ 斯迈思. 依附之路：传播、资本主义、意识和加拿大［M］//杰哈利. 广告符码：消费社会中的政治经济学和拜物现象. 北京：中国人民大学出版社，2004：76.

⑦ SCHOLZ T. Digital labor：the Internet as playground and factory［M］. New York：Routledge，2013：2，33.

（即广告主）打工的观点，“很容易偏离传播分析的特殊性，传播过程被摒弃在大众传媒的研究之外，而传播过程之后的受众消费行为却成为研究焦点”①。为纠正此研究偏向，苏特·杰哈利厘清了以下三个相关问题：第一，商业传媒出售的商品形式是受众的收看（听）时间；第二，广播公司和受众双方生产了受众收视时间这个商品；第三，受众的收视行为创造价值，该价值可用收看广告的时间来衡量。受众收看广告的时间可以分为必要劳动时间与剩余劳动时间两部分，其在必要劳动时间内的收视行为赚得的广告费用于补偿节目制作费用，在剩余劳动时间内赚得的广告费则为广播公司或地方电台的所有者生产了“剩余价值”。②

1989 年，传媒经济学者罗伯特·皮卡德在《媒介经济学：概念与问题》一书中将传媒市场简洁地表述为“二元产品市场”（dual product market）。他写道：“从经济角度看，传媒产业不同于一般产业，原因为其在所谓的二元产品市场中运作。传媒生产一种产品，却参与两个独立的商品与服务市场。每一市场的表现都会影响到另一市场。”③

与“二元产品市场”相似度颇高的一个概念是“二次售卖”：传媒先将信息产品提供给受众，再将广告位/受众（注意）卖给广告主，以此获取经济收益。“二次售卖”概念虽然在中国广为人知，但要注意到传媒信息产品（报纸、杂志、广播电视节目等）往往免费或低价提供给受众，其价格与价值并无直接关联，因此信息产品市场中的“售卖”与广告产品市场中的“售卖”并不具有同样的意味。

到了网络时代，人们也意识到，用户并非在“免费”享受丰富多彩的网络服务。以脸书为例，2011 年脸书市值达到 1 000 亿美元，这是公司在 7 年时间内收集用户数据产生的。脸书将用户数据卖给客户，这些客户大部分是广告主。用户看起来是在免费使用社交网络，但实际上为此付出了沉重的代价。互联网寡头攫取用户在网络上留下的丰富数据，并将其变现。用户以失去隐私为代价“购得”使用“免费”而又新颖的服务之便利。④

李普曼、瑞德威、麦克卢汉、达拉斯·斯迈思、皮卡德等虽然对传媒市场特征的表述各有侧重，但他们关注的实际上是传媒市场的同一特征，并且这一特征并非传媒业所独有。具有此特征的市场普遍被称为“双边市场”（two-sided market）⑤。20 世纪 60 年代就有学者对此类市场投以关注，只不过那时其被称为双边配对市场（two-sided matching markets，TSMMs）。研究者关注的焦点是双边配对的策略，且未明确双边配对市场的具体含义。2001 年，法国著名经济学家让-夏尔·罗歇（Jean-Charles Rochet）和让·梯若尔（Jean Tirole）尝试定义“双边市场”。他们指出，许多具有网络外部性（network externality）⑥ 的市场都由两边的出现所表

---

① 杰哈利．广告符码：消费社会中的政治经济学和拜物现象［M］．北京：中国人民大学出版社，2004：72.

② 同①72－83.

③ PICARD R G. Media economics：concepts and issues［M］. London：Sage Publications，1989：17.

④ SCHOLZ T. Digital labor：the Internet as playground and factory［M］. New York：Routledge. 2013：2.

⑤ 这类市场亦被称为多边市场（multi-sided market）。

⑥ 一个消费者消费一单位某产品的效用随着消费该产品的消费者的数量增加而增加的现象叫作网络外部性，包括直接网络外部性与间接网络外部性。直接网络外部性是指一种产品的价值与使用相同产品或兼容产品的消费者的数量相关，如微信对用户的价值随着使用微信的用户数量的增加而增加。间接网络外部性是指一类用户的数量（或他们的活动范围）间接地影响该产品对于另一类用户的价值，如接受某信用卡的商家数量间接地影响此信用卡对于持卡人的价值。

征，这两边的最终利润产生于它们在同一平台上的相互作用，这些产业中平台的所有者或资助人必须忙于著名的“鸡生蛋，蛋生鸡问题”并且小心地“将双边拉到平台上”。[①] 让-夏尔·罗歇和让·梯若尔以上观点的重要价值主要体现在三个方面：一是指出网络外部性是双边市场存在的原因。二是将人们对双边市场的关注焦点从市场两边的经济行为转到双边市场中平台企业的行为和策略上。三是指出“鸡生蛋，蛋生鸡”和“将双边拉到平台上”是平台企业要解决的两个主要问题。[②] 此后，众多研究者循着让-夏尔·罗歇和让·梯若尔开拓的研究进路进一步探讨双边市场的定义。虽然迄今为止，有关双边市场的定义仍有环境[③]、价格[④]、网络外部性[⑤]等多种视角，但学者们对于双边市场重要特征的认识比较一致。一般认为双边市场存在以下特征：第一，存在两组（或多组）通过中间层（intermediary）或平台（platform）进行交易的参与者；第二，其中一组参与者（最终用户）（end users）加入平台的收益取决于加入该平台的另一组参与者（最终用户）的数量，即存在间接网络外部性；第三，各参与者通过自身的讨价还价能力并不能有效地将这种外部性内部化，中间层或平台对于内部化由一边或另一边产生的外部性是必需的，可以通过比双边参与者独立交易更有效的方式增加双边的获利并从中获取利润。[⑥]

在传媒业中，除在内容产品与最终用户之间建立起直接价格链接的行业（如图书业）外，大多数拥有广告业务的传媒具有双边市场的特征——包括那些提供搜索、社交网络、邮箱等服务的互联网平台。不过，与传统大众传媒相比，互联网平台所链接的参与者会更复杂些，更适合称为多边市场。这里，我们先看传媒双边市场。

二、传媒双边市场的判定

传媒双边市场的简要图示如下（图 5-1）。传媒以“平台”身份存在，一手“牵”着用户，一手“拉”着广告主。传媒平台既包括报社、杂志社、广播电台、电视台，又包括自媒体、短视频、社交、搜索、购物、游戏等网络平台。用户为使用传媒平台所提供的信息、娱乐、搜索、社交、通信甚至购物等服务而对平台投入注意，广告主为获得传媒平台吸聚的用户注意而向其支付费用。

需要说明的是，首先，传媒厂商间的版权交易市场多为传统市场。其次，同一传媒组织可以在双边市场与传统市场中同时开展业务。譬如，一家报社既有刊登广告的免费或低价报纸业务，又有“付费墙”业务。一家视频播出公司既有播出广告的免费收看业务，又有 VIP 付费收看业务等。

接下来，我们就对照前文所述双边市场的三个特征，详细讲解对传媒双边市场的判定。

---

① ROCHET J-C，TIROLE J. Platform competition in two-sided markets [J]. Journal of the European economic association，2003，1 (4)：990-1029.

② 王娜，谭力文．双边市场：一个概念性的文献综述 [J]. 兰州商学院学报，2010 (2)：26-33.

③ ROSON R. Auctions in a two-sided network：the market for meal voucher services [J]. Networks and spatial economics，2005，5 (4)：339-350.

④ ROCHET J，TIROLE J. Defining two-sided markets [C]. Working paper，2004：1-28.

⑤ ARMSTRONG M. Competition in two-sided markets [J]. The RAND journal of economics，2005，37 (3)：668-691.

⑥ 同②.

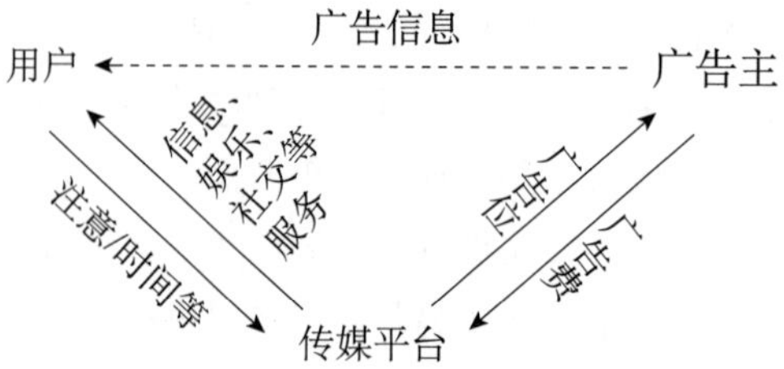

图 5-1 传媒双边市场

（一）由传媒平台联结的多组参与者

传媒平台联结的主要参与者包括用户与广告主。每位参与者都基于自己某种特定需求自愿加入此平台。传媒平台提供专业化的资讯、娱乐、游戏、社交、邮箱、搜索、通信甚至是购物等服务来满足用户需求，用户为平台贡献自己的注意/时间；广告主给传媒平台支付费用（包括广告费、赞助费等）以获得将广告信息展露在用户面前、占据用户注意的机会。

（二）传媒平台的参与者间存在间接网络外部性

双边市场的第二个特征是一组参与者的收益（所获得的效用）受另一组参与者的影响，即参与者间存在间接网络外部性。①

1. 广告主的收益受到用户的影响

广告主的收益主要指广告主通过在传媒上投放广告所获得的知名度和美誉度的提升、销量的增加、市场份额的扩大、市场壁垒的形成等经济层面的收益。

（1）广告主的收益受到传媒用户数量的影响。

传媒市场中，用户的数量主要用发行量、视听人数（或家户数）、用户量②等来衡量。一般认为，广告主的收益受到用户数量的正向影响，用户基数越大，广告信息触达的有效用户越多，越有可能带动销售，并最终发挥提高销量、扩大市场份额甚至是形成或巩固行业壁垒的作用。在实际操作中，广告客户用“千人成本”来评判不同传媒有效性的做法直观地反映出用户数量对广告主收益的正向影响。

广告收益受到传媒用户数量的影响这一结论也在一些实证研究中得到验证。凯瑟（Kaiser）与莱特（Wright）建立了双边市场的霍特林模型（Hotelling model），利用 1972 年至 2002 年德国杂志业的面板数据，关注读者市场和广告市场的定价问题，证实了如果消费者对杂志的需求上升，那么杂志的广告刊登量也会提高，从而说明了广告主的效用受到读者数量的正向影响。同时，该研究证明了读者对于广告主的网络外部性大于广告主对于读者的网络外部性，因此杂志对读者采取“补贴”的定价，而从广告主一方获取利润。③

---

① 由于广告主或用户的收益/效用较难衡量，因此研究者在确定网络外部性时常用广告刊登（播）量/广告播出时长/广告额、发行量/观众规模等作为测量指标。

② 用户量指系统、程序、网站等的用户数量，通常用于衡量其在市场上的曝光和活跃程度。从应用角度来讲，用户量分为注册用户量、在线用户量、并发用户量三种。

③ KAISER U，WRIGHT J. Price structure in two-sided markets：evidence from the magazine industry [J]. International journal of industrial organization，2006，24 (1)：0-28.

（2）广告主的收益受到用户质量的影响。

客观讲，广告主的收益不仅受用户数量的影响，而且还受到用户质量的影响。这里所说的用户质量主要指传媒用户与广告目标消费者的契合度。与广告目标消费者契合度越高的用户越有可能成为实质的商品购买者，给广告主带来的实际效用也就越大，因此在广告主眼中质量越高，广告主就越愿意为此支付更高的广告费。譬如，汽车广告主在电视黄金时段投放广告的成本为 4 美元/千人，而在体育节目投放广告的成本是 7 美元/千人。①

在大众传播时代，面对广告主的抱怨“我知道我的广告费被浪费了一半，但我不知道浪费的是哪一半”，大众传媒一直没停止为广告主提供高质量用户的努力。早在 20 世纪 50 年代，传媒就通过“窄播”等手段，区隔出更精准的受众群体，以迎合已能相当准确地设定目标市场的广告主的需求。不过，大众传媒技术自身的局限性为这种努力设定了“天花板”。此困局随着互联网时代的到来得以突破。

网络化、数字化等技术赋予网络传媒识别并触达高质量用户的便利。首先，网络传媒借助对海量数据踪迹的分析，不仅可以刻画用户的人口统计学特征，推测其兴趣、爱好、价值倾向等，而且还可实时跟踪其所处场景。基于如此细致的用户洞察，网络传媒擅长识别与广告主目标消费者相契合的高质量用户。其次，互联网时代信息传输通道极大丰富，“大众”传播不仅转变为“小众”传播，而且进一步转变为“个人”传播。传媒可以将广告信息在“适当的时间”“适当的地点”“一对一”精准投放至“适当的人”。以展示、行动、销售为依据的互联网广告计费模式②直观地反映出用户质量对广告主收益的影响。

2. *用户收益受到广告主的影响*

用户收益指用户从阅听传媒内容或使用传媒服务中所获得的个人体验。

在广告主如何影响用户的问题上，一个较普遍的经验性看法是，一个传媒平台吸引的广告主越多，则意味着其财力越雄厚，越有可能制作或开发出高水平的传媒产品或服务，而高水平的传媒产品或服务可以给用户带来良好体验。不过，用户收益与广告主数量的关系并非呈线性。当传媒因广告主数量多而在节目中无节制地插播或植入广告时，这些广告可能会对用户造成过多打扰，从而让用户产生糟糕的阅听体验，致使用户收益减少。2010 年虎年春晚因植入广告太多引起观众“吐槽”就是一例。③“魏则西”事件④更是直观地揭露出百度竞价排名机制（见图 5-2）下充斥网页的低劣广告给用户带来的极大伤害。

从学术研究角度看，相较于广告主收益受用户的影响而言，用户收益受广告主影响的情况

---

① JOHNSON W O. Super spectator and the electric lilliputians [M]. Toronto: Little, Brown and Company, 1971: 224.

② 以展示为依据的广告计费方式包括展示计费 CPM（cost per mille/cost per thousand impressions，每千次印象费用）和 CPTM（cost per targeted thousand impressions，经过定位的用户的千次印象费用）。以行动为依据的互联网计费方式包括 CPC（cost per click，每次点击费用）、CPL（cost for per lead，每次成功注册费用）等。以销售为依据的互联网广告计费方式包括 CPO（cost per order，根据每个订单/每次交易来收费）、CPS（cost for per sale，根据每销售额来收费）。

③ 丁汉青．植入式广告：一种多赢的广告营销形式 [J]. 青年记者，2011（4）：69-71.

④ 魏则西．你认为人性最大的“恶”是什么？[EB/OL].（2016-03-30）[2019-05-23]. https://www.zhihu.com/question/26792975/answer/88170767. 竞价排名争议再现，警惕魏则西悲剧重演 [EB/OL].（2018-09-10）[2019-05-23]. https://tech.sina.com.cn/i/2018-09-10/doc-ihivtsyk9348740.shtml.

图 5－2　饱受争议的百度竞价排名

更复杂些。不少学者从用户属性、传媒类型等角度细分用户对广告的态度，进而研究广告对用户收益的影响。一些学者从日常经验的角度出发，认为广告对用户的影响是消极的，用户对广告表现出负面的态度。[①] 还有研究者将用户对广告的态度具体分为三类：仅对媒体内容感兴趣的广告厌恶者，仅对广告感兴趣的广告偏好者，对媒体内容和广告都感兴趣、对非过量广告也能接受的广告无差异者。对受众中的广告厌恶者来说，广告的增加会降低其传媒消费意愿，因此广告的间接网络外部性为负。对广告偏好型的受众而言，广告满足其信息需求，对他们产生正面效用，其间接网络外部性为正。而广告无差异者的媒体消费不会受到广告量的多少、广告质量高低的影响，此时的间接网络外部性为零。所以传媒双边市场中广告对用户的间接网络外部性效应可为正值或负值，也可为零。[②]

有关电视媒体的研究结论普遍指向观众对电视广告的消极态度，电视广告会负向影响观众的数量。比如有研究显示，在观看电视时，观众会采取各种规避广告的行为（ad-avoidance behavior），如在电视台播放广告时转换频道、观看电视录制的回放时快进“掠过”广告，以及在广告时段聊天或者离开房间等等。[③] 威尔伯（Wilbur）通过构建美国电视产业的一个实证模型，得出当电视广告数量下降 10%时，观众的规模上升 25%的推断，显示了广告对于电视观众存在负网络外部性。[④]

在印刷媒体广告的网络外部性问题上，研究结论更加多样，间接网络外部性可以为正、负或者零。

一些研究认为，报纸或杂志的广告对读者产生正网络外部性。有研究者提出“发行量螺旋”（circulation spiral）理论，认为发行量与广告之间存在一种相互促进的螺旋关系，发行量大的报纸会吸引更多的广告，广告的增加又带来更多的发行，从而反过来又促进了广告的增

① EVANS D S. The antitrust economics of two-sided markets [J]. Social science electronic publishing, 2002, 20 (253): 352－382.

② 尹隆．基于双边市场理论的媒体广告价格调整问题研究 [J]. 北京工商大学学报（社会科学版），2013（5）：36－41.

③ YORKE D A, KITCHEN P J. Channel flickers and video speeders [J]. Journal of advertising research, 1970, 25 (2): 21－25. DANAHER P J. What happens to television ratings during commercial breaks? [J]. Journal of advertising research, 1995, 35 (1): 37－47.

④ WILBUR K C. A two-sided, empirical model of television advertising and viewing markets [J]. Marketing science, 2008, 27 (3): 356－378.

加，形成一种良性循环。① 布莱尔（Blair）与罗马诺（Romano ）认为广告为读者提供了产品信息，对于读者来说是有价值的，因此其在构建报纸发行量模型时，以广告的增加会带来读者数量的增加为前提假设。②

还有研究者按照印刷物的类型来进行分类。凯瑟（Kaiser）与宋（Song）利用 1992 年至 2004 年的德国消费类杂志的数据来分析读者对于广告的态度。结果显示，总体上来说读者对于广告持正面态度。妇女杂志、商业政治类杂志以及汽车杂志的读者喜爱广告，成人杂志的读者则对广告持厌恶态度。③

也有研究提出报纸广告对读者产生了负间接网络外部性。索纳克（Sonnac）首先回顾文献，总结了美国与欧洲的一系列实证研究，认为报纸读者对广告的态度是一个文化习惯（cultural habits）的问题，具体情况依国别而论：美国读者大多喜爱广告，认为广告信息是有价值的，因此刊登广告有利于发行量的增加；而欧洲大部分国家的读者厌恶广告，广告被认为"污染"了报纸的内容，对发行量产生负面影响。索纳克接着以读者对广告的负面态度为基础，构建报纸定价与广告定价的模型，并且得到一个"有趣的结论"，即当读者厌恶广告时，"发行量螺旋"仍然有效。④

除广告网络外部性的正负之辩外，还有一些研究指向该网络外部性为零的结论。阿詹泰斯（Argentesi）与菲利斯特鲁基（Filistrucchi）以《意大利日报》为研究对象，发现广告量对读者数量没有显著影响，报纸市场中只有单向的网络外部性，即仅有发行量对广告量的间接网络外部性。⑤

还有研究者在检验 1996 年至 2013 年中国报业市场的报纸总印数与广告经营额的格兰杰因果关系后发现，广告经营额是报纸总印数变化的格兰杰原因，但是报纸总印数不是广告经营额变化的格兰杰原因。在中国报业双边市场中，广告主在报业市场发展中起着主导性的作用，广告主的投放行为能够导致报纸印数的增加。⑥ 此研究结论与阿詹泰斯与菲利斯特鲁基以《意大利日报》为研究对象的研究结论较类似。

受研究方法的限制，有关广告市场影响用户的实证研究结论往往停留在微观层面。偏向中观与宏观层面的传媒批判学者的一些研究成果可对此缺陷有所弥补。譬如哈贝马斯（Harbermas）认为，历史上"报刊变得可以操控，这种操控到一定程度就变成了商业化"，这一过程最早开始于 19 世纪前 10 年的中期。公共领域因此从一个理性批判辩论的论坛转变成了"广告的

---

① GUSTAFSSON K E. The circulation spiral and the principle of household coverage [J]. Scandinavian economic history review，1978，26 (1)：1-14.

② BLAIR R D，ROMANO R E. Pricing decisions of the newspaper monopolist [J]. Southern economic journal，1993，59 (4)：721-732.

③ KAISER U，SONG M. Do media consumers really dislike advertising? an empirical assessment of the role of advertising in print media markets [J]. International journal of industrial organization，2009，27 (2)：292-301.

④ NATHALIE S. Readers' attitudes toward press advertising：are they ad-lovers or ad-averse? [J]. Journal of media economics，2000，13 (4)：249-259.

⑤ ARGENTESI E，FILISTRUCCHI L. Estimating market power in a two-sided market：the case of newspapers [J]. Social science electronic publishing，2010，22 (7)：1247-1266.

⑥ 丁汉青，彭斯聪. 中国报业市场交叉网络外部性实证研究：兼谈报业市场是否为双边市场 [J]. 国际新闻界，2015 (7)：101-113.

舞台”。[①] 布尔迪厄（Pierre Bourdieu，又译为布迪厄）则断言被商业逻辑主导的电视必然从注重文化品位向媚俗转变。他认为电视媒体为获得丰厚广告利润和商业资助而追求高收视率，血和性、惨剧和罪行等能产生轰动效应、带来高收视率的社会新闻因此广受电视青睐。这一方面“排斥了公众为行使民主权利应该掌握的重要信息”，另一方面又必然把各种信息依照社会新闻的模式来处理和表现，具有强大的煽动动员功能。[②] 从以上观点可以看出，哈贝马斯与布尔迪厄倾向于认为，从中观与宏观角度看，传媒对商业利益（广告）的追求有损社会公众（用户）的利益。

（三）一边或另一边产生的外部性必须通过中间层或平台完成内部化

广告主的广告信息“搭乘”传媒平台服务用户的“顺风车”触达用户，并对用户产生影响且从中获益，因此广告主应对用户有所补偿。但是，由于单个用户对广告主的贡献无法准确量化，且广告主为单个用户分别付费的成本往往较高，因此，让广告主与单个用户直接讨价还价、完成交易是不现实的。与之相比，借助传媒平台将用户在平台使用过程中“顺带”接触广告信息所产生的外部性内部化则更为可行。平台内部化“外部性”的惯常做法（尤其是在大众传播时代）往往不是将从广告主那里得到的费用/回报直接付给每位用户，而是向用户提供免费或低价的资讯、娱乐、搜索、邮箱、社交等服务。

麦克卢汉在论述过“广告客户用钱买了一部分读者、受众和收视者，仿佛用钱租用我们的住宅去举行公开集会一样明明白白”后，接着又说，“如果他们[③]知道如何直接付款购买读者、听众和收视者的时间和注意力的话，他们是乐意照办的”[④]。在大众传播时代，广告主的确不知道如何（经济有效地）直接付款给读者、听众和收视者，但在数字传播时代，通过平台将外部性“内部化”并非广告主的唯一选择。我们已看到，随着精准传播、实时监测用户信息使用情况及“点对点”支付的发展，广告主直接“购买”（并不一定用货币）用户时间和注意力甚至社会资本已非难事。譬如广告主以“免费商品”或“红包”等为诱饵鼓励用户在朋友圈或微信群中“集赞”、转发广告二维码、转发官网链接等。

综上分析可见，传媒市场具有双边市场的特征。在此市场中，扮演平台角色的传媒厂商生产两种不同的商品（信息或服务产品与用户注意或广告产品），将这两种商品卖给两个消费群体（用户与广告主）。并且一个消费群体对商品的需求取决于另一消费群体的需求，反之可能亦然。[⑤]

传媒平台两侧的两个消费群体间的互动既可为良性，亦可为恶性。

曾任 CBS 总裁的佩利用自己成功的实践诠释了如何利用受众与广告主间的良性互动建立起市场绩效突出的广播业运营模式：“受众数量越大，广播公司潜在的收益也就越大，因为这

---

① HABERMAS J. The structural transformation of the public sphere [M]. Cambridge: The MIT Press, 1989: 181, 185.

② 布尔迪厄．关于电视［M］．辽宁：辽宁教育出版社，2000：15.

③ 指“广告客户”。

④ 麦克卢汉．理解媒介：论人的延伸［M］．北京：商务印书馆，2000：259.

⑤ EVANS D S. The antitrust economics of multi-sided platform markets [J]. Yale journal on regulation, 2003, 20 (2): 325-381.

意味着更多的广告商会参与进来。如果大量的受众就代表着较好的广告客户，那么它同样也代表着更多的钱财，可以制作更好的节目，如此一来，受众会更多，形成一个良性循环。于是会有更多的电台加盟哥伦比亚广播公司。”①

传媒平台两侧消费群体间形成恶性互动的例子亦不鲜见。比如罗斯（Rosse）在分析 20 世纪 40 年代至 70 年代美国报纸产业的相关数据后指出，面对电视新媒体的竞争，报纸广告量下降，广告同质化程度上升，给报纸带来经营困境的同时也导致报纸不能有效地进行市场细分、给用户提供有针对性的高质量新闻产品，这是报业衰退的主要原因。② 网络媒体兴起之后，报业似乎再次遭遇了“广告量下降—报业经济不景气—用户体验变差—用户流失—广告量下降”的螺旋式困境，只不过，这次遭遇更为惨烈：首先，报纸头版纷纷被广告占据，报纸从“新闻纸”沦为“广告纸”；其次，深度报道等高成本部门纷纷被取消，新闻从业者中的骨干力量相继离职③；最后，新闻职业操守被有意无意地抛弃④。受纸媒技术自身的局限，目前报业在将广告主与用户拉到“平台”的过程中已颇显费力，报业双边市场的衰落似不可避免。不过，目前最值得思考的问题也许不是如何阻止报业衰落，而是如何阻止新闻业衰落。毕竟，报业的衰落只意味着一种传播技术被市场淘汰，而新闻业的衰落则关乎社会公共领域的状态。

三、网络多边市场

虽然互联网平台的业务范围与业务规模远非一般传统媒体所能比，但从目前来看，与传统媒体一样，不少互联网平台也以广告为主要收入来源。以 2019 年第一财季为例，谷歌广告收入达 307.2 亿美元，占其季度总收入的 84.5%。⑤ 推特数据许可及其他收入虽同比增长 20%，达到 1.07 亿美元，但广告仍为其核心收入，达到 6.79 亿，同比增长 18%，占该财季总收入的 86.3%。脸书广告收入为 149.1 亿美元，占公司总营收的 98.9%；其中移动端的广告营收在整体广告收入中占比 93%，高于去年同期的 91%。微博广告和营销收入 3.411 亿美元，占该财季净营收的 85.4%。⑥

由以上数字可以看出，首先，互联网平台广告收入在总收入中的比重并不比许多传统媒体低。其次，互联网平台广告收入规模远超传统媒体。互联网平台在广告收入方面的巨大体量一方面得益于互联网平台的地域扩展优势，另一方面得益于互联网平台能够联结起更多参与者，织就一张更大、更立体的市场关系“网络”。以谷歌为例，谷歌织就的多边网络平台连接起谷

---

① 杰哈利．广告符码：消费社会中的政治经济学和拜物现象［M］. 北京：中国人民大学出版社，2004：80.

② ROSSE J N. The decline of direct newspaper competition［J］. Journal of communication，1980，30（2）：65－71.

③ 丁汉青．2018 年新媒体行业发展态势分析与盘点［J］. 出版广角，2019（3）：14－19.

④ 魏武挥．能让我尊重的新闻媒体已经不多了［EB/OL］.（2019－04－21）［2019－05－01］. https：//tech. sina. com. cn/csj/2019－04－21/doc-ihvhiewr7400371. shtml.

⑤ 谷歌有三大核心业务：谷歌广告、谷歌其他业务和其他对非谷歌业务的投资。2019 年第一财季谷歌广告收入为 307.2 亿美元，谷歌其他业务（包括应用商店 Play Store、硬件和云业务 Google Cloud）收入为 54.5 亿美元，其他投资收入 1.7 亿美元。

⑥ 2019 第一季度大公司财报：有人逆风翻盘，有人深陷泥潭［EB/OL］.（2019－04－25）［2019－05－31］. https：// 36kr. com/topics/3010？ version＝new.

歌用户、谷歌广告主、其他网站（other websites）、其他网站用户、其他网站广告主、内容提供者等多个主体，这些主体之间主要存在以下关系（见图 5-3）。

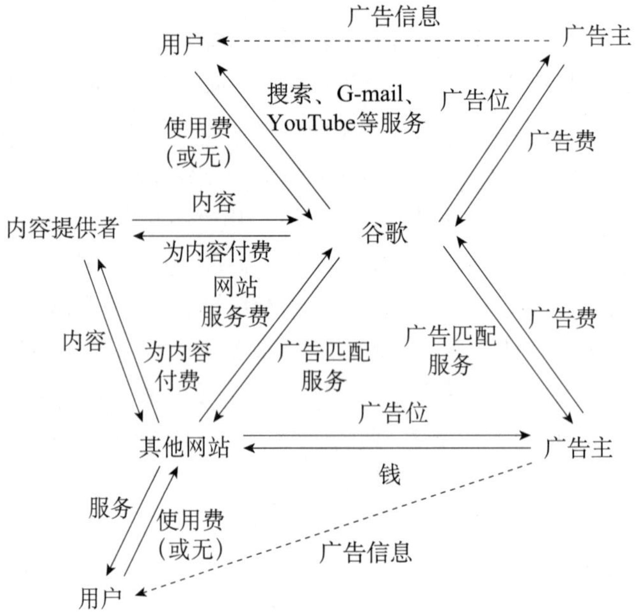

图 5-3 作为多边平台的谷歌

资料来源：FILISTRUCCHI L，GERADIN D，DAMME E，et al. Market definition in two-sided markets：theory and practice [J]. Journal of competition law & economics，2014，10 (2)：293-339.

第一，谷歌为用户提供搜索、邮箱、YouTube 等服务，用户可以免费或付费使用上述服务。用户在使用服务过程中付出的注意/时间转化为谷歌可以变现的流量资源。谷歌为广告主提供广告位，以便使广告主的广告信息触达用户，广告主为此支付广告费。

第二，谷歌为“其他网站”提供广告匹配服务，“其他网站”为此向谷歌支付网站服务费（或收入分成）。谷歌还可直接为广告主（企业用户）提供广告匹配服务，并为此收取广告费。

第三，“其他网站”向用户提供服务，用户可以免费或付费使用“其他网站”提供的服务，并付出自己的注意/时间，成为“其他网站”可变现的流量资源。“其他网站”为广告主提供广告位，广告主花钱从“其他网站”购买广告位，以便使自己的广告信息触达“其他网站”吸聚的用户。

第四，内容提供者向谷歌提供内容，谷歌为此付费。内容提供者亦为“其他网站”提供内容，其他网站向内容提供者支付费用。

【知识窗】 竞价排名

竞价排名与自然排序相对。自然排序纯粹以与用户查询内容匹配度高低为标准依序呈现搜索结果，竞价排名则由搜索引擎服务商依据客户对关键词付费高低来决定搜索结果呈现顺序，其本质是一种网络营销服务。

1996年美国搜索引擎服务公司“Open Tex”发明了优先排序（preferred listings）这种营销方式，它可以利用关键词响应把客户网站链接嵌入搜索结果中。1998年，另一家搜索引擎服务公司“Go To”进一步完善了这种网络营销方式，初步形成了今天的竞价排名模式。1999年，Overture公司（前身即Go To）向美国专利局申请专利，2001年7月这种可以让广告主通过竞价取得搜索结果中最佳广告位置的系统和方法获得专利批准。①

时至今日，竞价排名广告收入在谷歌、百度等互联网公司的总收入中仍占据相当大的比重。与传统媒体利用广告收入补贴内容生产一样，互联网公司亦利用广告收入支持其在新技术研发等方面的投入。竞价排名本无可厚非，但是，与传统媒体应在伦理法规约束下开展广告经营活动一样，互联网公司在开展竞价排名活动时亦至少应遵守“不作恶”的原则。在中国，“魏则西”事件②、央视多次曝光的百度竞价排名黑幕③及用户在使用百度搜索时所遭遇的种种不良体验④使百度的竞价排名饱受争议。竞价排名所引发的道德规范与法律规范问题值得研究者持续关注。

第二节 供求规律：传媒市场的内在机制

市场由某种商品或服务的买方与卖方构成。传媒市场的买方包括受众和购买广告资源的广告主，卖方则包括报社、杂志社、电台、电视台、出版社、网络公司等。买方群体决定传媒产品和服务的市场需求，卖方群体则决定传媒产品和服务的市场供给，需求与供给相互作用，推动市场经济的运行。下面先看传媒产品和服务的市场需求。

一、需求

对传媒产品和服务的需求既包括个体层面上的，又包括市场层面上的。市场中无数个体的需求便构成市场需求。在谈论需求时，为便于理解，我们可以先从个体层面谈起，然后再推及

① 李明伟．论搜索引擎竞价排名的广告属性及其法律规范［J］．新闻与传播研究，2009（6）：95－100．

② 魏则西．你认为人性最大的“恶”是什么？［EB/OL］．（2016－03－30）［2019－05－23］．https：//www.zhihu.com/question/26792975/answer/88170767．

③ 虚假信息借网传播 百度竞价排名遭质疑［EB/OL］．（2008－11－16）［2019－07－05］．http：//space.tv.cctv.com/act/video.jsp？videoId＝VIDE1226727198000110．搜李逵出李鬼！百度医疗竞价排名卷土重来［EB/OL］．（2018－09－09）［2019－07－05］．https：//www.wasu.cn/Play/show/id/9586955．竞价排名争议再现，警惕魏则西悲剧重演［EB/OL］．（2018－09－10）［2019－05－23］．https：//tech.sina.com.cn/i/2018－09－10/doc-ihivtsyk9348740.shtml．

④ 方可成．搜索引擎百度已死［EB/OL］．（2019－01－22）［2019－07－05］．https：//www.huxiu.com/article/282406.html．百度的高考生意［EB/OL］．（2019－07－01）［2019－07－05］．http：//finance.eastmoney.com/a/201907011165508449.html．

市场层面。

（一）需求量及其影响因素

买者愿意并且能够购买的传媒产品或服务的量，便是该传媒产品或服务的需求量。“愿意”表达的是主观倾向，“能够”则表明客观购买力。主观倾向与客观购买力同时具备，才表现为需求量。影响需求量的因素如图 5－4 所示，下面将逐个阐述。

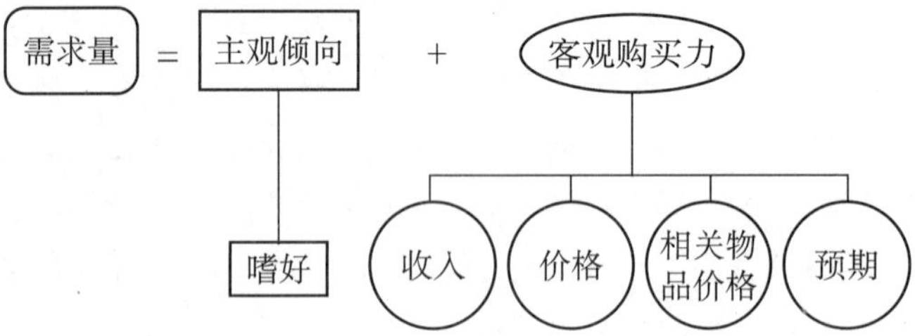

图 5－4 影响需求量的因素

嗜好是影响主观倾向的最重要因素。如果你喜欢时尚类杂志，就可能会订阅或购买《时尚》《瑞丽》；如果你不喜欢看报纸，那么在你的媒体需求单子里就很难出现报纸的影子……嗜好实际上属于历史和心理学范畴，对经济学来讲，嗜好好比是一个黑匣子，用经济学思维很难解释为什么一个人喜欢读报而另一人则很喜欢玩游戏。但这并不影响将嗜好列为影响需求量的一个因素。

影响客观购买力的因素主要有收入、价格、相关物品的价格和预期。

（1）收入。高收入者可以买豪华住宅，工薪市民只能买经济适用房，原因不在于嗜好不同，而在于收入差距。对于正常物品来说，收入与购买力和需求量呈正相关关系：买方收入增加，购买力增强，对该物品或服务的需求量就会增加；反之，对该物品或服务的需求量就会减少。而对低档物品或服务（如公共汽车服务）来讲，收入与购买力和需求量呈负相关关系。大多数传媒产品和服务是正常物品。

（2）价格。物品或服务的价格高低会影响消费者的客观购买力。一般来说，物品或服务价格提升会削弱一定量货币的购买力，致使需求量减少；而物品或服务价格降低则会增强一定量货币的购买力，致使需求量增加。当爱奇艺 VIP 服务价格打折时，用户的需求量因之增加便是价格因素在起作用。

（3）相关物品的价格。相关物品分为两类，一类为替代品，另一类为互补品。买者对某种商品或服务的需求量与该商品或服务替代品的价格呈正相关关系，而与其互补品的价格呈负相关关系。盗版光盘为正版光盘的替代品，买者购买一张盗版光盘后，便不会再购买一张正版光盘。正版光盘价格上升，反而会刺激盗版光盘的购买量。这也正是有人呼吁降低正版光盘价格以遏制盗版光盘的原因所在。报纸付费阅读电子版与纸质版互为替代品，付费阅读电子版价格下降，会促使部分读者放弃订阅纸质报纸。最早的电台是由无线电设备供应商开办的，原因是电台服务与收音机为互补品，免费的电台服务可以提高无线电设备的需求量。Kindle、iPad 等电子阅读终端与电子书为互补品，人们对电子书的需求量会随着电子阅读终端价格的下降而上升。

（4）预期。对未来的预期亦会影响买方对商品或服务的需求。当消费者预期自己未来的收入会增加或未来商品的价格会上涨时，便会增加当前的需求量；反之，则会减少当前的需求量。

以上所谈及的影响某种商品或服务需求量的因素其实对我们每个消费者来讲都不陌生。举个例子，你很喜欢到电影院看电影，平均每张电影票 40 元，当你还是学生时，没有很稳定的收入，负担不起每月看场电影的花费，你对电影的偏好并不能形成现实的需求量。但当你走上工作岗位、经济境况有很大改观时，每月拿出 40 元买电影票已在你的经济能力范围之内，每月你可以看一场电影。过了几个月，电影票价普遍由平均每张 40 元降至每张 20 元，在收入不变的情况下，你每月可以看两场电影。或者虽然电影价格没变，但工作两个月后，你预期下个月自己的实习期满后，月工资将由 2 000 元增至 5 000 元，你可能考虑本月看三场电影而不是一场电影。在电影院放映的电影与在网络电视上播放的电影互为替代品（虽然有些许时间差），假定爱奇艺年度 VIP 会员费下降了 50%，你可能会考虑购买爱奇艺年度 VIP 会员资格而减少去电影院看电影的次数。

在以上各种影响因素中，价格因素最基本。设想其他因素不变，每月你对电影票的需求量与价格之间的各种组合可以用需求表表示（见表 5-1）。

表 5-1 个人电影票需求表

电影票价格 P（元）	需求量 Q（张）
0	10
10	8
20	6
30	4
40	2
50	0

需求表中的数据组合遵循需求法则，即在其他条件不变的情况下，电影票价格越低，对电影票的需求量就越大；电影票价格越高，对电影票的需求量就越小。替代效应与收入效应可以很好地解释需求法则的成因。当某种商品或服务的价格上升时，可以替代它的商品或服务的价格相对下降，致使买方转而购买替代品。某种商品或服务价格下降相当于增加买方的收入，使买方的经济状况更好，因而增加对该商品或服务的消费。

此需求表用图表表示，便得到需求曲线（见图 5-5）。

市场中有许多买者，将所有这些买者的需求量叠加在一起，便为整个市场的需求量，所有买者的需求曲线叠加，便得到整个市场的需求曲线。接下来，着重谈谈寡头垄断市场中的需求曲线。①

（二）寡头垄断市场中弯折的需求曲线——斯威齐模型

寡头垄断市场的一个重要特征就是价格刚性。一个寡头垄断市场上一旦存在一个稳定的价格，就很难改变。即使成本或需求改变了，厂商也不大愿意改变价格。如果成本下降或者市场

① 有关寡头垄断市场结构的内容可详见本章第三节。

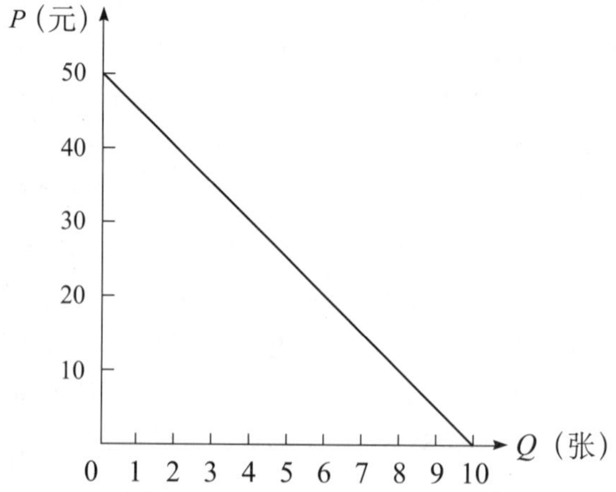

图 5-5 个人电影票需求曲线

需求下降，厂商因担心降价会给它的竞争者以错误信息并引发一轮价格战，所以不愿意降低价格。而如果成本或需求上升，厂商担心竞争者可能不会跟着提价，因此也不愿意提价。这被称为“弯折的需求曲线”模型，是由美国经济学家斯威齐（Paul M. Sweezy）于 1939 年提出来的，也叫斯威齐模型。

为了便于说明，设想一下美国全国性电视网市场。假定美国全国广播公司（NBC）考虑提高电视广告费率，它必须考虑哥伦比亚广播公司（CBS）、美国广播公司（ABC）和福克斯公司（FOX）等是否会跟随。如果这些公司跟进提价，NBC 就不会失去很多客户，因为相对价格将保持不变。但是如果它的主要竞争者并不跟着提价，NBC 的插播广告销售将会锐减，因为很多客户会把他们的广告转向其他电视网。同样，如果降低广告价格而对手们又不跟进的话，NBC 将会获得许多新客户。但是如果对手也跟着降价，那么需求的增加将会比较小。

如此，就存在着两条基本的需求曲线。第一，竞争厂商既不跟随提价也不跟随降价时的需求曲线［见图 5-6（a）］。在图 5-6（a）中，当前价格为 P_1，产量为 Q_1，需求曲线为 dTd_1，边际收益曲线为 dAr。第二，其他企业既跟随提价亦跟随降价时的需求曲线［见图 5-6（b）］（DTD_1 为需求曲线，DBR 为边际收益曲线）。

有证据表明，企业通常对竞争对手的反应做最坏可能性的假设，即对手将不跟随调价。厂商相信，如果将价格提高到 P_1 以上，其他厂商不会跟随，而需求曲线非常有弹性，它就会大幅度降低市场份额与销售量；可若价格低于 P_1，其他厂商会跟着降价，以免丧失市场份额，以致该厂商的销售量只会有较小幅度的增加。因此，需求曲线上的线段 dT 与边际收益曲线上的线段 dA 分别适用于价格的上扬，而线段 TD_1 与 BR 则均适用于价格的下调。这导致了如图 5-6（c）所示的弯折的需求曲线。该需求曲线 dTD_1 在 T 点弯折。边际收益曲线是 $dA\cdots BR$，并在 A 点与 B 点之间间断。

只要边际成本 MC 是 A 或者 B 或是位于两者之间，在当前的产量下，厂商就不能通过改变价格来增加利润。举个例子，假如在图 5-6（c）中，边际成本从 MC_1 上升到 MC_3，若厂商相信自己正处在弯折的需求曲线上，它将不会改变价格。

在寡头垄断产业中，弯折的需求曲线对企业来说并不是称心如意的。假设在该产业中，所有厂商在边际成本上都经历同样的上升。尽管每一个厂商都知道更高的行业价格将增加行业利润，但是每个厂商都害怕提价，因为它们担心竞争对手不会跟随。结果是无法实现更大的销售额，利润下降。这种情况会刺激各厂商在行业的价格、产量，以及在各企业之间的产量分配上达成一致。合谋将消除弯折，并形成相关需求曲线 DTD_1 和边际收益曲线 DBR。

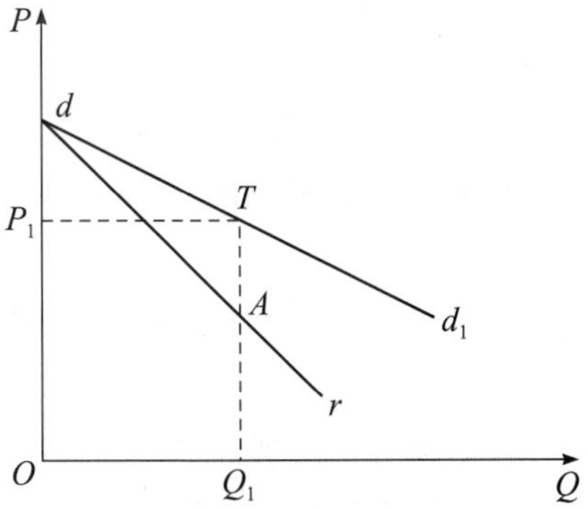

(a) 竞争对手不跟随价格改变

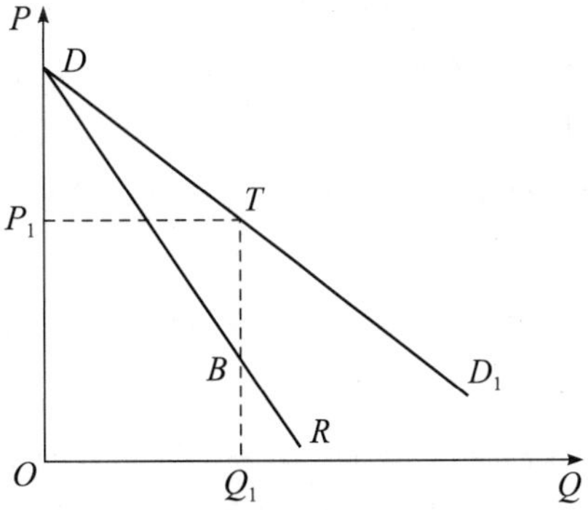

(b) 竞争对手跟随价格改变

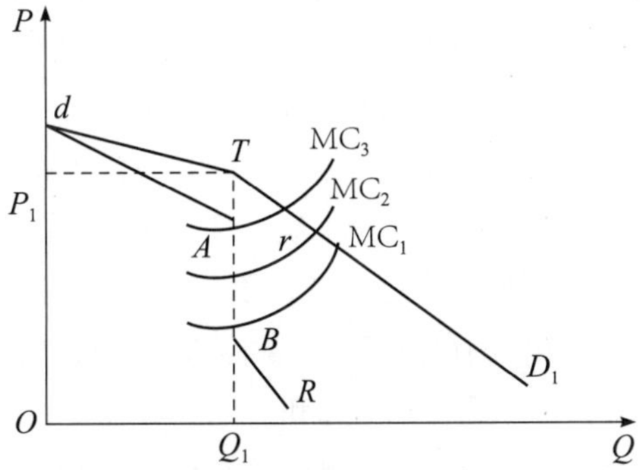

(c) 弯折的需求曲线

图 5－6　寡头市场价格刚性的斯威齐模型

(三) 需求弹性

前面只是定性地分析了收入、价格等因素与需求量之间的关系。实际上，我们可以借助弹性概念相对精确地度量需求量对这些因素的反应程度，需求弹性衡量的是需求量与影响需求量的某一因素变动程度之间的关系。依据影响因素之不同，需求弹性包括需求价格弹性（衡量需求量变动与价格变动间的关系）、需求收入弹性（衡量需求量变动与收入变动间的关系）、需求交叉弹性（衡量一种物品或服务需求量的变动与另一种物品或服务价格变动间的关系）、需求广告弹性（衡量一种物品或服务需求量的变动与广告投入变动的关系）等。它们的计算公式可分别表示为：

需求价格弹性＝需求量变动的百分比/价格变动的百分比

需求收入弹性＝需求量变动的百分比/收入变动的百分比

需求交叉弹性＝A 物品或服务需求量变动的百分比/B 物品或服务价格变动的百分比

需求广告弹性＝需求量变动的百分比/广告投入变动的百分比

需求弹性中分子与分母的数学符号可能是相反的，但在具体计算时，分子与分母均取绝对值，所以需求弹性皆为正。当需求弹性大于1时，常被称为富有弹性；当需求弹性等于1时，被称为单位弹性；当需求弹性小于1时，被称为缺乏弹性。

假定《南方周末》付费阅读月订阅价格由15元升至20元，其销量由20万份下降至15万份，则该报纸的需求价格弹性为|[(15－20)/20]|/|[(20－15)/15]|≈0.75（缺乏弹性）。当读者月均收入由0.6万元增至0.8万元时，《南方周末》付费阅读月订阅销量由10万份增至15万份，报纸的需求收入弹性为[(15－10)/10]/[(0.8－0.6)/0.6]≈1.5（富有弹性）。当某报付费阅读月订阅价由10元升至15元时，与其存在替代关系的《南方周末》付费阅读月订阅销量由10万份增至12万份，则《南方周末》与某报的需求交叉弹性为[(12－10)/10]/[(15－10)/10]＝0.4（缺乏弹性）。

与其他商品或服务一样，影响传媒产品需求价格弹性的因素也主要包括必需品与奢侈品、花费在支出中的比重、替代品的可获得性、市场的定义和时间长短。

（1）必需品与奢侈品。必需品与奢侈品是依据商品或服务对买者的不可或缺程度而言的。必需品常为人们日常生活中不可或缺的物品或服务，而奢侈品则并非日常生活所必需。一般而言，必需品的需求倾向于缺乏弹性，而奢侈品的需求倾向于富有弹性。与帕瓦罗蒂“全球告别巡演”相比，有线电视服务对北京居民来说更接近于必需品。所以当2003年7月1日起歌华有线将有线电视服务费提高50%时，并没有造成大量用户退出。

（2）花费在支出中的比重。购买某件物品或服务的花费占买者收入的比重越大，则其需求弹性越大；反之，则越小。对价格高昂的商品来说，便宜1%所节省的钱很可能高于一件低价商品便宜10%所节省的钱。这就激励买方好好考虑便宜1%所带来的实实在在的好处，采取购买行动。举个例子，在其他条件相同的情况下，一台价值1万元的笔记本电脑和一张价值50元的电影票都降价10%，分别让买方节省1 000元和5元。节省5元可能对买方没有实质性的意义，但节省1 000元很可能会促使买方采取现实购买行动，从而引起需求量较大幅度的增加。

（3）替代品的可获得性。存在相近替代品的商品或服务往往有较高的需求价格弹性，不存在相近替代品的商品或服务的需求价格弹性则往往较低。网络音乐可以替代唱片，因此，当唱片价格上升时，一批消费者便会放弃购买唱片，转而从网络上下载音乐，唱片的需求价格弹性因此可能偏高。借助手机、iPad等移动终端很容易获得新闻信息，报纸的需求价格弹性亦可能因此较高。

（4）市场的定义。市场范围小的商品或服务的需求弹性往往大于市场范围大的商品或服务的需求弹性。娱乐产品的需求弹性小于电影的需求弹性。因为，人有娱乐需求，娱乐产品的替代品很少。而电影只是娱乐产品中的一种，买方可以很轻易地找到另一种可替代的娱乐产品（如网络电影、网络游戏等）。

（5）时间的长短。传媒商品或服务往往随着时间变长而变得更富有弹性。主要原因是在一个较长的时间段里，新技术会增加替代品的可获得性或者改变商品或服务花费在买方总收入中的比重。譬如在一个较长的时间段里，当高清互联网电视盒子为用户观看节目提供新的解决方案时，曾经缺乏弹性的有线电视服务也会变得富有弹性。

以上各种影响传媒产品或服务需求弹性的因素有相通之处。譬如必需品多为价格在买方收入中占较小比例且难以找到替代品的物品，而奢侈品则多为价格在买方收入中占较大比例且易于找到替代品的物品。市场范围的大小直接与替代品可获得性的高低相关。时间长短则会影响物品或服务的性质、价格在收入中的比重、替代品的可获得性等，因而成为影响需求弹性的因素之一。

总的来看，传媒产品需求价格弹性的大小最终还与替代效应、收入效应密切相关。以上各种影响传媒产品或服务需求弹性的因素都落入替代效应与收入效应的范畴中。

由图 5－7 可见，传媒若想降低或提升产品或服务的需求价格弹性，可从两个方面考虑，一是替代效应，二是收入效应。增加传媒产品的“必读（听、看）性”可以降低传媒产品或服务的需求价格弹性，原因在于减少替代品的可获得性可削弱替代效应。居民人均可支配收入的增加可以为电影院提价预留出更大的操作空间，原因在于在人均可支配收入增加的情况下，即使提价，电影票价格在其总收入中的比重仍有所降低，这反映的是收入效应。

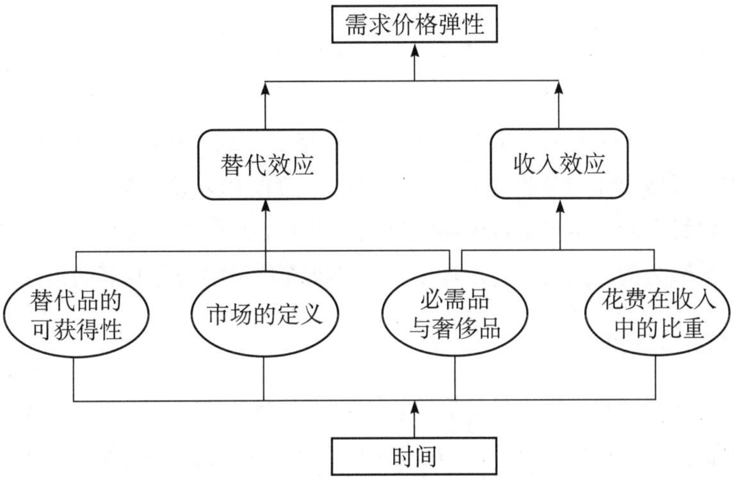

图 5－7　影响传媒产品需求价格弹性的因素

（四）总收益与需求价格弹性

我们关心传媒商品或服务需求价格弹性的出发点在于总收益。总收益等于商品或服务的价格乘以销售量。图 5－8 表示电影票的需求曲线，A 点所对应的价格（P）为 50 元，此价格下共卖出电影票（Q）1 万张，则该电影的总收益为 50 万元，恰为图中阴影部分的面积。

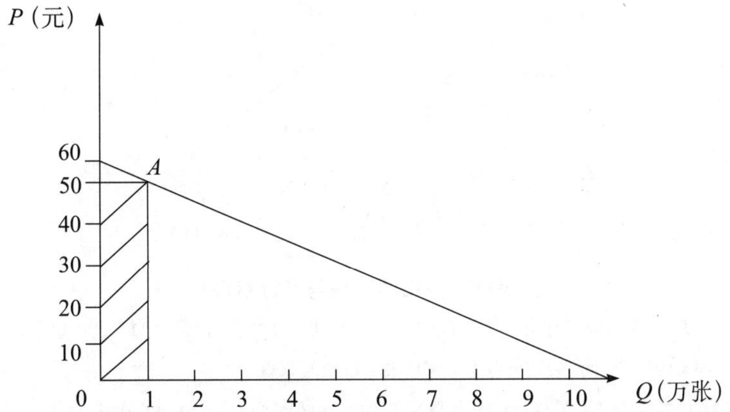

图 5－8　电影院总收益

价格增加对总收益有两个方向的影响：既会因提高了价格而增加总收益，又会因销量降低而减少总收益。同样的道理，价格降低亦会对总收益有两个方向相反的拉动作用。总收益最终表现为增加还是减少，则取决于价格变动作用于总收益上的两股力量哪个更大一些。如果价格上升导致的总收益增加大于销量减少导致的总收益减少，则总收益最终表现为增加；反之，则表现为减少。价格变动对总收益到底是提升作用大还是抑制作用大则要取决于需求价格弹性。

经济学中对需求价格弹性与总收益的规律总结如下：

当需求价格弹性小于1时（需求缺乏弹性），价格上升使总收益增加，价格下降使总收益减少；

当需求价格弹性大于1时（需求富有弹性），价格上升使总收益减少，价格下降使总收益增加；

当需求价格弹性等于1时（需求单位弹性），价格上升或下降，总收益保持不变。

以上有关需求价格弹性与总收益的关系仅限于一般规律，并未深入考虑传媒“双边市场”的特征。从传媒实践来看，实行降价策略的报纸不仅考虑总收益是否增加，而且考虑利润是否增加。接下来以报纸为例，探讨双边市场中传媒借助降价策略增加利润的条件。

（五）报纸降价与利润

某种商品的价格变动对其需求量的影响会改变这种商品的竞争境况，因此消费品基本的竞争手段之一便为价格，报纸也不例外：“在面对更大竞争的情况下，为提高市场份额或保护已有的市场份额，可以降低价格。”但报纸在“双边市场”中运作的特性使其价格、发行量与利润之间呈现出特殊的复杂关系（见图5-9）。

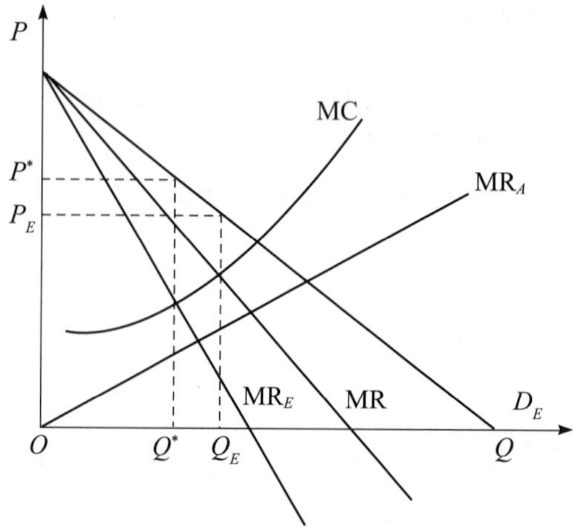

图5-9 报纸的价格与发行量模式

注：纵轴为价格（P），横轴为发行量（Q）。D_E表示读者对报纸的需求曲线，MC表示边际成本曲线，MR_E表示报纸发行边际收益，MR_A表示报纸广告边际收益，MR表示总边际收益。

资料来源：HOSKINS C，MCFADYEN S，FINN A. Applying economics to new and traditional media [M]. London：Sage Publications，2004：254.

边际成本等于边际收益时，所对应的发行量为利润最大化时的发行量。如果只有发行收入，报纸利润最大化时的价格与发行量分别是图 5-9 中的 P^* 与 Q^*，此时 $MR_E=MC$。但由于报纸在“双边市场”中运作，广告收入为另一重要收入来源（由于报纸向广告主收取的广告价格随额外销售的报纸的增加而增加，故图中的 MR_A 正向倾斜），因此报纸的总边际收益 MR 等于发行边际收益 MR_E 与广告边际收益 MR_A 之和。P_E 与发行量 Q_E 才是报纸利润最大化时的价格与发行量（此时 MR=MC）。

基于报纸价格、发行量与利润之间的这种复杂关系，“要设定一个能使收入最大化的价格就要考虑到价格变动对广告收入的影响”①。

报纸采用降价策略增加利润的条件可用公式表示为：$TR_{P_1}-TC_{P_1}>TR_{P_0}-TC_{P_0}$（公式一）。$P_1$ 与 P_0 分别表示降价后的价格与降价前的价格，TR_{P_1}、TC_{P_1} 分别表示降价后的总收益与总成本，TR_{P_0}、TC_{P_0} 分别表示降价前的总收益与总成本。“报业实际上只生产报纸的‘首份’（first-copy），并且此份报纸的成本相当高。接下来，报纸面对的是复印报纸（印刷）成本和发行成本。当复制的报纸份数增多时，这部分成本随着经济规模的扩大而下降。”② 据此，为使问题简化，可假定降价前后总成本不变，公式一可简化为 $TR_{P_1}>TR_{P_0}$（公式二），由于 $TR_{P_1}=TRA_{P_1}+TRE_{P_1}$，$TR_{P_0}=TRA_{P_0}+TRE_{P_0}$（TRA 表示广告收入，TRE 表示发行收入），所以可据公式二做如下推导：

$$TR_{P_1}>TR_{P_0}\Rightarrow TRA_{P_1}+TRE_{P_1}>TRA_{P_0}+TRE_{P_0}\Rightarrow (TRA_{P_1}-TRA_{P_0})+(TRE_{P_1}-TRE_{P_0})>0\Rightarrow \Delta TRA+\Delta TRE>0$$

使 $\Delta TRA+\Delta TRE>0$ 成立的情况主要有两种：第一，降价导致广告收入与发行收入同时增加；第二，降价导致广告收入增加，发行收入减少，但发行收入的减少量低于广告收入的增加量。由于“双边市场”中报纸的广告收入在其总收入中所占份额一般在 80%以上，因此，降价对广告收入的影响对于降价策略能否带来利润的增加至关重要。要考虑降价对广告收入的影响就需考虑两个基本因素：一为报纸的需求价格弹性，二为发行量在广告主广告决策中的权重。

1. 降价对发行量的影响：报纸的需求价格弹性

一般而言，如果报纸富有弹性，则降价所引起的发行量增加的规模倾向于引起广告主的反应，有利于确保 $\Delta TRA+\Delta TRE>0$。

美国学者有实证研究表明报纸属于缺乏需求价格弹性的物品（有研究证明报纸的需求价格弹性是 0.34③，亦有研究证明是 0.1④），并且亦有人认为“对某一报纸的品牌忠诚强大得足以使价格变动难以成为有效的竞争工具”⑤。不过，实践却多次证明在具体情况下报纸可以富有需求价格弹性。例如 1993—2000 年，《泰晤士报》发起价格战，有研究者计算此期间第一年、

① PICARD R G. Media economics: concepts and issues [M]. London: Sage Publications, 1989: 17.

② ALEXANDER A, OWERS J, CARVETH R, et al. Media economics-theory and practice [M]. 3rd ed. Mahwah: Lawrence Erlbaum Associates, 2004: 115.

③ 斯蒂格利茨. 经济学：上册 [M]. 北京：中国人民大学出版社，1997：94.

④ 赵曙光. 传媒经济学案例分析 [M]. 北京：华夏出版社，2004：9.

⑤ DOYLE G. Understanding media economics [M]. London: Sage Publications, 2002: 127.

前两年、前三年及七年间的需求价格弹性分别为 0.5（缺乏弹性）、0.81（缺乏弹性）、1.25（富有弹性）、1.68（富有弹性）。① 在持续两年多的南京报业价格战中，有研究者计算出《现代快报》的需求价格弹性约等于 2.8，《江苏商报》的需求价格弹性约等于 1.5。② 为何关于报纸需求价格弹性的研究会得出不同的结论？答案可从需求价格弹性的决定因素中觅得。

（1）相近替代品的可获得性。在《泰晤士报》与南京报业价格战的研究案例中，《泰晤士报》的相近替代品有《每日电讯报》《独立报》等；《现代快报》《江苏商报》的相近替代品有《服务导报》《每日桥报》《金陵晚报》等。

（2）市场的定义。被证明为缺乏弹性的"报纸"实际上指的是整个报纸市场，而《泰晤士报》与《现代快报》《江苏商报》则是指某份具体的报纸。

（3）时间的长短。《泰晤士报》在降价超过三年后才由缺乏弹性变为富有弹性。有研究者认为，"对需求在一段时期内呈现更富弹性的趋势的解释是消费者在转换他们的购买习惯之前常需要时间以习惯变化了的价格"③。

由此可知，对一份具体报纸而言，如果从客观上看则市场中存在替代品，从主观上看若报纸有能力支撑一段时间的话，则倾向于表现出富有需求价格弹性。

2. 发行量增加对广告主的影响：发行量在广告主广告决策中的权重

无论是从广告价格还是从吸引更多广告主上看，发行量都是广告主广告决策的一个基本考量维度。前者直观地体现在 CPM（千人成本）这一术语中，后者则可由"发行量螺旋"略见一斑。单就发行量对广告价格的影响来看，虽然"因为广告主寻求触达受众，较大的受众群更适合满足大广告主与许多较小企业的这种需求，因此当广告的长度、位置和折扣相同时，其价格随着受众规模的增加而提高"④，但是，除受众规模外，"广告主愿意支付的广告价格还取决于受众的人口统计学特征和受众对广告商品或服务的感兴趣程度"⑤。实际上，包括这两个因素在内的衡量受众广告质量的因素也会影响发行量增加对新广告主的吸引力，毕竟发行量只是一个"量"的指标。一般而言，发行量在"大众化"报纸广告主的广告决策中会占相对较大的权重，而在"小众化"报纸广告主的广告决策中则占相对较小的权重。

总之，某份报纸富有需求价格弹性与发行量在广告主广告决策中占有较大（甚至绝对）权重两个条件有利于其借助降价策略达到增加利润的目的。换言之，报纸实行降价时，既要考虑报纸内容产品市场的需求价格弹性，又要考虑报纸广告市场中需求量对发行量的敏感程度。

二、供给

需求考察市场中买方的行为，供给则考察市场中卖方的行为。与考察需求一样，先来看供

① DOYLE G. Understanding media economics [M]. London：Sage Publications，2002：131-134.

② 赵曙光．传媒经济学案例分析 [M]. 北京：华夏出版社，2004：4-6.

③ 同①132.

④ PICARD R G. The economics and financing of media companies [M]. New York：Fordham University Press，2002：134.

⑤ HOSKINS C，MCFADYEN S，FINN A. Applying economics to new and traditional media [M]. London：Sage Publications，2004：255.

给量——卖方愿意并能够出售的某种商品或服务的数量。某一产品或服务市场中的卖方由若干个体单位组成，市场所表现出的总供给量也是由许多个体供给量累加而成的。在这里，我们就不再很明确地分别从个体层面与市场层面上考虑供给量。

（一）决定供给量的因素

俗话说，“没人愿做赔本的买卖”，供给量归根结底取决于卖方对收益与成本的权衡。总的来讲，在其他条件相同的情况下，供给量与收益呈正相关关系，与成本呈负相关关系。影响收益与成本的因素主要包括价格、投入价格、技术和预期四个方面，这四个方面与卖方数量一起构成影响供给量的主要因素（见图 5-10）。

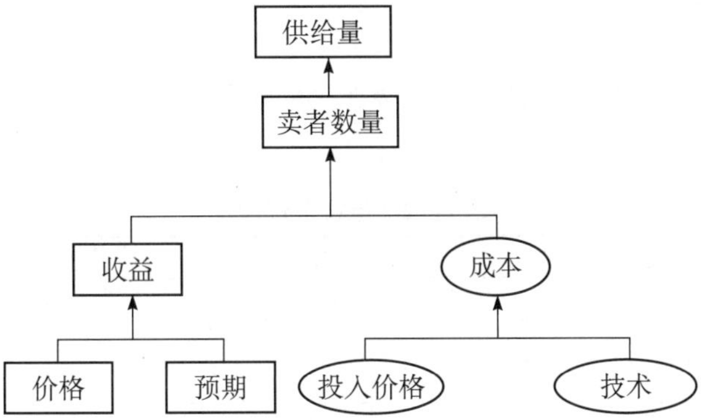

图 5-10　影响供给量的因素

（1）价格。在其他条件相同的情况下，价格高则意味着收益大。所以不难理解传媒产品或服务的供给量与价格呈正相关关系，此即供给定理：在其他条件相同时，一种物品或服务的供给量随其价格的上升而增加。当电视台黄金时段广告资源的平均价格提高时，电视台便会产生扩增黄金时段广告资源的激励。当影视剧平均价格提高时，便会有更多资本涌向影视制作公司，生产出更多影视剧。

（2）投入价格。传媒需要利用包括劳动力、原材料、设备等在内的各种投入来生产产品或服务。在其他条件相同的情况下，传媒生产某种商品或服务的供给量与生产该商品或服务所需投入的价格呈负相关关系。譬如在其他条件相同的情况下，当影视剧版权价格普遍上涨时，影视制作公司能购买的版权数量下降，影视剧供应量下降。

（3）技术。相对于劳动与资本等生产投入的变化来讲，卖方的技术改进常需要较长时间。因此，投入价格对供给量的影响侧重于短期效果，而技术对供给量的影响则更突出地表现在长期效果上。技术进步可以提高生产效率，降低企业生产成本，因而增加卖方供给量。譬如 2016 年《华盛顿邮报》采用写稿软件 Heliograf 报道里约奥运会，几秒钟即可生成并发布一条脸书新闻，人工智能技术增加了脸书新闻的供应量。

（4）预期。卖方会根据对未来的预期调整当前行为。如果预期未来节目价格将上升，卖方倾向于将一些节目囤积起来，留待将来价高时抛出，这导致当前节目供给量减少。如果预期将来节目价格下降，卖方倾向于尽量减少节目库存，从而使节目供给量增加。

（5）卖者数量。当提供某种产品或服务有利可图时，便会吸引新进入者，致使卖者数量增加，市场供给量增加。譬如在我国自媒体成为用户流量的担当，并因此受到资本的追捧，2017年各类机构对自媒体的投资金额超过50亿元人民币。截至2018年1月，微信公众号总数突破2 000万个，公众号月活跃账号数达350万个，活跃头条号超过80万个。

（二）供给表与供给曲线

在影响供给量的各种因素中，投入价格与技术对供给量的影响与预期价格对供给量的影响基本一致，差别仅在于是“当下”还是“未来”。在此，我们只着重考虑在投入价格、技术与预期等因素不变的情况下，供给量与价格之间的随动关系。用表格表示的供给量与价格之间的对应关系为供给表，供给表体现供给规律——供给量随价格提高而增加。以某市场中电影票供给表为例（见表5-2），当电影票价格低于或等于10元时，该市场中电影票的供给量为0。在此价格下，电影院无利可图，以至于没有电影院愿意放映电影。当价格由10元升至20元时，市场中电影院愿意并且能够出售的票量为2万张。随着价格的继续上升，市场电影票的供给量亦一直保持增长态势。

表5-2　电影票供给表

价格（元/张）	供给量（万张）
0	0
10	0
20	2
30	4
40	6
50	8
60	10

供给表亦可用以价格为纵轴、以供给量为横轴的供给曲线表示（见图5-11），由电影票价格引起的供给量的变动表现为沿着供给曲线的变动。如当价格由20元升至30元时，供给量沿着供给曲线由2万张升至4万张。

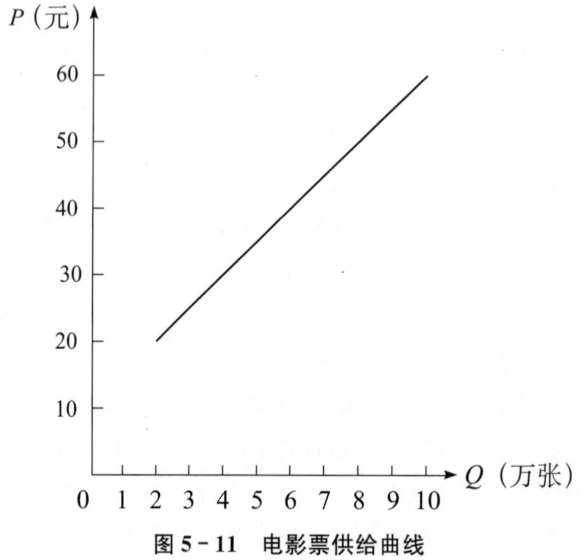

图5-11　电影票供给曲线

与以价格为纵轴、以需求量为横轴的需求曲线相比，供给曲线自右上方向左下方倾斜，而需求曲线则自左上方向右下方倾斜，这亦直观地体现出需求量与价格呈负相关关系，而供给量则与价格呈正相关关系。

（三）供给弹性

与研究需求时一样，以上对供给量影响因素的分析仅停留于定性层面，若要定量地研究供给量与价格等因素的关系，还需借助弹性概念。

供给价格弹性衡量的是一种商品或服务的供给量对其价格变动的反应程度。其计算公式为：

供给价格弹性＝供给量变动百分比/价格变动百分比

供给价格弹性亦可分为富有弹性（供给价格弹性大于 1）、单位弹性（供给价格弹性等于 1）和缺乏弹性（供给价格弹性小于 1）三种情况。仍以表 5－2 中电影票的供给为例，当价格由 20 元/张升至 30 元/张时，销售电影票更有利可图，受利益驱动，原有电影院增雇员工，增加放映场次，或者有新的电影院建成，导致市场供给量由 2 万张升至 4 万张，则该市场中电影票的供给价格弹性为[（4－2）/2]/[（30－20）/20]＝2（富有弹性）。

在大多数市场中，影响供给价格弹性的因素主要包括卖者改变产量的伸缩性和时间长短两个因素。

（1）卖者改变产量的伸缩性。在市场中，有些卖者改变产量的伸缩空间小（最典型的例子是土地），而有些卖者改变产量的伸缩空间大。大部分传媒组织改变产量的伸缩空间较大。譬如当电影票的平均价格由 30 元提高至 50 元时，影院有更大的激励来增加电影服务的供给量。虽然影院空间有限，但影院可以将每天 3 个场次的服务增至每天 5 个场次，借此很轻易就可提高影院服务的供给量。

需要注意的是，随着卖方生产能力利用程度的变化，其改变产量的伸缩性会表现出较大差异，从而导致在同一条供给曲线上，供给价格弹性有所变化（见图 5－12）。供给量低时，供给曲线平坦，供给价格富有弹性；而供给量高时，供给曲线陡峭，供给价格缺乏弹性。导致此种情况的原因是企业通常有最大生产能力的限制。以制片厂为例，当平均每小时节目的价格为 3 000 元时，制片厂雇用 10 位员工，每周供给 150 小时节目。此时制片厂设备、厂房等固定设施的利用率仅为 60%；当每小时节目价格由 3 000 元增至 4 000 元时，制片厂将员工数量增至 15 人，并使制片厂固定设施利用率达到 90%，每周节目供给量由 150 小时增至 250 小时，此时供给价格弹性大于 1。随着节目价格的进一步提升，制片厂生产能力利用得越来越充分，供给量的增长空间越来越受到设备等固定设施的限制。若想使供给量大幅增加，就必须添置机器设备或扩大办公面积。而要承担固定设施方面的支出，价格必须有更大幅度的上升。因此供给量对价格的反应越来越迟钝，供给曲线变得非常陡峭。譬如若节目价格由 8 000 元/小时升至 9 000 元/小时，充分利用了自己已有生产能力的制片厂的每周供给量只能从 280 小时增至 300 小时，供给价格弹性小于 1。

（2）影响供给价格弹性的另一因素是时间的长短。在时间轴线上，卖方最易改变的因素为劳动，其次为资本，再次为技术。如果所考虑的时间段长得足以改变资本甚至技术，那么，短期内缺乏供给价格弹性的卖者从长期和极长期角度看，则富有供给价格弹性。譬如短期来看，价格由 1 元升至 2 元，印刷图书数量由 100 万册增至 110 万册的印刷厂的短期供给价格弹性为

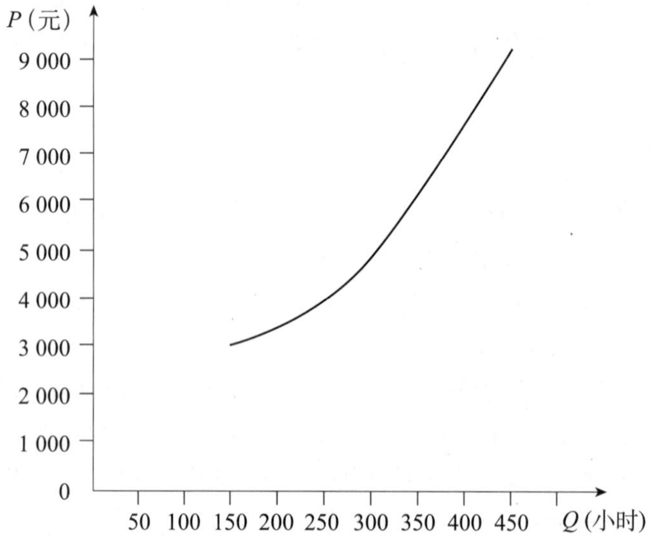

图 5-12　供给曲线

0.1（缺乏弹性），但随着时间的推移，现有印刷厂购置新设备、建设新厂房，或是新印刷厂建成投产，使该市场中的供给总量由 100 万册增至 210 万册，则供给价格弹性为 1.1（富有弹性）。

与计算需求价格弹性一样，可以采用中位数法来计算供给价格弹性。计算公式如下：

$$供给价格弹性=\{(Q_2-Q_1)/[(Q_2+Q_1)/2]\}/\{(P_2-P_1)/[(P_2+P_1)/2]\}$$

三、供给与需求的结合——均衡价格

交易达成时，卖方的供给量也就是买方的需求量，卖方的价格也等于买方的价格。因此，可以将反映供给量与价格间关系的供给曲线与反映需求量与价格间关系的需求曲线结合在一起，便得到图 5-13。

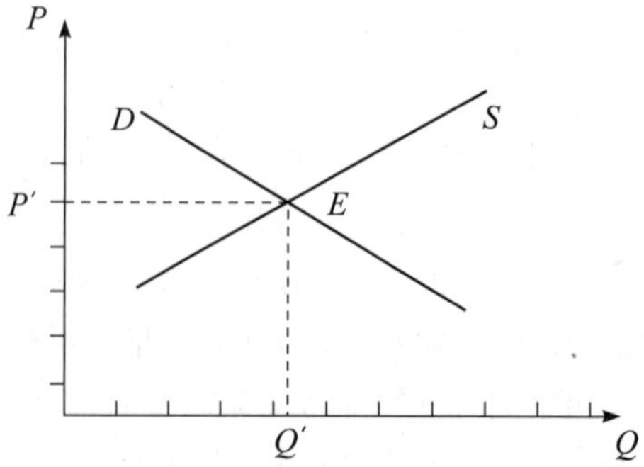

图 5-13　均衡价格

在该图中，供给曲线与需求曲线相交于 E 点，此时市场中的买方与卖方力量处于平衡状态，实现了市场均衡。E 点所对应的价格 P' 被称为均衡价格或市场出清价格。E 点所对应的数量 Q' 被称为均衡数量。

依据上文对某市场中电影票供给曲线与需求曲线的分析，当价格为 30 元时，供给量为 4

万张，需求量亦为 4 万张。在此价格下，每一个愿意并且能够购买电影票的人都买到了电影票，每一个愿意并且能够出售电影票的人都卖出了电影票，市场达到均衡。

当市场中电影票的价格高于均衡价格时，市场将出现过剩，买方需求得以满足，但卖方的电影票卖不完。此时卖方倾向于压缩供应量直至达到均衡价格。譬如当价格为 40 元时，市场中卖方提供的电影票数为 6 万张，而买方只购买 2 万张，所有愿意并且能够购买电影票的观众都能买到所需的电影票，但卖方愿意并且能够售出的电影票剩余 4 万张卖不出去。此时，卖方倾向于减少电影播放场次甚至将一些电影院改作他用，以减少市场中电影票的供应量。直到电影票供应量减至 4 万张，票价降为 30 元时，市场达到均衡状态，卖方市场才会趋于稳定。

当市场中电影票的价格低于均衡价格时，市场将出现短缺。卖方卖出所有电影票，但一部分愿意并且能够支付得起的观众却买不到。这使部分观众愿意通过非常渠道（如购买“黄牛”票等）以高于市场价格的价格购得电影票。譬如当市场中电影票的价格为 20 元时，市场需求量为 6 万张，远远超过 2 万张的供给量，电影院卖出所有的电影票后，仍有 4 万张电影票的需求未得到满足。在没有政府管制电影票价的情况下，电影票价格倾向于上升，直至达到 30 元的均衡价格。

前面我们已提到一些导致供给曲线与需求曲线移动的因素。当某一社会事件导致这些因素中的任何一个发生变化时，都将引起市场均衡状态的变化。传媒产品或服务供给与需求间的相互关系及其同商品价格间的关系体现为供求规律，而供求规律则是配置市场资源的基本规律。

我们可以从以下两个方面认识供求规律。

第一，供求关系引起价格变动。

当商品或服务供不应求时，价格上升；当商品或服务供过于求时，价格下跌。供不应求可以在供应量不变而需求量增加的情况下发生，也可以在需求量不变而供应量减少的情况下发生，还可以在供应量增长赶不上需求量增长的情况下发生。供过于求可以在需求量不变而供应量增加的情况下发生，也可以在需求量增长赶不上供应量增长的情况下发生。

第二，价格变动引起供求变动。

在其他因素保持不变的情况下，市场需求量与价格呈反方向变动：价格上涨，需求量减少；价格下跌，需求量增加。市场供给量则与价格同向变动：价格上涨，供给量增加；价格下跌，供给量减少。价格调节供求使之趋于平衡。

供求规律引导社会资源在各行业各部门间进行分配，实现社会资源的有效配置。

第三节　传媒市场结构与市场均衡

企业的运作不是在真空中进行的，具体的市场环境和条件是企业决策的约束因素。

一、传媒市场结构

在一个行业或一个市场上，不同的竞争与垄断的程度形成不同的市场结构。通常，按照竞争减弱的次序，可以划分出完全竞争（perfect competition）、垄断竞争（monopolistic competition）、寡头（oligopoly）和垄断（monopoly）四种市场结构。各种市场结构的特征见表 5-3。

表 5-3 市场结构的特征

结构特征	结构类型			
	完全竞争	垄断竞争	寡头	垄断
厂商数目	众多	众多	少	一个
产品差异化	同质化的	差异化的	有差别或同质	无替代品
进入壁垒	自由进入	易于进入	较难进入	极难进入
价格控制	被动接受	一定价格控制	基本控制	强力控制
厂商面临的需求曲线形状	水平的直线	向右下方倾斜	向右下方倾斜	向右下方倾斜
长期均衡时价格与边际成本关系	$P=\text{LMC}$	$P>\text{LMC}$	$P>\text{LMC}$	$P>\text{LMC}$

从表 5-3 中可以看出，完全竞争与垄断竞争之间的最主要的差别是，完全竞争性厂商生产同质化产品（也叫同种产品），而垄断竞争者生产差异化产品（也叫不同种类产品）。在完全竞争条件下，存在一个由市场供求力量确定的行业价格，这一价格是个体难以左右的。相对而言，在垄断竞争条件下，每个厂商都因产品差异化而享有一定的品牌忠诚，因而能够设置各自的价格。同时许多相近替代品的存在也对垄断竞争者能够实施的价格策略起到限制作用。

在完全竞争与垄断竞争这两种市场结构下，缺乏进入壁垒意味着新厂商的进入在长期内不会享有经济利润。

寡头指的是几个生产差异化产品的大厂商主导一个产业。进入壁垒使长期和短期实现经济利润成为可能。由于只存在几个大的生产商，一个企业的价格、产量和其他竞争性行为的变化会对其他企业产生显著影响。这迫使寡头在评估竞争对手的可能行动之后再进行决策。

按照定义，垄断者是唯一的销售者，没有生产相近替代品的竞争性厂商。进入壁垒保护着垄断地位，使长期的经济利润成为可能。

四种市场结构可以看作是一个连续体，从竞争性最强的完全竞争到垄断竞争，再到寡头和最不具竞争性的垄断。沿着这个连续体，垄断竞争和寡头的边界是相当模糊的。在这些情况下，要关心的问题是企业在改变价格或做其他重要决策时是否需要考虑竞争对手的反应。如果答案是肯定的，产业结构就是寡头而不是垄断竞争。

阿兰·阿尔巴朗曾根据美国的情况，对传媒产业的市场结构做了分类，见表 5-4。

表 5-4 美国传媒产业的市场结构

垄断竞争	寡头	垄断
图书	电视网	有线电视系统
杂志	电影	报纸（在大多数市场）
无线电广播	录音	

资料来源：ALBARRAN A B. Media economics：understanding markets，industries and concepts [M]. Ames：Iowa State University Press，1996：36.

市场结构会随着时间而变化。如果任由市场的力量发挥作用，那么经过一系列的并购、整合，一个自由竞争的市场会越来越具有垄断色彩。在20世纪，欧美国家发生了5次比较大的传媒产业集中化浪潮，从根本上改变了产业的格局。同时，信息技术也在成为塑造市场结构的主导性力量。例如，数字化革命引起了原先不同产业或产业部门的汇流，正在致使一些产业部门的集中度显著下降。数字技术也正在使全球化成为现实，地理区隔的消除也对市场结构与竞争带来了明显的影响。

我们可以选择不同的变量来度量市场结构的类型。常见的度量标准包括：市场集中度、产品差异化、进入壁垒、行业中企业数量的多少等。这里只看市场集中度。

传媒市场集中度指某一特定传媒行业中少数几个大型媒体所占的市场份额，一般用来刻画市场的寡占程度。影响传媒集中度的因素主要有企业规模和市场容量。当从外部研究传媒市场时，主要考察广告收入的集中度；当从内部研究传媒市场时，主要考察发行量、视听率的集中度。常用的传媒集中度测量方法是传媒集中率和集中度指数。

传媒集中率即行业中 r 个大型传媒的市场份额（常常按照收入）与该行业市场总规模的比率。用公式表示为：

$$\mathrm{CR}_r = \sum_{i=1}^{r} (X_i / X)$$

其中，X_i 为第 i 位传媒的市场份额；X 为行业市场总规模；r 为主要传媒数，一般取4个或8个，分别用 CR_4 和 CR_8 表示。CR_4 测量4家大型媒体总的市场份额，CR_8 测量8家大型媒体总的市场份额。举个例子，如果8家大型媒体每家的市场份额为10%，那么 $\mathrm{CR}_4=40\%$，$\mathrm{CR}_8=80\%$。经验法则（rule of thumb）是：如果 $\mathrm{CR}_4\geqslant 50\%$，或 $\mathrm{CR}_8\geqslant 75\%$，那么产业是高度集中的；如果 $\mathrm{CR}_4\in[34\%, 49\%]$，或 $\mathrm{CR}_8\in[51\%, 74\%]$，那么产业是中度集中的；如果 $\mathrm{CR}_4\leqslant 33\%$，或 $\mathrm{CR}_8\leqslant 50\%$，那么产业是低度集中的。

CR_4 和 CR_8 的缺点是相对而言没有顾及4家或8家大型媒体的规模不一致这种情况。因而4家大型媒体份额均为22%的一个产业与4家大型媒体份额分别为60%、10%、10%和8%的产业有着相同的 CR_4 比率（88%）。按照常理，第一个产业中的4家规模相等的媒体可能存在明显的竞争，而第二个产业中其他媒体与支配性媒体之间的竞争可能性会很小。

常用的传媒集中度指数是赫芬德尔-赫希曼指数（Herfindahl-Hirschman index，HHI）。HHI是行业中所有传媒市场份额的平方和。用公式表示为：

$$\mathrm{HHI} = \sum S_i^2$$

其中，S_i 为第 i 位媒体的市场份额；HHI介于0和10 000之间，数字越小说明集中度越低，反之则说明集中度越高。经验法则是：HHI大于1 800，集中度高；小于1 000，集中度低；介于两者之间，集中度中等。当HHI为10 000时，说明市场中只有一家媒体。为了计算HHI，我们需要知道每一家媒体的市场份额，而不仅仅是最大的4家或8家媒体。如果我们假定上述例子中还有两家媒体，份额分别是7%、5%，那么第一个例子中，$\mathrm{HHI}=22^2+22^2+22^2+22^2+7^2+5^2=2\,010$；第二个例子（有一家支配媒体）中，$\mathrm{HHI}=60^2+10^2+10^2+8^2+7^2+5^2=3\,938$。

不管用什么方法计算传媒市场集中度都需要注意，由于数据通常以全国为基础收集，所以有一种把市场都看作全国市场的倾向，但是许多市场事实上是地方性、地区性或全球性的。“（因此）除非研究者特别小心，否则就会存在一种危险，即用所取得的统计数据来指导产业及对产业竞争进行定义。当这种情形发生时，最终对集中度测量和对结构、行为与绩效的分析可能在很大程度上也就没有意义了。”① 目前来看，国内传媒经济领域不少有关市场集中度的研究均未充分认识到界定市场的必要性。主观选择所要研究的市场很容易将不存在竞争关系的厂商（传媒机构）纳入计算，导致所计算的传媒市场集中度数值过低。不可否认的是，统计数据局限性会给传媒市场集中度计算带来一定的难度，也对研究设计提出更严格的要求。技术发展也促使传媒市场界限逐渐模糊，而且受到影响的不仅仅是地理概念上的市场界限，还有产品市场。尽管在操作中厘清市场存在一定难度，但界定市场是计算市场集中度的必要前提。未来研究者在计算市场集中度时，可以借助更严谨周密的设计，努力排除障碍，在明确界定市场的前提下，基于集中度计算结果，准确描述特定传媒市场的结构。②

接下来将逐一分析这四种市场结构的均衡问题。“均衡”是经济学家从物理学中借鉴并发展出来的一个概念。在经济学中，均衡最一般的意义是指经济体系中一个特定的经济单位或者经济变量在一系列经济力量的相互制约下所达到的一种相对静止并保持不变的状态。市场均衡的一般条件是边际收益等于边际成本，即 MR＝MC。

二、完全竞争市场

在传媒产业中，完全竞争市场很难在现实中见到。不过，在理论上研究完全竞争市场可以为其他类型市场结构的企业行为与产业绩效问题提供一个基本的参照系。

完全竞争市场的特征是：在其中有为数众多的小型厂商，它们生产同质的（或相同的）产品。在这里，小型只是相对而言的，它指的是任何一个厂商的产量在整个行业的总产量中都不占据重要的比例。因而，一个厂商产量上的变动对整个产业的供给不会产生明显的影响，产品的价格完全由市场决定。每一个厂商都生产同样的产品，因此这些厂商也不打算为其产品树立品牌，消费者们也清楚这一点。

完全竞争的另一个条件是不存在任何外力的控制，所有资源均具有完全的流动性，没有进入障碍，信息完全充分。其结果是，从长期来看经济利润为零。

（一）完全竞争条件下的短期均衡

短期之内，在给定厂商数量及其生产能力的条件下，该产业产品的需求和短期的行业供给的相互作用，决定了均衡价格和行业产量。均衡价格是由市场供求关系自发决定的，因而厂商不存在价格决策问题。这时，它的需求曲线是一条水平线。当然，严格地说，就整个行业而言，其需求曲线仍是一条向右下方倾斜的曲线。

---

① 霍斯金斯，麦克法蒂耶，费恩．媒介经济学：经济学在新媒介与传统媒介中的应用［M］．广州：暨南大学出版社，2005：117.

② 丁汉青，包路冶．界定市场：计算传媒业广告市场集中度的前提——兼与陶喜红博士商榷［J］．新闻大学，2015（4）：126-132.

完全竞争条件下的厂商作为价格接受者，可能喜欢也可能不喜欢这个行业价格，但是对价格并无控制力。不过厂商需要做出产量决策，因为产量不是越大越好，一个厂商的产量如果过大，超出了一定的限度，就会引起生产成本迅速提高，以致总利润减少，甚至亏损。

在图 5-14 中，P_0表示商品的均衡价格，D_0为行业需求曲线（我们用大写字母表示行业的情况，用小写字母表示其中一个厂商的情况）。

一般情况下，一个代表性厂商的需求曲线 d_0和平均收益曲线 ar_0都在行业均衡价格 P_0上保持水平状态，需求弹性无穷大。该厂商以给定的市场价格销售最后一单位的商品时，其边际收益 mr_0等于 P_0，亦即 $P_0=mr_0=ar_0$。

由于厂商要决定在均衡价格下生产多少单位的商品以供应市场，根据利润最大化条件，当边际收益 mr_0等于短期边际成本 SMC 时，企业总利润最大。在图 5-14 中，最优产量点为 Q_0。

在短期内，厂商有可能盈利，也有可能亏损，或不盈不亏，这取决于行业所形成的均衡价格水平与平均总成本 ATC 的比较。

如图 5-14 所示，当厂商产量为 Q_0时，由于 ar_0（$=P_0$）$>$ATC，厂商获得的经济利润为正。

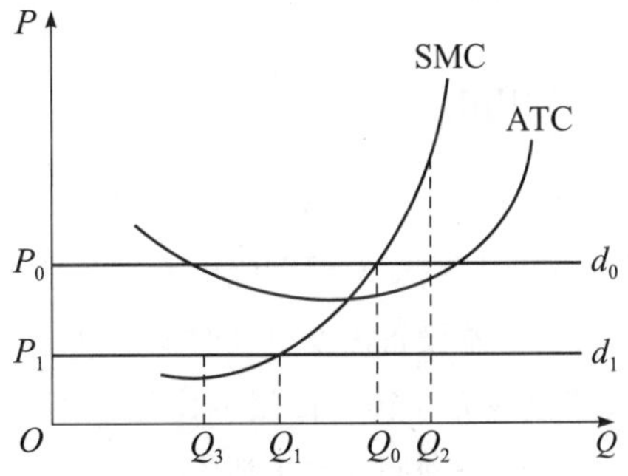

图 5-14　完全竞争厂商在不同行业价格下的产量

假如行业需求减少（这种减少可能源于人们收入的下降），市场价格下降，出现 $ar(=P)=$ATC 的情形，则厂商获得的经济利润将为零，但仍可获得正常利润，并可继续留在行业之内。

假如行业需求继续减少，比如产生更低的市场价格 P_1，该厂商将形成一条新的边际收益曲线（$d_1=ar_1=mr_1$），并与 SMC 曲线在一个更低的产量点（Q_1）上相交。在此产量点上，由于 $ar_1<$ATC，厂商的经济利润为负。

无论是盈利企业还是亏损企业，最优产量的条件都是 MR=MC。举例来说，在图 5-14 中，假定市场价格为 P_1，厂商处于亏损中。当产量为 Q_2时，$P_1<$SMC，说明此时减产有利，可以减少亏损。当产量为 Q_3时，$P_1>$SMC，说明此时增产有利，同样可以减少亏损。所以当 $P_1=$SMC 时，企业的亏损最少，此时的产量 Q_1为最优产量。

如果企业亏损，是否应当马上停产（shut down）呢？在思考这种停止营业决策时，我们首先应该回想一下厂商承担的固定成本与其产量高低无关。即使产量为零，也并不能消除固定成本。厂商是应该继续生产，还是干脆停产，要取决于在生产中获取的收益是否能抵消所发生的各种可变成本并有剩余。如图 5-15（a）所示，在价格 P 上，厂商应生产 Q^*，因为 AR（$=P$）$>$AVC。每一单位的产量都对固定成本分担了 AR－AVC，总贡献量为（AR－AVC）$\times Q^*$。

在图 5-15（b）中，如果市场价格下跌至低于 AVC 曲线的最低点，此时 AR（$=P$）$<$

AVC，厂商应该停产。这并不等同于破产，因为只是在短期内停产，如果市场价格回涨使情况好转，则可以迅速恢复运营。

值得注意的是，在 AVC 曲线最低点以上（也就是停止营业点以上）的区域，边际成本曲线 SMC 即该厂商的短期供给曲线。以图 5－14 为例，在行业价格 P_0处，将供给 Q_0；在价格 P_1处，将供给 Q_1。供给曲线则是该产业中所有厂商的供给曲线的水平加总。

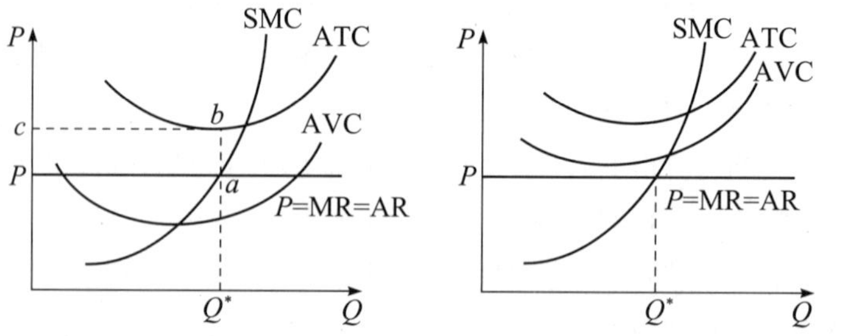

（a） P>AVC时厂商的生产决策　（b） P<AVC时厂商的生产决策

图 5－15　完全竞争厂商在各种行业价格下的产量

（二）完全竞争条件下的长期均衡

在长期时间内，厂商可以自由地进入或退出一个完全竞争的市场。如果厂商在短期内赢取了正经济利润，那么，在长期内新的厂商就会受到吸引而进入这个市场。如果厂商在短期内获取的是负经济利润，那么其就会在资本设备需要更换时退出这个市场，因为在相似的风险条件下，更换设备获得的回报与从其他地方获得的回报相比显得不划算。随着厂商不断地进进出出，该市场的状态随之不断变化，经济利润会趋于消失。

在长期时间内，另一种可能的调整形式就是厂商有能力改变其工厂的规模，或者说能够选择最优规模，以至能够在长期平均成本 LAC 曲线的最低点上进行生产。

当所有厂商只能获得零利润时，一个完全竞争市场是均衡的。如图 5－16 所示，市场价格为 P_0，在最优产量为 Q_0处，价格等于短期和长期平均成本的最低点，价格也等于短期和长期边际成本，这里 P_0＝SAC＝LAC，且 P_0＝SMC＝LMC。平均成本曲线与边际成本曲线一起显示了企业的最优规模。

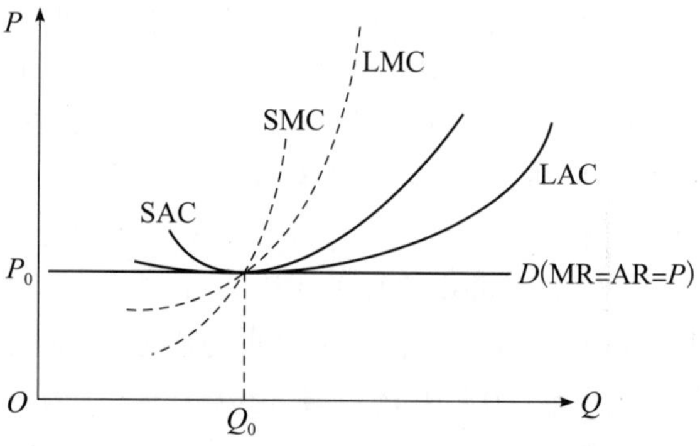

图 5－16　完全竞争下厂商的长期均衡

三、垄断竞争市场

在现实生活中，垄断竞争市场是最为常见的市场形态。

垄断竞争市场结构与完全竞争市场结构相似，厂商为数众多，每个厂商所占的份额都很小，厂商可以自由进入和退出市场。但不同的是，在垄断竞争条件下，厂商生产差异化的产品。由于没有其他厂商生产完全一样的产品，所以一个垄断竞争者可以对产品价格进行某种程度的控制。但是，这种价格的决定权是有限的，因为有很多竞争者在生产相近的替代品。某顾客可以由于某电影院的位置、银幕音响设备、观影环境和一些其他特征而偏好该影院。当该影院的电影票比其竞争者贵出的价格不超过总票价的 40%时，这名顾客可能还会保持对它的忠诚，但如果超过了总票价的 40%，该顾客可能就不再选择这家影院了。

因而，垄断竞争厂商的需求曲线不像完全竞争厂商那样是一条水平线，而是向右下方倾斜的。不过，与完全垄断厂商的需求曲线相比，垄断竞争厂商面临的需求曲线比较平坦一些。

（一）垄断竞争条件下的短期均衡

垄断竞争厂商实际上面临着两条需求曲线（见图 5－17）。一条是垄断竞争厂商的预期需求曲线，或主观需求曲线 d，另一条是行业需求曲线 D。主观需求曲线指垄断竞争厂商不考虑其他厂商对其行动的反应时的需求曲线，认为自己降低产品价格可以获得较大幅度的需求量增加。由于实际上垄断竞争厂商间存在激烈的竞争，一个厂商的价格变动会引起行业中其他厂商相应的价格反应，其结果是，行业需求曲线较之单个厂商的主观需求曲线更陡峭一些。

在短期内，代表性厂商是在现有生产规模下，通过同时调整产量和价格来实现 MR＝SMC 的均衡条件的。如图 5－17 所示，代表性厂商的短期均衡条件为：MR＝SMC 且对应着 d 与 D 的交点 E。代表性厂商的均衡价格为 P_0，均衡产量为 Q_0。

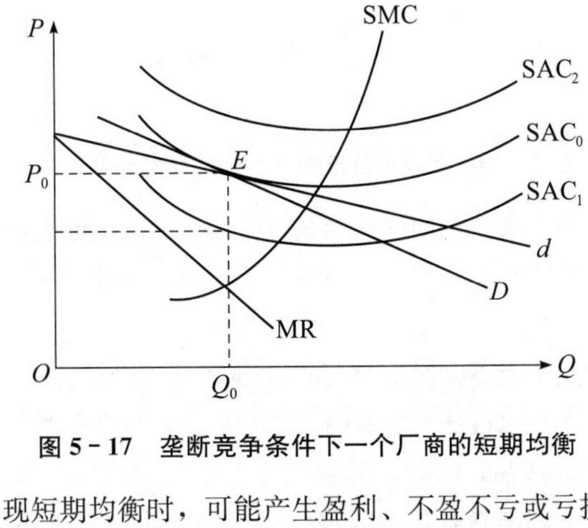

图 5－17 垄断竞争条件下一个厂商的短期均衡

垄断竞争厂商在实现短期均衡时，可能产生盈利、不盈不亏或亏损三种情况。为了说明这一点，图 5－17 根据不同固定成本水平的假设画出了三条可选择的平均总成本曲线 SAC_1、SAC_0 和 SAC_2。如果应用 SAC_1，典型的厂商会获得正经济利润，因为在利润最大化的价格和产量上，AR>SAC_1。如果应用SAC_0，会获得零经济利润，因为AR=SAC_0。如果应用SAC_2，会获得负经济利润，因为AR<SAC_2。但是，即使出现亏损，只要AR大于等于平均可变成本（AVC），厂商就将继续以价格P_0生产Q_0的产量，而不会停工。

（二）垄断竞争条件下的长期均衡

从长期来看，由于垄断竞争厂商可以自由进入市场，当某厂商能够获得超额利润时，就会有新的厂商加入竞争，竞争将削减经济利润，以至于所有厂商在长期中只能获得零经济利润。

如图5-17所示，假定代表性厂商在短期内面临的平均总成本曲线为SAC_1，则该厂商可以获得正经济利润。但是这种情况不会长期保持，因为超过正常利润将吸引新的厂商进入该产业。当销售不同种类产品的新厂商进入该产业时，新的竞争将开始侵蚀原有生产者的市场份额，老厂商拥有的市场份额就会下降。如图5-18所示，代表性厂商的市场份额需求曲线在新竞争者进入之前是D，之后开始向左移动。该厂商的主观需求曲线d，也向左下方移动。这一过程不断延续，直到该行业的超额利润消失为止。此时代表性厂商的市场份额需求曲线移动至D'，主观需求曲线移至d'，市场份额需求曲线和主观需求曲线相交于E点。当代表性厂商采取最优价格P'和最优产量Q'时只能获得零经济利润的时候，新的进入将会停止，这里MR′=LMC，长期均衡就形成了。与短期均衡的区别在于，长期均衡时厂商的需求曲线d'与长期平均成本LAC曲线相切于E点。

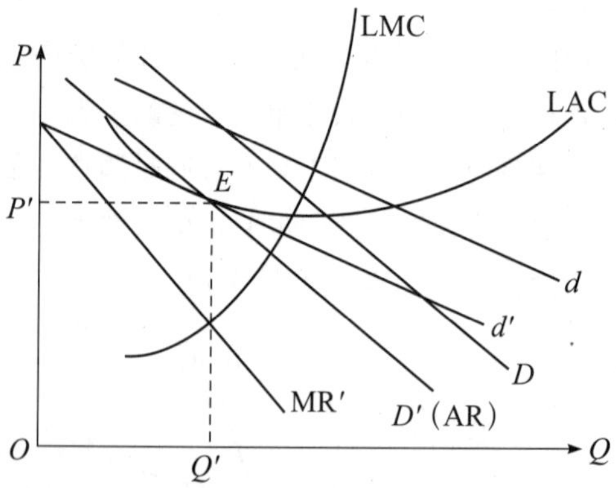

图5-18 垄断竞争条件下一个厂商的长期均衡

从理论上说，垄断竞争厂商在长期内只能获得零经济利润。但是在实际经济运行中，厂商的成本可能不同，不同的品牌可能具有不同的垄断势力因而定价有所差别，从而某些厂商会获取正的利润。

值得注意的是，垄断竞争者不会在LAC曲线的最低点进行生产。需求曲线与平均成本曲线的切点，只能在平均成本曲线最低点的左侧。也就是说，与完全竞争厂商相比，垄断竞争厂商以更高的价格出售更少的产品，因此，其生产能力存在未使用的部分，必然带来效率的损失。不过，完全竞争市场中的消费者虽然能够以更低的价格消费更多的产品，产品却是同质的。在垄断竞争市场上，生产能力过剩造成的效率损失可能不如产品多样化给消费者带来的收益更大。

短期的正经济利润在长期内吸引竞争者的进入，导致原有生产者的市场份额和利润减少，这种情形正好描述了曾在电视节目服务领域中发生过的情况。

在很多西方国家，直到20世纪80年代中后期，由于光谱频率的稀缺或管制，电视广播组织受到保护，限制了竞争者的进入。商业电视广播获得了丰厚的利润，公共广播组织享有巨大的市场份额。此后，新的传输技术和管制的放松吸引了新的电视节目服务商的进入，旧的电视节目服务商市场份额随之下降。譬如1990—1992年，瑞典的SVT2/TV2的观众份额从54%下降到36%，而德国的ARD从31%下降到22%。人们开始怀疑公共广播是不是为了金钱而提供价值的，这就导致了公共广播的"危机"。而当私营广播组织失去观众份额并面临对广告费的新的竞争时，它们的利润就下降了。

四、寡头市场

如果一个市场被少数大企业主导，同时对新厂商的进入设置障碍，那么这个市场就是寡头市场。企业通常但并不总是售卖差异化的产品。

由于存在进入障碍，在寡头市场条件下的企业可能像垄断者一样在长期内获得正的经济利润。

与其他市场结构不同，寡头市场结构的最显著特征是需求的相互依赖。由于只存在少量的企业，所以在行业的总产量中单个厂商的产量就显得非常重要。因此，某一企业选择的价格（或生产能力或广告或其他竞争行为）会影响其对手的需求和收入，价格（或者其他竞争行为）的变动可能会导致竞争者改变其价格（或其他竞争行为）。厂商必须采取策略性的行为（strategic behavior），估计竞争者可能的反应和针对性行动，并相应地制定最优决策。

在一个寡头市场中，需求的相互依赖会产生这样的影响，即企业的行为相比于其他市场结构下企业的行为更难以预料。一些寡头市场表现出割喉式的竞争，而其他结构的市场至少有时会表现出合作的行为。因此，寡头市场的需求曲线具有某种不确定性。

寡头市场可以按照不同的方式进行分类。从产品品质的角度看，如果一个行业内的厂商生产的产品是同质的，这一市场就称为纯粹寡头市场；如果一个行业内厂商生产的是有差异的产品，这一市场就称为差别寡头市场。从行为方式上，同一个行业内各个厂商彼此独立，互不合谋，称为独立行动寡头；如果彼此勾结，联合行动，则是勾结性寡头。从构成寡头市场的厂商数目来看，如果行业只由两家厂商构成，则为双头垄断（duopoly）；如果由三家或三家以上的厂商组成，则为多头垄断（multipoly）。

正是由于寡头市场的复杂性和多变性，多数经济学家承认，到目前为止尚没有一种公认的统一的寡头理论。寡头市场如果存在均衡的话，这种均衡也严重依赖于寡头间的特定行为假设，从而形成不同的寡头理论模型。

（一）寡头的产量决策——古诺模型

古诺模型是一个只有两个寡头厂商的简单模型，该模型也被称为"双头模型"。

古诺模型的基本假设如下：（1）产品同质，寡头面临同一条需求曲线；（2）两个厂商的生产成本为零；(3) 两个厂商采取相同的价格；(4) 两个厂商均为跟随者，互相根据对方的产量做出反应。

古诺模型的价格和产量的决策过程可以用图 5-19 来说明。在图中，D 曲线为两个厂商共同面临的线性的市场需求曲线。由于生产成本为零，故图中无成本曲线。假设市场总容量为 Q。在第一轮，A 厂商首先进入市场。由于生产成本为零，所以，厂商的收益就等于利润。A 厂商面临 D 市场需求曲线，将产量定为市场总容量的$\frac{1}{2}$，即产量为 $Q_1=\frac{1}{2}Q$，将价格定为 P_1，从而实现了最大利润，其利润量相当于图中矩形 OP_1IQ_1 的面积（这是市场需求曲线与产量线、价格线组成的三角形的最大内接矩形）。然后，B 厂商进入市场。B 厂商准确地知道 A 厂商在本轮留给自己的市场容量为$\frac{1}{2}Q$（即原初市场总容量 Q 减去 A 厂商产量$\frac{1}{2}Q$ 后的剩余），B 厂商也按相同的方式行动，生产它所面临的市场容量的$\frac{1}{2}$，即产量 $Q_2=\frac{1}{2}Q\times\frac{1}{2}=\frac{1}{4}Q$。此时，市场价格下降为 P_2，B 厂商获得的最大利润相当于图中矩形 Q_1HGQ_2 的面积。而 A 厂商的利润因价格的下降而减少为矩形 OP_2HQ_1 的面积。

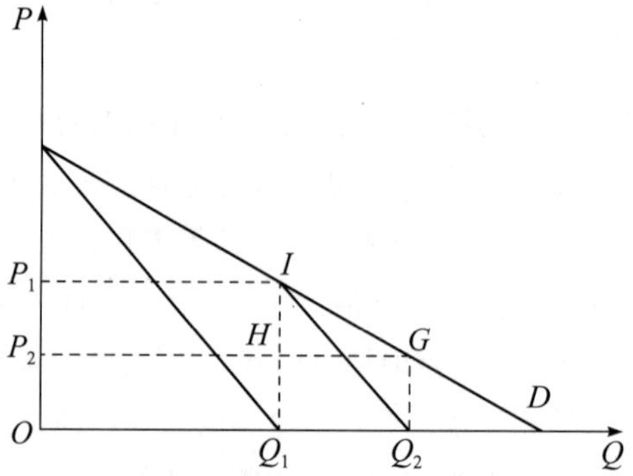

图 5-19 寡头厂商 A 和 B 的反应过程

在第二轮，A 厂商知道 B 厂商在本轮中留给它的市场容量为$\frac{3}{4}Q$。为了实现最大的利润，A 厂商将产量定为自己所面临的市场容量的$\frac{1}{2}$，即产量为$\frac{3}{8}Q$。与上一轮相比，A 厂商的产量减少了$\frac{1}{8}Q$。然后，B 厂商再次进入市场。A 厂商在本轮留给 B 厂商的市场容量为$\frac{5}{8}Q$，于是，B 厂商生产自己所面临的市场容量的$\frac{1}{2}$，即产量为$\frac{5}{16}Q$。与上一轮相比，B 厂商的产量增加了$\frac{1}{16}Q$。在这样轮复一轮的过程中，A 厂商的产量会逐渐地减少，B 厂商的产量会逐渐地增加，最后，达到 A、B 两个厂商的产量都相等的均衡状态为止。在均衡状态中，A、B 两个厂商的产量都为市场总容量的$\frac{1}{3}$，行业的总产量为市场容量的$\frac{2}{3}$。两个厂商逐步实现均衡的过程参见图 5-20。

在古诺模型中，两厂商均为跟随者。但是在现实的市场中，存在着一些具有领导能力的厂

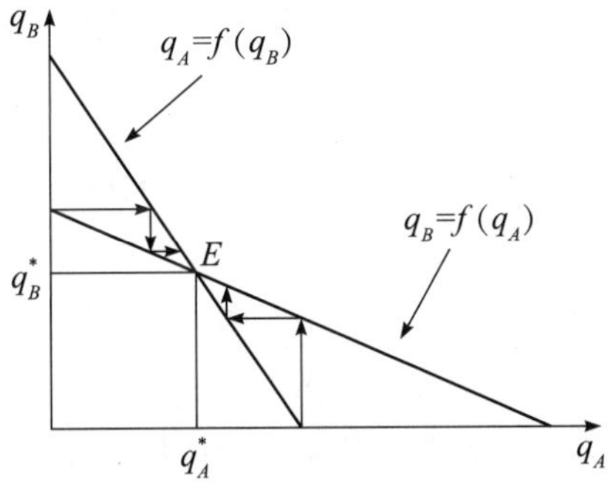

图 5-20 古诺模型的均衡解为 E 点

商，这些厂商的行为是无法用古诺模型来说明的。

（二）寡头的非公开合谋——价格领导模型

在有些寡头产业中，其市场价格是由某一厂商决定的，其他厂商是跟随者。具有决定市场价格力量的厂商可能是主宰厂商或者说举足轻重的厂商，也可能是大家为了避免竞价而推选出的代表性厂商。这些厂商采取暗中默契的形式进行合谋，以牟取更高的利润。

主宰厂商的价格领导模型如图 5-21 所示。其基本假设如下：(1) 一家大企业拥有主要市场份额，其余较小企业则拥有剩余的市场份额；(2) 有支配力的企业凭经验估计出所有较小企业的供给曲线，然后得出自己的市场需求曲线；(3) 有支配力的企业根据 MR=MC 的原则确定价格，小企业则接受市场价格，并据此安排产量。

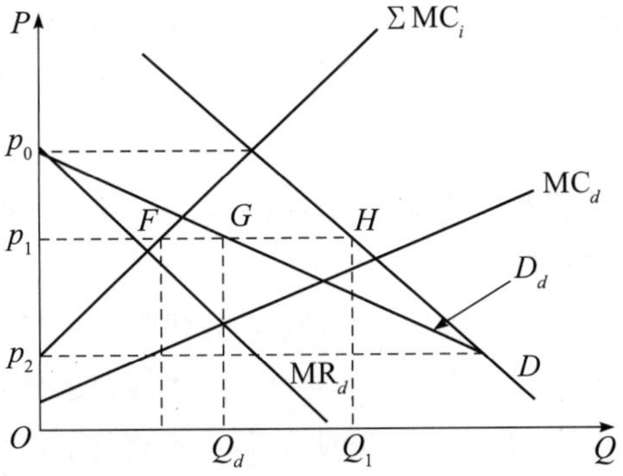

图 5-21 主宰厂商价格领导模型

由于其他厂商无决定价格的能力，只是市场价格的接受者，所以有供给曲线的存在。这些厂商的总供给为每个厂商的边际成本的水平加总，即 $\sum MC_i$。

当价格在 P_0时，市场的需求量恰等于其他厂商的供给量，主宰厂商可能无法实现销售，故主宰厂商只能定价在 P_0以下。当价格在 P_2时，其他厂商无供给量，整个市场的需求量即对主宰厂商的需求量。主宰厂商必须维持自己和其他厂商的生存，因此市场价格应当在 P_2与 P_0之间。

主宰厂商根据 MR=MC 的原则，可得出自己的销售量为 Q_d，市场价格为 P_1。

寡头推选的代表性厂商不一定是主宰厂商，它需要掌握市场需求的变化以及各个厂商的结构，以便确定市场的价格，且在该价格下，所有的厂商都能获益。

（三）寡头的公开合谋与卡特尔

寡头之间公开勾结，根据协议共同确定价格、产量和划分市场，这种组织形式叫作卡特尔（cartel）。

由于有明确的约定，卡特尔组织往往以一个垄断者的身份出现，按利润最大化原则确定产量，并在需求曲线上索要价格，然后按照协议在各个成员之间分配产量配额。

并不是行业内的所有厂商都必须加入卡特尔，大多数卡特尔只包括一部分厂商。只要有足够多的厂商遵守卡特尔协定，并且市场需求缺乏弹性，卡特尔就可以把价格提高到大大高于竞争价格的水平。

美国电影出口协会就是卡特尔的一个范例，它在《韦布-波密伦出口贸易法》（Webb-Pomerene Export Trade Act）背景下于1945年建立。早期的美国电影出口协会由当时的美国八大电影发行商组成。该协会曾在1947—1948年的8个月间拒绝向英国市场供应影片，以抵制英国政府向进口电影征收的75%的从价税。最终，英国被迫废除了该项税收政策。

有时，寡头的合谋采用一种叫作有意类同的方式。在这种方式中，寡头们对什么是对产业最有利的做出独立判断，相信其对手会觉察到这种共同利益并采取行动，结果是寡头们以相同的方式行动。有意类同并不意味着串通，具有合法性。例如在美国，电影院企业有限公司诉派拉蒙电影发行公司案的判决中宣告，“法庭从来不认为有意类同行为本身的证据能构成对《谢尔曼法》的触犯”。

寡头的合谋还可以由其中一个厂商主动发出信号（signalling），比如发表提价通告，暗示企业相信提价对行业是最有利的。如果对手企业跟进提价，则发信号者最终会实施提价方案。如果其他厂商无明显跟进提价的迹象，那么这个首先提出涨价的厂商还可以在正式实行提价前取消这一决定。

合谋实现以后，厂商也会采取一些做法来维持合谋，譬如声称并坚持执行“以牙还牙”（tit for tat）策略，惩罚所有欺诈行为。

要实现或者保持合谋远不是那么容易的。产业集中度越低，产业中的产品越多样、复杂和频繁改变，厂商的固定成本对可变成本的比率越高，或者博弈进行的次数越少，保持合谋越困难。2005年前后，感受到市场寒意的一些报社在不同地域范围内组成了多个报业广告联盟，希望能提高自己与广告主讨价还价的能力，但这些广告联盟常常虎头蛇尾，难以维持，这一现象也印证了合谋中存在一些实际困难。

需要注意的是，除非政府是参与者或者主动予以豁免，否则寡头之间缔结的正式协议在大多数实施了竞争法或者反托拉斯法的司法制度下是非法的。大多数国家明文禁止包括设定价格在内的各种形式的合谋。

寡头之间的兼并往往也会受到政府的限制，因为兼并具有削弱竞争的潜力，它甚至能改变市场结构。例如，双头垄断者的合并会把市场结构从寡头变成垄断。大多数国家设立的促进竞争和反托拉斯的机构会对每一宗大型的合并进行评价，判断其是否符合公共利益。这些机构的权限和适用的标准因国家而异，但是一般情况下，这种机构都会评估某一宗兼并是否将减少竞争以及是否会降低运营成本。

20 世纪末，AT&T 对美国有线电视公司 TCI 以及第一传媒（MediaOne）集团的并购引起了美国联邦通信委员会的关注。虽然美国在线（AOL）和其他一些厂商认为，AT&T 对 TCI 的并购只能在 AT&T 向所有互联网服务提供商（ISP）开放它未来的高速网络设施的条件下才应被允许，但是联邦通信委员会认为有线电话和有线网络服务仍处幼稚期，因此无条件地同意了此次并购行为。

再说美国在线与时代华纳的合并案（见图 5－22）。联邦通信委员会花了一年时间后，于华盛顿当地时间 2000 年 12 月 14 日一致通过了美国在线与时代华纳的合并案。不过，为防止此合并案给其他竞争对手和消费者带来不利的影响，联邦贸易委员会与这两家公司达成了一项协议。根据协议，该委员会要求两家公司不得拒绝其他互联网服务供应商进入其高速网络宽带系统，也不得对利用其网络和交互电视系统提供服务的其他公司有歧视行为。不过，这桩被称为"世纪联姻"的合并案于 2009 年 12 月以拆分告终。

图 5－22　美国在线与时代华纳 CEO 庆祝合并

另一个例子是 1998 年 10 月默多克通过其卫星电视服务机构英国天空广播公司（British Sky Broadcasting）竞标曼联足球队。这一投标被董事会接受，但是英国政府把它提交给垄断与兼并委员会审核。该委员会得出结论，这一合并将对广播商间的竞争造成负面影响，也将让英国天空广播公司对超级联赛的决策造成其他影响，因而并不符合比赛的长期利益。基于此判断，英国政府在 1999 年 4 月阻止了这次投标。

五、垄断市场

在各种市场结构中，完全竞争市场是一个极端，垄断市场则是另一个极端。垄断又称独占，是指市场完全由一家企业控制的状态。

垄断者作为"唯一的销售者"，企业即行业。根据定义，其产品没有相近的替代品。进入壁垒使得垄断者在长期或短期内都能获得正经济利润。厂商是价格的制定者，可以自由地做出价格或产量的决策。不过，这仍然面临某种消长关系：垄断者选择的价格越高，销售量将越低；选择的产量越高，那么这些产品能够销售出去的价格会越低。当然，需求对价格的变化不是非常敏感，因为消费者没有改用竞争者制造的相近的替代品的选择。尽管如此，需求仍然会因为一些人觉得此类产品不再值得购买而稍微下降。

（一）垄断条件下的短期均衡

在垄断市场条件下，由于只有一家企业，企业的需求曲线也就是行业的需求曲线。它的形状总是向右下方倾斜的。

人们可能认为，垄断厂商是市场上唯一的产品供给者，可以自己决定产量和价格，那么在短期内一定能获得超额利润，其实不然。利润将取决于对产品的需求以及制造成本。垄断厂商有可能获得正经济利润、零经济利润，甚至有可能获得负经济利润。

在图 5－23 中，垄断厂商根据 MR＝SMC 的利润最大化原则，将市场价格调整为 P_0，产量调整为 Q_0，达到短期均衡点。此时，分三种情况：

若平均收益大于平均成本，即 $AR>SAC_1$，则垄断厂商实现了利润最大化。利润额大小为矩形 P_0EGH 的面积；

若平均收益等于平均成本，即 $AR=SAC_0$，则垄断厂商经济利润为零，不能获得超额利润，只能获得正常利润。在这种情况下 SAC 曲线与需求曲线相切；

若平均收益小于平均成本，即 $AR<SAC_2$，则垄断厂商蒙受亏损。亏损额为矩形 P_0EFP_1 的面积。当然，亏损是最小的。这说明即使是一个垄断者，也并不能保证获得正经济利润。

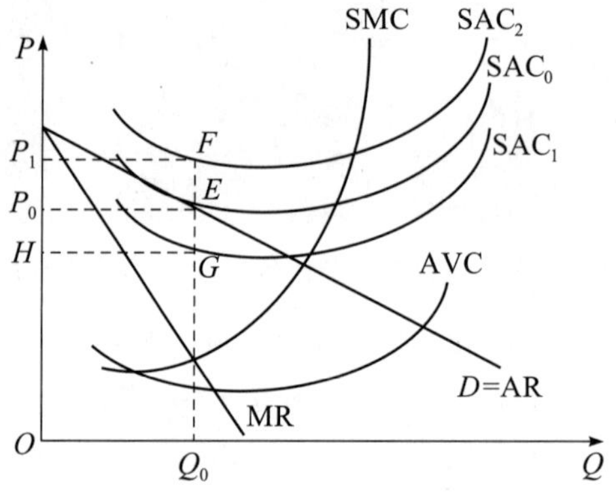

图 5－23　垄断厂商的短期经营规模调整

与完全竞争厂商相同，在亏损的情况下，垄断厂商是否停产，不仅取决于 AR 和 SAC 之间的对比，而且取决于 AR 和 AVC 之间的对比。由于垄断厂商是价格的制定者，对于 Q_0 这一产量水平，只要价格高于 AVC，就可以继续生产。如果产品价格低于 AVC，则应停止营业，图中的 Q_0 就是垄断厂商的停止营业点。

当然，停产规则未必会真正起作用。如果在长期中，厂商可以通过短期亏损开发市场，待市场开发出来以后，垄断利润可以弥补甚至超过短期亏损，那么厂商会坚持生产。另外更为常见的是，许多垄断厂商提供的服务是关乎国计民生的，如通信、公共交通运输等，这些行业的垄断厂商是在典型的政府管制条件下运作的。

需要说明的是，在垄断市场，厂商的供给量和价格之间并不存在一一对应的有规律的关系，即垄断厂商的短期供给曲线是不存在的。在现实操作中，垄断厂商由于信息有限，根据边际收益等于边际成本的法则来确定最优价格也有一定的困难。传统上，垄断厂商采用成本加成的简单定价法来确定市场价格。

（二）垄断条件下的长期均衡

在长期时间内，完全竞争厂商不能赚取正经济利润，而垄断者可能赚到正经济利润，至少获得零经济利润。如果垄断者在短期内就获得超额利润，那么在长期内肯定获得超额利润，因为不会有新厂商进入市场产生竞争进而消除超额利润。如果出现长期亏损，除非政府补贴，否则垄断厂商将选择退出，垄断市场不复存在。

不过，如果需要，垄断者可以对生产规模进行调整，达到最优规模，以更低的平均总成本生产出最优的产量。这是唯一可能的调节方法。

在长期中，垄断厂商可以通过调节产量和价格来实现利润最大化。其长期边际成本 LMC 和边际收益 MR 相等时，垄断厂商获得最大利润。这时的生产规模是与长期平均成本 LAC 曲线相切的短期平均成本 SAC 曲线所代表的规模。厂商均衡的条件是 MR＝LMC 和 MR＝SMC，即 MR＝LMC＝SMC。长期内垄断厂商进行规模调整的另一个原则是出售产品的平均收益至少可以弥补平均成本。

在图 5－24 中，假设垄断厂商现有生产设备的短期平均成本曲线为 SAC_1，为了赚取最大利润，其销售的产量是 Q_1，销售价格为 P_1。由于在产量为 Q_1 时，$SMC_1 \neq LMC$，所以这样的均衡是短期均衡而不是长期均衡。在长期内，该厂商将扩大其厂房设备的规模，使产品产量增加。当产量增加到 Q_2 时，其短期平均成本曲线为 SAC_2，短期边际成本曲线 SMC_2 与 MR 相交，对应的销售价格为 P_2，这时 MR＝LMC＝SMC_2，实现了长期均衡。

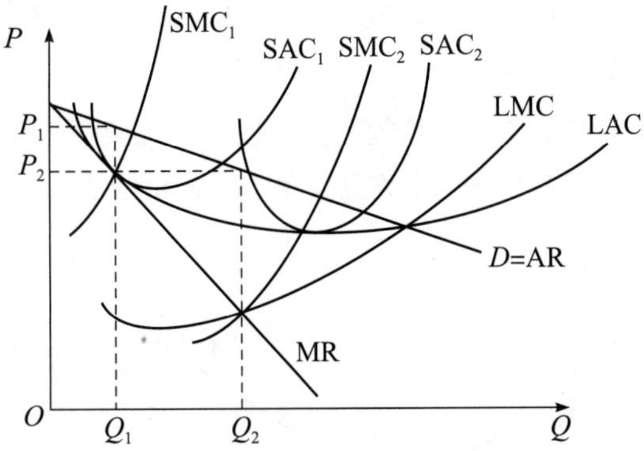

图 5－24　垄断厂商的长期均衡

如前所述，成本条件是进入壁垒的一种形式，它导致自然垄断。对于一个单一产品行业来说，如果在所有的相关产品范围内，单一厂商能够比两个或更多的相互竞争的厂商以更低的总成本生产出该产业产品而存在规模经济的话，就存在自然垄断。对于一个多产品行业来说，如果存在范围经济导致这样一种情况，即由单一厂商生产多种产品的总成本比由两个或更多不同的厂商生产它们更低，也就存在自然垄断。

人们经常认为，由于电缆及所用交换设备等相关固定成本数额巨大，本地电话服务构成了自然垄断。的确，对这种服务的管制在很大程度上以这种信念为基础，管制者设定费率以避免垄断者剥削消费者。然而，可以得出这种结论的资料少得可怜，证据也混淆不清。需要注意的一点是，即使在那些规模经济或范围经济与自然垄断相符合的地方，也只有在潜在参加者使用同一技术受到限制的情况下，自然垄断才能发生。在那些行业管制者允许有线电视公司提供本地电话服务的地方，电信公司就不再享有垄断地位了。

第四节　不同市场结构下的绩效比较

不同市场结构的经济效率是有差别的。西方经济学家认为，完全竞争市场的经济效率最高，垄断竞争市场较高，寡头市场较低，垄断市场最低。可见，市场竞争的程度越高，经济效率也越高，反之亦然。

不同市场结构下的绩效可以从多个维度进行评估，包括配置效率、生产效率、技术进步、公平、文化目标和观点多元化等。这里我们参考加拿大学者柯林·霍斯金斯等人的研究，对几种市场结构依次进行考察。①

一、配置效率

所谓配置效率，指的是以一种最优方式分配资源来生产不同的商品和服务。配置效率和下面要提到的生产效率合称经济效率。

配置效率意味着该行业达到了这样一个均衡点，在该点消费者愿意为最后一单位所支付的价格等于生产它的边际成本。

在图 5－25 中，我们首先比较一个完全竞争行业和一个垄断行业的产量及其所隐含的配置效率。图中 D 代表需求曲线，S 代表一个完全竞争行业的供给曲线。在价格为 P_1、产量为 Q_1 处，达到均衡。

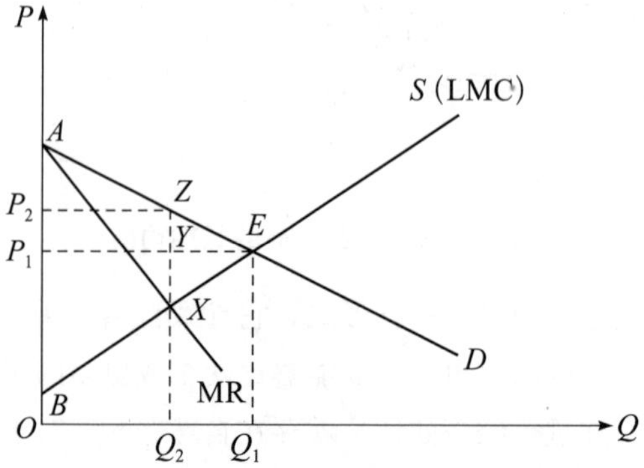

图 5－25　配置效率：完全竞争与垄断的比较

① 霍斯金斯，麦克法蒂耶，费恩．媒介经济学：经济学在新媒介与传统媒介中的应用［M］．广州：暨南大学出版社，2005：133－138.

如果该行业不是完全竞争行业，而是垄断行业，那么这家在完全竞争条件下的厂商将会变成一个垄断者。回想一下，在完全竞争条件下每个厂商的边际成本曲线就是其供给曲线，行业供给曲线是所有厂商边际成本曲线的总和。因而完全竞争行业的供给曲线就变成了垄断者的边际成本曲线 LMC。对应于需求曲线 D，垄断者的边际收益曲线为 MR。利润最大化价格和产量分别为 P_2 和 Q_2。垄断者就会选择一个高于完全竞争条件下的市场价格，而且产量更低。注意，这里假定垄断并非通过竞标而获得的，也没有寻租行为。

通常认为，一个行业在长期均衡时是否实现了价格等于长期边际成本即 $P=\text{LMC}$，是判断该行业是否实现了有效的资源配置的一个条件。商品的市场价格 P，通常可以看作商品的边际社会价值，商品的长期边际成本 LMC 通常被看成是商品的边际社会成本。当 $P=\text{LMC}$ 时，商品的边际社会价值等于商品的边际社会成本，它表示了资源在该行业得到了最有效的配置。

考虑到商品的边际社会价值和边际社会成本，在不存在外部性（未购买该产品的人们获得收益，或者人们或组织而非生产它的厂商负担成本）时，完全竞争将会是具有配置效率的。正如需求曲线上的 E 点所示，最后一单位产品的收益是消费者愿意支付的最大价格，成本是生产的边际成本。在完全竞争条件下，产量为 Q_1，这里人们愿意为最后一单位支付的价格等于生产它的成本。对于先前的所有单位，收益超过成本。

在垄断条件下，均衡产量为 Q_2，对应的价格超过边际成本，即 $P>\text{LMC}$。由于介于 Q_2 和 Q_1 之间的每单位成本之上的剩余利润是可以预料的，因此这一产量不是有效配置。这种差额的总量表现在 ZXE 区域，叫作绝对损失（deadweight loss）。

换一种说法，完全竞争是有配置效率的，因为它使总剩余即消费者剩余和生产者剩余的总和最大化。我们已经看到，消费者剩余是消费者愿意为所购商品支付的最大数额与他们实际支付数额之间的差额。在完全竞争条件下，消费者剩余等于图 5-25 中的三角形区域 P_1AE。生产者剩余（producer surplus）是一个类似的概念，可定义为生产者实际上在销售中获得的价格减去供给的机会成本。这里机会成本是生产者愿意供给的边际成本或最低价格。在完全竞争条件下，生产者剩余是三角形区域 P_1BE，因而总剩余是 $P_1AE+P_1BE=ABE$。

在垄断条件下，即在更高的价格和更低的产量情况下，消费者剩余缩减到 P_2AZ，生产者剩余变成 P_2BXZ。垄断者攫取了矩形 P_1P_2ZY 区域作为生产者剩余，而这个区域原本是完全竞争条件下的消费者剩余，但是垄断者也因为产量减至 Q_2 而失去了 YXE 区域。除了失去已属于生产者剩余的 P_1P_2ZY 区域外，由于产量降低，消费者还失去了三角形区域 ZYE。ZXE 区域等于区域 YXE 和 ZYE 的总和，这两个区域分别代表生产者剩余和消费者剩余，由于垄断者限制产量以便以更高的价格销售的营利性策略而受到损失，因而这是绝对损失（见图 5-25）。

在图 5-26 中，我们再来比较垄断竞争条件下和完全竞争条件下厂商在长期均衡时的配置效率。完全竞争条件下的厂商在价格 P_C 处面临水平的需求曲线 d，市场价格则由产业的供给与需求决定，生产产量为 Q_C，这里边际收益等于边际成本（$mr=\text{MC}$）。由于产品差异化，垄断竞争条件下的厂商面临着向右下方倾斜的需求曲线 D 及相关的边际收益曲线 MR。这将导致较低的利润最大化产量 Q_{MC}（这里 $\text{MR}=\text{MC}$）、较高的价格 P_{MC}，以及过剩的生产能力即 Q_C-Q_{MC}。与在垄断条件下的情况相似，垄断竞争者将会以高于边际成本的价格销售，把产量限制在有效配置的完全竞争水平之下，结果也会产生绝对损失。但是这种净损失事实上会比垄断条件下的损失小得多，因为在垄断竞争条件下的压力将令市场价格不至于太高。

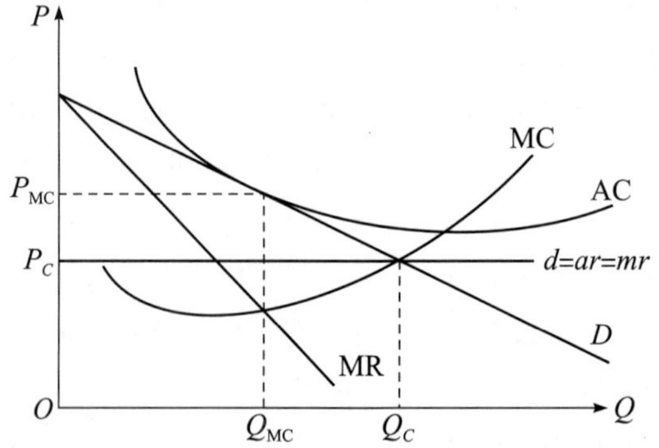

图 5-26　配置效率：完全竞争和垄断竞争的比较

寡头市场也面临着一条向右下方倾斜的需求曲线，因而会以高于边际成本的价格销售。由于寡头比垄断竞争者有更多的市场权力——这一点通过寡头在长期时间内可获得正经济利润反映出来，寡头价格会高于垄断竞争的价格，净损失可能更大。我们先前指出，竞争水平和价格会因寡头产业的不同而有显著差异，但是除非存在很有效的合谋，否则寡头之间的竞争还是会提供比垄断更低的价格。

二、生产效率

所谓生产效率，指的是在给定的技术水平下，行业的产量很大，而生产总成本却很低。

在完全竞争条件下，厂商的需求曲线是一条水平线，而且，厂商的长期利润为零。在完全竞争厂商长期均衡时，水平的需求曲线相切于 LAC 曲线的最低点；产品的均衡价格最低，它等于生产的平均成本的最低点；产品的均衡产量最高。换句话说，完全竞争厂商的生产效率是最高的。

如果存在可观的规模经济或范围经济，并且这些规模经济在很大程度上与行业产品的需求相关，则完全竞争是不会有生产效率的。垄断竞争者的实力可能也不够用来榨取这些经济，因为厂商中没有一个企业能获得一个必需的市场份额和达到最小有效规模必需的产量。想一想很多家彼此竞争的有线电视公司都铺设干线光缆并连接到千家万户的荒谬性，就可以说明这一点。寡头厂商一般具有足够的实力来开发这些可获得的经济，而且是有生产效率的。垄断厂商也能够充分利用规模经济或范围经济。

不过，垄断厂商可能由于如下的原因而没有生产效率。缺乏竞争的压力会使垄断者趋于懒惰，懒惰导致 X 无效率（X-inefficiency），这时厂商所使用的要素带来的产量低于这些要素的生产能力。至于寡头厂商，X 无效率可能出现也可能不出现，主要取决于寡头间的竞争程度。

有时某个行业的生产效率很低，是由于一部分资源被用于寻租（rent seeking）。寻租的手段可能是要把竞争者或供应商全部买下，或是通过院外活动以干预政治过程，攫取垄断大权。寻租降低了该行业的竞争水平，将消费者剩余转化为生产者剩余，增加盈利。在寡头条件下，寻租是最盛行的。例如在加拿大，传统的私营广播商会经常游说其行业的管制机构加拿大广播电视和通信委员会（CRTC）和政府，以防止（或至少延缓）新竞争者的进入，电视节目制作共同体会用大量的资源来确保出台保护国内内容的政策和延续政府补贴计划等。此外，如果寻租成功的话，它将进一步对有关配置效率、公平、文化目标以及观点多元化等角度的绩效带来负面影响。

三、技术进步

技术进步包括发明与创新，它是生产力和经济增长的关键。技术进步能开发出一个新生产过程或一个新产品。当新的生产过程以相同的资源提高产量水平时，与生产过程有关的技术进步就发生了。与产品有关的技术进步主要是推出一个为消费者提供一些新价值、能让企业以有利可图的价格进行销售的新产品。

对于垄断市场与技术进步的关系，有的经济学家认为，垄断厂商会阻碍技术进步，因为垄断厂商只要依靠自己的垄断力量就可以长期获得利润，所以往往缺乏技术创新的动力。也有不少经济学家认为，垄断是有利于技术进步的。

经济学家熊彼特（Schumpeter）认为，垄断者在长期内可能享有的正经济利润会激励垄断者以外的厂商去发明与创新，从而也获得攫取这些利润的机会。通过发明与创新，企业可以绕过产品或流程的专利、垄断者对原材料的控制、与现有技术有关的成本条件所导致的自然垄断和其他的进入壁垒。熊彼特用一个“创造性破坏”的概念来指垄断者在产生正的经济利润方面所获得的成功在长期内会为其埋下破坏其垄断地位的种子。

不少经济学者认为，熊彼特提出的“创造性破坏”应用于寡头垄断会更有力。寡头有足够强的实力，负担得起大量有组织的研发活动。竞争通常也足够激烈，驱使寡头为了生存和发展而不断创新。进入壁垒让这些企业在长期的经济利润方面享受成功创新的果实（创新的激励在垄断竞争的条件下不会出现）。当然，许多寡头企业和产业都特别富有创新性，譬如谷歌、脸书等公司。

与完全竞争不同，经济利润的前景会诱使垄断竞争条件下的厂商通过产品创新来获取优势。例如，有线电视在美国落地生根已超过 30 年，在加拿大则更长。在 20 世纪 80 年代中期，每个有线电视特许经营权在其特许经营范围内都有垄断（也有少数例外），垄断者在远程电视信号和非广播类电视信号的传输领域独享经营权，因而有线电视利润极其丰厚。正是这些利润为 DTH 和 MMDS 技术的开发提供了原动力。目前，大多数北美家庭在电视传输上可以选择有线电视公司、两个或更多的 DTH 卫星服务，在一些地区还可选择 MMDS 服务。另外，传真和 E-mail 的发展打破了政府或邮政系统对信件传递的垄断也是一例。

四、公平

公平与收入分配效果有关，这一般会牵涉到价值判断。

在有关配置效率的讨论中，我们指出图 5 - 25 中的 P_1P_2ZY 区域在完全竞争条件下是消费者剩余。而在垄断条件下，垄断者有能力使用市场力量来获取高价，将这一消费者剩余转化为生产者剩余，其结果是生产者以牺牲消费者为代价来获得繁荣。这就涉及公平问题。

政府在对于什么是公平的问题上常常有着自己的看法。例如，有些政府或其管制机构把本地电话服务看作必需品，而长途电话服务则看作奢侈品。结果，在过去，管制者就为本地电话服务设置了低于成本的价格，为长途电话设置了高于成本的价格。垄断厂商也愿意服从这种形式的交叉补贴政策。而这在完全竞争条件下是不可能的，因为竞争将使得长途电话服务的长期利润趋近于零。

一般情况下，由于垄断竞争条件下的价格低于寡头垄断下的价格，寡头垄断厂商长期享受经济利润，所以垄断竞争通常对消费者更加公平。

同样，如果厂商被管制机构劝说或要求牺牲利润以增进文化目标，那么在长期内获得经济利润是必需的。反过来，在长期内赚取经济利润的机会会让企业乐意追求其他目标。因此寡头比较容易追逐其他目标，但是垄断竞争者却不会，除非后者得到政府的补偿或其他的补贴。

五、文化目标

在广播、电影、图书出版、杂志出版和唱片等行业中，大多数国家的政府认为文化目标非常重要。通常给出的理由是民族与国家的健康发展需要公民充分了解公共问题与事件，需要公民有能力“分享他们的故事”。政府资助等管制常常用于追求文化目标。许多政府标榜文化的重要性，是这些产业有时被称为“文化产业”的原因。不过，美国是个例外，它倾向于把上述产业看作是娱乐产业而不是文化产业。我们注意到，美国对广播和报刊业的外国人所有权也有限制。事实上，鲁珀特·默多克取得美国籍以避开这些限制正印证了这一点。

然而，世界上经营此类行业的大部分私营企业采用商业运作模式，它们的主要动机是利润。一般情况下，如果政府或管制机构告诉它们应该追求文化目标（以牺牲利润为代价），它们对此并不会铭记在心。事实上，完全竞争条件下的厂商也不可能去服从这样的目标，因为这样做将会带来负的经济利润，不得不最终退出该行业。不过，由于正的经济利润带来了闲置资源，垄断者反而更愿意服从此类压力。垄断者通常能为提供文化服务做出让步，因为正的经济利润水平的下降可以看作垄断者需要付出的微小代价，特别是当垄断者的垄断地位本来就依赖于管制规则时。

加拿大的有线电视就是一个例子。在 20 世纪 80—90 年代，管制者采用不鼓励加拿大 DTH 服务进入市场、规定加拿大人订购美国的 DTH 服务为非法等手段，来保护有线电视特许经营权。在这种情况下，有线电视台并不强烈反对政府要求它们开办一个（亏损的）本地社区频道的要求。

在传媒行业中，有些组织主动地追求文化目标或类似的非营利性目标。这些组织可能就是作为非营利性组织而设立的。例如，成立于 1888 年的美国国家地理学会（National Geographic Society）的目标就是“增加和传播地理知识”。这一目标主要是通过其刊物《国家地理杂志》来实现的。有些家族控制的报纸，如《华盛顿邮报》，也将利润作为次要因素来考虑。在中国，不少主流媒体将内容生产部门（如“中央厨房”）视为成本中心，并不指望其能赚取利润，而是使用政府补贴或其他经营收益补贴内容生产。在世界不少国家和地区，收益可用于补贴传媒内容生产的经营活动常受到政府政策的保护。

在完全竞争或垄断竞争条件下，以牺牲利润为代价去追求这样的非营利性目标是不可能的。甚至在其他产业结构如垄断或寡头垄断下，组织为了生存必须达到财务上的盈亏平衡，因此必须开源节流，根据成本-收益核算的原理经营企业，让其追逐非营利性目标也有困难。因此，在市场条件下，传媒组织追求非营利性目标实际上需要很多条件。

六、观点多元化

人们十分关注大众传媒中的垄断对观点多元化的影响。西方国家奉行这样的理论：一个运转良好的政治体制要求它的公民暴露于广泛的信息来源和意见之下；当众多独立的声音能被听到时，当意见的自由市场存在时，民主才会最有效地运行。因而，垄断就是一个争论纷纭的问题。传播政治经济学对于垄断现象非常警惕。

在完全竞争条件下，理论上产品高度同质化，所以人们对这种产业结构也会有同样的顾虑。不过在现实中，传媒产品之间的差别常常是显而易见的，无须太过担心。

与完全竞争和垄断不同，垄断竞争和寡头都向消费者提供多样化的产品选择。从这一角度来看，垄断竞争其实是理想的状态，因为我们会欣喜地看到，市场上有大量的杂志和几乎无限的图书可供选择。但是在寡头市场上，其所提供的产品种类很可能比想象中的要少。

【本章小结】

传媒市场具有双边市场的特征。在该市场中，传媒平台联结了广告主与用户等多组参与者；广告主的收益受到用户质与量的影响，用户的收益亦受到商业广告主的影响，亦即平台参与者间存在间接网络外部性，并且这种间接网络外部性需要经由平台实现内部化。与传统大众传媒平台相比，互联网平台联结起更多参与者，并建立起更多元、更立体的复杂关系。

供给与需求是推动市场经济运行的两支主要力量。

需求可分为个人层面需求与市场层面需求，市场层面需求是市场中无数个人需求的加总。需求量是指买者愿意并且能够购买的传媒产品或服务的量。与其他产品一样，影响传媒产品或服务需求量的因素也是嗜好、收入、价格、相关物品的价格和预期等因素。需求价格弹性可以精确地度量需求量与价格变动之间的关系。影响传媒产品需求价格弹性的因素主要包括必需品与奢侈品、花费在支出中的比重、替代品的可获得性、市场的定义和时间长短。

我们关心需求价格弹性的出发点在于总收益。由于传媒具有“双边市场”的特点，报纸希望借助价格杠杆增加总收益时不仅要考虑报纸的需求价格弹性，而且还要考虑发行量变化对广告主决策的影响。

传媒产品市场中卖者改变产量的伸缩性和考察时间长短会影响传媒产品的供给价格弹性。当市场中的供给曲线与需求曲线相交时，表明市场中的买方与卖方力量处于平衡状态，实现了市场均衡。传媒市场中的供求规律引导社会资源在各行业各部门间的分配，实现社会资源的有效配置。

市场结构是根据市场集中度、产品差异化和进入壁垒等进行考察的，通常可以区分出完全竞争、垄断竞争、寡头及垄断四种市场结构。完全竞争市场结构最有竞争性，垄断竞争次之，再接下来是寡头，垄断最不具有竞争性。

在完全竞争条件下，由于存在为数众多的小型厂商生产同质化的产品，其市场价格取决于行业的供给与需求的相互作用。厂商必须接受该价格，但是可以调节它们的产量至 mr＝MC。

垄断厂商是某种产品的唯一销售者，因而可以选择自己产品的价格。垄断者面临的是向右下方倾斜的需求曲线和边际收益曲线。由于进入壁垒的存在，厂商不仅能在长期内也能在短期内获取正的经济利润。垄断的一个特殊类别是自然垄断，其规模经济（或范围经济）如此之大，以至于只有唯一的销售商能以最低的总成本进行生产。即使在自然垄断存在的地方，也可能通过竞标的方式来决定由哪家企业提供商品或服务。在这种情况下，价格可能接近竞争价格而不是垄断价格。

传媒产业中的大部分市场属于垄断竞争市场和寡头市场。

垄断竞争者生产差异化的产品，因而面临一条向右下方倾斜的需求曲线。不过，它的价格决定权是非常有限的，因为许多竞争者销售相近的替代品。缺少进入障碍意味着在长期内将会获得零经济利润。

在寡头市场条件下，少量的厂商每家都生产在该产业产量中占有相当比重的产品。结果会产生需求的相互依赖，因此企业必须实施策略性行为，预期竞争者的反应和对抗，并相应制定出最优的决策。这使寡头产业的行为和绩效比其他产业结构更缺乏可预见性。

衡量不同市场结构下的绩效的维度包括配置效率、生产效率、技术进步、公平、文化目标和观点多元化等。

在产业绩效方面，完全竞争在配置上是有效率的，垄断则不是。在垄断条件下技术进步更可能发生。在公平方面，垄断者通过限制产量，设定高价，以牺牲消费者为代价而使自己生意兴隆。当然，政府或管制机构如果认为合理的话，就能够在垄断者提供的服务间进行交叉补贴。相似的，垄断者而非完全竞争者在某种程度上有牺牲利润而追求文化目标或类似的非营利性目标的余地，但仍保留一定利润。这两种市场结构都不太能够满足观点多元化的要求，而后者是传媒业的一个重要目标。

垄断竞争和寡头都不具有配置效率。一般情况下，垄断竞争下的产量接近于最优水平。在寡头垄断下，技术进步通常会很明显。从观点多元化来看，可以提供许多相近替代品的垄断竞争是理想的状态。寡头垄断产业也提供选择，尽管有时要少于预期。

在传媒产业中，策略性竞争行为不仅仅发生在寡头市场结构中，由于严格意义上的完全竞争市场并不存在，传媒企业可以借助或通过各种各样的商业策略，改变市场集中度，制造出产品差别，提升或降低进入壁垒，以赢得一定的竞争优势，甚至获得一定的垄断地位，从而有助于本企业的增长和发展。

【思考与练习】

1. 传媒双边市场中用户与商业广告主间存在怎样的间接网络外部性？

2. 从影响需求量的因素入手，预测未来几年中国公众对各类传媒产品的需求量将发生怎样的变化。

3. 请搜集相关数据，计算各类传媒产品或服务的需求价格弹性，并尝试用影响需求价格弹性的因素解释计算结果。

4. 如何预估报纸降价行为对其总收益所造成的影响？

5. 从影响供给量的因素入手，预测未来几年中国各类传媒产品的供给量将发生怎样的变化。

6. 传媒产业中存在哪些市场结构？

7. 在四种主要的市场结构中，厂商怎样做出利润最大化的决策？

8. 请比较四种市场结构的产业绩效。

【推荐阅读书目】

康佩恩，等．谁拥有媒体?：大众传媒业的竞争与集中［M］．北京：中国人民大学出版社，2006.

阿尔巴朗．传媒经济［M］．长春：东北财经大学出版社，2016.

汤林森．文化帝国主义［M］．上海：上海人民出版社，1999.

波特．竞争优势［M］．北京：中信出版社，2014.

喻国明．传媒革命：互联网逻辑下传媒业发展的关键与进路［M］．北京：人民日报出版社，2015.

喻国明．传媒的“语法革命”：解读 Web 2.0 时代传媒运营新规则［M］．广州：南方日报出版社，2007.

喻国明，丁汉青．传媒发展的范式革命：传统报业的困境与进路［M］．北京：人民日报出版社，2016.

冯建三．传媒公共性与市场［M］．上海：华东师范大学出版社，2015.

赵月枝．传播与社会：政治经济与文化分析［M］．北京：中国传媒大学出版社，2011.

第六章

市场失灵与政府规制

【本章学习要点】

- 市场失灵、思想市场、政府规制、政府失灵等基本概念
- 新闻史上对市场失灵的批评
- 公共物品对于传媒产业的重要意义
- 关于传媒产业中外政府规制的主要措施
- 政府与市场之间的可替代性

西方经济学认为，市场和政府作为两种资源配置手段，各有不足。有的学者认为市场机制存在固有缺陷，必须通过政府干预弥补市场失灵（market failure）；有的学者认为当政府政策或集体行为不能提升经济效率或改善道德上可接受的收入分配时，政府失灵便产生了。值得注意的是，政府失灵理论并非市场失灵理论的发展。

第一节　市场失灵的表现及原因

运用微观经济学原理，我们可以证明完全竞争市场能够实现经济效率，这也是大多数人赞同市场经济的原因所在。但一些经济学家认为，完全竞争所依据的种种理论假定（如竞争的充分性、信息的完全性、不存在交易成本等）是不现实的。如果市场本身是不完全竞争的，那么即使在最好的情况下，市场的运行结果也不可能达到帕累托最优和实现经济效率。这种由于市场机制的不完全性而导致其在某些领域不能起作用或不能起有效作用的情况，通常被称为市场失灵。在市场失灵情况下，将不存在生产效率或配置效率。

一、从自由主义理论到社会责任论：思想市场的理论史

对于传媒市场失灵现象的表现，我们可以直接透过理论形态的西方新闻思想史了解其一个侧面。

自资本主义诞生以来，在传媒领域，对市场力量的信任与对新闻自由的诉求是交织在一起的。两者的结合即“思想市场”（marketplace of ideas）。

新闻自由是西方社会很早以来就不断追求的一种理性价值。这种自由价值确立的过程，用弗雷德·西伯特（Fred Siebert）的话来说就是，“16 世纪积累了经验，17 世纪发展了哲学理论，18 世纪把这些理论付诸实践”[①]。到 18 世纪，西方国家的报刊业基本上从集权主义原则转到自由主义原则，国王放弃了规制报刊的权力，教会的规制机构被取消了，国家对出版业的垄断也废止了。18 世纪末，自由主义原则已经通过保护言论和出版自由的宪法条文而成为许多国家基本法的神圣原则。而在整个 19 世纪，大众传媒自由放任的实践操作一度达到了顶峰。

1644 年，约翰·弥尔顿在《论出版自由》一书中，详细阐述了主张言论自由的论点。他说，应该承认推理说服的力量是巨大的，应该给争论、笔战、分歧的意见以机会，让真知在与谬误的砥砺中形成，让人们靠与生俱来的理智去明辨。他写道：“如果让我来选择的话，我就宁愿要一点一滴的善行（允许自由出版）而不要大量强力限制恶行的东西（出版规制）。”[②] 弥尔顿的论点为“思想的自由市场”及“真理的自我修正过程”的观念初步奠定了理论基础。如果我们不是片面地来理解“市场”，那么在弥尔顿那里，“思想的自由市场”就是指根据良心做自由讨论所构成的“信息”空间，或者说精神生活空间。[③] 当然，弥尔顿虽说过“最有价值的商品——真理”这样的字眼，但还没有提到“市场”，哪怕是比喻的用法。

1919 年，在亚伯拉姆诉合众国（Abrams v. United States）一案中，美国大法官霍姆斯（O. W. Holmes）在其著名的反对意见中，赋予了“思想市场”理论以新的生命。霍姆斯断言：“所欲求的最终的利益可经由思想的自由贸易更好地达到——真理的最佳的试金石是让思想的力量在市场上的竞争中来获得对它的认同。”在这里，霍姆斯使用了“市场”的字眼，暗示了高效的无障碍的经济交换与信息充分的决策之间的因果关系。不过，霍姆斯本人没能做到像道格拉斯大法官在 1953 年那样清楚地表达和布雷南大法官在 1965 年那样频繁地使用“思想市场”这一概念。布雷南在一次判决中写道：“如果只有卖方而没有买方，这将是一个荒芜的思想市场。”

1974 年，美国经济学家罗纳德·科斯对商品市场和思想市场做了比较。他不认为商品市场和思想市场之间的区分是有根据的，而是指出这两个市场之间没有根本的差异。尽管政府在对待这两个市场的行为上存在矛盾心理，那就是，一般认为商品市场中需要政府规制，而在思想市场中政府规制是不适宜的，应加以严格限制，但是有事例表明当政府的规制和对竞争的约束会提高思想市场从业人员的收入时，不少人还是会支持的。顺便说一下，关于政府如何行使赋予它的职能，科斯认为难以做出一个令人信服的判断。

1982 年，美国联邦通信委员会主席马克·富勒也提出，思想市场应当像其他任何产品市场一样，规制者的指导原则应当是促进竞争和使消费者福利最大化。

弥尔顿、霍姆斯、富勒等人，展示了一条充分信赖思想市场的清晰的历史脉络。

---

① 施拉姆，威尔伯，等．报刊的四种理论 [M]．北京：新华出版社，1980：47.

② 弥尔顿．论出版自由 [M]．北京：商务印书馆，1958：24.

③ 同②6.

不过，早期自由主义新闻理论“从一开始就包含着弊端”，特别是，“在区分新闻自由和滥用新闻自由的界限问题上，不能形成明确的认识，含混不清，是其最大的弊端”①。它无法避免新闻业的放任、自私和过度商业化，甚至为滥用新闻自由提供了借口。19 世纪以前，由于传媒的经济支持相对简单、传媒的运作规模相对较小，因而尚不能对充满乐观精神的报刊自由主义理念构成强有力的挑战。19 世纪中叶以后，自由竞争的市场体制在西方资本主义国家出现了负面后果，曾经显赫一时的报刊自由主义理论，就注定要面对批评、质疑和挑战，新闻的社会责任论应运而生。

20 世纪初，工业化、商业化和金融垄断高度发展。经济领域的变革，以及随之而起的社会政治、意识形态领域的诸多变化反映到日益发达的大众传媒中来。人们对自由放任的传媒运作（如普利策与赫斯特的“黄色新闻”之争、“喧嚣的 20 年代”的电子信息大混战等）的不满在迅速增长，大众传媒种种不负责的行为受到了一些具有正义感的思想家愤激的道德控诉。对“黄色新闻”的批评是这个时期传媒批评的一大焦点。批评者认为，“黄色新闻”的“真正危害在于……它那粗俗、下流和不顾后果的煽情主义精神，它逐步侵蚀了优良品位和高尚道德的教规，它培养了生活的坏习气，降低了读者的道德水准，它冒失的语言可能刺激起疯狂的人走向犯罪，它将使这个世界变得更糟”②。批评家还指出，报纸大量刊载的犯罪、暴力、灾祸和反映人类黑暗面的内容将败坏社会道德，而记者无情地刺探人们的生活将使人们丧失安全感。那个著名的比喻即报纸是“公众和私人不道德生活的下水道”，就出自这个时期的批评家之口。美国社会学家查尔斯·霍顿·库利将记者称作“与人同谋者”。换句话说，人们认为是崇尚自由放任导致了一系列的恶果，在“看不见的手”之下，传媒市场出现了失灵。

值得一提的是，社会责任论将传媒市场失灵的原因归结为传媒在市场上缺乏自律，提出的解决之道如下：一是建立自律制度，也就是制定行为守则和规范，建立执行机构，并规定对违反者的惩处方式；二是教育，提高从业人员的素质，实行自我批评，制定职业标准。在社会责任论者看来，实现这些标准的关键首先是传媒自身，其次是公众，最后才是政府。社会责任论者尽管有所保留，例如他们对“众说纷纭”的状况的评价就不如传统的自由主义者那么乐观，但还是大致接受了自由主义理论的支柱之一——“思想的自由市场”的观点。社会责任论与自由主义理论还在一个更为根本的问题上相一致：二者都认为传媒的私营性质、追求利润以及采编、经营和发行的“私家特征”都是合理的。社会责任论者尽管不再将政府视作自由的潜在敌人，而是将其视作公民自由的促进和保护者，认为政府可在必要时参与对传媒的管理，但也在竭力避免政府对传媒的干预。这与经济学家们的解决方案有很大不同。

二、垄断与市场失灵

从经济学角度看，导致市场失灵的因素主要有垄断、外部性和公共物品。这些因素在传媒产业也都普遍存在。

---

① 魏永征，张咏华，林琳．西方传媒的法制、管理和自律［M］．北京：中国人民大学出版社，2003：322.

② 谢静．建构权威·协商规范：美国新闻传媒批评解读［M］．上海：复旦大学出版社，2005：94.

这里我们对垄断的含义做一个界定。垄断有广义和狭义之分。狭义的垄断指的是只存在唯一厂商的市场结构。但事实上，在现实中很难找到这样的垄断组织。因此，我们使用广义的垄断概念，即垄断是一个或几个厂商控制一个行业的全部或大部分供给的情况。就是说，它将寡头垄断和某些垄断竞争的情况也包括进来。

我们知道，如果存在垄断市场，那么其在配置生产资源时是缺乏效率的。垄断者不是根据 $P=MC$ 的原则确定产量，而是在定价时要高出边际成本，即 $P>MC$，在产量上要更低一些。从社会的角度看，垄断会带来社会资源浪费，从而使社会资源无法实现最优配置，导致市场失灵（相关内容可参见第五章第三节）。

关于垄断和市场竞争孰优孰劣的问题，存在很大争议。一些学者赞成垄断，认为大企业的联合比单个厂商更能展开有效竞争，更能从事大规模生产，更能投入研发和技术创新。但是，更多的学者在理论上反对垄断，认为垄断有许多坏处。这些坏处主要有以下方面：垄断厂商通过控制产量、提高价格的办法获取高额利润，使资源配置和收入分配不合理；垄断造成经济和技术停滞；垄断产生的产业和政治的结合只有利于大企业而不利于社会。因此，他们认为必须反对垄断，推动竞争，让“看不见的手”发挥作用。

三、外部性与市场失灵

在社会经济活动中，一个经济主体（国家、厂商或个人）的行为给他人带来收益或损害，却没有得到相应报酬或支付赔偿的现象，称为外部性（externality），或外部效应、溢出效应（spillover effect）。

外部性本质上是未被市场交易体现的额外成本或额外收益。按照影响的范围划分，外部性可分为消费外部效应和生产外部效应。根据外部影响的“好与坏”，外部性可分为“正的”和“负的”两种。一旦存在外部性，市场就不会带来社会效率。

（一）没有外部性时资源的有效配置

如果一个人购买商品后只有其本人获得使用价值，一家公司生产产品时只有其自身承担成本，这种情况就可视为不存在外部性。

在没有外部性问题的情况下，完全竞争将是有配置效率的。这一点为微观经济学的基本原理所证明。图 6－1 做了进一步的阐释：S 代表供给曲线，D 代表需求曲线；价格 P_0 和产量 Q_0 的交叉点是均衡状态。供给曲线同时是边际私人成本（MPC）曲线，它表示供给者支付的边际成本。行业供给曲线则是行业中所有厂商的边际成本的水平加总。

在没有外部成本的情况下，供给曲线同时也是边际社会成本（MSC）曲线，它显示的是一个额外单位带来的社会成本。需求曲线也就是边际私人收益（MPB）曲线，它表示单位产品购买者获得的价值或收益。如果没有外部收益，需求曲线也就是边际社会收益（MSB）曲线，它表示整个社会从额外单位产品中获得的收益。因而，产量有配置效率的条件是：$S=MPC=MSC$；$D=MPB=MSB$。

通过生产 Q_0 单位产量，这一点上 $S=D$ 时完全竞争产业生产该产量的结果是：$MSC=MSB$。

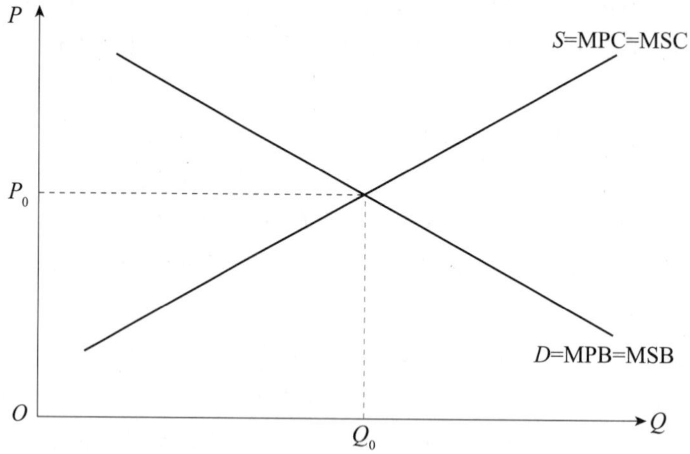

图 6－1　没有外部性时资源最佳配置下的产量

（二）存在外部性时资源的配置情况

对于存在外部性时的资源配置，我们分别讨论外部成本和外部收益两种情况。

1. 外部成本

生产中的外部成本主要来自污染。举个例子，一家造纸厂向江河排放工业废水，这种排放造成鱼类数量锐减，下游渔民打捞量大幅下降，这是一种只有外部成本而没有外部收益的情况。

假定随着产量的增加，造纸厂给下游渔民造成的损失成比例增加。如图 6－2 所示，D 表示市场需求曲线，该条曲线既代表消费者的边际私人收益 MPB，也代表边际社会收益 MSB。MPC 表示造纸厂在每一个产量水平上的边际私人成本，也可以把它看作市场供给曲线 S（假如有许多企业，则该市场供给曲线是所有边际私人成本的水平加总）。边际外部成本 MEC 表示造纸厂所生产的每一产量水平给渔民所造成的边际损失。MSC 表示边际社会成本，它等于供给曲线 S 和 MEC 的垂直加总（MSC＝MPC＋MEC）。

从造纸厂的角度看，它会按照自己的利润最大化原则（MPC＝MPB）来决定其最优的产量水平 Q_1，相应的均衡点为 E_1。但是，从社会的角度看，考虑成本就不仅仅是各种私人投入的费用，还要包括废水污染带来的负的外部性，因此，社会最优化的产量是按照 MSC＝MSB 来决定的，从图上看，是由 MSC 与 D 曲线的交点决定产量 Q_2。此时实现了社会最优，相应的均衡点为 E_2。

可见，不考虑负的外部性时，私人生产决策所决定的最优私人产量 Q_1 要大于社会最优产量 Q_2，而且，在 Q_1 产量处的 MSC 要大于 D，即边际社会成本大于边际社会收益，意味着在 Q_1 产量水平上没有实现社会最优。

接下来我们继续分析如果造纸厂由 Q_1 减产到 Q_2 所导致的社会福利的变化。

一方面，产量从 Q_1 减产到 Q_2，会导致市场价格上升，消费者的总福利水平就会下降，在图 6－2 中表现为曲线 D 与 Q_1Q_2 之间围成的 $E_2Q_2Q_1E_1$ 的面积。这是社会福利水平的损失或成本。

另一方面，造纸厂减产也会给社会带来收益。从厂商的角度看，由于产量减少，其投入成本相应减少，减少数量可以用图 6－2 中的 $AQ_2Q_1E_1$ 的面积来表示，该部分面积可以看作由造纸厂减产导致的社会福利的增加数量。从社会的角度看，造纸厂减产意味着对河流的污染也减少，而污染减少对下游的渔民或对整个社会来说都是一种收益。由曲线 MEC 的含义可知，由污染减少带来的收益是 MEC 在 Q_1Q_2 之间围成的 BQ_2Q_1C 的面积。这显然这一块面积等于 E_2AE_1F 的面积。由此可知，造纸厂减产给社会带来的收益总和为 $E_2Q_2Q_1F$ 的面积。

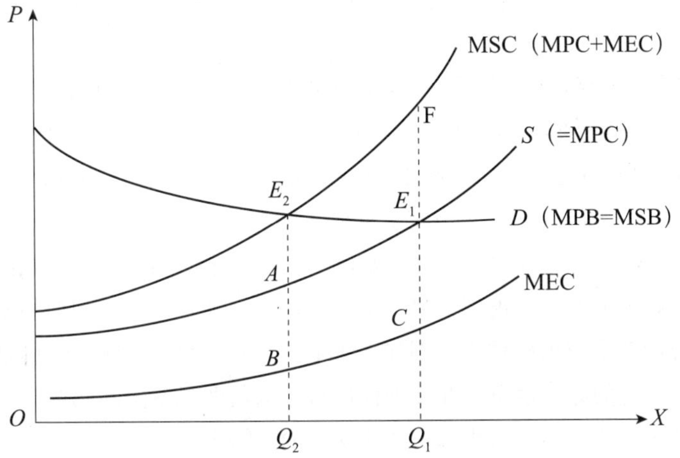

图 6－2　在生产中有外部成本时的配置效率产量

这样，当造纸厂产量由 Q_1 减少到 Q_2 时，社会福利增加为 $E_2Q_2Q_1F$ 的面积，社会福利损失为 $E_2Q_2Q_1E_1$ 的面积，两者的差额为 E_2E_1F 的面积。这说明造纸厂减产可以使得社会整体福利得到改善，改善的程度可以由 E_2E_1F 的面积来衡量。

由上例可以看出，环境污染这一负的外部性的存在，使得造纸厂的产量过大。如果考虑到社会成本，即按照边际社会收益等于边际社会成本的原则安排生产时，产量应该从 Q_1 缩减到 Q_2，社会的总体福利也会因此而增加。

社会上的污染并不限于废水排放这类事件，在一些观察者眼中，电视节目、电影纪录片、游戏等内容也会制造特有的污染，如竞争性电视市场会放映过多的暴力节目、许多电视节目和电影描绘了大量的暴力事件。长期收看这类暴力节目可能导致观众对暴力现象麻木不仁，或者越来越倾向于使用暴力。有一些观众会把社会的暴力程度想象成比影片、节目严重得多，这些人可能会对社会过于警惕，减少社会交往，与其他社会成员越来越疏远，因而削弱了其他人的生活质量。电视暴力内容对观众产生有害影响的一个最有力的社会证据是其对儿童的影响。有研究显示，收看暴力电视节目的儿童往往表现出更高的攻击性和更多的校园暴力行为。

暴力内容的供给来自视频内容提供商对收视率的追逐及其与广告主之间的交易。广告主青睐包括 8～50 岁男性观众和 18～35 岁女性观众在内的社会主力消费群体，视频内容供应商为吸引这个群体以便满足广告主信息触达方面的需求，倾向于提供过多暴力内容。节目对暴力的描绘增加了一种制片商或放映商没有承担甚至没有想到的成本。外部性概念为分析电视上存在太多暴力内容的现象提供了一个基础。

2. 外部收益

有时生产者为社会创造了额外的经济效益却无法通过价格机制获得相应的回报。例如，生产中的外部收益可能来自研发带来的新知识，体现为新的生产过程或新产品。当这种创新性的知识在行业内扩散时，其他公司会从这种技术外溢中获益，而最初的研发厂商却无法从其他获利者那里索取报酬。

一个公司的培训项目的收益也可能向外扩散，因为一些受过培训的员工会被其他公司雇用。有些人甚至认为，建立公共服务广播组织的收益比私营广播组织在培训方面的支出更多。确实，哥伦比亚广播公司（CBS）有相当多的加拿大新闻主持人和记者跳槽到美国私有广播公司，成了明星人物。

在消费领域也存在外部收益。如果一个人选择公交工具而不是驾驶自己的私家车上班，就可以减少交通拥堵，减少环境污染，从而使其他人获益。如果一个人携带了某种传染病菌，及时去医院就诊并治愈了，那么这对可能会被其传染的人来说也是一种获利。教育的消费也能为社会公众提供收益，因为受教育者除了得到高收入的（常常也是更有趣的）工作的收益之外，教育往往也有助于使人成为负责任的公民，而负责任的公民对其周围的人甚至对整个社会来讲都是有益的。

有时人们对一些类型的本土电视节目和电影的消费（观看）也有相似的看法。这里，外部收益可以被视为观看产生的正面效果。例如，时事、新闻、纪录片或电影可以使公众获得有关国家制度、事件或议题的详细信息，并帮助他们从本国角度观察国际问题。本土电视剧以及一些儿童节目还有助于公众洞察社会生活、强化文化的独特个性。

在存在外部收益时，与额外单位产品有关的外部收益即边际外部收益 MEB。边际社会收益为边际私人收益和边际外部收益的垂直加总，即 MSB＝MPB＋MEB。如图 6－3 所示，完全竞争行业的私人均衡产量为 Q_C，这里满足私人最优化条件 MPC＝MPB。然而，从社会的角度看，有效配置的产量是更高的 Q^* 点，这里满足 MSC＝MSB。这说明在存在外部收益的条件下，私人最优产量是低于社会最优产量的。

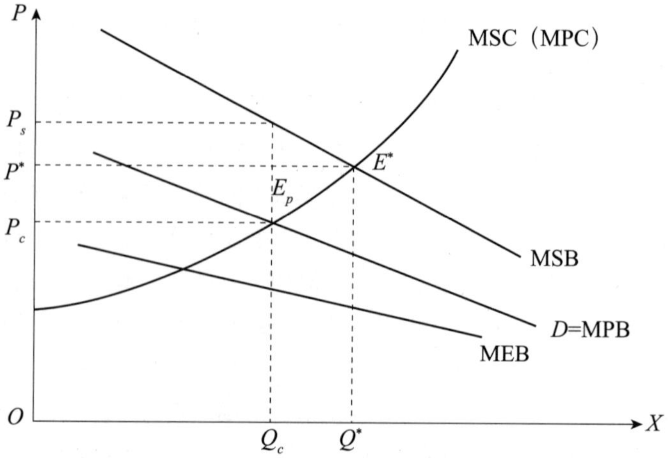

图 6－3　在生产中有外部收益时的配置效率产量

四、公共物品与市场失灵

市场交易中的很多商品是私人物品（private goods）。私人物品具有两个基本特征：竞用性

(rivalness) 和排他性 (exclusivity)。竞用性指私人物品是不能被其他人不花费任何代价就消费的，一个人的消费会影响其他人的消费数量。排他性是指一旦一个人购买了一种商品，他就有能力排斥其他人消费。一般情况下，由市场机制来配置私人物品的生产与消费是有效率的。与私人物品相反，纯粹的公共物品 (public goods) 有两个突出的特点，即消费的非竞用性和非排他性。

有些物品可以称为混合物品 (mixed goods)。例如，图书馆的顾客在一般情况下享用图书馆服务是非竞用性的，但是对某一本图书而言可能是竞用性的。一种图书的题目可以看成是公共物品，但是该种图书进入市场，就是私人物品。在传媒领域，公开发表的观点、意见、想法，与电视广播节目、艺术表演一样，都具有公共物品的一些特性。这些物品中的大多数可以包装在有形的产品中，如一个机顶盒、一本书。虽然机顶盒和书都不是公共物品，但是音乐和故事是公共物品。

当然，随着技术或其他条件的改变，产品的竞用性与排他性也会发生改变。例如，无线广播信号，只要其频率是不受干扰的，就可视为是纯公共物品；但是在技术上若能够通过加密使之变成排他的，它就变成了准公共物品。

一般而言，公共物品具有非排他性，消费者使用它以后，对于产品的损耗几乎等于零，或者说，使用公共物品的边际成本是趋近于零的。那么，由市场机制来提供公共物品是否可行呢?

由于存在所谓的搭便车问题，私营部门提供公共物品会导致公共物品的生产不足和消费不足。也就是说，如果其他人为某种服务提供了足额的支付，那么将没有人再愿意为所获得的服务付费，他可以在零成本的情况下享用这种服务带来的收益，这就是搭便车。这时，公共物品的生产很难达到帕累托最优，从而导致市场失灵。

在传媒产业中，公共物品如无线广播、在互联网上传输的海量数字化内容是由市场制度提供的。数字化内容可以是电脑软件、音频、卡通、影像或文本等各种形式。但是私营厂商怎样才能从供给这些公共物品中获得收入呢? 传媒机构广泛使用的一种方法是将对公共物品的供给与广告的销售捆绑在一起，在内容和广告双边市场上运作。广告是一种私人物品。电视广播商销售观众对 30 秒插播广告的暴露度，许多网站出售旗帜广告或原生广告。

然而，从配置效率的角度看，双边市场是可行的却不是最优的运营模式。比如，传统传媒获得的广告收入完全取决于受众的数量而不考虑受众收看节目后获得的价值。如果一个电视节目能吸引 5 个受众，每个受众获得的价值为 1 美元 (即 MB= \$5)，另一个节目能吸引 4 个受众，但每个受众获得的价值为 3 美元 (即 MB= \$12)，那么商业广告商往往选择的是前者。在能够提供个性化服务的新传媒条件下，双边市场的配置效率获得了较大的提升。

值得一提的是，互联网作为信息技术方面的一大进步，一方面有助于从改善信息记载和传输方面完善市场的运行，减少由信息问题引起的市场失灵，另一方面也会有一些不法者利用这种技术扰乱市场，比如刺激虚假信息泛滥，从而引起一些新的市场失灵现象。[①] 在后一种情况

---

① 张旭昆，赵静. 互联网对市场的改善和扰乱：基于市场失灵理论的视角 [J]. 浙江大学学报（人文社会科学版），2019 (2)：92 - 96.

下，政府需要积极地发挥自己的作用。

第二节　市场失灵的补救方式——政府规制

要治理种种市场失灵现象，通常需要政府的介入。虽然西方的传媒产业对于政府干预持一种消极的态度，但政府的力量仍然无处不在。

政府规制（regulation）又称政府干预、政府监管，是指为弥补市场失灵，政府的行政机构依据一定的法规、标准对企业行为的约束和规范。

一、政府规制的理论依据

政府规制的理论依据包含两种相互对立的理论：公共利益理论和俘获理论。在考察这些理论之前，我们先考虑博弈的参与者即博弈者。

博弈者指那些政治家、选民及官员。这些博弈者在政治市场上相互作用，最终做出公共选择。从经济学角度看，典型的假设是博弈者都追求自身利益。记住，这是实证理论关于“是什么”的问题，而不是规范分析关于“应该是什么”的问题。

政治家是各级政府中经选举产生的，他们提供公共政策。政治家的主要目标是再次当选。持相同立场的政治家往往结成联盟或同盟，即我们所谓的政党，以构筑政策平台，迎合选民。

官员受雇于政府，负责政策的执行，或者不属于官方但协助制定公共政策。官员永远都在追求可观的薪水、更多的升迁机会以及其所在政府部门带来的威望。为了实现这些目标，官员们会想尽各种办法追求自己所在的部门或机构的预算最大化。办法包括支持于己有利的政党上台，为其上台制定政策并推销给选民。

选民是指达到法定年龄的公众总体。他们需要增进他们自身利益的政策，他们是商品和服务的消费者、劳动（和）或资本（以储蓄形式）的供应者以及所有者。在有些情况下，志同道合的选民会结成联盟，为通过某项特定政策而进行游说。例如，某个行业的所有者或工人可能为获得补贴而对政府进行游说。选票是选民为了获得所期望的政策而拥有的筹码。

(一)政府规制的公共利益理论

公共利益理论是指政府、官员及选民都相信资源的有效配置符合他们的利益，将使得财富最大化，因而也使得要分享的蛋糕的规模最大化。

公共利益理论肯定政府规制的合理性和有效性，认为现代经济并不存在纯粹的市场经济，自由竞争的市场机制并不能带来资源的最优配置，甚至造成资源浪费和社会福利损失。为此，市场参与者就会集体要求作为社会公共利益代表的政府在不同程度上介入经济过程，通过实施管制以纠正或消除市场缺陷，从而改善“一般福利”和增进资源配置效率。

公共利益理论可以帮助我们分析不同情况下应该采取哪些不同的干预措施。在收益-成本分析支持干预的地方，政府将征收消费税或设定标准对外部成本加以补偿、对外部收益提供补贴、确定公共物品的最优产量、保证这一产量的供给、通过竞争（反垄断）法保护竞争，以及调控自然垄断等。

（二）政府规制的俘获理论

俘获理论是指政府进行干预反而为特定利益集团所“俘获”，促进了生产者或工会的经济利益。这个理论特别适用于解释规制形式的干预，这里它断定规制者被其规制的行业“俘获”而采用行业所期望的方式进行干预。

利益集团可以组织起来游说政府，以获得有利于其利益的干预。许多国家的文化产业集团雄辩滔滔，组织有方，以进行游说。这种活动是一种寻租行为，其自身其实是一种绝对损失，因为它把资源从生产性活动转移到了其他地方。

对于规制机构的官员来说，他们常常站在有利于满足产业需求的立场上，因为这可能为私营部门带来商业机会。他们通过满足行业需求而获得很多好处。而且，他们也愿意与被规制的行业保持合作而不是对抗的关系，这样他们的工作环境会更令人愉快。

对于政治家来说，如果他们认为可能得到的选票多于可能失去的选票，他们就会推行这样的干预政策。在西方，政治家要获得选票，就要能够为一个选民集团提供明显的利益；为这个选民集团提供了明显利益也能从选举赞助中获得回报。如果一个政治家不想失去某一集团选票，那么为帮助这一集团所付出的成本必须分摊到大量的人群（通常是消费者或纳税人）中去，这样每个人几乎都意识不到有什么明显损失。

（三）公共利益理论与俘获理论的比较

那么，到底哪种理论更好地解释了政府规制的方式呢？我们认为答案不是绝对的。对自然垄断行业如电力、天然气行业的规制可以看作是符合公共利益理论的，但对另外一些行业如农业、货物运输、出租车运输、航空运输的规制似乎更符合俘获理论。这些行业都可能是极有潜力的竞争行业，与纯粹的自然垄断行业差别很大。

广播一直是受到严格规制的文化产业。哪一种理论最好地解释了这种规制呢？推动媒体制作更多的能实现外部收益的节目的规制是符合公共利益理论的，但另外一些规制却并不符合这一目标。例如，加拿大广播管理机构 CRTC 多年来被有线电视业“俘获”。CRTC 的规制的确延缓了来自卫星电视的竞争，在相当长的时间里保证有线电视不受冲击。澳大利亚的广播电视业也是如此。一些批评家指出，多年来已经有相当多的证据证明政策制定者和规制者已经被商业的或期望受益的力量俘获，利用自己的职权将私人利益置于公共利益之前，为私人利益服务。

公共利益理论不能令人满意地解释为什么政府规制这个行业而不干预那个行业。例如，如果我们说有些电视节目类型可以实现外部收益，很难说报纸的文章就没有产生同样的外部收益。因此，为什么通常只有广播电视受到政府规制或它不适用于补贴，但报纸却没有呢？历史上，对广播的规制的理论基础在于频谱资源的稀缺，它不适用于报纸出版。但是今天的大多数电视内容通过有线、卫星和互联网传输，已经不再使用电磁频率了。

在许多西方国家，广播电视的规制在不断放松。从20世纪80—90年代起，放松规制成为一种普遍趋势。一方面，这是由政治家们推动的，因为通过规制保护行业利益无处不在，消费者意识到了它的成本，选票的天平在向有利于减少乃至消除规制重负的方向倾斜。另一方面，正是信息技术的发展，特别是日益普及的互联网对频谱资源等渠道约束的突破，推动了管制政策重心的大幅度转移。

二、政府规制的主要方式

政府规制的主要方式可以分为两种类型：间接规制和直接规制（见表6-1）。

间接规制主要指对不公平竞争的规制，主要是针对垄断造成的市场失灵，其形式是政府通过反垄断法、民法、商法等法律对垄断等不公平竞争行为进行间接制约。间接规制着眼于消除阻碍市场机制发挥作用的行为，其目的是维护市场机制的基本框架并尊重市场主体的自由决策。

直接规制分为经济性规制（economic regulation）和社会性规制（social regulation）。经济性规制对应于自然垄断和信息不对称问题，以防止资源配置的无效率和保证消费者的公平待遇为主要目的，政府通过认可和许可等各种手段，对企业的进入、退出、价格、服务质量以及投资、财务和会计等方面的活动进行制约。

社会性规制对应于外部性、公共物品等领域，由政府对企业的产品和服务以及围绕着产品和服务的提供而产生的各种活动设立标准和规则加以限制。

经济性规制是政府对特定行业如自然垄断行业和金融业的干预，社会性规制是政府为了保护广大的消费者、雇员及公众的健康和安全而对产品和服务、广告、工作场所以及环境的质量进行的规制。

在20世纪70年代以前，国外政府规制的实践和理论研究的重心放在经济性规制上，但在20世纪70年代以后，一方面各国相继进行了放松规制的改革运动，另一方面社会性规制越来越得到重视和加强。

表6-1　政府规制的主要方式

<table>
<tr><th colspan="2"></th><th>垄断</th><th>外部性</th><th>公共物品</th></tr>
<tr><td colspan="2">间接规制</td><td>反垄断法等法律</td><td></td><td></td></tr>
<tr><td rowspan="2">直接规制</td><td>经济性规制</td><td>价格规制
补贴
竞标</td><td>征税
收费</td><td>政府参股
BOT模式
补贴+收费</td></tr>
<tr><td>社会性规制</td><td></td><td>设立标准
颁发可交易许可证
产权</td><td>授权经营
资助
志愿社会服务</td></tr>
</table>

下面我们将重点介绍几种主要的规制方式。

（一）自然垄断行业的规制

为应对垄断带来的市场失灵，政府采取的一种有效措施是实施竞争（反垄断）法。国家授予法院和政府机构一定的权力来防止垄断现象的出现。如果大企业之间密谋或串通起来哄抬价格、降低产量，以及实施大规模并购活动，那么它们常常要受到严格审查，以评估其是否会过度地削弱市场竞争。例如，2000 年 12 月，美国联邦通信委员会审核并通过了美国在线与时代华纳的合并案，但其前提条件是美国在线必须向其他互联网服务提供商开放其光缆网络（cable lines）。规制者意识到效率来自范围经济，同意了合并案，同时也对垄断权力做出了限制。不过，至 2009 年 12 月，美国在线和时代华纳正式分手，这场世纪大合并因互联网泡沫和核心业务难以整合而以失败告终。

政府对于垄断者还可以采用价格规制手段。在自然垄断的情况下，巨大的规模经济意味着市场上只有一个垄断者能以最低总成本运作，也就是说，是有生产效率的。政府采取的普遍措施是规制。从历史上看，规制是对电力、天然气、电话公司和有线电视公司这一类行业进行调控的常用方法。规制办法中的规则由政府机构执行，以对公司或行业在价格、产量、产品和市场准入等方面的自由裁量权进行限制。

通常情况下，垄断厂商在长期均衡下其市场的销售价格必定会大于其生产最后一单位的边际成本，即 $P>\text{LMC}$。这对于无外部性的社会而言，无疑是一项损失。因为市场价格可被视为消费者对其所购买的最后一单位产品所认定的价值，而 LMC 可被视为生产者生产最后一单位产品所付出的成本。这样，对整个社会而言，生产一单位产品的价值大于其成本，表示垄断厂商未能有效利用社会资源，可再增加生产，以提高社会福利，直到 $P=\text{LMC}$ 为止。

图 6－4 显示了对一个自然垄断厂商的价格规制情况。垄断者如果没有受到价格规制，就会把价格定在 P_0 点、产量定在 Q_0 点，这里 $\text{MR}=\text{LMC}$。

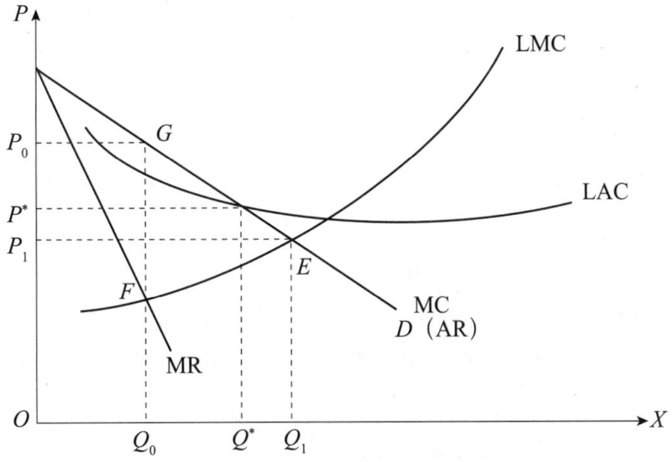

图 6－4　自然垄断下的价格规制

社会福利最大化的必要条件为 $P=\text{LMC}$，政府为达成此目标，可采取最高限价。在政府规制 $P=\text{LMC}$ 的情况下，垄断厂商的市场价格将降至 P_1，产量增加至 Q_1。由于产量增加 Q_0Q_1，生产者的成本增加 Q_0FEQ_1，而消费者愿意多支付 Q_0GEQ_1，因此有 EFG 的社会净收益。这比没有规制下的社会福利要大。

不过，垄断厂商在 $P=\text{LMC}$ 的规制下，是否能够继续经营，要考虑长期平均成本 LAC。如图 6－4 所示，在一些自然垄断厂商那里，当价格满足 $P=\text{LMC}$ 时，价格往往低于 LAC。换言之，政府采取 P＝LMC 的规制措施将使厂商在长期内有经济损失存在。除非政府能长期给予补贴，否则厂商将停止生产。对于一些公共事业的垄断厂商，政府为维持其长久持续经营，不得不给予补贴。这种长期补贴，对政府而言是一种财政负担，但这样能避免垄断厂商的经济损失，使之可以继续经营下去。

价格规制除了规制边际成本价格外，也可以选择规制平均成本价格，即采用 P＝LAC 的政策，要求将价格定在 P^* 点。这里 LAC 与需求曲线相交。在价格 P^* 处，产量 Q^* 为需求量。平均成本价格规制有一个缺点：产量低于配置效率水平产量 Q_1，尽管这比不加规制的产量 Q_0 要更接近于这一水平。不过这种规制也有优点：垄断厂商的经济利润为零，因而无须政府补贴。要记住的一点是经济成本包括正常利润，它等于在相似风险条件下在他处可获得的利润。

事实上，政府在实施价格规制时通常会规制平均成本价格而不是边际成本价格。政府更愿意接受与平均成本定价有关的某种程度的配置效率，而不愿意处理与边际成本定价有关的高于或低于正常利润的问题。

对于垄断问题，还可以采取竞标的方式来解决。即使在那些存在规模经济、意味着通过单个公司生产全部产品从而以最低成本满足市场需求的地方，也可能引入竞争来决定由哪家公司提供服务。

举个例子，设想美国的一个中等城市准备授予有线电视特许经营权，假定有线电视是一个自然垄断行业，只能授予一家专营，但是有很多公司能够提供这项服务，就可以引入竞争，来决定哪家公司赢得特许权。

管制部门可以制定必须提供的服务标准，要求有线电视公司就用户对该服务需要支付的费用展开竞标，优胜者将是能为这一服务水准标价最低的公司。但是每家公司都明白，以偏高的垄断价格进行投标是胜算极微的。实际上，如果对特许权的竞争很激烈的话，我们可以预期胜出的竞价接近完全竞争水平，经济利润接近于零。

在美国，许多行政当局确实采用了这一类的竞标程序，来授予有线电视特许权。它确实需要管制部门对公司进行监督，以确保有线电视公司按竞标价提供规定的服务，不致辱没了特许权契约。

美国在为个人通信服务和其他服务分配电磁波频段中采用的方法，可作为替代竞标方式的一个实例。在这种拍卖中，胜出的是为该权益竞价最高的公司。任何一家公司所愿意支付的最高竞价，将是拥有该权益带来的垄断利润的现值。那么，优胜者在扣除了投标支出（一种固定成本）后，获得的经济利润为零。如果公司之间为争夺电磁波频段专营权的竞争很激烈的话，优胜者的利润规模就可以预期会接近这一水平。

（二）治理外部性的公共政策

治理外部性最简单的政策是征税。在存在外部成本的情况下，对每一单位产品的销售征税，或是在存在外部收益的情况下进行政府补贴。这一政策的其他变体包括收费（诸如排污费）或污染权的拍卖等。

再看图 6－2 造纸厂污染的例子，解决办法是对该厂每一单位的外部成本征收等额的污染税 T，将使这一成本内部化。这样，该厂的边际成本就变为 MPC＋T，其供给曲线就会上移，产量也就随之减少。假如政府的征税计划是根据曲线 MEC 来制定的话，造纸厂承担的边际总成本就是 MPC＋MEC，也就正好等于边际社会成本 MSC。其结果是，外部性得到了很好的克服，并且产量达到社会最优。

虽然从概念上说这种办法很有吸引力，但将之用来控制电视中的暴力内容则于事无补。如果对含暴力内容的电视节目征税，那么税额应该是多大？也就是说，对外部成本应征收多少？暴力事件的数目是否应该计算在内？它们的性质及相关联的故事情节是否要考虑进去？

即使这些问题都可以回答，在美国，要对含暴力内容的电视节目征税仍然难以实施。即使在其他国家，美国也反对他国向美国电视节目征税。因为在美国人眼里，这是一种隐蔽的贸易限制而不是试图抵消外部成本。

外部收益原理尽管如上文所述是用来处理同样问题的，却已成为政府补贴的理论基础。如果一个电视节目产生外部收益，则政府给予补贴是理所当然的。然而，补贴的水平不应超过外部收益的水平。那么，到底具备哪些特点的电视节目产生了外部收益呢？这类节目带来了多大的外部收益呢？（重要的一点是电视节目制作人员的国籍不可能与外部收益挂钩。）当外部收益难以或不能测量时，要确定公正的补贴水平确实是个难题。

设定标准是政府处理外部性的另一个常用办法。政府为污染设定一个可允许的水平。厂商必须追加成本、减少污染，以符合这些标准。这种外部成本的内化同样引起产量的下降。

一些广播电视的规制者也采用了设定标准的办法。与暴力和性有关的标准可以看作为了降低外部成本。规定广播组织必须播出一定时数的新闻、纪录片、儿童节目和国内电视剧的内容规则，可以看作为了增加有外部收益的节目的供给。然而这样的标准设定常常难以奏效，收益-成本分析能否充分支持许多已出台的规则和条例远远不是那么清楚的。而且，私人广播公司受到利润最大化的驱动，它们还在享受某些条款的好处，诸如进入壁垒，这在它们看来是令人欢欣鼓舞的。它们如果不是发现条文的字面要求过于繁重，就会很娴熟地颠覆那些条文的精神。

由应用研究和创新带来的外部收益常常使政府陷入两难境地。新知识向竞争者扩散，削弱了发明和创新的驱动力。为了恢复这种驱动力，大多数政府通过专利与版权对知识产权加以保护。专利或版权是国家批准的为产品服务或生产过程的发明者所专有或在约定年限内使用这项发明的排他性权利。然而，专利和版权的不利影响是知识扩散以及降低价格的竞争被推迟了。因而，政府要在提供保护的程度和范围上找到平衡点十分困难。还有一个麻烦的因素是盗版。例如，数字技术可以用来复制未经授权的视听产品，质量与正版相差无几，价格却相当低廉，因此版权法已经越来越难以实施。

（三）政府对公共物品的提供

市场在提供公共物品方面不是最有效率的，这就为政府的介入提供了基础。从世界各国来看，由政府出面解决公共物品问题是最佳的政策。经费的来源可以通过财政解决。

针对公共物品问题的一种政策是由政府部门、机构或公众公司直接提供的，例如国防、消防就是典型例子。但是这不意味着政府应该生产全部公共物品。也就是说，政府提供的公共物品，未必一定要由政府生产，有时可以采用政府与市场、社会力量相结合的办法，以便发挥各自的优势，达到有效的结果。

对于准公共物品，政府可以安排给私人生产，采取的方式主要如下：

第一，授权经营。在西方国家，政府通常将现有的公共设施委托给私人经营，如报纸、电台、电视台、电话、供电、自来水等。

第二，政府参股。主要应用于道路、桥梁、港口、电信系统等部门。

第三，资助。由政府确定最优的产量水平并通过税收对这些服务进行资助。主要领域为基础科学研究、教育、卫生、图书馆、博物馆等。确定公共服务的最优产量水平需要借助成本-收益分析，虽然要量化收益非常困难，但是可以对服务的不同水平的总收益和总成本综合考虑，最终选择总收益与总成本差距最大的那个产量水平（这里 MR＝MC）。

互联网信息的免费扩散与公共图书馆的模式相似。网上图书馆是纯粹的公共物品——只要网站没有过载就没有竞用性。如果信息是免费的，又没有广告投放的话，向网站提供资助以维持其生存必须依靠公共或慈善组织。

非营利性公共广播组织，如美国的 PBS、英国的 BBC、加拿大的 CBC、澳大利亚的 ABC 等，可以看作政府对商业广播在不同节目间配置资源的无效率问题的回应。公共广播组织要尽可能制作更多的能产生外部收益的节目。

为公共广播组织提供资助的来源有很多种，这些不同的资金来源对公共广播能在多大程度上成功地提供产生外部收益的节目通常有很大影响。例如，BBC 的财政收入来自用户缴纳的电视执照费；澳大利亚广播公司则完全依赖政府拨款；CBC 30％的收入来自商业收入，其余来自政府拨款。由于 CBC 部分收入依赖广告，这使其像私人广播组织那样有了播放那些吸引最广泛受众的节目的动机。

公共广播组织（PBO）的规模由收益-成本分析决定。然而，PBO 一旦建立就很难做出大的改变，例如改变或试图缩小规模都难以实现，即便新的发展环境说明这是必要的。在大多数国家，频道的增多、有线电视和卫星电视订户的发展都降低了 PBO 的收视份额。而且，其中一些频道在播放以前只有在 PBO 才播放的节目。结果公共媒体的收益-成本分析已不能像过去那样准确判断 PBO 的规模和范围。从现在的情况看，对单个节目提供补贴要比创办新的 PBO 更灵便可行。

三、传媒产业中的政府规制

世界各国的政府对于传媒产业的规制手段虽然千差万别，但都是相当积极的。

例如，欧洲国家既认为传媒产业作为一个市场在运作，有助于实现技术革命、经济增长、就业等社会目标，也将传媒产业看作民主、自由和多元主义等政治目标的基础，因而对传媒产业实行了许多规制措施，比如运用竞争法、电信集中法、传媒集中法等法律条文调节传媒行业的集中度，以促进公共利益。在欧盟范围内，“电视无国界”指导原则既保证视听传媒的竞争活力，与美国分庭抗礼，也旨在维护各成员国的文化差异性。

美国在 1996 年前后，对传媒产业的规制政策走向了放松，但是仍然有许多规制政策被延续了下来。

在我国，政府对于传媒产业的规制也相当完备，以报业为例，主要方式有以下几种：

（一）进入规制

主要是通过实行进入许可制度来实现的。许可规制在我国现阶段主要有以下两种方式：

1. 严格限制的少数进入许可

即一个可定义市场中允许最多有2～3种报纸存在。在这样的进入许可规制制度下，报业市场中各细分市场界限分明，进入壁垒很高。在这样的市场准入制度下，通常会形成寡头型的市场结构，报纸承受可竞争市场的压力。例如，在一省或一市的党报市场中只允许一家独占，严格控制报纸的数量。

2. 一般性限制的多家进入许可

即一个可定义市场中允许有多种报纸存在。在这样的进入许可规制制度下，报业市场中各细分市场界限不是很清晰，细分市场交叉重叠，进入壁垒不是很高。在这样的市场准入制度下，通常会形成支配-边缘型的市场结构，即有1～2种具有领导支配地位的报纸，同时存在多种报纸。这种类型的市场结构具有较强的竞争压力。例如，在各个地方的都市报市场中就允许多家进入，积极竞争。

在以审批方式进行进入规制的条件下，报纸刊号是一种稀缺的和有价值的资源。而稀缺资源即使没有市场价格，也是有潜在价格（影子价格）的。从这一意义上说，获得一个刊号实际上相当于获得一份具有经济价值的资产。如果将刊号无偿批给一个申请人，就相当于拨付给他一份有价资产。可见，报纸刊号的审批和发放具有资源配置的功能。从社会的角度来看，资源的有效配置应体现效率和公平两个基本原则。报纸刊号的配置也应该体现这两个基本原则。简单说就是：报纸刊号应该发放给最能利用其发挥效益（包括社会效益）的办报人，并且有助于调控全国以及地区的报纸总量的供需平衡；同时，要有助于刊号资源在总体上的合理分布，包括报纸的种类分布、地区分布、主体结构分布等，使刊号的投放和配置能够权衡各方面对刊号资源的合理需求和权益要求。①

（二）价格规制

即由政府规定报纸的价格，规制手段主要是实行价格审批，或者限制报纸的零售价格。过去，中国的报纸一直实行严格的价格规制制度，主要目的之一是保证低价格报纸的普遍供应，现在主要是为了维持市场秩序。2000年3月1日，在南京《服务导报》改版、争夺零售市场的一番价格大战之后，主管部门硬性规定，南京报纸零售价格不得低于0.3元。

（三）数量规制

即政府规定每一种报纸（每周）的期数和版面数。主要的规制手段是，报纸的增期（减期）、增版（减版）都必须经政府行政部门审批。实行这种制度的目的是控制报业的结构，即哪种类型的报纸应该占多大的市场比重。

---

① 金碚．报纸评估论证制度的经济学基础［J］．传媒，2003（6）：22-24．

（四）许可权限规制

即规定报纸不得随意出版地方版，包括地方广告版，地方报纸不得异地出版，禁止一报多版。凡是一报多版，如全国性报纸出版地方版，均须申请新的刊号，政府行政部门以控制刊号的方式进行严格限制。实行这种规制措施的目的是严格分割市场，防止许可权的越权和失控。因为，如果听任各家报社可以出版不同式样的报纸，就等于使进入许可规制失去效力。

（五）产权规制

即严格禁止或者限制报纸的产权交易，禁止或者严格限制外部资本进入报业领域。最主要的规制手段就是实行主管、主办制，即只有符合一定条件的（非企业）国有单位才能办报，每一种报纸都必须有自己所隶属的主办和主管单位。实行这种制度的目的是确保报纸的公共性，保持国家对报纸这种“社会公器”的控制，防止报纸的不良行为导致严重的社会风险。

（六）广告规制

主要是禁止发布虚假广告。我国先后出台了《广告管理条例》（1987 年）及《广告管理条例实施细则》（1988 年）、《中华人民共和国广告法》（1994 年、2015 年、2018 年）等法律和行政规章，规定不得发布含有虚假内容的广告，不得欺骗和误导消费者。否则，由广告监督机关责令广告主停止发布并以等额广告费用在相应范围内公开更正、消除影响。使购买商品或者接受服务的消费者的合法权益受到损害的，由广告主依法承担民事责任。构成犯罪的，依法追究刑事责任。广告经营者、广告发布者明知或者应知广告虚假仍设计、制作、发布的，应当依法承担连带责任。广告经营者、广告发布者不能提供广告主的真实名称、地址，应当承担全部民事责任。社会团体或者其他组织，在虚假广告中向消费者推荐商品或者服务，使消费者的合法权益受到损害的，应当依法承担连带责任。除此之外，国家行政主管部门如国家广播电视总局为规范广告播出先后下发了多个规范性文件，整顿广告刊播市场秩序。

（七）反不正当竞争

即禁止报纸以不正当的方式获得市场竞争利益。例如，查禁有偿新闻；再如，禁止以新闻的形式表现广告，进而吸引广告客户，获得市场竞争中的利益。规制措施的主要目的是，维护消费者和公众的利益，保证报纸的质量，维护公平竞争的市场秩序。

（八）反垄断行为

从一般意义上说，传媒产业反垄断政策的内容是，对同一传媒控制整个市场或者同一经济实体控制多家媒体进行限制，以及打破报业发行市场的垄断等。迄今为止，中国尚没有严格意义上的传媒或报业反垄断政策。但是，相对于 20 世纪 80 年代以前的报业垄断局面，现阶段的报业政策已经具有了明显的反垄断含义。主要方式是，通过发放报纸刊号形成多家报纸竞争局面，对报纸及其他媒体的兼并进行管理，避免形成传媒业市场的不合理垄断而导致效率损失及整体竞争力的下降。

（九）新闻政策规制

传媒业的特殊性之一就在于它具有公共物品的性质，各国对传媒业都有一定的规制，在中国，这种规制更加严格。它不仅体现在前面提到的结构规制和行为规制上，而且也体现在政府对传媒业舆论导向的调控中。新闻政策主要是对新闻编辑方针的规制。政府对传媒业实施的新闻规制政策主要包括规定新闻媒体的编辑方针和内容不得损害国家利益或危及国家安全，控制传媒的政治倾向，禁止或限制传媒登载危害社会道德的内容，避免集团利益对编辑方针的控制而损害社会公正或公众利益等。

同其他产业相比，中国政府对传媒业实施的产业规制政策，在反垄断、价格制定等方面相对较宽松，但是对传媒业的进入规制、消费者保护方面的规制政策相对较严格。

总体上，我国对于传媒行业的政策体系随着行业自身的发展而日益完善。比如对于网络短视频行业，通过《互联网信息服务管理办法》（2000 年）、《互联网视听节目服务管理规定》（2007 年）、《中华人民共和国网络安全法》（2017 年）等法律法规和部门规章，以及《网络短视频平台管理规范》《网络短视频内容审核标准细则》（2019 年）等行业规范，初步建立起了规范短视频行业的制度体系，有利于引导和促进短视频行业的良性发展。

四、对政府规制政策的期待

以美国传媒产业政策的制定、实施和调整为例，其依据主要有四个方面：思想市场理论（marketplace of ideas metaphor）、多样化原则（diversity principle）、本地主义（localism）原则和普遍服务（universal service）原则。①

“思想市场”是传播规制的基础性概念之一。如前所述，英美法律界、学术界和政界人士对它做了广泛而深刻的分析。例如，对思想市场的经济理论的解释强调效率、消费者满意和竞争，而民主理论的解释则强调公众知识、信息充分的决策和有效的自治。在有关的争论中，经济理论的解释似乎更反对政府对传媒产业的规制，而民主理论的解释则呼吁这些规制。这说明不同的解释可能导致不同的决策。

多样化原则也是主导美国传媒系统和传播政策目标演变的一个基本原则。事实上它可以被看作思想市场这一宽泛原则的中心组成部分。思想市场的隐喻为大多数多样化政策的正当性提供了理论支持，同样，多样化原则与竞争一道被视为一个有效运转的思想市场的关键成分。对多样化原则作为政策目标的重视还直接来源于前述的美国宪法第一修正案所强调的对“来自不同的和敌对的渠道的信息的尽可能最广泛的传布”的传统。

多样化原则不是理论标准而更主要是一个经验性的可评估的框架，它包括多个组成部分，见图 6－5。图 6－5 还显示，来源多样化可以导致内容多样化。美国联邦通信委员会在很多情况下都通过使所有权多样化来实现内容多样化的目标。而暴露多样化则是从受众接收来考虑

---

① NAPOLI P M. The marketplace of ideas metaphor in communications regulation [J]. Journal of communication, 1999 (9): 166.

的，水平的暴露多样化与受众群体的细分有关，垂直的暴露多样化与受众个体的历时性变化有关。在美国，多样化原则优先体现在电子传媒方面，例如所有权规则和公正条款等。当然它也一样可以应用于印刷、音乐等传媒产业。

图 6-5　多样化原则的组成部分、子部分及其相互关系

多样化原则不同于多样性（variety），后者是指大量的可获得的频道或内容选择，而前者的侧重点既包括选择的数量，也包括这些选择按照内容或所有权特征的差异。可见多样性和多样化原则是相关的，但是多样性不能涵盖多样化原则的所有内容。

本地主义原则起源于无线电视的发展。20 世纪 40 年代，美国无线电视呈现出区域分布的地方化和节目形态的多样化，同时收看人数也越来越多，但一些偏远地区的居民仍然无法接收到电视信号。因此，联邦通信委员会在当时制定了一套纲领，旨在希望每个社区至少有一家电视台，这一规定就是所谓的本地主义。

普遍服务原则基于信息的平等权这样的民主政治概念，其目标是要使所有的美国人，包括居住在乡下及高成本地区的人，都能享受先进的电信与信息服务。农村地区得到的服务，必须“适度地比得上”城市。中小学校与医院、图书馆等公共机构，都必须配备先进的电信服务。为此联邦通信委员会规定，市场垄断者必须提供普遍服务，市场上的所有竞争者亦均应对普遍服务有所贡献。

第三节　政府失灵——政府规制的局限性

在对政府规制的讨论中，我们一直强调需要对干预的收益与成本进行权衡。如果干预成本高于干预收益，我们就称之为政府失灵（government failure）。因而，市场失灵只能看作政府规制的必要条件，但不是充分条件，仅仅存在市场失灵并不能证明政府规制是正当的。

一、政府失灵的表现

关于政府规制失灵的情况，可以从有偿新闻屡禁不止、广播电视节目低俗化现象难以杜绝等方面得到反映。下面我们主要以政府对广告刊播行为的规制为例来做说明。

中国政府对广告的规制应该说很早就予以重视了。这些规制本身是好的，问题是上述这些条款在电视台的广告行为中没有被很好地执行，各种不良广告和不良广告行为比比皆是。

有人曾总结我国电视广告的7种不规范现象：（1）恶性广告竞争。播放总量没有节制，想怎么播就怎么播，想播多少就播多少。（2）电视剧无节制地插播广告。迫于竞争和创收的双重压力，很多电视台都存在超时、不规范插播广告的现象。（3）恶心广告多。指那些大大影响了我们生活与环境的广告。（4）流动字幕广告多。有些电视台转播中央电视台节目的时候，随意播放流动字幕广告，缺乏审美观念。（5）污染屏幕广告多。这类广告大都语言粗俗、格调低下、品位低劣，在内容上极大地污染了屏幕。（6）小广告泛滥。过去贴在电线杆上的广告内容也上了电视屏幕。（7）虚假广告泛滥。虚假医疗卫生保健品广告泛滥，成为公害。①

就电视媒体来说，为什么广告问题总是屡禁不止呢？主要原因有二：

（一）媒体履责不到位

在市场经济体制下，行业竞争加剧。部分自律能力较差的电视媒体为了自身利益，为了生存，往往是“饥不择食”。这些媒体在播出广告时“睁一只眼闭一只眼”，甚至根本不对广告批准文号等有关证件进行审查，只要给钱，一切照播，使得一些虚假医疗广告得以蒙混过关。

由于电视台是一种有影响力的传播机构，其拥有的舆论监督权力让其他各种权力部门都敬畏三分，因此即使它播出了未经许可的医疗广告，工商局、卫生局等执法机关也很难把电视台同其他市场主体一视同仁，做到“违法必究”。

（二）广告主游走于法律规制的边缘

实际存在的法律疏漏、责任分散问题，使不良广告主得以钻空子。例如，在《中华人民共和国广告法》对于医疗广告做出明确规定之前，违法广告主纷纷打法律“擦边球”，执法人员凭自己的理解来执法，难以正确执法。还由于“规制俘获”“政企同盟”现象的存在，在地方利益、个人利益的驱使下，做虚假广告的广告主通常都不会受到严厉的惩罚。广告规制执行不力的直接后果就是对消费者利益的损害，间接后果就是对电视传媒公信力的损害，甚至是对政府形象的损害。

随着互联网因素的加入，网络广告迅速发展，互联网广告背后的巨大商机也被不法分子利用。监管缺位导致行业陷入野蛮生长状态，违规违法的互联网虚假广告现象突出，推动着政府部门适时调整监管政策。②

二、政府失灵的原因

政府规制理论往往基于两个典型假设：一个假设是政府是无所不知的政府，另一个假设是政府监管成本为零。基于这些假设容易得出一个结论：政府规制市场是为了纠正自由市场经济

---

① 任谦．关于我国广告管理的若干问题［M］//昝廷全．中国传媒经济：第二辑．北京：科学出版社，2005：211-123.

② 孙道萃．虚假广告犯罪的网络化演变与立法修正思路［J］．法治研究，2018（2）：112.

中明显的、可修正的无效率和不合理。每一种市场不完善都有进行监管的正当理由，而且监管措施能够有效并且不费成本地运行。

如果这一监管理论成立，那么在集中度高、外部性显著的产业中最有可能实施监管，因为这类产业最有可能缺乏效率，最有可能发生一些不合理的事情。但是事实并非如此。有研究发现，监管与外部性、垄断市场结构不存在正相关关系。政府作为一个无成本的、值得信赖的改善市场行为的有效主体的观念已被人们淡忘。

首先，由于政府监管成本的存在，如果建立或实施某项补贴方案、规制条例或其他干预措施所付出的代价过于昂贵，就可能出现政府失灵。这种情况下，本来要用于干预的资源比未纠正的市场失灵情况下浪费的资源更多。

其次，政府干预本身可能是不完善的，对纠正市场失灵无能为力。

再次，人们很容易地就夸大与市场失灵有关的成本及干预带来的收益，因为外部性很难测量。

最后，规制在操作过程中还会遇到各种困难，规制往往不仅代价昂贵而且会延迟决策。平均成本费率（价格）规制的听证要面对的通常是持续时间长的或拖得很长的事件，其中争议的焦点包括实际成本水平、被规制公司是否有效运作、在相似风险条件下在他处挣得的正常利润等。此外，最初促成规制的环境可能发生改变，规制过程本身也可能会延迟导致新的竞争的技术革新。例如，在有些国家，政府的规制延缓了有线电视公司提供电话服务以及相应的与电话公司的竞争。

有时用于论证政府支持某一产业的论点是乘数效应。但事与愿违，乘数效应赖以成立的假设未必是有效的，付诸实践可能导致政府失灵。

为了阐明乘数效应论，我们举个例子来说明。设想有一个动议是政府每年向电影产业提供1亿美元的补贴。乘数效应论认为政府支出不仅增加了电影产业从业人员的总收入，使这一数字增加了1亿美元，而且这一效应还会放大。电影从业人员会拿出其中的一部分，比如说80%用于其他商品和服务上，提供这些商品和服务的人们的收入因而增加了8 000万美元。这些人再花掉其中的80%，依次类推。

支撑乘数效应的第一个前提假设是，不仅直接用于补贴电影产业从业人员的资金，而且其中一部分用于其他商品和服务并依次类推的资金，都流向那些否则就会未被充分利用的资源。第二个假设是，政府这笔资金不能用作其他用途，例如返还给纳税人（通过减税的方式），让其按照自己的意愿自由支配（这也会提供同样的乘数效应）。这两个假设都不太可靠。

由于上述理由，政府失灵是很难避免的。20世纪70年代以来，自由主义在西方经济学界重新崛起，以英美等西方发达国家为中心，在全球范围内兴起了一场旨在放松政府对行业规制的改革运动。放松规制席卷了电信、广播电视等众多曾被政府严格控制的行业，对全球经济一体化进程产生了深远的影响。

三、传媒产业中市场机制与政府规制的互补性——以欧美为例

正如世界上没有一种纯粹的经济体制一样，也很难找到一种单一的传媒体制。在西方发达

国家，各国的传媒体制不仅姿态各异，而且大都经历了不断的调整、改革与创新。西方传媒业发展的历史，其实就是一部活生生的体制转换史。拿广播电视出现之后的20世纪来说，我们既可以从中观察到麦克卢汉所说的传媒“四大定律”，即传媒特性与功能的放大、过时、再现及逆转，也可以观察到压力集团的各种局部利益的放大与逆转，以及由各方力量共同推动着的传媒制度的波动轨迹。

20世纪初以来，除了面临战争危机、国际环境处于动荡的年代之外，只要国家利益得到比较稳定的维护，欧美各国国内几乎总是处于各种利益集团的局部利益与社会公众的整体利益的博弈中。这种博弈，一方面体现了特定条件下特定利益集团的主导优势，另一方面各种利益集团共同作用的结果不仅使得某一特定利益集团长期主导的公共利益很难实现，而且会令公共利益在不同阶段打上不同利益集团的烙印，加上国与国之间的制度和文化差异，这也就导致了我们所说的“公共利益的多种实现形式”。下面我们结合欧美传媒业的历史进行较为详细的说明。

（一）20世纪欧美传媒体制的多种形式及其特点

与人们通常的看法不同，欧美国家的传媒体制其实具有多种形态，内容十分丰富，而且因时而异，与时俱进。在表6-2中，我们列举了若干种有代表性的传媒体制，并简要概括了它们的特点。

表6-2 欧美传媒业的代表性体制及其特点

	体制	构成			政府作用的特点	代表性地区
		市场或行业中的主导成分	政府角色	市场或行业中的补充成分		
报业	私营主导的混合体制	私营机构	政府监管	利益团体所属机构	最低限度地干预，鼓励竞争	美国、英国
广播电视业	私营主导的混合体制	私营机构	政府监管	公营机构	最低限度地干预，鼓励竞争	美国
	公营主导体制	公营机构	政府特许，内部自治	—	最大限度地保护	1927—1954年的英国、二战后至20世纪80年代初的联邦德国
	国家垄断体制	政府部门或国有企业	政府控制	—	最大限度地保护	1945—1974年的法国
	市场化的混合体制	公营机构＋私营机构	政府监管	利益团体所属机构	充分保护，鼓励竞争	1955年以后的英国、1981年以后的德国、1982年以后的法国
互联网平台	私营主导的混合体制	私营机构	政府监管	公营机构	鼓励竞争，适度调节	美国

欧美的报业体制构成比较简单，这是500年来西方报业不断演化的结果。政党主导的报业体制曾经在历史上占据过突出的地位，而其现行的私营主导的混合体制也有一定的公营成分。

如美国1970年的新闻保护法规定，在经营较为困难的市场上，允许同一城市的两家报社合并其经营部分，达成联合经营协定，简称JOT模式。这实质上是对意见的多元化提供了一定的保障。

私营主导的传媒体制，其实十分强调政府的监管作用。例如，自由主义色彩极其浓厚的美国报业，要受到美国政府多种政策的调节，包括反托拉斯法、各种交叉所有权限制规则等。美国政府对于广播电视业的监管更是林林总总，不一而足。

从广播电视诞生之日起，欧美的广播电视体制大约就开始分化。美国实行典型的商业广播电视运作，政府对传媒的直接控制较弱，不过监管十分有力；而以英国为代表的西欧，在较长一段时期内保持着相当程度的公营或国营广播电视体制。

按理说，欧美国家都是发达的资本主义国家，它们的传媒体制不该有这么大差异。从总体上看，美国的市场经济和私有化一直是搞得比较极端的，说它是极端的资本主义也不过分。相形之下，欧洲是社会主义理论和社会公正思想的产生地，所以虽然它们也实行资本主义私有制，但带有较强的福利国家色彩。这一点不得不影响各自的传媒体制。

即使在欧洲国家之间，也存在多种制度形式。它们的公共体制的含义虽然大体相同，但其筹资方式早已千姿百态。例如：英国广播公司的广告收入为零；西班牙广播电视公司不收取任何收视费；德国公共广播联盟和德国电视二台采取混合式的筹资模式，其中的广告收入部分非常有限；对于法国电视二台、三台、第五频道来说，广告收入起决定性的作用；德法合办的文化频道则完全依靠政府资助。

欧美传媒体制的多种形式，说明不存在唯一可行的传媒体制。欧美传媒体制的共性特点，也说明了政府角色的重要，以及一切应以社会公众的普遍利益的需要为依归。保障和维护公共利益的原则，始终是欧美传媒政策的基石。

（二）美国在私营主导制下对最低限度的干预政策的调整

美国是实行私营传媒体制的典型国家。它对于传媒业的核心理念，是推崇市场的作用反映在意识形态领域就是强调促进“思想市场”的重要性，强调让不同的意见通过不同的渠道尽可能地表达出来和发生碰撞，以消灭谬误，达致真理。而政府的责任，莫过于防止损害思想的自由市场的力量起破坏作用，避免公众的知情权、接近权受到侵犯。传媒是国家的守夜人，国家则是社会制度的守夜人。为此，政府尽量采取自由放任的政策，对传媒业减少直接干预。美国国有的传媒机构，只有美国之音等少数几个对外广播电台和电视台，可见一斑。

在美国的广播电视业中，公营机构作为市场或行业中的补充成分而存在，也反映了美国传媒体制保持最低限度干预的政策特征。与欧洲的公营机构迥异，美国的公共电视台（PBS）属于消极的类型，而西欧式的公共广播电视则属于积极的文化机构。美国PBS的主要功能，其实是弥补市场的缺陷，提供社会所需要的公益节目、少数群体和各地区所必需的各类节目，即发挥“拾遗补缺”的作用。这种制度安排满足了一部分利益集团，如少数群体、宗教团体的需要，同样符合公共利益原则。

美国私营主导制的形成，与英国自由主义传统的浸染、美国三权分立政治体制的传统、美国国内统一的大市场的存在、美国国内大企业在社会政治生活中的特殊地位等因素是分不开的。美国辽阔的疆域及国内大市场，是欧洲国家无法比拟的。欧洲各国彼此在地理上的接近及历史上的恩恩怨怨，使得各国不得不重视对传媒的控制，因而地缘政治因素在欧美传媒体制形成和发展的过程中发挥着不容忽视的重要作用。如果把欧洲看作一个整体，则欧美的传媒体制可以有更多的相似之处。

美国政府虽然奉行最低限度的干预政策，这种政策却处于不断的调整中。当然调整实际上就是对干预的限度和边界不断进行重新界定与诠释。这些调整涉及对传媒内容、经营、所有权的限制，涉及对不同传媒产业的规制或开放。每一次调整的背后，都有企业、产业或其他利益集团的影子。

美国传媒政策的调整，总体上的趋势是“放松规制”，鼓励让市场的力量发挥作用，甚至鼓励新的垄断的出现。《1996 年电信法》就是一例。2003 年 6 月，负责规制广播电视、电信和互联网的美国联邦通信委员会（见图 6－6）对于传媒所有权的有关限制性规定再次大幅度放松。2017 年 12 月，美国联邦通信委员会投票废除了“网络中立性”原则。这些调整引发了市场逻辑可能损害公共利益的担忧，即完全放任自流的市场竞争不可避免地导致兼并和垄断，从而导致多样化和竞争的削弱，并且难以全面充当保障公平、保护公众利益的角色。① 这一问题也是私营体制难以突破的一大瓶颈。

图 6－6　美国联邦通信委员会的标识

（三）欧洲在公私混合制下对最大限度的保护政策的释放

与美国对危及公共利益的现象采取消极防范的姿态不同，英、法、德、意等国大都采取过积极主动的全面规制政策，其出发点之一就是对公共利益予以最大限度的保护。

在西欧，公共利益的理念深入人心。欧洲人在传统上对国家权力及其从事公共服务的合理性给予了更多的认可。在 20 世纪 80 年代以前，传媒机构更多地被看作政治体系的组成部分，同时对普通百姓自由权利的最大限度的保护也被认为是大众传播的题中应有之义。前述的地缘政治因素和两次世界大战期间宣传的威力也对欧洲选择传媒国有化道路具有一定影响。因而西欧的广播电视几乎从一开始就确立了两个基本原则：非政府、非商业。公共体制由此而生。

西欧公共广播电视播出节目的范围几乎覆盖包括娱乐、体育、新闻、时事报道、纪实、教育、综艺、电视剧、音乐、宗教、儿童等在内的所有类型。它与美国 PBS 的明显区别是包括了

---

① 张咏华．美国新自由主义思潮和 FCC 新规定之争［J］．新闻记者，2003（11）：44．

娱乐节目。

西欧的公共体制大多是通过一个强大的、通常是高度集中的、有国家财政支持的、服务于全国的公共广播机构来体现的。实际上，西欧国家一度在非商业方面做得比较彻底，而在非政府方面并未真正实行过。在某种意义上，可以称之为“跛足的公共体制”。

作为公营体制的极致，法国广播电视曾经完全由国家垄断。第二次世界大战结束后不久，法国建立了唯一的广播电视机构——法国公共广播电视公司（RTF）。甚至广播电视体制改革逐步展开之后，各个公司的管理委员会仍然由政治家坐镇。

BBC也不能完全免除来自政府的控制。BBC一直由英国皇家宪章（Royal Charter）规管。作为BBC的管理文件，皇家宪章阐述BBC的公共目的，概述其监管和治理，并由政府配合着当时的传媒环境进行组织编写，每十年左右更新一次，最新的宪章于2017年1月正式生效。此次新宪章规定BBC的监管机构由原来的BBC信托基金（BBC Trust）改为英国政府的通信管理局（Office of Communication），这引发了人们对BBC独立性的担忧和未来发展前景的讨论。[①] BBC曾在苏伊士运河危机、马尔维纳斯群岛战争、爱尔兰共和军、美国轰炸利比亚，以及伊拉克战争等事件上，与政府的检查和限制发生冲突。公共广播电视体系角色尴尬，原因就在于它与国家之间特殊的联系。[②] 公共体制实质上是非商业化或政府直接控制的代名词。

英国自20世纪50年代中期起、欧陆国家自20世纪80年代初期起，相继走上了公私混合体制的道路，最大限度地保护公共利益的政策不得不让位于充分保护与鼓励竞争兼顾的新方针。和平发展的国际环境，使政策张力的释放及政策的转换与替代成为可能。

（四）传媒政策与传媒体制的可替代性及可转换性

事实上，对传媒体制的最大挑战并非来自国家本身，而是来自市场压力和技术因素。

随着信息技术的突飞猛进和信息时代的到来，世界上各主要国家都在进行传媒产业政策的重建，以提高效率，适应国际信息传播产业竞争新格局的需要。在美国，放松规制的浪潮一波接一波，方兴未艾。西欧对其原有的公共体制普遍施行私有化和市场化改革，因其力度之大、影响之广，被称为世界广播电视史上的“断裂”现象。

流风所及，连作为英国国家象征的BBC也从20世纪90年代初迈开了市场化改革的步伐。自1999年起，BBC全面调整业务，引入商业机制，加强竞争意识，以便继续保持它在世界信息传播业界的权威地位。

换一个角度来看，传媒政策的调整和改革显示了“市场机制+政府监管”模式对于公营体制的某种程度的可替代性。美国的传媒体制相比于欧洲就是如此，欧洲的公私混合制相比于公营主导制也是如此。因而欧洲广播电视业经过“断裂”，实现了体制的一次重大转换。西欧的市场化改革是在资本主义的框架内发生的这一点，也体现了传媒体制转换的某种连续性。

我们之所以推定西欧国家实施的改革政策对公营体制具有某种可替代性，其理论依据是公共机构并不是实现重要社会目标的唯一方式。政府通过制定和实施有效的公共政策和规制措

---

① 张莉，郭可儿．公共广播电视面临的新挑战：从BBC 2017年宪章改革谈起［J］．新闻界，2019（2）：84．

② 吴非．英国广播公司的尴尬角色［J］．中国传媒报告，2004（2）：53－59．

施，也可能达到由非公共机构来实现社会目标的目的，而且，实施效果可能更好，可以避免过多公共机构的存在而产生的副作用。从理论上说，只要公共政策和规制措施有效，公共机构数量的减少有可能带来更高的市场绩效。

在传媒体制重构方面，欧洲各国进程不一，有的较快，有的则较慢。但总体上，尽可能用公共政策及规制措施来替代庞大的公共机构，似乎是堪比于美国放松规制的又一大趋势。当然，各国政府在有限退出传媒业的同时，规制政策和措施也在不断地完善与加强。

不过，虽然欧洲各国改革的动作很大，使原有的体制实现了极为明显的改观，但这种改革受到了多方面的批评。有些学者甚至担心，如果完全模仿美国的传媒市场体制，那将更有利于传媒帝国主义的渗透。

从欧美的历史经验可以得出结论：没有最佳的放之四海而皆准的传媒体制，只有适合本国国情的能最大限度推动产业发展并满足公众日益增长的信息、文化和权益伸张需求的传媒体制；同时在一国范围内，传媒体制的实现形式也应当是充分发挥市场、政府和其他利益团体等多方面作用的和多样化的。

【本章小结】

从规范分析的角度看，经济中的政府规制的合理性建立在市场失灵的基础上。市场失灵可能由外部性、公共物品或垄断等原因造成。

外部性是指在买卖双方的经济交易中产生的涉及第三方的成本或收益。外部性由产品或服务的生产或消费而产生。

典型的生产中的外部成本来自污染。电视和电影中的暴力内容可以看作一种形式的污染。生产中的外部收益来自研发。当新知识在行业内扩散时，其他公司可以从技术外溢中获益，公司培训也有类似的效果。消费中的外部收益来自公共物品，如公共交通和教育。对于电视节目和电影来说，外部收益是指通过收视而取得的正面效果。

解决外部性问题的办法是，可以通过征收消费税将外部成本内部化，通过补贴将外部收益内部化。设定标准也是一种常用方法。另外，可通过授予专利或版权来鼓励研究和开发。

公共物品有两大特征：消费的非竞用性和非排他性。国防是个主要的例子，它是非竞用性的，因为它所提供的保护能让所有公民同时享受，也没有任何公民能够被排除在收益之外。无线广播电视被认为是一种公共物品，因为它在消费上是非竞用性的，在技术上可以实现排他性，但不实用。商业广播电视组织选择将受众的暴露度卖给广告主，更甚于将节目卖给受众。

政府的作用是确定公共物品的最优产量并通过税收对其进行资助。公共广播组织的创办可以看作政府对无线广播的公共物品性质以及商业广播在不同节目间配置资源无效率的一种回应。

垄断造成了资源配置的无效率，因为生产者总是限制产量并哄抬价格。政府往往会阻止垄断的出现。自然垄断情况下，政府采用边际成本价格或平均成本价格规制以避免垄断者剥削消费者。

当政府规制的成本高于收益时就会出现政府失灵。仅仅因为市场失灵并不足以证明政府规制是正当的。如果政府设立或执行一项补贴方案、规制措施或其他干预形式的成本过于昂贵，政府失灵就可能发生。干预本身也可能是无效率的，对纠正市场失灵无能为力。

政府规制的实证理论试图解释政府规制怎样进行及何时进行。博弈参与者是政治家、官员和选民，假定每一集团都为自身利益所驱动。

俘获理论是指政府进行干预反而为特定利益集团所“俘获”，促进了生产者或工会的经济利益。每一种理论都能用来解释政府规制的某些方面。

【思考与练习】

1. 政府为什么要对经济进行干预？
2. 什么是市场失灵？
3. 什么是外部性？
4. 什么是公共物品？
5. 传媒产业中市场失灵的表现及原因是什么？
6. 为什么西方国家的广播电视通常会受到政府规制，有时也得到补贴，而报纸却很少得到这些呢？
7. 建立一个公共服务广播组织的合理性是什么？
8. 政府为什么要实施竞争（反垄断）法？
9. 如何看待政府失灵？
10. 怎样对短视频行业进行有效规制？

【推荐阅读书目】

施普尔伯．经济学的著名寓言：市场失灵的神话［M］．桂林：广西师范大学出版社，2018.

奥斯特罗姆．公共资源的未来：超越市场失灵和政府管制［M］．北京：中国人民大学出版社，2015.

第七章

信息技术与产业融合

【本章学习要点】

- 20 世纪 70 年代以来信息技术革命的发展过程及其对传媒产业边界的综合影响
- 传媒产业融合的技术动因
- 产业融合、网络外部性等基本概念
- 传媒与信息产业、传媒与文化产业之间融合的趋势
- 网络外部性的基本规律

人类信息技术的发展在经历了长期缓慢的开端之后，进入了加速的通道，特别是数字化信息技术的不断发展最终汇聚了媒介融合的大潮。正如分分合合乃是人类历史的常态一样，媒介的产业融合并不是媒介演化的终点，但是却为活跃于其间的种种经济活动创造了新的可能。

第一节　数字化信息技术与媒介融合

人们常说，媒介融合只有进行时，没有完成时。事实上，媒介融合是一个阶段接一个阶段地推进的。而数字化信息技术奠定了媒介融合最新历史阶段的起点。

一、数字化信息技术革命的兴起

在人类历史上，从文字、印刷术到电报、电影、电视，有过数次重大的信息技术革命。我们所指的信息技术革命，主要是以微电子、计算机等信息技术为代表的科技革命。本次信息技术革命起源于 20 世纪 30—70 年代核能技术、电子计算机技术、航天技术的突破。从 20 世纪 70 年代中后期起，由于半导体、微电子技术的迅速发展，电子计算机技术的不断更新换代及其在各个技术领域的广泛应用，信息技术革命在全球范围内蓬勃兴起。

数字化是最近这一次信息技术革命最主要的特征。数字化信息技术革命，也可以定义为用 0 和 1 编码来表达和传输一切信息的一场综合性技术革命。数字化信息技术将文字、图像、音

乐、数据和其他信息，以 0 和 1 的形式储存、压缩与更正，通过光纤或无线频谱以光速传输，具有易交换、高容量、高稳定和高清晰等特点。1937 年，美国人里维斯（Alex Reeves）提出了数字式的通信方式。随着微电子技术、光通信技术等一系列高科技的综合发展，20 世纪 90 年代数字革命终于大规模爆发。

数字化推动了数据化，全社会重视对数据的收集、聚合、分析与应用。数据已成为新的生产要素。数字化从计算机化向数据化的发展，是当前社会信息化最重要的趋势之一。①

信息技术革命不仅催生了独立的信息产业，而且具有极大的外部性，以信息技术为中心，引发了现代技术领域的巨大变革，形成了新兴技术群。数字化信息技术包括微电子技术、计算机及其软件技术、光通信技术、多媒体技术、多媒体数据库技术、数字压缩技术、语音识别技术、自动翻译技术、虚拟现实技术、计算机网络技术等。

信息技术的数字革命改变了过去以原子为主的世界，代表着一种新的信息方式、生产方式、生活方式。数字技术取代了以模拟技术存取、加工、传输信息的方式，带来了信息处理、生产消费和日常生活的革命性变化。1995 年，美国学者尼葛洛庞帝在《数字化生存》一书中描述了数字技术对人们的生活、工作、教育和娱乐带来的冲击。数字化信息技术革命将人类带入信息社会。

信息技术革命使各行业之间达到一定程度的“融合”，尤其是计算机业、通信业和信息内容产业的聚合，带动了服务业以及整体经济的稳定增长。1983 年，那时互联网概念还没有扩散到大学和研究机构之外，美国学者伊契尔·索勒·普尔（Ithiel de Sola Pool）（见图 7-1）在其著作《自由的科技》中提出“传播形态融合”的概念，认为数字电子技术使各自特色鲜明的媒介形态逐渐交叉，呈现多功能一体化的态势，这一想法成为“媒介融合”一词的“先驱”。

图 7-1 美国学者伊契尔·索勒·普尔

信息技术革命通过世界各国的信息基础设施和国际互联网，使距离很远的不同专业生产空间的联系更为紧密，推动了全球化进程，成为数字经济发展的重要基础。

所谓数字经济，指的是以信息技术革命和全球供应链一体化为基础的高增长、低通胀、科技进步快、经济效率高的一种经济状态。1996 年 12 月 30 日，美国《商业周刊》首次提出“新经济”的概念。这里的新经济主要指数字经济，又称信息经济、网络经济、知识经济。数字经济具有以下特征：以 IT 技术和 5G、工业互联网、物联网等新一代数字技术为基础，在数字产业化的同时产业数字化；知识成为经济增长的内在要素并改变经济结构；边际报酬递增；高利润与高风险性并存；全球供应链一体化。20 世纪末 21 世纪初，美国经济被认为是数字经济的重要代表。2018 年，中国数字经济产值达 31.3 万亿元人民币，约占 GDP 的 35%。

① 徐宗本．数字化 网络化 智能化 把握新一代信息技术的聚焦点［J］．网信军民融合，2019（3）：25-27.

二、数字革命对“媒介融合”的影响

数字化信息技术革命给传播媒介带来的影响是巨大而深刻的。其直接影响包括三个方面：一是传统媒介经历数字化过程而变为新媒介；二是各种不同媒介形式在技术层面的汇流与融合；三是互联网的出现和普及。

在数字时代，无论是何种形态的信息，一经数字技术的处理，都可以整合为同一的数字化信息。经由数字化的转换，所有的传统媒介都可以转型为新媒介，如报纸转型为电子报纸，杂志转型为电子杂志，出版转型为网络出版，广播转型为数字广播，电视转型为数字电视等等。

由于所有的传媒产品都包含某种程度的信息，如新闻、商业广告或娱乐，相对于其他产品来说，传媒产品所包含的信息量更多，物理形式在总产量中的比例更小。因此，传媒产品比较容易数字化。而一辆汽车、一台冰箱，则难以做到这一点。同理，互联网也特别适合于传媒产品的传输。

在数字革命的浪潮中，互联网、移动电话（手机）等已成为新媒介的代表性形式。互联网通过其各种强大的功能，形成了海量信息源。互联网还改变了以往众多媒介形式空间偏倚的特点，使传播的范围扩大至全球，它使任何人在任何地点、任何时间都可以与其他任何人进行任何形态的信息的沟通交流，它是推动全球化强有力的因素之一。

数字化之后，高新技术产业的产业边界出现模糊化，过去不同形态的媒介信息的壁垒已被打破，报刊、广播电视、互联网所依赖的技术越来越趋同，以信息技术为中介，以卫星、电缆、计算机技术等为传输手段，数字技术改变了获得数据、影像和语音三种基本信息的时间、空间及成本，各种信息在同一个平台上得到了整合，不同形式的媒介彼此之间的互换性与互联性得到了加强，媒介一体化的趋势日趋明显，这种现象称为“媒介融合”。全球新媒体部分数据见表 7－1。

表 7－1　2018 年全球新媒体部分数据

全球	网民 43.88 亿，手机用户 51.12 亿，固网宽带用户 10 亿
中国	网民 8.29 亿，世界第一
腾讯	微信和微信国际版拥有超过 10 亿的活跃用户
字节跳动	Tik Tok（抖音短视频国际版）拥有月活跃用户超 5 亿
支付宝	月活跃用户 6.5 亿
阿联酋	光纤到户渗透率世界第一
韩国	2019 年 6 月 10 日 5G 用户数量超过 100 万
Google	谷歌搜索及 Android 手机操作系统的全球用户均超过 30 亿
Paypal	网络活跃用户 2.77 亿
Facebook	月活跃用户 20 亿，年营收约 560 亿美元

数字化的推动，使得过去传媒产业间的技术壁垒为之瓦解。最近数年，我们看到了许多与数字化手段有关的技术革新，能够增强市场的竞争性。数字电缆和卫星传输系统增加了电视台和电台能够承载的信号的数量，广播电视业变得更有竞争性。有线电视现在同发送电视信号的

DTH 卫星和无线电缆 MMDS 在竞争，有线电视在互联网接入和本地电话服务方面同电信展开新的竞争，电信则以自己的高速 ADSL 服务和视频点播予以回应。

互联网也提供了一种强有力的竞争力量。它在长途电话和传统邮件方面具备了竞争优势。全世界的广播信号可以通过互联网听到。互联网使零售和发行更有竞争性。虚拟图书和音乐商店，诸如亚马逊（Amazon.com），收到在线订单，直接发货给消费者。亚马逊没有物理上的书店，它在早期没有发行员工，没有图书目录，只雇用了很少的程序员和其他职员，在 20 多年的时间里迅速成长为全球商品品种最多的网上零售商和全球第二大互联网企业。

物联网是互联网的自然延伸和拓展。随着物联网技术的发展和普及，使用计算机和网络实现功能扩展的物理设备将无处不在，并推动工业产品和技术的升级换代，不仅会催生出新的工业，也会重塑现有产业布局。与此同时，信息技术还在走向智能化。

在影音市场，随着配备高端软硬件的家庭乃至个人移动终端可能具有录音棚级的音响质量，进入视听行业的壁垒也消除了。经历了版权市场从无序到有序的规范之后，以 MP3 等格式下载或在线收听音乐已经成为音乐消费的常态。面向电影院的电影发行亦已数字化，实现了电影数字拷贝卫星传送。2018 年，互联网视频行业巨头奈飞（Netflix）的收入与北美电影票房规模在伯仲之间，颠覆了传统的影视市场格局。

三、数字时代的信息产品及版权问题

数字技术在产生积极作用的同时，也会产生负面作用和新的问题，例如著作权保护面临困难等。

数字化信息产品具有以下几个特性：

其一，不易破坏性。数字产品不会磨损，没有耐用品和非耐用品之分。数字产品的生产者是在和自己已经售出的产品进行竞争。

其二，可变性。数字产品可以很容易地被修改。尽管有版权法的保护，但是由于技术发展快于法律的修订，而且法律永远不可能穷尽规则，所以，数字产品的生产者很难保护其利益不被侵犯。

其三，可复制性。数字产品极容易被复制，也就是说它具有高沉没成本、低边际成本的特点，有时候边际成本几乎可以忽略不计。这种成本结构从根本上否决了供给曲线，因为供给曲线存在的逻辑前提是价格等于生产的边际成本。

其四，对个人偏好的依赖。信息产品不是同质“可消费”产品，被消费的是信息所代表的思想和信息的用处，这些用处因人而异。因此，信息产品的销售者要更多地依赖消费者信息以便根据偏好来对消费者进行分类。这就产生了两个问题：一个是销售者要根据消费者类型进行差别定价；另一个是对于差别化的产品，销售者应根据消费者的边际支付意愿而不是边际生产成本来定价。当生产的边际成本为零时，无法再按边际成本来决定价格。

此外，数字化信息产品还有一种重要的特性：边际效用递增性。

由于资源具有稀缺性，因此，在一定的技术水平下，随着投入的增加，边际产出（即边际收益）呈递减趋势。这是边际收益递减规律。

在信息产业中，许多产品的生产，比如电脑软件的生产并未遵守边际收益递减规律，或者说不是直接遵守这个规律。其原因在于，信息资源是网络经济中的主要生产要素，而信息资源具有再生性、无排他性的特点，其成本不随使用量的增加而成比例增加。比如，一个程序一旦编写成功，它的再生产和销售就几乎不需花费生产成本和营销成本。同时，信息技术发展快、变化大、生命周期短，产品受市场容量饱和的影响较小。因此，在投入与产出的关系中出现了边际效益递增的规律性现象，而且这种现象还会因网络效应的作用而强化。

信息的价值不是固定不变的。在信息的传递过程中，信息的价值呈现一个不断增值的过程。在信息传播的同时，信息本身也在发生着自我演化，包括不断地被修改、扩充和优化等。尤其是信息积累到一定程度，经过加工、处理、分析、综合，可以使其内容和形式发生质的变化，形成高质量信息资源，往往会身价倍增。这样，信息就实现了自我累积增值。因而，信息的传递性和累积增值性必然导致随着信息的增多，从增加的信息中所获得的额外效用也越多，即信息具有边际效用递增性。

就信息技术或信息传播企业而言，随着规模的扩大，技术独创和创新精神以及对企业的管理就显得更加重要。如果企业解决不了这方面的问题，递增收益最终也会消失，只不过相对而言比其他产业的时间要晚一些。

信息技术从两个方面改变了信息的成本：其一，复制成本。信息技术极大地降低了制作复制品的成本。其二，分销成本。信息技术使这些复制品可以被迅速、方便、便宜地分销出去。正是因为这样的特点，对数字产品的知识产权进行保护是十分困难的。

传媒产业从本质上说是内容产业，横跨娱乐和信息产业两大领域。传媒产业从事“信息产品”的内容生产、加工和传播，并通过交换来实现信息资源的增值和对生产过程中劳动成本的补偿，获取最大的经济收益，这决定了传媒产品具有多次销售的功能。这一过程中存在着制造和包装知识产权、尽可能向广泛的受众传播、尽可能以高的价格出售知识产权以求利润最大化，所以，版权问题便成了内容生产时传媒产业中一个重要的问题。①

第二节 数字化信息技术与产业融合

信息技术革命无疑是传媒产业融合的最大推动力。从另一个角度看，传媒产业融合可以看成是信息技术驱动下传媒产业的流程再造与组织重构。产业融合是传媒产业演进过程中的一个阶段，是产业结构体系的一次重大调整。②

一、传统传媒产业与产业价值链

产业是社会生产力发展的结果，是社会分工的产物，并且随着社会生产力水平和分工专业

---

① 童清艳．中国传媒产业：知识经济条件下的国际合作［J］．新闻界，2007（3）：19.

② 张春林，于丹丹．论产业融合视野下媒介融合的“互联网＋”思路［J］．重庆工商大学学报（社会科学版），2017（1）：13.

化程度的提高不断变化和发展。在英文中，“产业”“工业”“行业”都可以称“industry”。而产业经济学中的产业，是指国民经济中以社会分工为基础，在产品和劳务的生产和经营上具有某些相同特征的企业或单位及其活动的集合。简单地说，产业是指具有某类共同特性的企业集合。

所谓传媒产业，通常是指从事同类信息传播活动的大众传播传媒机构的集合。根据传媒经营活动的不同内容和不同层次，可以对传媒产业做出更为精确的分类，见表 7-2。

表 7-2　传媒产业的构成及内涵

<table>
<tr><th>传统传媒产业门类</th><th>传统传媒核心业务</th><th>传媒产业数字化</th><th>互联网产业</th></tr>
<tr><td>报纸产业</td><td>编辑业务、发行业务、广告业务、印刷业务</td><td>报纸网站、手机报纸、移动客户端</td><td rowspan="7">互联网信息业务、互联网社交业务、互联网广告业务、互联网游戏业务</td></tr>
<tr><td>杂志产业</td><td>编辑业务、发行业务、广告业务</td><td>杂志网站、移动客户端</td></tr>
<tr><td>出版产业</td><td>编辑出版业务</td><td>数字出版</td></tr>
<tr><td>广播产业</td><td>节目业务、广告业务</td><td>网络广播、移动客户端</td></tr>
<tr><td>电视产业</td><td>节目业务、广告业务、有线电视业务</td><td>数字电视、IPTV、智能电视、移动客户端</td></tr>
<tr><td>电影产业</td><td>电影创作制作业务</td><td>在线视频</td></tr>
<tr><td>录音录像产业</td><td>音像创作制作业务</td><td>在线音乐、在线视频</td></tr>
</table>

根据技术特性，传媒产业可以分为传统传媒产业和新传媒产业两大类。传统的传媒形态包括了两大部分：一是平面媒体如报纸、杂志和图书等；二是电子媒体如无线/有线电视、广播、电影和音像等。新媒体如互联网、移动通信媒体等。

根据具体情境，为各类传媒提供配套服务的企业集合，可以包括在外围传媒产业中，也可以自成一体，或纳入其他非传媒产业类型中。从国内外情况看，外围传媒产业的范围涵盖文化艺术产业、信息网络服务业、教育业、旅游业、体育业、广告业、会展业、咨询业等信息产业和文化产业门类。

对于传媒产业的评价，可以从多个角度展开，比如关于传媒产业影响力的评价指标、关于传媒产业竞争力的评价指标、关于传媒市场的评价指标、关于传媒品牌的评价指标、关于传媒企业价值的评估指标等。

“价值链”（value chain）这一概念，最早由哈佛大学商学院教授波特（Michael E. Porter）于 1985 年在《竞争优势》一书中提出。他认为，“一定水平的价值链是在一个特定产业内的各种活动的组合”。

美国学者戴维·贝赞可（David Besanko）等在《公司战略经济学》一书中认为，产业价值链描述的是厂商内部和厂商之间为生产最终交易的产品或服务所经历的增加价值的活动过程。它涵盖了商品或服务在创造过程中所经历的从原材料到最终消费品的所有阶段，由五个基本活动（进货后勤、生产作业、出货后勤、营销销售和客户服务）和四种辅助活动（采购、技术开发、人力资源管理和企业基础结构活动）组成。

由从原材料采购到转换为中间产品和产成品并且将产成品销售到用户的一整套生产营销活动所共同构成的功能性网状链条，即产业链。产业链不仅将生产活动的各个环节，而且将供应商、生产者、流通业以及最终消费者都联系了起来。

在产业链中的各个环节、各个产品、各个企业和各个不同的过程，都可以延伸构成产业链中的一个类型。比如，若以产业链所涉及的市场主体来细分，可分为企业价值链、供应商价值链、渠道价值链等。若从单个企业的角度来划分，可分为企业内部价值链和产业价值链。如果围绕某一技术，如摄影摄像编辑技术，也可以将所涉及的一系列具有上下游关系的活动集合归为一类；围绕某一产品，如电视综艺节目，可以将它的研发、设计、制作、播出、销售以及衍生产品的开发归为一类。

从过程的角度，我们通常将传媒产业链划分为资源供应链、产品生产链、市场销售链和信息反馈链四部分，这包括了传媒产业从投入到生产再到价值实现的一个完整的商业循环过程，或者说是一个完整的“食物链”。上一个环节制约着下一个环节，为链条上的下一个环节提供充分的营养与动力，这样，链条上的各个环节共同实现资源的互补与共生，从而使传媒产业生态系统的物质流动和能量转换得以实现。①

下面我们从不同生产组织方式的角度，对传媒产业链的构成做更加具体的分析。

从新闻的生产及消费过程看，传媒产业中的主要价值增值过程可以细分为素材采集阶段、产品集成阶段、渠道分发阶段、市场推广阶段、用户互动阶段、广告承揽阶段、延伸服务阶段等（见图7-2）。

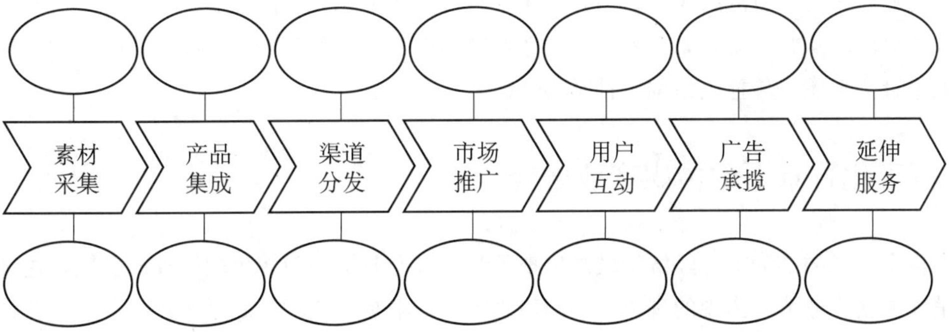

图7-2 传媒产业价值链示意简图

当一个传媒企业以部门化的方式整合价值增值过程的时候，就建构起了一个相对完整的产业链，这时的产业链也是内部价值链。当一个传媒企业将价值增值过程的一部分乃至大部分以外包的方式委托给其他企业执行的时候，本企业与配套服务商所形成的集合就是一种产业关系。同理，当一个传媒企业将价值增值过程从部门化发展到公司化，传媒企业本身就构成了一个企业集团，集团内的各个公司不仅服务于本企业的价值增值过程，而且作为配套服务商，还为其他传媒企业和终端消费者提供服务。这时的传媒产业，在产业的规模和结构上，就都能够主动适应环境变化并实现较大的增长和发展了。

传媒经济尽管出现了许多新的特征，但总体上显示出一定的双边市场特性。一般来说，传媒产业的经济活动必然体现在二重经济过程中：第一重是内容的生产和消费过程，第二重是广

① 邢彦辉．制约传媒产业生态链形成的因素分析［J］．青年记者，2006（22）：75.

告的生产和消费过程。（在特定情况下，第一重经济过程的收益可以为零。）作为产业来说，这二重经济过程，是产业发展和成熟的必要条件。

当然，传媒产业并不局限于二重经济过程，在企业发展和产业壮大的过程中，还会同时或交替出现其他经济过程，企业会因提供其他产品或服务而获益。这些产品或服务包括衍生产品、品牌资产、上市、并购扩张等，见表 7-3。

表 7-3　传媒产业的多重经济过程

经济过程	企业形态	产品或服务	消费者	收益形式
第一重经济过程	筹资	内容	受众/用户	订阅收入
第二重经济过程	筹资	受众/用户群、接触率、广告	广告主、广告代理商	广告费
第三重经济过程	独立	衍生产品	衍生消费者	衍生收益
第四重经济过程	集团	品牌资产	受众/用户、广告主	额外收益
第五重经济过程	多元化投资	上市	投资者	资本
第六重经济过程	多元化投资	并购扩张	其他企业	规模经济、范围经济

因此，传媒产业的成熟度可以分解为每一重经济过程各自的成熟度。随着经济过程的不断深化，企业越来越具有战略投资能力，也越来越开始向多元化方向发展。

此外，倘若从媒介融合暗含着社会关系的结构性变革的角度看，传媒产业融合的过程可以视为网络社会形态下传播关系的一种重构。①

二、数字化背景下的传媒产业融合

在信息技术的推动下，经济领域内出现了为适应产业增长而发生的原有产业边界逐渐模糊甚至消失、新产业形态出现的现象，我们称之为“产业融合”。产业融合是一个过程。技术融合并不等于产业融合，只有经过技术融合、产品融合、市场融合三个阶段，才能完成产业融合的整个过程。

产业融合经济现象的研究最早是从技术融合研究开始的。1963 年，美国学者罗森伯格（Rosenberg）在对美国机器工具产业演化的研究中发现同一技术向不同产业扩散的现象，并把这种现象定义为“技术融合”。当不同产业技术的一体化（即共享相同的技术基础）显著地影响或改变另一产业中产品、竞争、价值创造过程的本质时，意味着技术融合的产生。在技术融合阶段，数字技术逐步实现了信息存储和传输形式的统一，网络技术为各种信息提供了一种统一的传输平台，通用的信息技术渗透到各个传统产业中。对于传媒产业来说，技术融合主要表现为媒介融合，消费者可以通过单一的设备以无缝方式整合计算机、娱乐和声音。

在技术融合的过程中，原本经营边界清晰的不同产业之间出现了可相互替代的产品与服

① 姚曦，李娜．网络社会形态下传播关系的重构［J］．西南交通大学学报（社会科学版），2018（5）：20-23.

务，各产业的企业生产替代性产品（服务）的能力开始加强，彼此之间从原来没有竞争走向了竞争与合作，产业发生交叉，这可以称为产品融合。从需求角度看，产品融合可分为替代性融合与互补性融合，如采用数字技术后以前独立的产品的汇合或功能的统一。

在业务融合的过程中，电信、互联网、广播、电影、电视、报刊出版等产业的产品或服务的差异性明显弱化，产业间的市场边界开始消失，传统的单一产业价值链被多产业融合的新型价值链（见图 7-3）取代，产业不断重组，不同产业或同一产业内的不同行业通过相互渗透、相互交叉，最终融为一体，逐步形成新产业，这可以称为市场融合。①

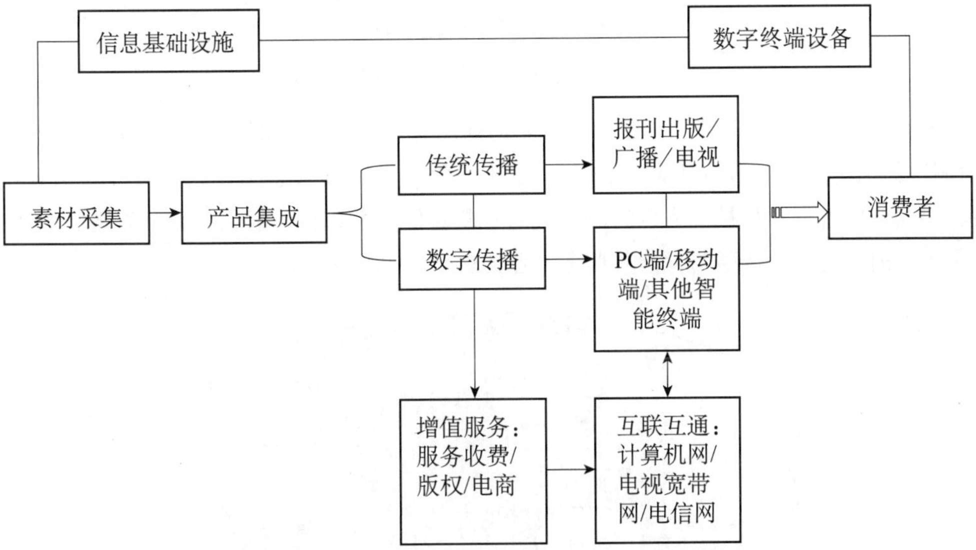

图 7-3　产业融合后传媒产业价值链示意简图

传媒的产业融合主要沿着两个方向发展：一是传媒产业与信息产业的融合，二是传媒产业与文化产业的融合。

在 20 世纪 70 年代，计算机技术、光缆、无线通信、信息处理技术的革新及迅速发展，促进了计算机、广播电视、印刷、通信等不同技术的融合。1978 年，尼葛洛庞帝用三个重叠的圆来表示计算机、印刷和广播技术的交叉处，并认为交叉处是增长最快、创新最多的地方。这里面最引人关注的就是传媒产业与高新技术产业、电信产业之间的相互并购。在西方的报章上经常可以看到两个新的名词：TMT 和 ICT。所谓 TMT 是 technology（技术）、media（传媒）、telecommunications（电信）的简称，ICT 则是 information（信息）、communications（电信）和 technology（技术）的简称。两个词显然大同小异，指的都是将传媒、通信和 IT 三者合而为一的新产业，是信息时代的主导产业之一（见图 7-4）。

在传媒产业与信息产业融合的过程中，通信产业也将产业的触角伸到了内容领域。电信业的增值业务为中间用户提供计费服务、特色服务和广告，为终端用户提供语音服务、信息处理和信息娱乐服务。

① 昝廷全，金雪涛．传媒产业融合：基于系统经济学的分析 [J]. 中国传媒大学学报（自然科学版），2007（3）：20-21.

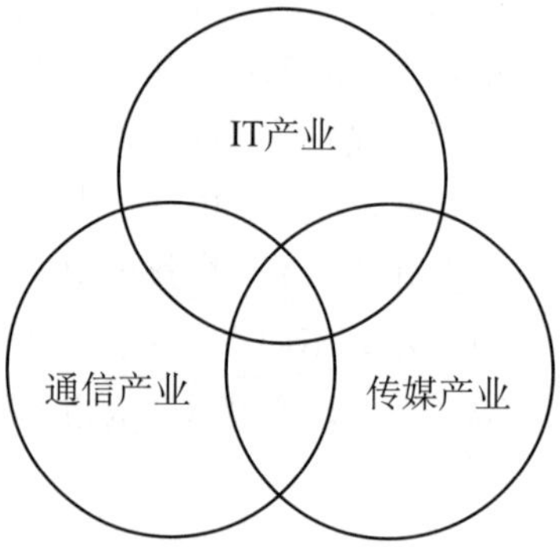

图 7-4　IT、通信和传媒产业的融合示意图

20 世纪 90 年代，随着互联网技术的产生与商业化及个人电脑的普及等，数字化的力量像“蠕虫洞”的引力一般，吸入不同的产业。当数字化蠕虫洞吸入娱乐和购物产业等时，新闻、教育、游戏、广告都开始被吸入引力场，从而不断地促进计算机、通信、办公设备、娱乐、广播、出版、消费电子、金融与保险等服务产业的融合，见图 7-5。

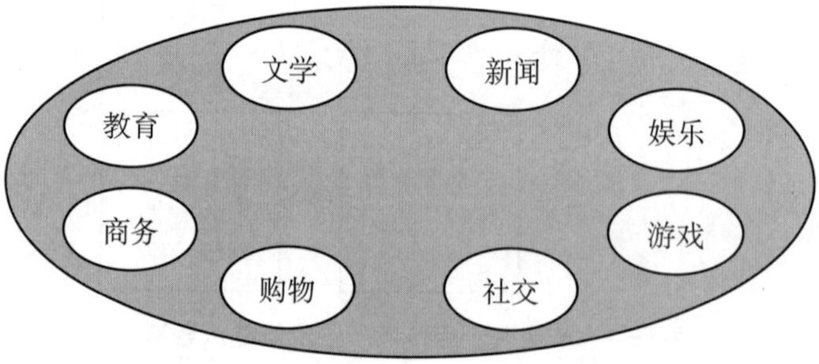

图 7-5　文化产业与传媒产业的融合

传媒产业向文化产业的渗透，比如专业的教育频道的出现是向教育产业的渗透，即以电视传媒的方式承担起远程教育、在线教育的任务。可以说传媒产业向传统产业的渗透融合体现了经济服务化的趋势，广播电视业把其他产业的信息资源整合成为传媒产品（服务），把生产和消费、产品和服务紧密地结合起来。

进入 21 世纪以来，一些融合了多个产业属性或功能的新产品或服务不断出现，如网络电视、网络电话、移动数字电视、可穿戴设备、智慧屏等等。而与产业融合相关的标准竞争也越来越激烈，如世界范围内的 5G 标准之争等等。这些现象都是产业融合进一步发展的具体体现。

IPTV（IP based television）以电信宽带网络来提供音视频等互动多媒体业务，是电信网、计算机网和电视网融合的产物。通过 IPTV 业务，用户可以将电视服务和互联网浏览、电子邮件收发以及多种在线信息咨询、娱乐、教育及商务功能等结合在一起。IPTV 为电信运营商、有线电视运营商提供了新的业务发展思路和商业运营模式，同样也是电信实施互联网战略的重要突破口和一次契机。

在产业融合过程中，出现了传媒、电信和其他业务类型的交叉，传媒企业的业务呈现多元化的趋势，见表 7-4。

表 7-4　传媒与信息产业的分类与代表性企业

业务类型	实例
广播电视＋出版	甘乃特
广播电视＋电话	AT&T
广播电视＋电影	塔夫特广播公司
广播电视＋出版＋电影	时代华纳
电话＋互联网	朗讯科技
广播电视＋电话＋数据处理＋电影	阿尔卡特
广播＋电话	斯普林特
电影＋互联网	奈飞

第三节　传媒与信息产业中的网络外部性

传媒产业中的外部性现象几乎是从来就有的。不过，与物理网络相关的传媒领域的外部性被空前地强化了。

一、关于网络的经济学研究

网络在不同发展阶段上，其含义和组成有所不同。早期对网络的经济学研究主要针对电信、电力、交通（公路、铁路和航空）等基础设施行业。这些行业之所以被称作网络，是因为这些行业共同具有“网络”式而非“垂直”式（vertical，亦称为纵向相关）的经济结构特征。这种研究被称为“网络经济学”或者“网络产业经济学”（economics of network industry）。

早期的网络行业如电信等，存在规模经济和自然垄断的倾向，为了保证这种垄断行业的效率和消费者的利益，对此进行的各种政府规制和反垄断的分析是网络经济学研究的重要内容。例如美国 AT&T 的分拆和微软是否应该被拆分的问题一直是网络（产业）经济学分析中的经典案例。

对于电信网络的研究实际上一直被划归在通信经济学（telecommunication economics）的范畴中，主要研究网络资源的最优配置问题及相关政策。这其中的关键问题之一就是对接入政策的讨论。接入，又被称为互联（interconnection），是指当某一家公司在网络中掌握着“瓶颈环节”（bottleneck link）的时候，例如一个电信网的入口，别的公司要向电信的消费者提供服务必须连通这个瓶颈环节，这时候就出现了互联的问题。在接入（互联）问题中，核心的内容就是接入定价，即如何对这种“瓶颈”资产的使用进行成本划分并收费。

由于技术的跃变，网络的内涵在不断发生变化。进入 20 世纪 90 年代之后，最初的计算机网络阿帕网演变成了今天的互联网，使得有关互联网的经济学问题逐渐被人们关注。1995 年 3 月，美国麻省理工学院在美国国家科学基金的支持下，举办了互联网经济学研讨会。会后，由麦克耐特和贝利将会上的发言稿编纂成《互联网经济学》（*Internet Economics*）一书。该书首次比较明确地阐述了互联网经济学的定义：互联网经济学是一门研究互联网服务市场的经济学。由于互联网既和其他的通信网络有共同之处，也存在其自身的特点，因此，该书在某些方面的研究超出了原来的通信经济学的范畴，从而使得网络经济学向前发展了一大步。

从技术上看，下一代的信息网络正在越过传统的电话网络或有线网络，通过卫星直接将数据传送到个人计算机中。这样的无线通信已经开始广泛应用于许多商业部门中，比如移动电话、无线上网以及卫星电视。通过低空地球卫星和计算机中的红外线传感器，未来的网络结构可能并不需要以有线网络为基础，目前的互联网也可能仅仅是技术发展中的一个阶段性的网络形态。当所有这些有线网络和无线网络都转变为数字网络，并且成为可互相操作的信息网络系统之后，整个信息网络可能发展为各种不同结构的包括卫星电视、无线通信网络和互联网在内的综合形式。对网络的研究还会不断地丰富下去。

二、直接网络外部性

与传统产品相比，网络产品呈现出以下几个主要的特征：巨额沉没成本和低边际成本成为普遍现象，大多数产品为数字产品，规模经济的作用范围发生变化，以及网络具有极强的外部性。

经济学对网络外部性的研究已有半个多世纪的历史。对网络外部性的研究最早可追溯到美国经济学家莱宾斯坦（Harvey Leibenstein）在1950年提出的消费者需求理论中的“花车效应”（bandwagon effect）和“势利效应”（snob effect）以及凡勃伦效应（Veblon effect）等概念。花车效应和势利效应实际上都反映了消费者的消费行为所具有的一种从众心理，他们愿意追随大多数人的选择以做出自己的消费选择，即消费者对某一产品的需求程度随着消费同一产品的顾客人数的增加而增强。凡勃伦效应是指消费者对一种商品需求的程度因其标价较高而不是较低而增加，它反映了人们进行挥霍性消费的心理愿望。

1974年，经济学家罗尔夫斯（Jeffery Rohlfs）对电话网络的这种消费者相互依赖的特性进行了系统性的研究，分析了网络中用户数量对厂商发展、产品价格以及市场均衡的影响，指出市场存在多重均衡的可能性。研究表明，一个用户从通信服务中所获得的效用随着加入这一系统的消费者规模的增大而增加，而这种消费外部性对通信产业的经济分析具有重要意义。当消费者偏好相同时，受消费外部性影响，消费者对通信服务的累积需求函数呈现为倒U形，从而使得市场在任何既定价格下都存在多种均衡的可能，而市场究竟最终实现哪种均衡完全取决于均衡的调整过程。同时，倒U形需求曲线引出了启动（start-up）问题，而在消费者偏好一致的情况下，启动问题在很大程度上只是一个如何使得产品的用户规模超过临界容量（critical mass）的问题。

1985年，经济学家卡茨（Michael L. Katz）和夏皮罗（Carl Shapiro）在《美国经济评论》上发表了题为《网络外部性：竞争与兼容性》的著名论文，正式提出了“网络外部性”（network externality）的概念，指出不论是物理网络还是虚拟网络，都存在着网络外部性，而所谓网络外部性是指一个使用者从产品消费中得到的效用随着消费同一产品的消费者数量的增加而增加的现象。网络外部性概念揭示了用户数量与产品价值之间的正反馈关系。

1996年，经济学家伊克诺米德斯（Nihcolas Economids）在《国际产业组织学杂志》上发表了一篇题为《网络经济学》的文章，对网络产业中广泛存在的网络外部性问题进行了深入的探讨和分析。伊克诺米德斯认为网络是由联结不同节点的链路组成的，网络的基本特征是其各个组成部分之间的互补性。他还把研究的重点从网络产业的具体形态中抽象出来，从网络所具有的物理性质出发，讨论具有网络形态和特征（这种网络可以是真实的物理网络，也可以是虚拟的网络）的一切经济系统的经济学问题。

网络外部经济性，也称为“网络效应”，它的含义是，市场上存在着许多产品，某个用户从消费某一产品中得到的效用随着消费该产品的其他用户数量的增加而增加，也就是说某一个用户使用产品的效用依赖于其他所有用户的数量。市场均衡无法反映出这部分外溢效应，因此称为网络外部经济性，亦可称为网络外部性。

网络外部性可以分为直接的和间接的两种。所谓直接网络外部性，是指当某种产品的消费者数量对该产品的价值有着直接的影响，从而直接影响消费者从产品使用中获取的效用水平时，该产品市场就具备了直接网络外部性。直接网络外部性意味着，同一市场内消费者之间具有相互依赖性，如电话网络。

直接网络外部性可以用梅特卡夫法则（Metcalfe Law）来形象地说明。梅特卡夫法则因以太网的发明者罗伯特·梅特卡夫而得名，指的是网络的价值与其用户数量的平方成正比。20世纪80年代，梅特卡夫利用这一观点来说明以太网的价值及其发展：网络的价值随着用户人数的平方增加，意味着网络的扩张表现出“临界容量”现象——当用户人数很少时，网络规模发展缓慢，甚至停滞不前；而网络用户数量足够多时，网络将起飞，获得爆炸性增长。

例如，在计算机网络中，有一个新的进入者A。A和网络经营者受他们之间签订的契约的约束。契约双方以外的人都是这个特定契约的“外部”。但是，属于“外部”的某个已入网者B却可以与A进行沟通。这就是说，A与网络经营者的契约给“外部”提供了方便。这种情形即可看作网络外部性。

网络的外部经济性产生的根本原因在于网络自身的系统性、网络内部各组成部分之间的互补性、网络内部信息流的交互性和网络基础设施的长期垄断性等因素。首先，不论网络如何向外延伸，也不论新增多少个网络端点，它们都将成为网络的一部分，同原网络结成一体。因此，整个网络都将因网络的扩大而受益。其次，在网络系统中，信息流并不是单向的，网络内任何两个端点之间都能相互交流，信息交流的机会从理论上说等于n^2，其中，n为上网人数。随着上网人数的线性增长，信息交流的可能性将呈指数态势上升，并且在整个网络中基本上没有“中心”或“边缘”区域的存在，即使网络的一部分端点消失了，也不影响其他端点间的正常联络，这就保证了外部经济性的普遍意义。最后，网络基础设施，比如通信设施等，一般都具有投资额巨大、投资周期长、垄断性强和使用期限长等特点。这就决定了网络外部经济性的长期存在。

考虑一个拥有n个用户的网络，如果所有用户之间的关系具有同等价值，则该网络对每个用户的价值与网络中其他人的数量成正比，这样该网络对所有人的总价值与$n\times(n-1)=n^2-n$成正比。

按照上述的价值分析，在网络经济中新增加一个网络信息源，也就是增加了一个网络的节点，对于这个节点来说，其本身的成本并没有变化，但是这个节点的增加却增加了整个网络的价值，因为拥有者可以从更多的计算机上获取信息，可以和更多的人交流信息。下面我们以梅特卡夫法则的描述为基础假定来计算网络经济中的边际收益的变化：假设这个网络中有 n 个节点，按照梅特卡夫法则，则网络的总价值是（n^2-n）个单位。当新加入一个节点，总的节点数是（$n+1$），那么网络的总价值是 $(n+1)^2-(n+1)=n^2+n$。如此一来，则新加入的节点带来的网络价值的增量是 $n^2+n-(n^2-n)=2n$。而原来的第 n 个节点的边际价值增量是：$n^2-n-[(n-1)^2-(n-1)]=2n-2$。假设每个网络节点的生产成本是 c，第 n 个节点的成本是 c_n，第 $n+1$ 个节点的成本是 c_{n+1}，则第 n 个节点的边际收益就是 $(2n-2)-c_n$，第 $n+1$ 个节点的边际收益就是 $2n-c_{n+1}$。在这里我们若假设 c_n 和 c_{n+1} 是相等的，也就是说在每个节点建设成本上的变化忽略不计，则新增加的网络节点的边际收益的变化值就是：$[2n-c_{n+1}]-[(2n-2)-c_n]$。由于我们假设 $c_n=c_{n+1}$，所以得到 $[2n-c_{n+1}]-[(2n-2)-c_n]=2$。这说明，网络中一个新增加的网络节点所带来收益的增量比上一个新增加的节点所带来收益的增量多 2 个单位，每个新节点的边际收益的增量为 2。这样一来，在一定的范围内网络的边际收益似乎是单调递增的。① 不过，恰恰不是由于梅特卡夫法则而是根据摩尔定律，网络技术带来的信息交换成本从 c_1 到 c_{n+1} 的急剧下降，导致网络迅猛发展和网络利润迅速增加，呈倒 U 形特征。②

在假设消费者具有同质性的前提下，可以将网络外部性的因素引入消费者效用表达式中，从而得出网络外部性市场中消费者效用函数的一般表达形式：

$$u=\alpha+\beta z^e,\ \beta>0$$

其中，第一项 α 反映了产品的独立价值，即产品自身的价值，它可以随着不同的消费者而具体数值不等。当 $\alpha=0$ 时，产品的单独价值为零。产品能向其消费者提供的效用完全取决于产品的用户网络规模，典型的例子就是 E-mail。设想一下如果世界上只有一个人拥有 E-mail，这时的 E-mail 促进人际沟通的功能完全丧失，自然 E-mail 对这位唯一的拥有者而言也就毫无价值。第二项 βz^e 则反映了产品的网络价值部分，其中 β 参数反映了消费者对网络外部性带来的自身效用增加的评价，即网络外部性强度系数，变量 z^e 反映了消费者对产品的用户网络规模的预期。两部分共同构成的产品价值叫作合成价值，反映了具有网络外部性特征的产品价值以及提供给消费者的效用水平均受到产品所拥有的消费者规模的影响。

梅特卡夫法则的应用有一个重要前提，就是每个用户具有同等的价值。由于网络用户是异质的，实际上往往无法仅仅靠用户的数量来预测整个网络的价值。

由于网络效应的存在，这一类产业有着与传统产业截然不同的市场均衡特征。从需求函数来看，在一般经典文献中，具有直接网络外部性的纯网络产品市场的总需求函数形状如图 7-6（a）所示。由于网络效应很强，网络产品采用者的支付意愿随着网络规模扩大而增加，因此，需求曲线有一个上升部分。随着网络规模进一步扩大，网络产品采用者的支付意愿到达最高点后，开始下降，相应的需求曲线开始向下弯曲。整个需求曲线呈倒 U 形。具有间接网络外部性的产

---

① 史达．电子商务经济学与国际贸易理论和政策研究［D］．大连：东北财经大学，2004：27-32.

② 杨兴寿，张在旭．网络信息成本收益分析模型［J］．商场现代化，2007（9）：198.

业，如软件产业，具有与网络规模无关的基本效用，其需求曲线如图 7－6（b）所示。而对于没有网络效应或网络效应很弱的普通产品，其需求曲线则是向下倾斜的，没有上升的部分，价格越低，对该产品的需求越大，其需求曲线如图 7－6（c）所示。

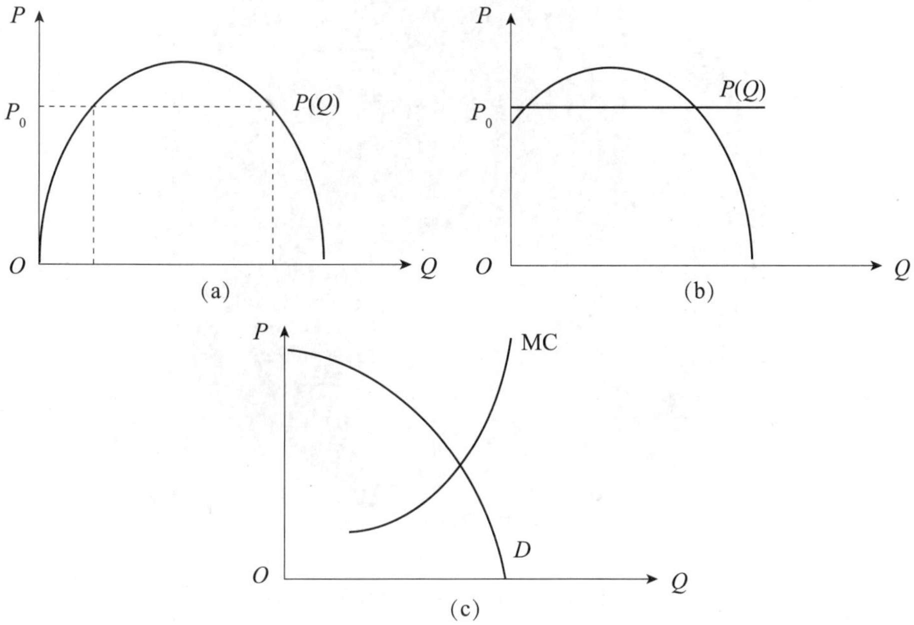

图 7－6　网络外部性对需求曲线的影响示意图

值得注意的是，尽管大部分研究网络外部性的文献里所提到的网络外部性均是指正的网络外部性，即产品的价值随着使用者的增加而增加，但网络也可能具有负的外部性，即产品的价值随着使用者的增加反而出现减少。最典型的案例就是计算机网络的拥塞问题。拥塞是指通信网络中的一种状态，指到达网络通信输入站的呼叫数量超过了网络处理的容量或能力。尽管基于包交换的 TCP/IP 技术较好地利用了网络带宽资源，但这种交换方式也存在一定缺陷。基于包交换的网络由于具有非独占性，所以具有公共产品的经济学特性。也就是说，只要在网络带宽未达到临界点，任何人在进行信息交换的时候都不会影响其他人利用网络交换信息。在网络到达拥塞之前，传送一个信息包的边际成本都是零。个人效用最大化的动力将驱使每个用户都充分甚至过量地使用带宽资源，这种对带宽资源的浪费使有限的带宽资源无法分配到最需要使用的地方，造成资源的低效配置。而拥塞一旦发生，负的网络外部性就产生了，随着网络用户的增加，反而由于网速过慢而导致消费者的效用降低。

另外，对于一个网络来说，能否从经济上实现真正的外部性，取决于商业经营的许多因素。著名的铱星计划就是一例。

铱星计划是一个让许多摩托罗拉人兴奋不已的想法。这个革命性的想法是从何而来的呢？对于摩托罗拉的工程师巴里·伯蒂格来说，它来自 1987 年他的妻子凯伦在加勒比海度假时的抱怨，说她无法用手机联系到她的客户。回到家以后，伯蒂格和摩托罗拉在美国亚利桑那州工作的卫星通信小组的另外两名工程师想到了一种铱星解决方案——由 66 颗近地卫星组成星群，让用户在世界上任何地方都可以打电话（见图 7－7）。

图 7－7　铱星计划设计的 66 颗近地卫星组成的星群

通信卫星自从 20 世纪 60 年代投入使用以来，大都是在 22 000 英里①高度的轨道上运行的地球同步卫星。依靠这一高度的卫星意味着电话机要大，还伴有 1/4 秒的延时。铱星的创意就在于使用一批近地卫星（大约 400～500 英里高度），近地卫星因离地球更近，电话机的体型可大大缩小，人们对声音的滞后也近乎觉察不到。

这是个好的创意吗？这一计划得到了摩托罗拉高层的青睐并给予了支持。对于摩托罗拉来说，铱星计划是该公司技术高超的显示，具有巨大潜力，令人振奋，绝不可放弃。对于摩托罗拉的工程师们来说，建立铱星群的挑战是一次经典的“技术拉锯战”——50 多亿美元的代价终于让他们在 1998 年将铱星首次投入使用。

这一项目是在 1991 年正式启动的。当时，摩托罗拉投资 4 亿美元建立了铱星公司。这是一个单独的公司，摩托罗拉拥有 25%的股份和董事会上 28 席中的 6 席。另外，摩托罗拉还做出了 7.5 亿美元的贷款承诺，并给予铱星要求再增加 3.5 亿美元的期权。就铱星来说，它最终与摩托罗拉签订了 66 亿美元的合约，其中 34 亿美元用于卫星的开发，29 亿美元用于维持公司正常运行。铱星则要为摩托罗拉建立卫星通信系统提供技术支持。

1998 年 11 月 1 日，在进行了耗资 1.8 亿美元的广告宣传之后铱星公司展开了它的通信卫星电话服务。开幕式上，美国副总统戈尔用铱星打了第一通电话。当时，电话机的价格是每部 3 000 美元，每分钟话费 3～8 美元。

然而，业务展开的结果却令人沮丧。到 1999 年 4 月，铱星公司还只有 1 万个用户。面对

① 1 英里约为 1.61 千米。

着微乎其微的收入和每月 4 000 万美元的贷款利息，铱星陷入了巨大的压力之中。1999 年 6 月，铱星解雇了 15%的员工；8 月，它的用户只上升到 2 万个，离贷款合同要求的 5.2 万个相去甚远。1999 年 8 月 13 日，在拖欠了 15 亿美元贷款的两天之后，铱星提出了破产保护的申请。2000 年 3 月，铱星宣布破产，一个声势浩大的高科技神话如大海中跳跃的一个水泡一闪就消失了。

对于铱星公司是否从一开始就注定要失败，至今还有不少争论。

手机的发展大大削减了市场对铱星服务的需求。铱星知道它的电话相对于手机来说太大了也太贵了，于是它不得不在手机服务无法到达的领域内谋求发展。由于有了这一限制，铱星把它的市场目标锁定在跨国商务人士身上，因为他们经常会去手机服务无法到达的偏远地区。这一市场计划的制订是在手机兴起之前，铱星也从未把服务目标从这些高端人士身上移开过。铱星的主要问题之一就是手机的普及之快超过了其预想。最后，手机已经无处不在。按照铱星复杂的科技，从构想到推广的时间是 11 年。在这期间，手机已经覆盖了几乎整个欧洲，甚至还进入了发展中国家，如中国和巴西。简言之，铱星的市场目标只是一小部分人——商务旅行者，可他们的要求却日益被服务优越得多的手机满足。

铱星的技术限制和它的设计扼杀了它的前途。由于铱星的技术是基于看得见的天线和轨道上的卫星，因此用户在车里、室内和市区的许多地方都无法使用铱星电话，甚至在野外的用户还得把电话对准卫星方向来获取信号。

此外，一些技术上的缺陷也无法弥补。铱星能够传输的数据量有限，而这对于商业人士来说恰恰越来越重要。更令人头痛的是，在偏远地区必须找到一些特殊的太阳能设备才能给电池充电。这些限制让铱星在它锁定的长期出行的商业人士的市场上销售得十分艰难。

铱星电话的外形设计也不利于它的推广。这种手机有砖头那么大，最终，它成了这个企业许多无法解决的问题中的一个。

三、间接网络外部性

网络外部性还以另外一种形式存在于传统市场。例如硬件与软件产品市场上，耐用消费品与售后服务之间、一些需要学习和培训才能使用的消费品（如打字机键盘）与学习培训之间，也存在类似的网络外部性，这种特征也称为间接网络外部性。所谓间接网络外部性，是指某种产品的消费者数量对另外一种产品的价值以及消费者效用可能不存在直接的影响，但却有着间接的影响，这时的市场中就产生了间接网络外部性，这种间接网络外部性又被称为“硬件/软件范式”。

大多数产品向消费者提供一些特性，消费者是分散的。例如，一个苹果的风味、质感和外观可以通过吃那个苹果品味出来。但是很多传播产品并不这样，它们往往是由一个产品系统的硬件和软件部分组合而成的。如果两个或更多的补充品在分散时对于消费者没什么价值，但把它们组合在一起就有相当的价值，那么它们就属于一个产品系统（product system）了。例如，一台 DVD 播放机和一张 DVD 光碟就组成一个产品系统。只有结合在一起时，它们才向消费者提供价值。

产品系统有时被称为“虚拟的网络”，因为它与诸如电话服务这类物理网络共享这种特征。如果一个网络新增的用户为现有的用户提供了利益，那么这个网络的外部性会存在。因而归属于某一个网络的价值是该网络用户人数的增函数。我们仍举 DVD 的例子。好莱坞的巨头们不得不相信，以 DVD 格式提供影片，DVD 光碟的销售水平足以使其盈利。但是 DVD 光碟的销售在很大程度上取决于拥有 DVD 播放机的人数。当然，随着 DVD 播放机的销售和在消费者手中的存量增加，对于电影发行商来说以 DVD 格式提供新老影片就更有吸引力。例如，迪士尼公司在 DVD 标准存在的头两年忽视了这种格式的影片，它在 1999 年秋天决定投放 9 部动画片的 DVD 光碟。越是有更多的电影被制作成 DVD 光碟，拥有 DVD 播放机的价值就越大，这样购买 DVD 播放机的人就越多。这就是正反馈（positive feedback）效果。如果存在规模经济或者学习效应，这会更突出，因为产量的扩大会降低生产成本和价格。

在产品市场上，直接和间接网络外部性的存在，都要求企业重视产品的技术标准。这方面经典的例子是 Betamax 对 VHS 在特性方面的标准之战。这两种不同特性的制式是由相互竞争的索尼和 JVC 分别在 1975 年和 1976 年推出的录像机产品系统提供的。Betamax 提供的图像稍微好一些，VHS 提供的录像时间更长。在这个例子中我们要考察的问题是为什么不存在两个产品系统的生存空间，为什么已经没有发展空间。看重 VHS 更长的录像时间的观众比看重 Betamax 稍微好一些的图像质量的观众要更多。但是这没有解释为什么市场并未稳定在某一个市场份额上，比如说分别是 60%和 40%。事实上，Betamax 在它起步时期的 1977 年，拥有超过 50%的市场份额，但是在 1978 年就下跌到一半以下，到 1984 年只有 1/4。当时 Betamax 所遭受的迅速下跌导致索尼在 20 世纪 80 年代末之前撤回了产品。

VHS 制式的胜利说明在许多信息产品中赢家通吃。一旦某一系统获得了初始的市场份额的优势，就存在一种趋势使这一优势随着时间流逝更为明显。让我们看一下这是为什么。当 Betamax 市场份额下降时，好莱坞的巨头们在提供其影片 VHS 版的时候就变得越来越不愿意提供 Betamax 版。录像带商店也开始停止出售 Betamax 制式的录像带。消费者看到 Betamax 制式的录像机市场份额的下降，又观察到 Betamax 录像带可供选择的品种稀少，他们就会成群地购买 VHS 制式的录像机。当缺乏一个有规模的十分看重 Betamax 提供的更好的图像质量并一致将其作为购买决策主要因素的消费者群体时，市场份额的下跌就变成一个自动持续的趋势。一旦这种追随潮流效应（bandwagon effect）起作用，那就无法停止。消费者不希望购买那些软件不足或买不到硬件的产品。特别是在追随潮流效应的早期阶段，消费者（和软件生产者）对市场份额的预期是重要的。在 20 世纪 80 年代初期，很多消费者观察到市场份额的趋势并选择了 VHS，因为他们想站在胜利者一边以保护他们的投资。

为什么索尼在录像机标准之战中会落败呢？

索尼本有两大优势：它首先进入市场并拥有卓越的声誉。

索尼在录像机上也是先驱，同时它因为成功地推出了创新性的家电产品而拥有难以匹敌的声誉。然而索尼犯了错误，浪费了这些优势。它在运用许可的方式让其他制造商生产 Betamax 制式的录像机方面行动迟缓。同时，它并不向其他制造商出售录像机以便让它们贴上自己的商标转售。相对而言，JVC 以及它的母公司松下迅速行动并在 1976 年底邀请日立、三菱和夏普，1977 年初邀请 RCA 建立联盟。JVC 和它的同盟得以凭较低的价格向市场输送更多的产品。此外，索尼不同意其他制造商改进 Betamax 标准，而 JVC 却鼓励其他生产者改进设计，例如延长录像时间。与索尼不同，松下通过开发和提供可用于高速复制 VHS 制式的设备，使预录 VHS 卡带的生产变得更容易。在录像机标准之战期间，索尼没有供给它自己的以 Betamax 制式预录的影片。它如果当时迅速提供这类软件的话，那么本可以阻止市场向 VHS 制式倾斜。

【本章小结】

20 世纪 70 年代以来，数字化信息技术革命推动了媒介的汇流与融合。

传媒产业的融合由技术融合、产品融合、市场融合等阶段构成。传媒产业与信息产业、传媒产业与文化产业的融合引人注目。

传媒产业是指从事大众传播媒介生产和运营的企业的集合。对于传媒产业，比较便利的考察方法是产业价值链分析。

传统的传媒产业价值链，由生产、流通、销售、促销诸环节组成。在产业融合之后，新的产业价值链增加了与其他产业融合的内容。

电信、互联网等网络产业，具有极强的直接网络外部性。这些产业的需求曲线，不同于普通产品。

在硬件产品与软件产品之间，存在间接网络外部性。

【思考与练习】

1. 什么是传媒产业？
2. 传媒产业价值链是如何构建的？
3. 如何对传媒产业进行评价？
4. 传媒企业如何实施产业整合策略？
5. 信息技术是如何促进传媒产业的融合的？
6. 什么是网络外部性？它对传媒产业运作有何意义？

【推荐阅读书目】

延森．媒介融合：网络传播、大众传播和人际传播的三重维度［M］．上海：复旦大学出版社，2012.

泰普斯科特．数据时代的经济学：对网络智能时代机遇和风险的再思考［M］．北京：机械工业出版社，2016.

第八章

传媒产品与贸易

【本章学习要点】

- 传媒产品性质分析的基本理论和方法
- 传媒产品定价问题的特殊性及定价策略背后的经济考量
- 国际贸易的基本理论和文化折扣、文化例外、文化主权等基本概念
- 文化产品国际贸易方面的不平衡性
- 文化保护与国家文化安全的关系
- 文化折扣现象的经济学意义

传媒机构向消费者提供的是各式各样、琳琅满目的产品以及无形的服务。这些产品既服务于消费者个体，也服务于社会整体。这些产品通过不同的形态、不同的价格在区域或国际市场上流通。与此同时，传媒产品具有自己的特性。在传媒行业中经济与文化是密不可分的。

第一节 传媒产品的性质

1954年萨缪尔森在《公共支出的纯理论》一文中首先提出，满足了收益时的非排他性（non-excludability）和消费时的非竞用性（non-rivalry）两个特点的物品和服务就是公共物品（public goods，亦译作公共产品或公共品）。[①] 后来西方经济学家和财政学家根据这个经典定义把社会生活中的所有物品和服务分为三大类：完全符合上述两个特点的叫作纯公共物品（pure public goods），部分符合上述两个特点的叫准公共物品（guasi-public goods，亦译作准公共品，还可细分为俱乐部产品和拥挤性公共品），完全不符合上述两个特点的叫作私人物品（private goods，亦译作私人产品）。对不同性质的物品来说，资源有效配置的经济条件并不相同。一般认为，纯公共物品需由政府提供，准公共物品应由政府和私人联合提供，私人物品则应完全通

① SAMUELSON P A. The pure theory of public expenditure [J]. The review of economics and statistics, 1954, 36 (4): 387-389.

过市场机制来提供。资源有效配置是经济学的一个基本关注点，因此传媒经济学亦多以与资源有效配置密切相关的传媒产品性质作为研究起点之一。

在传媒产品属性归类上，不少学者存在分歧。皮卡德将书籍、杂志、报纸、唱片和录像带归为私人物品，而将有线电视节目（cable programming）、电影、无线电广播和广播电视视为公共物品。[①] 欧文（Bruce M. Owen）和怀尔德曼（Steven S. Wildman）认为"（广播）电视产业所销售的产品是公共物品"[②]，同时还指出"大多数产品有一些'私人性'成分和一些'公共性'成分。例如电影和图书就表现出双重性质，它们的内容是公共物品，但它们以私人物品的形式传递给消费者"[③]。比尔（Ryan Bill）则认为书籍、杂志、唱片、录音带是私人物品，电影、剧院表演、现场演唱会等为准公共物品，广播电台与电视台播放的各种节目则属于公共物品。[④] 吴克宇在《电视媒介经济学》中指出"电视产品是准公共物品"[⑤]。肖赞军认为纸质媒体的内容产品属私人物品，广播电视业的内容产品是准公共物品。[⑥]

在有关传媒产品属性的分歧中，20 世纪五六十年代，学者们曾围绕商业电视与付费电视的产品属性问题展开过一场讨论。引发这场讨论的背景是美国联邦通信委员会（FCC）尝试推行付费电视（subscription TV）服务，这使学者们开始思考付费电视与传统的免费商业电视（commercial television）在本质属性上是否存在根本区别。当时一种盛行的观点是，由广告支持的免费商业电视服务属于典型的公共物品，但付费电视服务则属于私人物品。原因是拥有电视机的观众在电视信号覆盖范围内都能收看到免费商业电视提供的节目，而且自己的收看不影响其他人收看，故属公共物品；而相比商业电视，付费电视采用加密技术手段，可以将不付费的用户排除在外，这就将公共物品转化成了私人物品。萨缪尔森对此表示反对，他认为，从本质上讲，私人物品是一种具有规模报酬的经济，通常遵循边际成本递增、边际收益递减的规律。这也是帕累托最优条件发挥作用的前提。而付费电视与之相反，其边际成本始终为零，而其边际收益是递增的。只要边际收益递增，完全竞争假定下的价格机制就无法发挥作用。这就是说，付费电视和免费商业电视一样，为额外一个家庭提供电视服务的边际成本为零，如果按照市场机制下的帕累托最优条件（$P=MC$）定价，价格也应为零。它与免费商业电视一样，是公共物品。"限制公共物品的消费并不能把它变为私人物品。"[⑦]

萨缪尔森的观点公开后，人们误以为他反对付费电视。1964 年 10 月，《经济与法学刊》（*The Journal of Law and Economics*）同期发表乔瑞·R. 米纳西安（Jora R. Minasian）和萨缪尔森的商榷文章。米纳西安反驳了萨缪尔森此前发表的观点，但反驳的重点不是电视服务的性质，而是强调电视服务虽具有公共物品的特性，但不能完全依据帕累托最优原则（$P=MC$）免费提供，相反，引入价格机制的付费电视更能够实现资源配置的最优化。米纳西安的基本论

---

① PICARD R G. Media economics：concepts and issues [M]. London：Sage Publications，1989：19.

② OWEN B M，WILDMAN S S. Video economics [M]. Cambridge：Harvard University Press，1992：25.

③ 同②23.

④ 皮卡德．媒介经济学 [M]. 台北：远流出版事业股份有限公司，2001：34.

⑤ 吴克宇．电视媒介经济学 [M]. 北京：华夏出版社，2004：21－30.

⑥ 肖赞军．媒介业内容产品的产品属性及其政策含义 [J]. 国际新闻界，2006 (5)：59－60.

⑦ SAMUELSON P A. Aspects of public expenditure theories [J]. The review of economics and statistics，1958，40 (4)：332－338.

证逻辑是，免费商业电视服务依靠广告收入，电视节目供给与电视观众需求之间无直接的价格联系机制，电视节目选择权并不在观众手中，而在广告主手中。广告主重视观众的规模，所以免费商业电视的节目选择以能够产生最大的观众规模为标准，而不考虑节目的娱乐性和教育性。而在付费电视中，由观众直接支付电视节目的生产成本，观众需求与电视节目供给之间有直接的价格联系机制，因此电视台的节目选择必须重视观众的需求而不是只去迎合广告主的需求。从这一意义上说，付费电视更加有效地利用了稀缺的电波资源，使节目类型更合理。①

萨缪尔森针对乔瑞·R. 米纳西安的文章进一步澄清自己的观点。他说："需要原谅这篇文章的读者认为我曾反对付费电视。如果再读一下我的文章，他可能会吃惊地发现我从未就免费商业电视和付费电视两种体系哪个更好发表任何观点。我所做的只是指出公共物品的实质并不与商品能否将消费者排除在公共服务之外的能力联系起来；即使付费电视采用技术手段排除了一部分消费者，付费电视服务的边际收益实事上仍是递增的，它不能成为私人物品。"②

对比乔瑞·R. 米纳西安和萨缪尔森的文章可以看出，两位学者在付费电视的产品属性问题上争议不大，他们都倾向于认为付费电视不属于私人物品，不能按照帕累托最优条件（$P=MC$）进行定价。乔瑞·R. 米纳西安重点强调了付费电视更有利于提高资源的配置效率，萨缪尔森则对此没明确发表意见。在文章的最后，萨缪尔森指出，"从实用角度看，人们应针对各种物品所具有的复杂而存在争议的优缺点进行研究并去解决问题。在确定某人是否是杀人犯时，你不能怕麻烦，仅靠询问'他是否拥有一个与实施谋杀的人一样的（独特）名字'来解决问题。同样，你也不能通过首先指认某一物品是私人物品或公共物品来决定该用市场机制还是该用社会机制来配置资源。相反，社会根据物品所拥有的各种属性（外部性等）的重要程度，来决定在多大程度上应用市场机制或公共决策机制来配置资源。只有坚定的自由主义者才能正确理解公共物品概念并灵活运用它"③。

当然，在这次争论之后，物品属性的分类体系及公共物品的概念等得到进一步完善，后继研究者在对传媒产品进行属性分类时亦吸收了后来的研究成果。不过，时至今日，萨缪尔森在20世纪60年代给我们发出的提醒仍具借鉴价值。这个提醒就是，在分析传媒经济现象时需要回到现实中去，考虑是否选择了恰当的分析工具，而不是简单套用经济学中的理论与概念。

到目前为止，学者们虽普遍承认，相对于其他行业，传媒产品属性更复杂多样，但对某一具体传媒产品的属性认定仍多有差异。基于此，我们亦不详细分析每种传媒产品到底应属于公共物品、私人物品或准公共物品，而只是沿袭西方传媒经济学者常用的罗列法，以竞用性与排他性为维度，简单罗列出几种传媒内容产品的性质（见表8-1）。

---

① MINASIAN J R. Television pricing and the theory of public goods [J]. The journal of law and economics，1964，7 (2)：71-80.

② SAMUELSON P A. Public goods and subscription TV：correction of the record [J]. The journal of law and economics，1964，7 (2)：81-83.

③ 同②.

表 8-1　传媒产品性质

	私人物品	准公共物品	公共物品
书籍	√		
报纸	√		
杂志	√		
电子出版物		√	√
无线电广播			√
广播电视			√
卫星电视		√	√
有线电视		√	√
电影		√	
IPTV			√
门户网站			√

第二节　传媒产品定价

传媒产业的市场结构属于比较典型的双边市场结构。在这一类市场结构中，参与交易的双方依赖于媒体或媒体平台。一方面，媒体或媒体平台通过提供特定的服务来吸引交易双方；另一方面，参与交易其中一方获取的收益往往取决于参与交易另一方的数量。

对于媒体或媒体平台来说，一边是消费者，另一边是广告主，这二者构成了传媒产业存续的基础。虽然也有其他交易参与者或利益相关者，但信息和娱乐的消费者以及瞄准这些消费者的广告主才是媒体行业获得成功的关键。在这样的市场结构中，由于交叉网络外部性的存在，媒体或媒体平台自身的消费者及潜在消费者的数量会给广告主带来正的溢出效应。

这里的交叉网络外部性有两层含义：第一，存在网络外部性，亦即每一边中的每个参与者获得的效用都会受到参与者数量规模的影响，其影响程度与数量规模呈正相关关系；第二，存在交叉网络外部性，亦即一边中的交易方获得的效用同时受到另一边中的其他交易方数量规模的影响，同时，这种影响具有相互性。

一般来说，媒体或媒体平台收入来源的重要组成部分往往是广告收入，这意味着它们需要拥有一定规模的用户基础才能获得盈利的条件。当媒体对交易各方收取固定费用时，广告价格与用户数量呈正相关关系。单单从交叉网络外部性这一角度看，它对用户更有利，因为比较强的交叉网络外部性为媒体或媒体平台提供了降低市场价格的激励，媒体或媒体平台可以更好地从需求增长中获益。媒体或媒体平台可以通过建立内容领域的垂直联盟而获得用户数量的累积式增长。

信息产品的具体定价方法可分为三种：一是以信息产品生产流通的成本和利润分析为出发

点，寻求合理的定价方法；二是以媒体在市场中的竞争地位和竞争对手同类产品的价格为参照制定信息产品价格；三是以用户需求的差异化分析为出发点，实行差别定价。① 常用的定价策略包括渗透定价、撇脂定价、满意定价、价格歧视、组合定价、动态定价等。这些策略在传媒行业中有着大量的应用实例。

市场结构往往影响媒体或媒体平台的定价行为。在垄断或垄断竞争条件下，媒体或媒体平台仍然可能会对消费者实行“策略性定价”。有很多研究发现，传统的报纸相对缺乏需求弹性，在发行量与价格之间的相关性较弱。此时，消费者剩余大大减少，甚至会因媒体和媒体平台的价格歧视而消失。当存在多个媒体或媒体平台的激烈竞争时，为了增加用户黏性，可能体现为对消费者的零收费甚至补贴。

就传媒产品的定价而言，媒体内容的差异化程度是一个重要的调节变量。具体表现如下：当媒体内容差异化程度较低时，其收入或利润主要来源于广告，同时，较低的差异化水平表明了行业存在较低的进入壁垒，因此会导致较低的行业利润率；当媒体内容差异化程度较高时，其收入或利润的主要来源也包括消费者，由于较高的差异化水平可以带来较高的用户忠诚度，媒体或媒体平台对消费者拥有较强势的定价权。

新媒体平台依托于互联网和其他数字技术，可以有效地观测到每个消费者的消费动态，也可以根据用户的个性化需要进行精确的定向广告投放。因而，既可以对广告主固定收费，也可以基于用户对广告的点击率而向广告主按次收费。

其他需要考虑的因素包括广告位置的稀缺程度、用户对广告的厌恶程度等。越容易被关注到或搜索到的媒体内容，越会有更高的广告价格。当广告厌恶型消费者数量更多且更有购买力时，媒体或媒体平台可以减少广告位的数量而提高广告价格。当广告无差异型消费者数量更多时，则相反。

媒体或媒体平台之间可能掀起价格竞争。价格竞争既会导致短期内媒体利润的减少，也会导致同质媒体内容的泛滥及长期利润的消失，无法有效地满足消费者对文化娱乐内容的消费需求，因此进行价格竞争是不可持续的。在非价格竞争条件下，比如提高内容的差异化程度，尽管从短期来看会降低利润，但从中长期来看反而可能提高利润水平。因此媒体应该摒弃价格竞争而采用非价格竞争手段。②

在移动互联网、共享经济和消费升级的时代背景下，知识付费成为一种全新的信息服务形式，广泛存在于媒体平台上。各类知识付费平台推出知识问答、知识下载、付费课程、行家约见、内容打赏、内容订阅等服务。它们扮演着开放式中介平台的角色，在“知识生产者”与“知识消费者”之间进行连接和匹配，为用户提供了知识获取、交换和商业变现的一种渠道。

第三节　传媒产品的多样性

在一定的地理范围内，无论是从区域还是全球的角度看，传媒产品实际上都存在着一定的

① 宋培义，孙江华．媒体的数字内容资产与版权定价机制 [J]．重庆社会科学，2012 (7)：59.

② 周正，汪波，刘杰．基于内容提供商视角的传统媒体定价策略研究 [J]．财经理论与实践，2019 (2)：135.

多样性。这既与人类的感觉器官耳目喉舌之间的互补性有关，也与媒介演化的路径依赖有关，同时还是传媒产业生态健康发展的一个内在要求。

就品种而言，我们早已熟悉报纸、杂志、广播、电视、直邮媒体等每一种传统媒体类别，以及各种各样的互联网门户、平台、自媒体，种类丰富多彩。各种媒体所使用的介质，从图文到音视频，应有尽有。互联网的出现逐步塑造出了全媒体化的传播格局。

就数量而言，如果说传统媒体时代，频谱仍然有限，渠道仍然稀缺，那么在互联网、移动互联网和人工智能条件下，渠道从稀缺变成了过载，信息从小数据变成了大数据，海量的数据在我们的生活圈中浮现，我们对移动终端的接触和使用达到了须臾不可离的程度，人类知识和信息的生产正在以几何级数迅速增长。

在这些品种和数量的基础上，交织着语言文字的差异、内容题材的差异、作者风格的差异等变量。同时，媒体的所有者或产品的制造者之间，在所有权、价值偏好乃至意识形态方面，都有巨大的不同。

新技术、新应用也在不断塑造着产品的样貌。移动终端和传统终端的融合、虚实场景的设计与切换，促进了用户体验角度的产品创新。大数据和人工智能技术通过令媒体从业人员对技术的把控越来越灵活便捷，正在推动着创意思维和观点创新能力的增长。人机协同的生产机制还将推动着更多传媒形态的探索，构造出信息生产革新、产品形态丰富、商业模式升级等协同创新发展的新业态。

从营销层面看，服务也是一类特殊的产品。媒体行业除了提供广告服务之外，还可以围绕IP，提供定制服务、会员服务、社群服务、电商服务等，进行全产业链的开发和运营。

对于传媒产品多样性的测量，可以反向运用产业集中度的测量方法，比如使用赫芬德尔-赫希曼指数，其表达式如下：

$$HHI = \sum S_i^2$$

其中，S_i 代表某一品种的数量占整体的比重。

在互联网环境下，产品经理这个伴随着互联网而诞生的职业也在影响着传媒业。传媒行业的产品创新，最重要的是将“内容思维”转换为“产品思维”，将表达欲望转换为对用户需求的深入理解，在研发、生产、销售等各环节不断加强用户洞察，以重构与用户的连接，并充分运用创意思维和新传播技术，优化生产制作流程，提升创新能力和产品效能。

传媒产品的多样性或者说差异性是传媒产品国际贸易的重要前提。

第四节　传媒产品的全球化

正如信息的全球化进程与经济的全球化进程几乎同步一样，传媒产品很早就伴随着人类的跨区域流动和资本主义的全球扩张而传播开来，并成为国际贸易体系的一部分。在电子化、数字化时代，传媒产品的全球化尽管方便快捷，也依然需要国际贸易的原理、规则和实践。

一、贸易理论与文化产业

一国或一个经济体为什么要参与国际贸易？原因在于，参与国际贸易能够获得利益。而且在自由贸易的条件下，参与双方必然是同时获益的。但是具体的利益分割方式又取决于复杂的因素。总的来说，国际贸易理论所要回答的基本问题有三个：国际贸易产生的原因、国际贸易的结构（包括商品结构和市场结构）、国际贸易的结果即利益分配问题。

为了能够恰当地解释国际贸易实践，自亚当·斯密开始，经济学家们就一直在发展和完善着国际贸易理论。在国际贸易领域，出现了众多理论流派，但还没有哪一种学说能够完全代替其他学说而将国际贸易的各个方面进行统一解释。

按照经济学的发展过程，一般将斯密的绝对优势理论、李嘉图的比较优势理论以及约翰·穆勒对比较优势理论的发展等贸易理论称为古典贸易理论。后来的要素禀赋论［又译作赫克歇尔-俄林（Hecksher-Ohlin）理论或 H-O 理论］、要素价格均等化理论、产品生命周期理论以及马歇尔等人运用新古典分析方法建立的贸易模型等被称为新古典贸易理论。最近的基于规模经济和不完全竞争市场假设的各种理论被归为新贸易理论。

传统比较优势理论没有直接涉及文化贸易，但也没有明确排除比较优势理论适用于文化贸易的可能性。

德国学者舒尔茨（Günther G. Schulze）曾根据文化产品的特点把文化产品分为可复制、不可复制和现场演示三种类型。他认为传统贸易理论对可复制文化产品的贸易解释性较强。如发展中国家拥有丰裕的劳动力，由于较低的劳动工资水平，在生产可复制文化产品中拥有比较优势，因而成为文化产品的出口国。对于不可复制的文化产品（如绘画和雕塑原作、古代工艺品）的贸易，以及相似发展水平国家之间的文化贸易，舒尔茨认为传统贸易理论不能适用。

美国经济学家马斯-科莱尔（Andreu Mas-Colell）于 1999 年在《文化经济学杂志》上发表的《文化产品应该另眼相待吗?》一文认为，将传统贸易理论运用到文化贸易领域，这在某种程度上可以适用。例如挪威在其冰雕制作上拥有比较优势，西班牙在油画方面、英国在莎士比亚戏剧方面等都具有比较优势。如果将李嘉图经典模型中的布匹用唱片来代替，那么，只要一国生产唱片的机会成本相对较低，两国之间葡萄酒和唱片的贸易就会给双方都带来贸易利益。为了避免过于绝对的结论，马斯-科莱尔指出必须考虑到按照某些文化商品或文化服务本身的性质，或是从这些文化商品、服务的生产过程中考察它们是不可贸易或者说难以贸易的，比如表演艺术。因此，完全或绝对的专业化分工是不可能实现的。

有关规模经济对国际文化贸易的适用性问题，美国学者怀尔德曼和西维克（Stephen Siwek）于 1988 年在《电影电视的国际贸易》一书中认为，文化产品的生产中存在外部规模经济。文化产业外部规模经济的表现是文化产业生产者在地理位置上的集聚，例如美国好莱坞的形成。外部规模经济带来的优点是可以引起知识技能的溢出效应和学习效应，同时某些物质资料和人力资本也互相租用，有助于产业内各文化产品生产厂商降低成本，使其产品在世界文化市场上获得价格、品质等各方面的优势。舒尔茨则在《艺术品的国际贸易》（1999）一文中阐述了文化产品生产中存在内部规模经济。他同样以电影生产为例，指出电影生产所需的固定成本非常高，相比之下复制的边际成本却很低。大型电影公司可以通过较高制作投入、较低复制品价格来分散固定成本，获得比小电影公司更大的成本优势，从而迫使小电影公司退出市场，赢得市场势力。在其他文化产品的生产中，舒尔茨认为内部规模经济也同样适用。

加拿大学者霍斯金斯和麦克法蒂耶在《美国在全球电视市场的竞争优势》(1991) 一文中，在考虑规模经济对国际文化贸易作用的同时提出了所谓的第一行动者优势 (first-mover advantage) 理论。他们分析美国之所以能够占据全球电视市场的绝对份额、不断向外输出文化产品，是因为其拥有规模经济与第一行动者优势。大规模的生产使美国电视制作企业拥有更强的成本优势，固定成本得以分摊，产品升级以及广告所需资金相对充裕，在与他国同类文化产品的竞争中占据较大优势。第一行动者优势则考虑在技术不变的情况下，通过首先改进管理、提高劳动生产率、改善营销渠道和熟悉输出国市场状况等行动，使美国文化生产企业可以获得文化产品生产的“领先”优势。

除此之外，澳大利亚学者戴维・索罗斯比 (David Throsby)（见图 8－1）在《文化资本》(1999) 一文中提出，新贸易理论中的需求偏好理论对文化产品的生产和销售有着重要作用。他认为，文化产品的消费可以被理解为人们当前消费所获得的满足以及对未来知识和经验的积累。因此，文化产品过去的消费结构在很大程度上决定了将来的消费结构。

图 8－1　澳大利亚学者戴维・索罗斯比

二、媒介和文化产品的全球化

所谓全球化，主要是指经济的全球化，即打破传统壁垒森严的国界，将世界各国的资源、生产要素和产品汇合在一起，形成国际大市场和全球性流通现象的一种趋势。

在全球化过程中，信息传播技术是推动全球经济一体化的主要动力之一。以信息技术和信息产业为基础的电子商务的快速发展，加强了全球经济一体化趋势。世界经济信息化和世界经济全球化有着紧密的联系。日益发展的信息技术大大缩短了世界市场各个部分之间的距离，通过先进的技术手段，现代社会能够比以往更迅捷和安全地跨越空间和时间，传输着人员、商品和观念，使人们的思维和活动可以在同一时间里交流。传统的经济活动和社会活动方式发生了根本性的革命。当代世界经济信息化和世界经济全球化的进程，具有高度的一致性。

在过去的数十年中，全球媒介市场的一个趋势是公司的规模在增大，即跨国巨头在通过并购而发展壮大。诸如时代华纳、新闻集团和贝塔斯曼等媒介巨头关注的因素之一是市场力量 (market power)，一些并购或增长更可能是为了拥有并利用市场力量来增加收益率，而不是削减成本。

与此同时，国际文化产品贸易达到了空前的规模。

与其他贸易相比，文化产品贸易具有以下显著的特点：

第一，独特的渗透力和影响力。文化产品和文化服务传达着观念、价值和生活方式，是一种极具个性化的产品和服务。文化贸易的价值超过了其商业价值，与其他贸易相比，它会在思想意识形态方面对输入国消费者产生潜移默化的影响。因此文化贸易是各国服务贸易政策关注的重点领域。

第二，与其他产业的交融性。不同的文化内涵和文化服务融入了几乎所有的产业和贸易领域，酒文化、茶文化、饮食文化、居住文化、服饰文化、汽车文化等等都反映了不同的文化背景和文化价值取向。尤其是文化产品和文化服务与信息技术的结合，更使文化的传播速度加快，扩展范围加大，进一步提高了文化产品和文化服务的可贸易性。

第三，外部经济性。文化产品和文化服务是精神消费品，其消费不仅能够给消费者带来效用的满足，还会潜移默化地改变消费者的价值观，影响他在社会中的行为，或者是好的，或者是不好的。文化产品或文化服务被消费后必然对消费者的心理产生一定的影响，这种影响随之会反映在他的社会行为中，给他人和社会带来成本或利益。这部分成本或利益，与文化产品的经营者、文化服务的提供者是无关的。这就是经营的外部性。

第四，发展的不平衡性。各国在文化生产和文化服务方面的能力、技术和资源存在着巨大的鸿沟。以美国为代表的发达国家在文化贸易中占有绝对重要的地位，许多发展中国家和小国的文化产品生产和文化服务供给处于十分劣势的地位。文化产品和文化服务的流通是不平衡的，而且将长期存在。

文化贸易的特殊性决定了它在一国国际贸易中的敏感地位和重要性。因此，了解文化贸易产生的原因、把握国际大环境、清楚现有的贸易规则和法规、积极灵活地发展文化贸易，对所有国家特别是发展中国家具有重大的战略意义。

在国际文化贸易中，发达国家占有绝对份额，尤其是美国在文化贸易领域具有绝对优势。美国文化产业产值占其 GDP 的 25%左右，是美国经济中的支柱产业。[①] 美国于 20 世纪 50 年代开始外销节目，70 年代取得国际市场优势。美国节目之所以在国际上无往不利，原因是多方面的。

从要素禀赋论来看，美国的部分优势与它的要素禀赋有关。加利福尼亚持久的阳光是助成早期的电影业在此生根的重要原因。

另外一个要素禀赋就是，美国人独享众多的人口、通用的语言和高人均收入的好处，形成了世界最大的电视节目、电影、录像带市场。占有巨大的国内市场，为美国电影和电视节目提供了至关重要的优势，但这并不意味着其他商品同样如此。

从后天的比较优势条件来看，长期以来，美国的电视电影节目制造商集中在好莱坞从事这一颇具竞争性的产业。洛杉矶占据世界上独一无二的地理区位，在这里，所有成功电影必需的生产要素都唾手可得。这些要素包括代理商（往往像掮客一样）、制片人、基础设施和技术、明星、导演、财务和发行专家、娱乐圈律师、编剧等等。他们在大熔炉社会中工作，这个社会的报酬主要来自流行节目，因此他们也不遗余力地制造流行。毫不奇怪，在竞争激烈、多语言的美国本土市场获得成功的电影和戏剧节目，在国外市场同样能够成功。好莱坞电影的竞争者们主要是来自像法国这类国家的生产商，其制作的影片不同于好莱坞式的商业电影，而更多迎

---

① 李雅丽．美国文化产业：发展模式、产业政策及启示［J］．海南金融，2018（11）：71.

合艺术圈的口味，并得到政府很高的补贴。许多大制片商具有垂直整合的性质，集制片商与发行商于一体，构成了其在电影业中的优势。

从规模经济的角度来看，美国在商业上主宰世界影视市场，其优势中的最重要因素即在经济，美国本身的庞大市场有利于其发展大规模的传播组织，其既有经济资本、科技和行销管道，都使美国的公司得以快速扩张。

好莱坞节目的成功不仅是因为其经济规模，而且也由于其节目内容追求普遍性。美国影视节目成功的原因如下：好莱坞面向的观众群为广大的中间阶层，所以节目较为通俗；美国本来就是多种族和文化的国家，因此有全球普遍的主题，可满足更多观众；因为经济、政治、科学与文化的影响，美国主题已传达给全球观众，使其题材更具普遍性；美国电影具有科技优势，制作水准高，娱乐价值大；电影、电视是美国服务贸易的一部分，美国一直保持在服务业中的领导优势。

尽管美国主导了电影和电视节目贸易，但其他国家在一些类型的节目中也占有比较优势，如日本在动画片领域、英国在舞台剧方面、加拿大在为有线电视频道提供低成本节目方面等。另外，地区性语言市场已经逐步发展起来。比如，巴西和墨西哥在向拉美其他地区出售节目方面相当成功，埃及在阿拉伯地区的电影和电视节目中地位也很突出。原因在于相似的生活方式和语言，使得这一地区的制片人面对的是区域之外的包括美国在内的制片商更低的文化折扣。最后必须指出的是，一些节目类型的文化折扣，尤其在本地新闻中非常高，所以在供应本地市场时，本地的制片商占据比较优势。

第五节　文化折扣现象

西方学者对于观众为何喜欢看外国节目，做出不同的解释。例如20世纪70年代的依附理论强调许多国家的精英分子及中产阶级在个人品位、注意力和忠诚度方面都有国际化的趋势。也有学者分别用“文化折扣”或“文化接近性”的概念，分析跨国节目成功的要素。①

文化折扣（cultural discount），又译成“文化贴现”。“贴现”是金融业专业术语，它指拿没有到期的票据到银行兑现或作为支付手段，并由银行扣除从交付日至到期日这段时间内的利息。文化折扣的含义是，在国际文化（指文化产品如电视剧、电影）贸易中，会因为其内蕴的文化因素不被其他种族观众认同或理解而带来产品价值的减损。文化折扣直接影响视听人的接受、产品市场效益的实现。文化折扣高的产品，难以提起视听人的兴趣；文化折扣低的产品，则易于为人们所接受。

1977年，美国学者伊契尔·索勒·普尔在《变迁中的电视流》一文中认为，本国节目强大的文化相关性会使视听人优先选择本国节目，因为观众比较认同节目里的角色、熟悉的语言及衣食住行等生活习惯。

---

① 苏蘅，陈雪云．全球化下青少年收看本国及外国电视节目之现况及相关影响研究［J］．新闻学研究（台北），2000（3）：169－171．

1988年，柯林·霍斯金斯和罗尔夫·米卢斯（Rolf Mirus）在解释美国主导世界电视节目贸易市场时提出，某节目根植于一种文化，因而在那种环境里具有吸引力，但在其他地方可能吸引力减弱了，因为观众发现很难认同其所论及的事物的风格、价值观念、信仰、制度和行为方式，这种现象为文化折扣。①

霍斯金斯等人在《全球电视和电影：产业经济学导论》一书中丰富了这种观点，认为扎根于一种文化的特定的电视节目、电影或录像在国内市场很有吸引力，因为国内市场的观众拥有相同的常识和生活方式；但在其他地方吸引力就会减退，因为那里的观众很难认同这种风格、价值观、信仰、历史、神话、社会制度、自然环境和行为模式。②

霍斯金斯等人提出，电视节目要行销到不同国家，必须以能为多数观众接受的“最大公分母”来制作，例如美国戏剧节目就是“低文化折扣”和“最大公分母”的产物。美国节目使用“最大公分母”的机制，尽量减少和美国当地文化直接相关的成分，大多利用普世的、广为接受的价值。这些节目必须具有文化的吸引力，才能减少观众认同方面的问题，以免降低观众购买和收看文化距离比较远的节目的意愿。

文化折扣其实随着生产者和消费者的接近性而变化。各种文化之间越接近，文化理解上的差距就越小，对文化贸易也就越有利。这种接近性既与语言、地理等因素有关，也与心理因素有关，是地理距离、共同语言及以往文化贸易历史等因素的一个综合函数。

有人研究了美国电影在中国香港的票房情况，发现喜剧类电影具有较高的文化折扣，因为不同文化对幽默的理解存在很大差异。而科幻类电影与涉及性和暴力主题的电影一样，文化折扣较小，票房更容易预测。③

一般来说，文化折扣商品更易于利用规模经济的优势。例如电影和电视节目是文化折扣商品，在消费过程中是非竞用性的，拥有巨大的规模经济，更容易制胜。

霍斯金斯等人曾用一个实例说明规模经济对文化折扣商品的影响。为方便理解，设想世界由两个国家，即美国和西班牙构成，美国市场是西班牙的11倍。假如在没有文化折扣的情况下，两国各生产一小时情景剧的成本都是115万美元，这两种节目都能在美国市场回收110万美元、在较小的西班牙市场回收10万美元。如果没有文化折扣，美国本土的巨大市场毫无优势可言。通过在两个市场中出售这两个节目，两国各得到120万美元的收入（实际上，这是不带文化色彩的产品如录像机的情形）。但是，如果有25%的文化折扣，这两种节目的收益如下：

美国生产商：1 100 000+(1−0.25)×100 000=1 175 000（美元）

西班牙生产商：100 000+(1−0.25)×1 100 000=925 000（美元）

假设向出口市场供货的额外成本是微乎其微的，美国制造商将赢得2.5万美元的利润，西班牙生产商则要亏损22.5万美元。由于文化折扣的存在，本土市场的规模显得十分重要，而

---

① HOSKINS C, MIRUS R. Reasons for the US dominance of the international trade in TV program [J]. Journal of communication, 1998, 38: 499-515.

② 霍斯金斯，麦克法蒂耶，费恩．全球电视和电影：产业经济学导论［M］．北京：新华出版社，2004：45.

③ LEE F L F. Cultural discount and cross-culture predictability: examining the box office performance of American movies in Hong Kong [J]. Journal of media economics, 2006, 19 (4): 259-278.

这一优势只有美国节目能够享受到。

美国的市场更大，使其较之西班牙市场在制作和促销预算上更加合情合理，这一点又增强了美国市场规模更大的优势。因而，弱小的西班牙产品必须与强大的美国产品展开竞争，这使得它进一步处于弱势。

美国的另一个天然优势在于，它的电视节目、电影和影碟都使用英语，从购买力来看，它占据了世界上最大的语言市场。语言是文化折扣的重要组成部分，完全可以预期英语生产商在进入其他英语国家市场时的文化折扣会比较低。除此之外，英语是非英语国家和地区主要的外语，在进入非英语市场时，英语产品比其他外语产品更容易被接受。①

文化折扣现象也使得国际文化产品的倾销问题变得十分复杂。我们已经看到，作为对其他国家不公平贸易的回击，保护在某些时候被看作是正当的。广播业方面一个广为引用的例子是美国对电视节目的倾销。该观点认为，美国生产商在国外市场以不公平的低价出售产品，以将竞争对手驱逐出局。

按照通常的定义，如果符合以下两个条件中的任何一个，倾销就会发生：(1) 在国外市场的销售价格低于其生产成本；(2) 在国外市场的销售价格低于其在国内市场的销售价格。

从表面来看，这两个条件有可能同时满足。例如，一个一小时的美国情景剧节目所需生产成本是 150 万美元，它可能以 100 万美元出售给美国的电视网，以 7 万美元出售给加拿大的电视网，以 400 美元出售给特立尼达和多巴哥的广播机构。这就使得其他地区的生产商在本土市场上很难与美国节目展开竞争。

然而，当人们说到美国节目的出口价格“低”，而且低于生产成本时，是与在美国的“高”生产成本，或者是对外国生产者（通常是指广播机构）生产本土替代节目的“高”生产成本相对而言的。但是，这种生产成本是不恰当的。因为这一成本与出口市场的额外销售并无太大牵连。相关成本是制作额外的产品拷贝并销售到出口市场的较低的边际成本。在大多数市场中，支付给美国节目的价格，其实已经远远超出了美国生产商为供应市场所耗费的边际成本。

这是因为美国国内市场是非常巨大和丰富的，同时面向国外市场的美国电视节目会有文化折扣，而在国内则没有。至于第二个条件，确实存在，美国电视节目在国外市场的价格总是低于国内市场。

实际上，对于一种在消费时并不存在竞争的商品来说，对它进行倾销指控是毫无意义的。如果说美国是有罪的，那么其他每一个出口国都应背上罪名。举几个例子，如果法国向比利时的广播机构出售节目，那么它的价格会低于成本；如果英国的一个独立制片商向澳大利亚广播公司出售节目，那么它的价格会低于出售给 BBC 的价格。事实上，其他国家通常都在以比美国还要低的价格向国外出售节目，因为它们的节目不那么受欢迎。②

也有的学者，如美国的斯特劳巴哈（Joseph Straubhaar）直接用“文化接近性”（cultural proximity）的概念说明所有大众文化的成功之道。他指出，音乐节目就不需要完全以本地素材

---

① 霍斯金斯，麦克法蒂耶，费恩．全球电视和电影：产业经济学导论［M］．北京：新华出版社，2004：248－249.

② 同①250－251.

作为诉求，但是外国的电视剧作品，由于其剧情、笑话、角色、布景不能扣连观众的日常生活，吸引力逊色多了。外国的电视节目若想受欢迎，必须先与当地文化相容。具有文化接近性的节目，往往比一般国际电视节目更受欢迎，例如巴西连续剧在中南美洲、日本节目在亚洲受到欢迎，均是通过全球化过程而产生的“区域化”现象。

当然，电视节目的文化接近性，固然使某些节目因为文化、语言的近似，能够跨越文化疆界，开拓国外市场；但实际上，在电视节目来源日益多样化的传播环境中，单纯的节目类型或文化接近性无法解释观众收视行为的复杂性，观众的选择常常是在国际的、区域的和本土的节目之间穿梭游走。

第六节　文化保护政策

在传媒产品全球化的浪潮中，对于区域、民族文化价值的保护成为国与国之间角力的重要议题。在文化保护的背后，是资本与文化、霸权与主权的较量。

一、文化自由贸易和文化保护的争论

尽管西方国际贸易理论以自由贸易理论为主线，但是，西方国际贸易理论史上最早的学说——重商主义，却是典型的贸易保护理论。1841年，德国经济学家李斯特创立了完整意义上的贸易保护理论。

在当代，贸易保护理论在新的历史条件下又得到了多方面的发展。主要分为以下几个方面：其一，对李斯特的幼稚产业保护论进行深入的研究，在如何确定幼稚产业方面做具体探讨。其二，提出其他保护论据。比如，关税保护政策能改善贸易条件，贸易保护政策有利于保护和增加就业机会，实行贸易保护可以促进本国产业多样化。

在文化领域存在很多争议，总体来看逐渐形成了文化自由贸易与保护贸易之间的争论：一些学者主张自由的、不加干预的文化贸易政策；另一些学者则强调文化产业的特殊性，主张保护性的政府干预政策。

赞成文化自由贸易的学者认为自由贸易可以带来积极的效应，对文化产业不应加以干预。很多美国学者都把美国在文化产业领域的成功归结为美国所采取的自由贸易政策，他们从理论的角度加以证明，其主要结论归纳如下：（1）自由贸易政策对个人的创造形成极大的促进作用；（2）自由贸易政策避免了政府对文化产业的过度干预；（3）自由贸易政策保护了文化的多样性；（4）自由贸易政策有利于美国文化产业的对外输出与扩张。

德国学者贾尼巴（Eckhard Janeba）在《国际贸易与文化认同》（2004）一文中对李嘉图模型进行了修正。在贾尼巴的模型中，文化产品的自由贸易可能产生两种趋势：文化一致性或文化多样性。

在两国两种文化产品的条件下，当A国的文化产品生产更有效率或消费者更偏好于该国文化产品时，文化产品自由贸易会使得两国消费者都消费 A 国文化产品，导致两国的文化一致性。对 A 国来说，生产者剩余增加了，对 B 国来说，消费者需求得到满足，消费者剩余得以增加。

当两国的文化产品生产都有效率或消费者没有特别的偏好时，文化产品自由贸易导致文化多样性，两国的生产者剩余和消费者剩余都增加。因此，在以上两种情况下，自由贸易都使得文化产品生产比在封闭经济条件下的文化产品生产更有效率。文化产品自由贸易相对于封闭经济条件下的文化产品生产更有效率是帕累托改进的。

赞成文化保护贸易的学者，如英国的多伊尔等人，从公共利益、文化主权等角度阐述了实施保护政策的必要性和重要性，提出国外（尤其是美国）文化产品的大量进口对国内文化产品生产和销售带来巨大冲击，特别是视听服务、音像制品等部门。为维护本民族自豪感和保护本国文化主权，它们要求对文化产业加以保护。除了已经实施的内容标准（content standard）、《视听服务法案》（Broadcasting Services Act）、生产补贴以外，还应该采取原产地规则（rule of origin）、配额、文化例外等各种手段增强文化保护的效果。

霍斯金斯和米卢斯认为，自由放任的文化贸易政策将给文化产品生产小国带来损失。因为文化产品的生产是建立在知识基础上的产品生产，一般具有很高的初期投入成本和较低的边际成本。文化生产大国可以通过将较低边际成本的文化复制产品以较低的价格出口到他国来分散初期投入，从而获得高额的利润。进口国生产相似文化产品的成本很高，在文化产品价格上无法与大国相竞争，因而文化生产小国福利受损。

荷兰学者弗朗索瓦（Patrick Francois）和比利时学者冯·雅浦塞尔（Tanguy van Ypersele）在一篇名为《论文化产品的保护》（2002）的文章中建立了完整的模型，详细阐述了限制文化贸易与文化产品进出口国家经济和福利水平的关系。他们假设：（1）文化产品的生产是符合规模经济递增的；（2）文化产品中有一些其价值是随着消费者的不同而有所变化的，而另一些其价值则保持相对不变。两位学者构建了两国三产品的纳什均衡模型。两国中 A 国是文化产品出口国，B 国是文化产品进口国。A 国生产两种文化产品：一种是具有本国文化特色的差异价值产品，另一种是在两国都具有相同价值的非差异价值产品。B 国只生产一种具有本国文化特色的差异价值产品。当 A 国采用过高的固定成本生产非差异价值产品时，A 国和 B 国的差异价值产品生产就无法进行。对 B 国来说，文化产品领域完全被 A 国的非差异价值产品占据，本国文化产业无法发展；同时，本国消费者不能获得本国及 A 国差异价值产品，消费者剩余降低。对 A 国来说，差异价值产品无法生产也使得生产这些产品的厂商的生产者剩余降低了。因此，若 B 国限制 A 国非差异价值产品的进口，就能迫使非差异价值产品的生产规模缩小，投入的固定成本下降，从而两国差异价值产品的生产得以进行，不但促进了进口国文化产业的发展和经济增长，也使两国消费者的消费者剩余获得提高。

弗朗索瓦和冯·雅浦塞尔的结论是，限制文化贸易有利于进口国的文化产业发展，并能同时增进出口国和进口国的福利水平。在对美国与法国电影贸易的案例分析中，他们发现若法国政府对进口的美国好莱坞电影设置关税，使其制作电影的固定成本低于获得最大利润的成本，则法国电影生产规模扩大，产业快速发展，消费者剩余增加。同时，美国非好莱坞电影生产也扩大了，其生产者剩余也得以提高。由此他们提出，法国对美国好莱坞电影的进口征收关税可以促进法国电影的生存和发展，同时能够增进美国和法国的福利水平。

二、对文化产品的贸易保护

国际贸易领域的主要政策有关税政策、配额政策、补贴政策、倾销与反倾销、非关税壁垒等。

（一）关税与配额

贸易保护的形式多种多样，最常见的是关税（tariff）与配额（quota）。关税是指一种商品过境时，进口国对其所征的税款，一般用进口价格的百分比或者是对每单位产品征收一定的数额来表示。配额是对商品数量的限制，这里指从国外可以进口的数量。

在图 8-2 中，供给曲线 S_h 和需求曲线 D 表示国内市场的供求情况。在没有贸易的情况下，产品价格 P_0 和数量 Q_0 由国内市场的供求决定（图中未标示）。在自由贸易的情况下，则是采用世界价格 P_w，这一价格由世界对产品供求的相互作用决定。世界价格 P_w 要低于国内市场均衡价格，否则，关税和配额就毫无意义。在 P_w 这一价格水平上，一国可以买它所想要的任何数量的商品，因此它面临的外国商品的供给曲线是 S_w。在国内，与 P_w 这一价格水平相对应的较低的产量为 Q_1。不足部分 Q_2—Q_1 由国外进口。

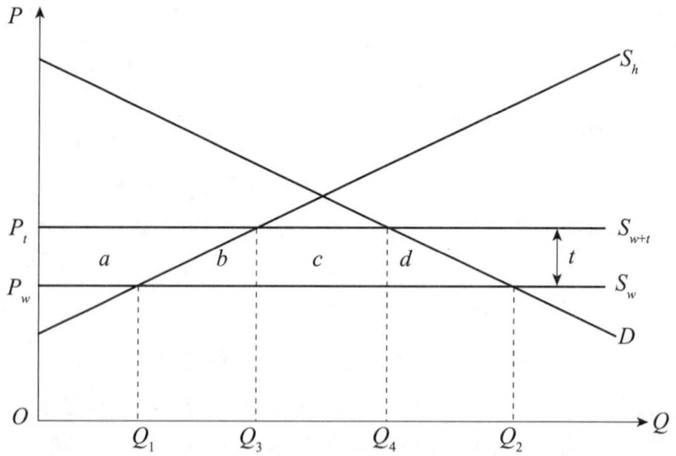

图 8-2 进口关税和配额的影响

如果每单位产品征收关税 t 的话，外国商品的供给曲线向上移动到 S_{w+t}。如果 t 足够大，以致 $P_{w+t}>P_0$，那么就不会有贸易发生，国内产量 Q_0 的价格将是 P_0，这种做法的结果与对外国商品的配额为零是一样的。

常见的情况是 t 不会大到足以取消所有的贸易，外国产品的配额也不会是零。

假如在征收关税之后，消费者支付的价格是 P_t，这里 $P_t<P_0$，如图 8-2 所示。在价格 P_t 处，需求量是 Q_4。国内商品的供给量是 Q_3，于是 Q_4—Q_3 的部分就是通过进口得来的。

同样，对来自国外的供给者实施等量配额，即 Q_4-Q_3，结果是相似的。只有当价格为 P_t 时，受限制的供给与需求才是相等的。当价格在 P_t 以下时，配额会导致对国外商品的过度需求，使价格面临上涨的压力。

在贸易保护缺乏令人信服的理由的情况下，实行关税和配额其实并不一定符合该国的整体利益。

第一种情况是，征税前后世界市场价格不变。与自由贸易相比，如果征收关税，国内厂商获得生产者剩余的盈余，相当于图 8-2 中的梯形 a 部分，而政府通过征收关税得到的收入是矩形 c 部分。但是，这两项收益远远不能抵消图中消费者剩余的损失部分（$a+b+c+d$），这是在更高的价格 P_t 下仍然购买 Q_4 单位而造成的消费者剩余的损失。这样一来，国内净损失是 $a-(a+b+c+d)+c=-(b+d)<0$，福利下降。其中 b 为生产扭曲，d 为消费扭曲。

如果实施配额而不是关税的话，将是国外的生产者而不是本国政府获得 c 部分，这样国内的净损失会更大，为 $a-(a+b+c+d)=-(b+c+d)<-(b+d)<0$。

第二种情况是，征税较大限度地影响该产品的国际贸易量，导致世界市场价格下降，则征税国还会获得额外的贸易收益，国内的净福利效应不确定。

（二）出口补贴

与配额等限制进口的做法不同，出口补贴是鼓励出口的。出口补贴指一国政府为鼓励某种商品的出口而对该商品给予的直接补助或间接补助。直接补助是政府直接向出口商提供现金补助或津贴，间接补助是政府向出口商提供低息贷款或减免国内税收等。

对于接受补贴的厂商来说，出口补贴等同于负的赋税。因而生产者实际得到的价格等于购买者所付的价格加上单位补贴金额。

在图 8-3 中，自由贸易下世界价格为 P_w，国内消费量为 Q_1，产量为 Q_2，出口量为 Q_2-Q_1。如果政府给予本国出口生产者每单位产品金额为 s 的出口补贴，则本国出口生产者可以高于市场价格的成本进行生产，如图所示，产量由 Q_2 扩大到 Q_4。出口生产者的产品一部分在国内销售，一部分在国外销售。但是在国内销售的部分不享受政府补贴，于是在国内销售的价格必须能够弥补这部分产品的生产成本。图中国内价格为 P_s，高于补贴前的价格 P_w，由于价格上升，国内消费减少至 Q_3，这样一来，需要在国外销售的产品数量就会增加。为了能在国外销售更多的产品，出口商不得不降低其在国外的销售价格，在图中降至 P'_w，生产成本（或国内价格）与国外价格的差等于补贴金额 s。由于本国出口产品价格的下降，因此出口补贴不仅有利于本国出口厂商，而且有利于国外的消费者。但是，国内消费者会发现他们要支付比国外消费者更高的价格，并且国内消费者作为纳税人，还要承担政府给予国内厂商的一部分补贴，因此出口补贴损害了国内消费者的利益。

出口补贴的净福利效果如下：

生产者剩余增加－消费者剩余损失－补贴

一般这一结果为负值。既然出口补贴对一国的经济福利为负效应，为什么各国还要采取这种政策呢？这是因为在出口国政府看来，如果短暂的出口补贴损失或消费者剩余损失能够换来该国生产规模的扩大，进而获得规模经济效应，或者能够促成本国经济的成长等长远利益，那么这种损失也许是值得的。

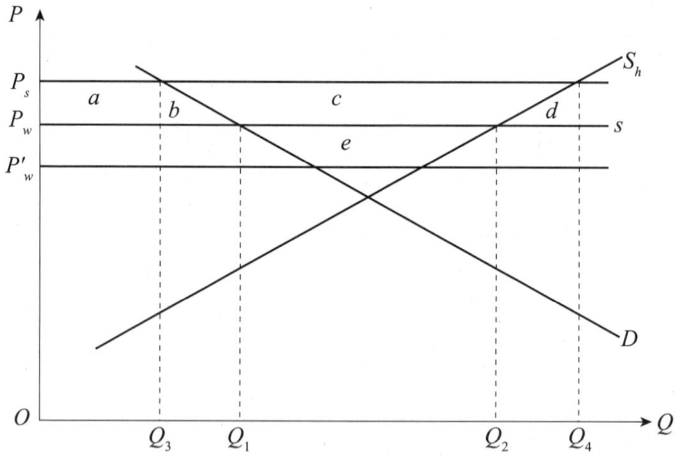

图 8-3 出口补贴的影响

（三）对电视节目本国内容规制的分析

实施本国内容规制是一种非关税壁垒。广播业对本国内容的要求很普遍，比如在法国有时就可发现其对电影院放映的影片有这样的要求。对本国内容的规制，通常表现为要求本国节目达到一定的百分比，剩余部分才可以是外国节目。这相当于对进口节目实施了某一百分比的配额，也可以看作对国外商品不太常见的配额形式。比如，在澳大利亚，政府就要求一个电视台从早上 6 点到午夜这一时段，本国节目至少要占到 55%，这相当于 45%的进口配额。还有一些国家，对所谓特殊类型节目的规定，其实就是本国内容要求。尽管本国内容要求是一种配额形式，但电视节目市场与其他商品市场还是有一个重要的差别：在任何一天能够播出的节目总数局限于 24 小时之内。正是这个独特之处，使得进口节目不同于我们通常分析的商品配额，其价格不会降到世界价格水平。

在图 8-4 中，D 是在一个季度内电视节目的国内需求曲线，S_h 是指国内供给曲线。在没有贸易的情况下，Q_0 将是在价格 P_0 处的供给量和需求量。国外供给曲线用 S_w 表示，显示了国外生产者供给一份节目拷贝的边际成本。

在自由竞争和自由贸易条件下，价格通常接近边际成本。但是，在图 8-4 中，电视节目的需求在 Q_1 处被截断，这代表在该季度中可供播出的总时数（广播机构不可能每天播出节目超过 24 小时）。这样，国外节目供应商将以 P_1 的价格进入市场，在这一价格处国内的需求等于 Q_1。价格 P_1 也将适用于国内节目，国内供给量将为 Q_3，不足的 Q_1—Q_3 部分则将通过进口来填充。

不过，假定实行了 50%的本国内容要求，国内节目的播出量将是 Q_2，这里 $Q_2=50\%\times Q_1$。为了使本国节目供应达到 Q_2 的水平，广播机构必须为本国节目支付 P_2 的价格，国外节目的价格仍然保持在 P_1。由于广播机构待填补的时数有限，同时它每购买 1 小时的外国节目，也必须购买 1 小时的本土节目，外国节目不会因此而产生过度需求，更不会有价格上扬的压力。

本国内容规制会带来什么样的福利效果呢？如果国内节目的价格更高，国内电视节目供应商获得相当于图中梯形 P_2ABP_1 部分的生产者剩余。与此同时，消费者（广播机构）在高价购

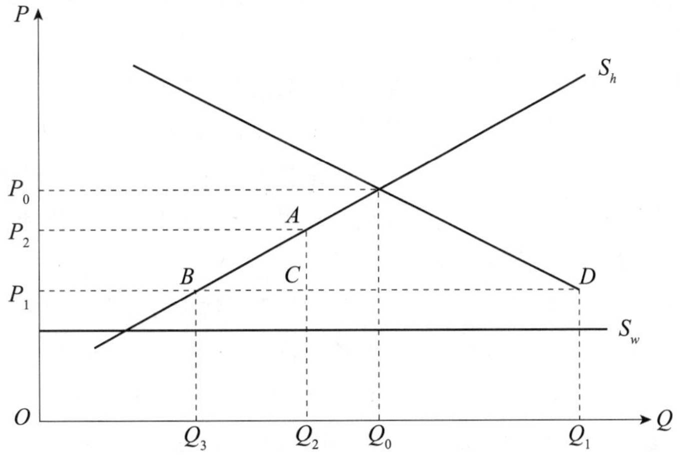

图 8-4　电视节目本国内容规制的影响

买中却要失去矩形 P_2ACP_1 部分的剩余，两者相减净损失是 ABC 部分的面积。

不过这忽略了国内节目的外部收益。如果外部收益确实存在，而且比 ABC 部分的面积大，那么本国内容规制可能增加社会福利。

三、文化贸易保护政策的作用

传统的国际贸易理论大多数是为自由贸易辩护的。例如，比较优势理论提出，一个国家应当在具有比较优势的领域实现产品制造和服务提供的专业化。举个例子，美国应当专业生产电影和电视剧。一个国家不应当生产具有比较劣势的商品。这意味着，许多国家不应当希望电影业成为支柱性产业。也就是说，一个国家应当集中于某些电视节目的制作，比如说本土新闻（拥有比较优势的领域），而不是高成本的电视剧，对于其他节目的需求则应靠贸易来解决。

但是，当谈到电影、电视剧、报纸、图书和其他文化产品时，有理由反对以上这些论断吗？许多国家认为，繁荣的文化产业，对于保护其特有的价值观和生活方式、对于国家发展甚至长治久安，都是必要的。这也可以归为保护的外部收益论。与此相反，美国没有意识到文化产业的存在，倒是将这一产业看作娱乐产业，这一产业的文化产品与其他产业的商业产品并无二致。在美国人眼里，关于文化的争论不过是花言巧语，是为促进保护（产业游说团体所要求的保护）所扔下的烟幕弹。

观念上的差异导致在贸易谈判中无休止的战争。1947 年《关税及贸易总协定》（GATT）主要涉及商品贸易，但其中包括允许各国对进口电影实施配额的条款。电视节目贸易限制盛行。1948 年的《贝鲁特协议》规定取消教育用视听材料国际贸易中的进口关税、许可证和数量限制。1950 年的《佛罗伦萨协议》注重知识产品如图书、期刊和报纸等的自由流通。然而，这些国际协议没有包含娱乐性文化产品或文化特征。1961 年，美国试图修改 GATT，以扫除这些障碍，但是没有成功。1988 年，在与美国签订的《自由贸易协定》中，加拿大成功地取得文化产业的豁免权。在 2018 年加拿大、美国和墨西哥达成的贸易协议中，加拿大继续维持了对它的文化产业的高度保护。

1993—1994 年的《关税及贸易总协定》乌拉圭回合会议的结束阶段，特别突出了与文化产业有关的贸易问题的重要性，通过“文化例外”原则，将视听产业排除在外。在涉及电影和视听产品的货物和服务贸易方面，不必完全履行《关税及贸易总协定》的原则。从此以后，这种心照不宣的相互谅解就被称作“文化例外”。作为一种信条，文化例外没有任何法律地位，也没有写进任何协议和条约中。文化例外的主张是基于这样一种原则：文化不像其他任何产品那样，因为它的价值超过了商业价值。文化商品和服务传达着观念、价值和生活方式，这些反映了一个国家的多重身份及其公民创新的多样性。

在《关税及贸易总协定》下，关于服务部门的处理方法十分复杂，但各国可以选择保留双边联合生产条约、实施配额、补贴本国制作商和发行商。

在世界贸易组织（WTO）的框架内一轮又一轮的多边贸易谈判中，大多数国家提出应该坚持“文化例外”原则、文化多样性原则，强调国家的文化主权与文化安全。

在世界文化与发展委员会 1995 年 11 月呈交联合国教育、科学及文化组织和联合国的题为《我们的创造多样性》的报告中，“生物多样性和文化多样性之间相似性”的问题被首次提出来。报告认为，经济的发展是一个民族文化的一部分，脱离人或文化背景的发展是一种没有灵魂的发展。发展不仅包括得到商品和服务，而且包括过上充实的、满意的、有价值的和值得珍惜的共同生活，使整个人类的生活多姿多彩。因此，文化作为发展的手段尽管很重要，但最终不能降低到只作为经济发展的促进者这样一个次要地位。2001 年 11 月联合国教育、科学及文化组织还通过了《世界文化多样性宣言》，并宣布 5 月 21 日为世界文化多样性促进对话和发展日。

各国为保护其国内文化产业的发展，经常把“文化主权”问题作为主要理由提出来。从实质上讲，文化主权并不是关于艺术产品本身的消费问题，而是关于消费者对文化产品的选择问题，关于国内消费者受外来文化的影响度问题，或者说是对外来文化的认同度问题。因此，政府会运用价值判断来促进、刺激国内文化产品的消费，因为这些文化产品表达了本国的价值观和文化。文化主权是支持贸易壁垒的核心观点，经济和政治问题也常常被提出来支持贸易限制。

世界各国的文化保护政策，可以起到以下几方面的积极作用：

其一，确保国家文化和意识形态安全。人们通常认为，战略性商品的国内供应商应当受到保护，因为在冲突时期，国外供应商是靠不住的。这一观点的另一变体认为，繁荣的文化产业对于一个国家的健康发展甚至长期生存非常必要。当然，对发展中国家来说，这是一个严肃的话题，值得重视和讨论。

其二，保护本国幼稚的文化产业。幼稚产业是指那些全新的或者未发展完全、一旦建设起来将具有比较优势的产业。如果这样做能促进可观的规模经济或者学习效应，那么这个论点也会很有说服力。提供保护是为了建设某一产业，一些国家据此认为应该保护幼弱的电影产业。但是要注意以此为据提供保护应当是短期的。当这一产业形成之后，在这些领域的保护就应该取消。到目前为止，通常这些举措并未实施，这种说法很有可能是另有意图的。

其三，避免过度专业化的危险。如果一个国家极端依赖某一产品，通常我们指农产品，那么在改变该产品的价格、转变消费习惯、可能导致该产品过时的技术变迁等方面，该国是易受伤害的。在这些情况下，为了使经济多样化，保护是有道理的。

其四，反对不公平的贸易行为。倾销就是个例子，例如美国在国外市场对影视节目产品的倾销。其实，处于垄断地位的美国影视巨头们利用在发行上的市场力量，限制世界其他地区生产的电影在美国的放映机会，也是不公平贸易的一种体现。

【本章小结】

有的传媒产品是公共物品，有的传媒产品是私人物品。这其中的差别取决于对收益的排他性和消费的竞用性的判断。

传媒产品定价除了遵循一般商品的定价策略外，还要考虑双边市场、内容差异性、用户对广告的容忍度等因素。知识付费是与传媒产业相关的一种新型服务形式。

在国际上，在使用同样资源的情况下，如果一个国家能比其他国家生产出更多的产品，那么它就拥有绝对优势。如果一个国家生产某种产品的机会成本较低，那么它就拥有比较优势。

在国际贸易理论中，比较优势理论是古典贸易理论的代表。新贸易理论则重点关注规模经济和不完全竞争。

比较优势理论表明，每一个国家对自己具有比较优势的产品进行专业化，并与其他国家进行贸易，交换其没有这种优势的产品，则都能够变得更好。这对于那些在所有产品上都具有绝对优势的国家，也同样适用。一种普遍的谬见认为，国际贸易是一个零和的游戏，一个国家获益只能以牺牲别国的利益为代价。实际上所有国家都可从中受益。比较优势的一个重要来源是不同的要素禀赋。各国专业化生产的产品，就是密集地利用了它们丰富的禀赋资源。

随着信息化和全球化的发展，媒介和文化产品的国际贸易越来越受到关注。在这一领域，存在自由贸易和文化保护之争。

文化折扣，指的是文化产品的价值在不同文化市场上所遭受的减损。

最常见的贸易保护形式是关税、配额和补贴。供求分析能用来考察这些手段的实际效果。对电视节目的本国内容要求，被看作贸易保护和国家文化安全的一种应用策略。

【思考与练习】

1. 如何区分传媒产品的私人物品或公共物品属性？

2. 传媒产品定价需要考虑哪些因素？

3. 为什么美国主导了电影与电视节目的贸易？

4. 为什么在某一地理区域内会有一个国家主导区域性的或某种电视节目的市场？每一个国家都应该努力拥有可观的电影业吗？

5. 保护文化产业是正当的吗？为什么电影与电视节目贸易如此有争议？为什么美国同法国和加拿大等国在文化产品国际贸易协商中一直纷争不断？

6. 美国在国际上出售电视节目的价格合理吗？

7. 对电视节目进行本国内容规制的影响是什么？

【推荐阅读书目】

冯建三．传媒公共性与市场［M］. 上海：华东师范大学出版社，2015.
曲如晓．中国文化产品贸易的理论与实证研究［M］. 北京：北京师范大学出版社，2017.
张斌．国际文化贸易［M］. 北京：人民出版社，2019.

第九章 传媒消费者

【本章学习要点】

- 传媒消费者的特性
- 传媒消费者的消费行为特征
- 新技术条件下的传媒消费时空与消费单位的变革
- 传媒消费者选择的宏观趋势

受众都是传媒消费者，但受众与传媒消费者的提法存在于不同的领域和范畴内。相比之下，传媒消费者概念是从消费决定生产的角度论述传媒和受众既有关系的，强调消费者的能动性、主动权和多样化，倡导从核心出发审视新的传媒环境中信息传播的架构，这更符合当下传媒产业发展强调合理与关系的本质。① 与从前的受众关系不同的是，受众不再只是信息的单向接收者，在互动、反馈、发布等更多行为的基础上，受众对传媒产品的消费行为变得更加复杂和多样（见表 9-1）。

表 9-1　传媒受众与传媒消费者的不同范畴

	话语范畴	互动关系
传媒受众	传媒-受众	参与信息传受互动
传媒消费者	传媒生产者-传媒消费者	以消费注意力的方式参与信息的互动传播

“传媒受众”和“传媒消费者”的概念仍然会交叉出现在后续的讨论中——在讨论传播模式的语境中，更多使用“受众”；在传媒生产和消费语境中，更多使用“传媒消费者”。但所指主体都是新型传播关系之中的“人”。

第一节　传媒消费者需求

与市场需求相比，消费者需求更贴近复杂而多元的“人”本身。以移动互联网和社交媒体

① 黄可．传媒消费新论［M］．北京：新华出版社，2017：17.

的兴起为代表的传媒消费个人化，正在促成传媒消费不断为“人”的逻辑所左右。然而如同卢梭在《论人类不平等的起源和基础》序言中所说，在人类的各种知识中，最不完备的就是关于“人”的知识。

拜数字技术所赐，“点击”“流量”成为传媒消费的即时反馈与可量化指标，新媒体产品与用户之间的关联空前密切细致，深入到传统传媒产业的市场研究所不曾也不必深究的领域，而当个人拥有空前的传媒选择权时，其所产生的复杂的选择决定和行为规律，是量化数字难以捕捉的。当下对传媒消费者的研究必须吸收社会学、心理学、认知传播学的更多方法，更深入理解“人”作为基本单位的需求与差异化，理解传媒消费中空前突出的“人”的逻辑。正如管理大师彼得·德鲁克（Peter F. Drucke）所说：“动荡时代最大的危险不是动荡本身，而是仍然用过去的逻辑做事。”

一、传媒消费者需求的本质

传媒消费者需求的本质具有以下特点。

（一）传媒消费本质上是一种精神消费

关于传媒消费稍早之前的定义，都局限在大众传媒领域，将普通大众对报刊、电视、广播的使用，甚至是直接付费看作传媒消费。近年来，由于信息通信技术的普及，社交媒体在信息传播上产生巨大影响力，国内有研究者正在重新定义“传媒消费”的内涵，同时比照传统消费模式做出更新的解读。

传媒消费不等同于信息消费、文化消费，它是与之相交织但更窄的一个概念，相同之处在于传媒消费、文化消费、信息消费都有满足资讯获得、满足精神需求的功能。有学者将当下的用户需求分为如下四类：

第一类需求：娱乐休闲（音乐、影视、游戏、小说）。

第二类需求：沟通交流（IM、邮箱、空间/微博、社区）。

第三类需求：获取信息（新闻、搜索、知识）。

第四类需求：实用服务（电子商务、生活服务、网络辅助工具）。①

其中不乏传媒消费与信息消费、文化消费等相交重合的内容。本质上说，传媒消费本身是精神消费的一部分，具有精神消费的本质特征：多样化、持久性、具有意识形态特征。日本作家三浦展将 1912 年以来的世界分为四个阶段：第一个阶段是解决温饱，第二个阶段是强调物质的贵重性，第三个阶段强调心理上的满足感，第四个阶段强调的是精神上的富裕。三浦展将当下社会定位在第三阶段向第四阶段的过渡时期，人们的总体精神消费需求将会越来越多，越来越主流与迫切。②

---

① 刘友芝．新媒体运营［M］．北京：中国人民大学出版社，2018：45.

② 三浦展．第四消费时代［M］．北京：东方出版社，2014：91－92.

（二）从大众到细分：传媒消费需求的个体差异化

已故传媒研究学者丹尼斯·麦奎尔（Denis McQuail）指出：大众（mass）与受众（audience）并非天然一体，而是属于不同的话语范畴，“大众”存在于社会学话语体系之中，“受众”属于传播学话语体系。“大众”与“受众”两个词的结合，是历史和社会发展的特定产物。①

哈佛大学伯克曼互联网与社会中心资深研究员戴维·温伯格（David Weinberger）曾提出互联网时代知识重组的另一种秩序——三阶秩序。第一层是实体秩序，是约定俗成的秩序，是对事物本身的排列。第二层是理性秩序，是根据预先设计好的秩序或分类体系，将有关事物的信息分配到其相对应的、固定的位置。第三层是数字秩序，是混沌和无序的，因为它没有预定的秩序，也超越了分类体系的限制，是在利用信息时根据需要重新排列组合，是一种特定的、满足个性需求的新秩序。②

目前研究界也逐渐认同“大众受众”时代的逝去，无异质、无差别的“大众”概念已经无法再用来描述当代受众。在个体化极致发展的过程中甚至任何一个继续将受众看作整齐划一概念的视角，都是与时代趋势相违背的。

著名的“长尾理论”告诉我们：“大规模市场正在转化成数不尽的小市场，而且，这种趋势愈演愈烈。但是，我们大多数人需要的不仅仅是大热门。每一个人的品位都与主流文化有些许不同之处。我们发现更多的其他选择，我们就会更多地被它们吸引。”③ 以亚马逊为基本研究对象和灵感起源的“长尾理论”观察到，无论多么细小的市场都有人对此有需求，那么囊括越长的细尾就会将越多的市场需求一网打尽。总体来说，长尾的总和甚至会超越头部市场。

事实上，从自媒体眼花缭乱的垂直领域与细分市场上便可以窥见分众化的趋势，大众传播还在，但大众传媒已经无法实现对人们传媒时间的全部占有。实际上，真正从长尾理论的应用中受益并崛起的，是如同亚马逊一般穷尽一个市场可能的 BAT（百度、阿里巴巴、腾讯）型的企业巨头——无论多长的长尾都会流向同一家企业，覆盖可以盈利的所有点是平台型超大企业的制胜法宝。然而，那些以每个利润点为代表的小市场如何纵向拓展、抓住垂直领域里的机会，却是长尾理论并未解决的问题，小众是否有经济、小市场是否可以单独存活都是长尾理论并未涉及的问题。

著名商业评论家吴晓波在一次演讲中这样解释“小众经济”④：未来的商业机会是我们将失去大众品牌，大部分的中小企业所服务的只是一个特定的人群，这个特定的人群会垂直打通。你只要服务这些人，你只要在这个族群中形成你的品牌理念，你就会变成一个非常小而美丽的优秀企业。吴晓波认为，做一个几万人的企业、做一个家喻户晓的品牌已经不再是中国创业者的梦想，几百人甚至几十人的企业能在一个特定的消费群体中提供无可替代的服务，将是

---

① 麦奎尔．受众分析［M］．北京：中国人民大学出版社，2006：156.

② 温伯格．万物皆无序：新数字秩序的革命［M］．太原：山西人民出版社，2017：4-5.

③ 安德森．长尾理论［M］．北京：中信出版社，2015：17.

④ 参见 2015 年 8 月 8 日吴晓波南京演讲“如何拯救我的资产”实录整理资料。

“中国现在消费社群最大的变化”。

美国营销大师菲利普·科特勒在定义“利基”（niche）时说，利基市场就是那些“没有被服务好的、仍有获取利益基础的小市场”。同理，传媒产业里的利基市场就存在于这些被激活、被看见但并未被服务好的需求之中。

（三）本质需求的新指向

在记录苹果创始人斯蒂夫·乔布斯生平的《乔布斯传》中，作者提到一个有趣的细节：乔布斯从来不做用户调研，他说如果亨利·福特在发明汽车之前去做市场调研，他得到的答案一定是消费者希望得到一辆“更快的马车”，而不是汽车。乔布斯认为，用户并不会自己创造新的需求，伟大的产品引导甚至先创造出新的需求。

再思考“更快的马车”这一说法，消费者的真实需求其实已经体现，是“更快”，而非“马车”，“马车”只是实现“更快”这一需求的交通解决方案。对消费者需求的把握，需要建立在区分本质和方案的基础上，那些模糊的、方向性的很可能是需求的本质，而制定解决方案是产品制造者的工作。

有研究者将现有的传媒产品按照这样的“本质需求”观，划分为如下几个类别：更便宜、更快、更好玩、更多选择（见表 9－2）。传媒产品的延展和创新围绕着此类本质需求而不断展开。消费者对于传媒其他深层次的需求，需要不断被研究和探索。

表 9－2　现有传媒产品的需求本质分类

需求类型	代表产品
更便宜	新闻产品、拼多多、美团、上门服务、拼车……
更快	即时通信工具、京东、滴滴、搜索引擎、高德地图……
更好玩	游戏、抖音、唱吧、自拍……
更多选择	视频平台、音频平台、大型电商……

二、传媒研究的消费者立场转变

早在 1980 年，学者伊莱休·卡茨（Elihu Katz）就在一篇对传播学研究领域的概述中评论说，“强大的媒体”或是“强大的受众”之间的来回讨论，这风潮差不多每过十年就变一变。英国学者索尼娅·利文斯通（Sonia Livingstone）也在 20 世纪 90 年代引述并认同了这个看法，她提出 20 世纪 90 年代甚至以后的探索是否也在重复这个“摇摆”，以及这样的摇摆是否是常态。事实证明，从卡茨提出这个看法加上其后的 30 年，在大众传播学大半个世纪的历史中，对“传媒-受众”这对关系孰强孰弱、此消彼长的研究争论从未停止过。

新一轮强大受众的研究风潮，开始于移动互联网的普及。传媒产业首先需要正视的问题是，无时无刻、跨屏消费的传媒消费者是否还被传媒“议程设置”着。

以生产者立场上的传媒分类为例，生产者刻意区分细微行业和渠道，讨论不同渠道的“融合”问题。而刻意随时随地消费传媒的消费者们是否真的在意他这一刻在电子屏幕上所选择的内容，究竟来自报纸、杂志还是电视台、广播电台？仍以报纸、杂志、广播、电视、互联网几大维度来划分传媒、研究传媒的传统分类方法，抑或是以传统媒体、新媒体一言以概之的粗暴划分，是否仍然由于是生产者的类型化考量而存在极强的束缚性？

事实上，早在互联网产生之前的时代，杂志和报纸就经常被简单地归结为“纸媒”，如果说两者分野，形态（是否装订）和出版周期上的区别被认为是重要的区分标准。然而这样的划分与真正的读者阅读之间裂缝颇深，早已不符合时代的要求。很多杂志之间的差别，甚至比报纸与杂志类别之间的差别更为显著。例如交通行业领域的周报与周刊，其内容是否相近、出版周期是否相同、装订与否根本不能成为消费者认知的根本区别；而一份交通周刊的内容与时政周刊、明星周刊甚至园艺周刊之间，装订相同，周期相同，但其内容几乎是零重合的。二者仍然被笼统地划分在“杂志”类别中进行研究，是对传媒消费者立场的罔顾。

随着传媒权力的部分移交，思考问题的立场和视角也在偏向消费。近年来普遍被欧洲研究界接受的“新受众研究”（new audience research）也有相似的取向——从内容产制过程中脱离开来，更关注受众和讯息接受过程。它在方法上更依赖阐释民族志，而非量化统计、内容分析或文学批评；立场上倾向于将人口统计学变量所代表的社会结构性因素看成是有限而模糊的，专注于描述受众置身于其中的日常生活、文化情境如何影响个体的传媒接受行为。①

第二节　传媒消费者特性

大众时代之后的传媒消费者到底应该如何描述？近年来国内学者们做了很多概念上的尝试：“电子传媒人”“网众”“沉浸人”“泛众”，甚至将人定义为每一段“人-科技物-世界”关系之中的“混杂主体”。关于重新定义受众不断涌现的探讨，足见受众层面的变革给整个研究界带来的重大影响。在传媒经济的框架下，到底应该如何理解传媒消费者的特性，才可以合理解释传媒消费行为？这是本节想要探讨的问题。

一、进化性

人们普遍认为，传媒技术的发展将导致媒体的不断进化，受众也在不断从大众传媒接收端的被动角色进化为具有自主选择权的能动主体。

（一）传媒进化—受众进化

从印刷术、无线电传输到移动互联网，从报纸、广播到社交媒体，传媒无论从技术到形态

① 曹书乐，何威．新受众研究的学术史坐标及受众理论的多维空间［J］．新闻与传播究，2013（10）：21－33，126．

无疑都在演进，不断有不同于以往的新传媒、新新传媒的诞生来调整概念。美国学者保罗·莱文森（Paul Levinson）认为，“按照约定时间进行（media by appointment），是迄今为止一切旧传媒的特征”①。

在以莱文森为代表的媒介进化论研究者看来，传媒进化存在一定的规律：传媒使用功能越来越符合人类感官愉悦的要求，传媒外形设计越来越符合人性审美需求；从人性化的角度看，传媒必然沿着人类传播要求的方向进化；从传媒与自然关系的传播效果看，传媒必然朝着不断消弭时空障碍的方向进化。总之，媒介进化论首先肯定了人的理性选择在传媒进化中的作用，“人是积极驾驭传媒的主人……人决定传媒的演化——哪些存活，哪些落到路边，哪些命悬一线，哪些如日中天”②。

但媒介进化论也受到了部分学者的讨论和质疑。有学者认为，莱文森并没有用发展和动态的眼光看待“人”的变化，他没能回答传媒的进化是“谁做选择”“如何选择”这样的问题，也没能回答选择的结果是用什么样的指标来衡量的。莱文森始终强调人的“理性选择”在传媒进化过程中的重要作用。但社会学大师鲍曼却认为，现代理性是盲目的、没有方向的。他认为，现代理性的优点是可以借助工具的力量，衡量成功的标准是效率、速度以及表现，但弱点是可以运用工具于其上的目标是模糊不清的以及不确定的。“现代理性可以讲一大堆事情应该怎么做，但是什么事情应该做却几乎什么也没说。”

可以说，媒介进化论尚未彻底将人的需求的不断变化与人类现代理性的方向缺失纳入考量，而仍旧不断回到“基本人性”的立场上，存在着理论与现实的脱节。事实证明，在移动互联技术逐渐普及之后，在受众被空前赋权的状态下，传媒消费需求正在不断地快速演进，传媒消费行为也因此不断更迭，对受众变迁与进化进行新一轮探讨是比探讨传媒如何变迁更为根本和迫切的课题。

（二）受众—用户—下一代用户

“受众”的概念，在传媒研究领域和文化研究领域都由来已久。按照麦奎尔的说法，最早的受众是诞生于各种公开活动的参与者，演讲、集会、露天演出等都是受众聚集的契机，这些没有借由任何介质传播的受众基本依靠物理聚集而形成，在同一时间接收传播的信息。电影的诞生被麦奎尔认为催生了最早的“大众受众”，因其借由电影这一具有中介性质的传媒打破固定时空来传播信息，因此被认为是大众受众的先河。随后的一两百年时间里，借由一定传播技术、以不同载体为介质传播信息的大众传媒——报纸、杂志、广播、电视——不断为大众受众提供基于不同内容的信息接收可能，直到社交媒体的出现。

“用户”的概念，最早应用于计算机行业。计算机技术带来的改变使得一切以此为基础和使用逻辑的参与者都具有了“用户”特征——个体差异大、互动、主动性。麻省理工学院新经济学研究学者埃里克·冯·希贝尔（Eric von Hipple）在谈到新经济领域的创新时提出了“领

① 莱文森．数字麦克卢汉：信息化新纪元指南［M］．北京：社会科学文献出版社，2001：40-41.
② 同①12.

先用户创新”(lead users innovation) 理论。这一理论认为，所有产品的创新动力并不是由产品的设计者引领和决定的，而是由消费者中有着领先需求的那部分用户决定的，领先人群最早意识到产品的更多可能，基于市场和成本考量的生产者、设计者对产品的真正改良落后于这部分用户的行动，甚至是追随这部分领先用户而来。

在传媒研究的视野中，“受众”从大众传播时代固有的旧制中走到“用户”的变革过程不可谓不漫长。不同于商品销售或新技术普及，从“受众”到“用户”的变革主要在于直线和单向传播方式的彻底颠覆，用户借由计算机技术与 Web 2.0、Web 3.0，实现以个人为单位的信息选择、互动，成为“受众”概念一两百年来的巨大突破。有国外学者对“受众”和“用户”的概念内涵与范畴做了对比（见表 9-3)，可见“用户”概念的引入是一次传媒传播模式上的重要突破。

表 9-3　受众与用户的内涵对比

	受众	用户
传媒传播模式	工业模式	社会化模式
信息接收特征	被动	主动
对话模式	单向	双向
群体界限	专业与非专业界限清晰	专业与非专业界限模糊
个体还是机构	个体	个体、机构、各种团体
是否跨传媒	基本固定，受众追随传媒	跨传媒，以计算机行为为核心内容追随用户

资料来源：HARTLEY J. Communication，cultural and media studies：the key concepts [M]. New York：Routledge，2011：266.

“下一代用户”(next generation users，NGU) 是牛津大学互联网研究中心 (Oxford Internet Institute，OII) 于 2011 年提出的概念。“下一代用户”是这样一群人：他们习惯随时随地在多个不同的生活与工作地点接入互联网；他们使用互联网的应用、信息浏览、邮箱、社交、地图等中的至少两种功能；除此之外，下一代用户在接入设备上除了必不可少的手机，还拥有平板电脑、电子阅读器、三台或以上计算机其中的两样以上。牛津大学互联网研究中心的研究结果表明，“下一代用户”倾向于制造互联网接入的“随时随地”，其使用互联网的频率和多地点程度都高于以往用户。使用多种电子设备接入并没有出现技术上理性主义者们所认为的结果即会降低互联网的普及率，反而是不同的互联网应用并没有彻底取代其他的设备，而是时间和空间上的延展不断补充甚至扩展了技术的可能性。研究者们还提出，“下一代用户”的定义跟年龄、使用年限、使用总时长等因素的关系不大，而是因人们的养成能力有所差别，一些人比其他人更擅长利用技术满足他们的利益和需求。因此，不同年龄阶段的人都有成为“下一代用户”的可能，区别的实质是其创新能力重新配置了技术渠道，创造了新的数字鸿沟。

从“受众”到“用户”再到“下一代用户”，受众在不断迭代的同时也显示出受众研究观念的变迁（见表 9-4)。

表 9-4 受众研究观念的变迁

不同阶段	时间/代表人物	核心概念	受众特点的认知	进化
受众研究阶段	20 世纪 30 年代西多尼·罗杰森	枪弹论	受众是完全被动的接收方，易于说服	被动
	20 世纪 40 年代赫伯特·布鲁默	大众受众论	受众是群体性、大规模、匿名性、无差异的大众	
	20 世纪 60 年代拉扎斯菲尔德	有限效果理论	顽固的受众，不会全面接收媒体信息	主动
	20 世纪 70 年代伊莱休·卡茨	使用与满足	受众会根据需要选择使用信息	
	20 世纪 80 年代霍尔、莫利	编码解码理论	受众拥有自主权，本体地位初步确立	积极
用户阶段	21 世纪初	—	自主选择互联网内容、积极互动	参与互动
下一代用户阶段	2011 年	—	多种设备、多地点上网	自我配置

对比可见，基于大众的经典受众研究理论正在逐渐失去其解释力，而真正的关于当下受众的理论研究尚未建立起来。积极受众观所诠释的受众的积极状态，有着悬而未决的两个问题：第一，受众的新特征是什么？第二，受众是如何参与到传播中来的？这都是目前的受众研究理论无法很好诠释的内容。受众的不断进化——从被动到主动，到积极，再到参与互动，最终在渠道、时间、注意力上进行的"自我配置"，都显示了受众权利增长、自主意识不断进化的轨迹。

（三）碎片化、自治-非碎片化、自我配置

"碎片化"与"自治"是近年来传媒研究中高频出现的词，但这两个词是否足以概括受众传媒消费的现状仍然需要更为细致的讨论。

第一，碎片化（fragmentation）。关于传媒消费是否碎片化，最近一两年开始有学者反思这种关于媒介消费状态的论断。如 2017 年 7 月，牛津大学路透新闻研究院数字新闻项目的负责人理查德·富莱切特（Richard Fletcher）与研究总监拉斯穆斯·克莱斯·尼尔森（Rasmus Kleis Nielsen）联合发表在美国权威传播学期刊《传播学期刊》（*Journal of Communication*）上的研究结果表明，线上受众的新闻消费与线下相比较，并没有明显碎片化。他们集中研究了 6 个国家的新闻消费者在不同的传媒平台（纸媒、电视和网络）上的新闻消费行为，最终发现，线上和线下的新闻消费行为差异并不大。也许是时候重新审视韦伯斯特（James G. Webster）所说的"新闻的本质就是碎片化的"① 这一观点，传统媒体只是受限于技术和载体而不得不以整合方式出售内容产品的碎片集合。

事实上，就传播领域而言，"碎片化"并不是绝对本质上的变化，"可碎片化"的程度越来

① WEBSTER J G. Beneath the veneer of fragmentation: television audience polarization in a multichannel world [J]. Journal of communication, 2005, 55 (2): 366-382.

越高才是既有解释力又具有建设意义的核心特征。大众传播及其后时代的传媒消费体验"逐渐碎片化"的认知过程，是受众逐渐脱离统一传媒时间和传媒空间的过程。

（1）推送时代的传媒时间束缚。在大众传媒阶段，传媒消费的时间基本上由"传媒时间"决定。报纸读者必须等待早上的日报出版才能获取"一揽子"信息，杂志读者总要等到下一期寄送来才能翻看新内容，《新闻联播》的观众必须等待晚上七点这个时段……传媒消费是被动式的、低频次的、集中的消费。

（2）拉取时代的传媒空间束缚。以门户网站时期为代表，传媒消费者在任何一个有设备有网络的电脑前坐下来，都可以接通集纳海量信息的门户网站，从信息列表中自主选择内容，安排消费时间和时长，拒绝安排好的新闻顺序，直接跳过不感兴趣的内容，产生巨大的用户感和权力感。但这一行为本质上仍然受限于网络有线信号的接入与终端所在的空间，更受限于网站运营者对内容的更新、消费者的拉取，是在一定范围内的选择权。在这个阶段，传媒消费是主动的、高频次的、分散的消费。

（3）移动互联网与社交媒体时代的时空解放。移动互联网让"推送"和"拉取"的时空范围扩展至日常的各个时段、生活的各个场所，将消费行为分散到更多可能的碎片时间和空间，可延迟、可暂停、可错过。社交媒体让信息发送的权力不仅仅掌握在传媒机构手中，社交关系使消费者也成为源源不断的信息提供者，随时都在更新不同的内容，因此消费者依托不同的客户端、依托不同的社交平台，正在空前自主地安排自己的传媒消费时间、空间、内容和节奏。所谓感知上的"碎片化"，更多的是将从前束缚在时间和空间上的固定传媒消费状态中解放出来，是将从前无法接触传媒的时间和空间都激活并利用了起来。穿插于通勤路上的突发新闻获知和社交媒体转发，看起来短暂且跳跃，但在此之前，这几乎是传统媒体无法争取到的时间和空间。

因此，在"碎片化"之前，传媒消费状态之所以体现为"整体"，是因为技术和渠道垄断造成的不自由。消费者在不同的缝隙时间里获取信息、获得娱乐本身就是碎片化的需要，而移动互联技术与社交媒体平台的结合，让这样的本质需求得到了满足。真正对产业形成威胁的不是碎片化的消费方式，而是如何在拥有空前自由身份的消费者、可碎片化程度越来越高的消费模式面前争取注意力的停留、时间的付出和个人关系链的认可。

第二，自治（autonomy）。关于受众变迁广受认同的重要特征之一是受众自治（audience autonomy）。南波利将受众自治解释为传媒受众逐渐对何时、何地以及如何消费传媒有了自己的控制权。营销界甚至有研究者将当代传媒环境描述为消费者的"极度控制"（devastatingly in control），将受众的权利和能力放在了前所未有的高度上。

实质上，受众最大的权限突破在于其在消费传媒的时间、内容、注意力分配上拥有了空前的"自我配置"能力和自由，但其消费的新闻信息是被传媒机构选择之后的结果，其社交平台信息同时也与大数据的描摹揣测混在了一起。受众的所谓"自治"只是在于按自由时间安排接收、互动和评价，真正的信息选择仍然有非常多的重复部分，甚至仍然来自主流媒体。很多实证学者都发现即便在选择度非常高的传媒环境中，仍然有相当多的重复受众（audience duplication），这意味着在传统的传受流向中受众仍然在信息的接收端。所谓受众的空前自由，只是体现在消费信息的方式上，如何接收信息也进一步决定了受众将看到什么样的信息。

事实上，数字时代的受众行为的确因个体差异难以一概而论地“预测”，但却可以空前便利地被记录、统计。与订阅用户或者有线电视用户传统的调查中单纯的人类学统计数据相比，大数据正在不断地描绘每一个 ID 身份的清楚面目和个人喜好，那些成功运用了“大数据＋心理侧写（psychological profiling）”的公司正在展示它们巨大的引导效果。2018 年 3 月因为数据泄露，Facebook 遭遇了创办以来空前巨大的危机，危机的成因中也不乏用户对为数据所引导这一真相的震怒。在拥抱消费自由的数字化时代，受众数据被掌握的可能性比从前更大，技术上的引导可以轻易决定你的所思所见，所谓的“受众自治”跟大数据＋小数据的“共治”相比，其实不值一提。

综上，“碎片化”并非消费者的根本特质，“自治”又过高地估计了消费者的绝对能力，两者都不足以全面概括进化后的受众及受众传媒消费的现状。

二、流动性

无论是波动、流动还是移动，其同质的部分是社会学上的“流动”概念，并非单纯指技术带来的“可移动通信”。

“流动性”被认为是现代社会的一个重要特征，近年来约翰·厄里（John Urry）、齐格蒙特·鲍曼（Zygmunt Bauman）（见图 9－1）、乌尔里希·贝克（Ulrich Beck）和曼纽尔·卡斯特（Manuel Castells）等当代著名学者的著作里都分别对“流动性”的丰富内涵做了详细的阐述。其中鲍曼更是把“流动的现代性”看作人类历史上比资本主义和现代性本身的来临更为激进、影响更为深远的一次变革。鲍曼把“时空压缩”归结为“流动的现代性”形成的主要原因。他还论断“液化”的力量已经从“制度”转移到了“社会”，从“政治”转移到了“生活政治”，或者说，已经从社会共处（social cohabitation）的宏观层次转移到了微观层次。

图 9－1　“流动的现代性”提出者著名社会学家齐格蒙特·鲍曼

人类学家汉森·艾伦（Hanson F. Allen）等人曾经指出，人与技术相结合的“新主体”既是具体实在，也是变动不定的。他将这样的状态称为“能动的流动性”（fluidity of agency）①。当下受众研究不得不认清这样的现实：与任何技术相结合的消费主体，在形态上是移动的，在心理上是“流动的”（liquid）（见表 9-5）。

表 9-5 “流动”与“移动”的内涵区别

	范畴	特性
移动	技术、形态	物理位置的不断变化
流动	社会、心理	不确定性、变动性、无边界性

鲍曼在明晰流动现代性的本质时说当今的现代性是轻快的、流动的、网络状的现代性，而此前的现代性是沉重的、固态的、系统性的现代性。他挑选了解放、个体性、时间/空间、劳动、共同体这五个概念，来探讨流动的现代性的框架性论题。以流动的现代性的讨论框架为基础，这五个概念可以对应“主体—行为—关系”三个维度（见表 9-6）对当下受众的传媒消费行为规律做出更为深刻的解释。

表 9-6 对流动的现代性五个维度的解构

解放	消费主体
个体性	
时间/空间	消费行为
劳动	
共同体	消费关系

（一）主体身份上的流动

新受众的身份应该是什么？麦奎尔认为，传统的受众角色将会终止，取而代之的将是下列各种角色中的任何一个：搜寻者（seeker）、咨询者（consultant）、浏览者（browser）、反馈者（respondent）、对话者（interlocutor）、交谈者（conversationalist）——“很显然，在大众受众兴起长达一个世纪之后，这样一种变化也许确实堪称革命”②。

将这些角色的本质更扩大化的，在于受众“永久在线”的链接“解放”。即便是在不断移动中，人们也可以保持联络。麻省理工学院心理学院教授雪莉·特克尔（Sherry Turkle）认为传媒环境最大的变革是制造了“链接的自我”（the tethered self），也有学者提出“永久在线”（permanently online）③ 的状态意味着信息可以无障碍地直达用户入口，与此同时，信息被选择和消费的权力早已移交，信息生产者更像是动用各种技术无限迎合受众的需要，但是真正操作点击、转发按钮的手仍然受个体思维的控制。

受众可以在无限的信息海洋里选择，同时也失去了大众传媒时代的编排之后的“秩序”。

① ALLEN H F，GHASARIAN C，HAKKEN D，et al. The new super organic [J]. Current anthropology，2004，45 (4)：467-482.

② 麦奎尔. 受众分析 [M]. 北京：中国人民大学出版社，2006：160.

③ VORDERER P，KOHRING M. Permanently online：a challenge for media and communication research [J]. International journal of communication，2013，7 (1)：188-196.

受众在“链接一切”的兴奋过后，更多的是回归理性。在社交账号“关注与屏蔽”的行为里分配注意力；在自媒体的“置顶”功能里调整信息渠道的优先级别；在付费专栏里为更为权威、更想了解的内容用直接付费的方式给予更多的支持和依赖……这一切看似个人主动的传媒行为，都可以归纳为受众正在“编辑”自己的信息流，在无限的信息中配置有限的精力，并寻求一定的秩序。正如列维-斯特劳斯（Claude Levi-Strauss）所说，只有“创造秩序”的人才具有主体性，人通过创造秩序同时创造自己的人性。

事实上，并不存在超越性的“新身份”，受众是在不同身份之间自由切换以不断寻找新的主体感，同时具备多重身份、随时在线的“超级个体”，是人与终端的结合，是不断在信息中寻求秩序的传媒消费者。

（二）时空上的流动

2014年，谷歌公司联合市场调查公司 Ipsos 和 Sterling Brands 对美国传媒消费者的消费行为进行大规模调查，发现普通民众90%的消费时间属于跨屏消费。他们可能在社交媒体上发现一部电影，在 iPad 上搜索出来观看了前半部，之后回到家里在电视上看完；可能在通勤路上在手机购物端中收藏好心仪的商品，在恰当的时候再在 PC 端下单；又或者与朋友在共同观看一个电视直播节目，同时拿着手机在社交媒体上对节目的细节不断评论和吐槽……

如同鲍曼所总结的，时空压缩是流动的现代性诞生的根本原因。时空压缩体现在传媒消费上，不只是麦克卢汉的地球村，不只是伊尼斯的时空偏向，而且是多屏联动的“啮合消费”。这种自主安排媒体消费时空的能力正在制造一个新维度上的“流动”。

因此，一直被传媒产业谈虎色变的“碎片化”和“自治”，其根源都是时空的利基化使用。由此而引发的这种价值单位上的巨变——从垄断时空一次性攫取最大多数受众的注意力到从利基时空的消费中获得精准注意力的累积——是产业变革的起点。

更有启发意义的在于，受众个体的自由所带来的多样性开辟了除了大众传播之外的传媒经济形式即小众经济的可能性。依托新技术的力量，个体越是自由，就越是能按照意愿建立自己的传媒“食谱”（diets），于是受众的类型也会越丰富多样。探索这些有待满足的食谱并探索以怎样的方式将其送至对位受众的视野中，是一个更为长远的传媒命题。

（三）关系上的流动

“衣帽间式的共同体”（cloakroom community）是鲍曼对流动现代性人群的一个特征的概括。在《流动的现代性》中，鲍曼描述了这一共同体的特殊“景象”：

> 演出开始前，人们穿着厚厚的外套和皮夹克，经过不同的街道鱼贯而入，将外套脱在大堂，挂在衣帽间。进入表演大厅，他们服从特定的着装规则，整齐划一。表演期间，他们全神贯注，有共同的欢笑、悲伤和沉默，如同有事前的彩排一样，同时发出喝彩、惊叹或抽泣。帷幕降落，他们重回衣帽间，穿上外套和皮夹克，刹那间，消失在街道形形色色的人群中。

这里所谓的“衣帽间式的共同体”具备几个典型的特征：因事件而短时间聚集起来，缺乏身份认同，感情投入脆弱。但这个共同体因为观看同一部戏，而短暂拥有共同的喜悦、哀愁和焦虑、愤怒等，是“五分钟的（集体化）仇恨与热爱”。鲍曼形容，许多单独的个体可以紧紧地依靠它来消解他们独自的个人的恐惧，“更好地去忍受在嬉闹时刻结束之后他们必须回到的日常工作”①。如同鲍曼所认为的，衣帽间共同的出现是暂时的、表面的、转瞬即逝的，并不能治愈痛苦和不幸，类似共同体现象的存在“反而是流动现代性条件下的社会失序的征兆，甚至有时是这种社会失序的原因”②。

在互联网上，几乎每一个单位的内容都可以短暂激发一个“衣帽间式的共同体”出现——对某条新闻义愤填膺的网友、对娱乐明星八卦品头论足的观光团、对某一个电视剧产生共鸣的职业群体、对某种娱乐方式品位一致的观众……这些短暂而迅速聚集到一起、爱恨同步又火速退去的群体，是“衣帽间式的共同体”的网络写照。而身份多元又掌控“利基时空”的消费者个体，则每天在不同的“衣帽间”之间自由流动，随时进退。

在鲍曼对流动现代性的概括中，“狂欢节式的共同体”（carnival community）也是讨论中的共同体的另外一个合适的名字，与“衣帽间式的共同体”来共同指称“每天独自奋斗的痛苦中的法律意义上的个体”，“这些共同体为他们带来了暂时的喘息和缓解”③。

迅速扩大的共同体摆脱了平日离群索居单调生活的场合，像所有的表演活动一样，发泄他们被压抑的力量，并能让寻欢作乐者更好地去忍受在嬉闹时刻结束之后他们必须回到的日常工作。

无论是“衣帽间”还是“狂欢节”式的共同体，其中的一个结果是，“它们有效地避免了‘真正的’（广泛的和持久的）共同体的凝缩——否则，它们要模仿并（骗人地）答应从零开始地使它重现或形成。它们分散而非凝聚了未被开发利用的社会性的推动力量，因而为离群索居的持久存在作出贡献，并孤注一掷地然而又是徒劳无功地在少得可怜的和谐一致的集体任务中寻求补偿”④。

网络社群，无论在研究界还是实践界都是一个重要的课题，一直将“持续互动的群体”作为单位进行研究。但社群研究忽略了一个重要现状——任何一个新媒体用户都不止身在一个社群，他们在此之上的多社群的液态游走是更为典型的消费行为，他们并不想结为某个社群。“持续联络”的网络社群的确是部分传播的节点和经济形成的基础，但更应看到，那些存在于社群中“永远在线”的个体也可以“永不出现”，他们游走在不同的社群中，控制着在不同社群中的角色，更有效地避免了为任何群体所束缚。社群的建立者通常为线下行为的联络做补充或者做铺垫，但真正引发一次次全民网络狂欢和传播高潮的都生于线上、死于线上。

因此，我们可以总结，所谓“流动的受众”的概念是，不断切换多元身份的信息消费者，在不同的终端上以 ID 为核心游走在海量信息中，通过调整信源和社群身份不断消费信息，并逐渐寻求其中的秩序。在这个过程中，享受以事件和情绪为由头引发的，与其他个体随时随

---

① 鲍曼．流动的现代性［M］. 北京：中国人民大学出版社，2018：327.

② 同①328.

③ 同①326.

④ 同①327－328.

地、转瞬即逝的聚集和解散，在消费中不断寻求信息与情绪的满足。而这一切都可以随时随地发生在各种生活必要环节的缝隙里。

三、个体性

罗素（Bertrand Russell）认为，在社会科学上“权力”是基本概念，犹如物理学上的“能”是基本概念一样。“权力”也和“能”一样，具有许多形态。他强调权力的多种形态。而美国政治学家丹尼斯·朗（Dennis Hume Wrong）在《权力论》中把权力定义为“某些人对他人产生预期效果的能力”①。

从传媒研究的角度上看，互联网作为一种新的权力来源，它对于个体与自组织群体的激活，更多体现于它为社会中的“相对无权者”进行赋权，使权力和垄断资源从国家行为体向非国家行为体转移。在传媒消费层面，依托于移动互联技术和社交媒体建立起来的关系网络，使个体正在经历前所未有的高权利认知时代。这样的个体，我们称之为“超级个体”，其形式表现为个体不再是传媒消费的终端，而在个体消费的同时成为产销者、拥有自门户，担当互释人。

（一）产销者

关于传媒消费者的特殊身份，近年来研究界创造了不少词语（见表 9-7）。

表 9-7 传媒消费者概念的变迁

概念	提出者	新闻消费行为
consumer	—	选择新闻
prosumer	阿尔文·托夫勒（1980）	选择新闻、发布信息
prod-user	亚历克斯·布伦斯（2014）	选择新闻、发布信息、参与 UGC
prod-designer	亚历克斯·布伦斯（2015）	选择新闻、发布信息、参与 UGC、不断优化选择

麦克卢汉早在 1972 年的著作《看今天》（*Take Today*）中就提出，消费者（consumer）将会通过电子技术演变为生产者（producer）。而未来学家阿尔文·托夫勒（Alvin Toffler）在 1980 年撰写的《第三次浪潮》中，将生产者和消费者两个词铸成一个新词“prosumer”，并沿用至今，意思是指生产者和消费者的角色界限模糊，两者将最终融合。在此基础上，澳大利亚学者亚历克斯·布伦斯（Alex Bruns）分别于 2014 年和 2015 年先后提出了新闻消费领域的“prod-user”和“prod-designer”的概念，并将 consumer、prod-user、pro-designer 在新闻消费的主动性上做了由低到高的排序：consumer 是直接选择想看的新闻；prod-user 是用户在新闻接入、选择、生产和分发过程中过滤信息，通过直接链接和评论参与 UGC 新闻的生产；而 pro-designer 是指用户在新闻的接入、选择、生产和分发过程中都发挥主动作用，不断设计优化调整所看到的内容的重要性和优先次序，甚至参与创意内容的合作。

---

① 朗．权力论 [M]．北京：中国社会科学出版社，2001：2.

个体对于信息的生产和消费都更加主动，也更有权利。相关的研究和讨论也在不断延伸，正如韦伯斯特所论断的那样，“数字媒体在全世界蔓延。在蔓延的过程中，它们无疑改变了既有的大众媒体、商业和社会本身。但是这些改变的性质在很大程度上取决于人们如何使用媒体”。

（二）自门户

社交媒体的崛起让任何拥有 Web 2.0 主页或者社交账号的个体都拥有了个人门户，这个门户既是个人接入信息平台的入口，更是成为很多人在虚拟世界互相认识的第一张名片。

“人性化自我”（all-too-human selves）与“社会化自我”（socialized selves）是欧文·戈夫曼（Erving Goffman）在其著作《日常生活中的自我呈现》中提出的概念。戈夫曼认为，人性化自我与社会化自我是天然不同的，人性化自我是人类的本质，“我们也许只是为反复无常的情绪和变幻莫测的经历所驱使的动物”；而社会化自我是社会角色的一部分，需要“表演”一个相对稳定的状态。为此，他把社会化自我表演的舞台称为“前台”（front region），作为舞台一部分的符号设备被称为“装置”（setting），表演并不只是面对观众，也是为了“前台”。① 一个人的社会化自我表演可以看作其个人形象的尽力展示。某种程度上说，个人门户的存在和动态的不断发送就是网络化的“前台”。

社会心理学中的社会比较理论认为，人类自我评估的欲望是天生的，即便有关于社会评价的量化指标，人们仍然希望通过与他人的比较来做自我评估，人们需要依靠外界对自己的不断对照和反馈来审视自我形象的准确性。我们认为这样不断窥视、比较、再定位的基本欲望也是社交媒体存在和不断维持发展的社会心理基础。

从个人传媒消费的角度上来说，一部分消费是自我认知的内在需要，包括消费每日新闻、专业知识、娱乐、信息等。这是一种社会化自我的需要，个人通过评论、转发的内容的价值来更新个人门户。这不仅是维护社会交际的需要，也是个人“前台”名片的升级。这种集体社会化的需要支持社交网络的信息流。从这个意义上说，每个人都有一个消费者平台和一个信息流动的平台。因此，热门话题和文章，用“刷屏”来展现内容，其实是通过“转发”这种行为，占据了大部分人的个人门户，同时也是个人门户信息的一部分，是一个关系链中的即时消息，接续传递着信息流。那些不断被各种关系链中的人转发进入个人门户中的内容，其本质含义是内容引起了绝大多数人的共鸣和兴趣，被不同领域的人共同青睐，形成所谓的热门文章。

（三）互释人

当关系网络置入信息传播网络之后，信息传递的通路就与人际关系密不可分。除了新闻机构生产的内容，每个人都会很轻易地从他所关注的人那里获得其创作或者转发的信息。同时，如果获取的内容触动了读者，就会引发又一个节点的自发传播，抑或是带着评论与态度的再次传播。

---

① 戈夫曼．日常生活中的自我呈现［M］．北京：北京大学出版社，2016：23．

人际的价值除了体现在交往上的联系，也体现为彼此信息上的重要“编辑”——社交网络里不乏因为“三观不合”互相拉黑、切断信息传播线的行为，在微博中关注、取关，在朋友圈中阻止、分类的行为，同时也是一种渠道上的不断调整，选定某人通常也是认同了他的信息兴趣和价值判断。任何一个热点事件的出现都会引发一轮价值观上的互相窥视和不断对标。从这个意义上说，社交网络上的关系框定，其本质是决定了谁来做你的信息源。基于前面讨论的社会性传播的需要，你将看到更多的是“信息挑选＋态度表达”后的组合，因此社交平台上的信息传播无形中已经形成了互相诠释和表态的讨论氛围。

依托互联网的无界性质，理论上说，个人是可以选择链接任何一个拥有社交账号的人的，这也让基于共同特征所延伸出的社群的建立更容易、更细分。任何一个社群都会成为一个意义上的“诠释社群”，互相选择之后的人群对信息的共同理解是社群建立和稳定的基础，社群中的成员在不断沟通中互为诠释人。

与此同时，社交关系浸入信息传播网络，几何级地增强了信息“冗余”感。如同前文提到的“下一代用户”，其创新的信息渠道自我配置是典型的特征，在这个过程中用户拥有了空前巨大的选择自由，也同时要付出自我配置的时间精力甚至认知能力。在相互链接的个体急于就同一个热点不断发言、表态、诠释的时候，单一用户得到的可能是不断重复的、真假难辨的观点和优劣难分的态度。对具备良好传媒素养的用户来说，这是一个听到更多声音的机会，但是对传媒素养并不良好的用户来说，这无疑是极大的冗余甚至误导。因此，近些年也不乏主动退出社交媒体的群体性行为。

但“互释人”的角色有一点是非常值得肯定的，就是观点表态的多元化，以及对用户自身而言强烈的赋权感。用户对自己的传播影响力有了更为直观、数字化、可统计的感受。

传媒消费领域的赋权，也是传媒消费结构化变迁的开始。喻国明教授指出，互联网尤其是移动互联网，极大地激活了个体及其嵌入的关系网络资源，从社会的“底部”改变了赋权模式与权力格局。

综上所述，传媒受众不再是一个统一的概念，而是充满了多样性、变动性、不确定性的个体。在受众无限接近个体细分的过程中，受众行为与社会心理状态、个人心理差异的联系日渐紧密。在分析讨论传媒产业变迁和传媒政策之前，对当下受众的状态做分析是非常有必要的。

第三节　传媒消费心理与动机

如前文所述，传媒经济的消费者正在进化——从无差别、被动接受的大众进化成为流动的、高权利的用户，随之而来的消费者行为也在发生相应的变迁。本节我们将对当下的传媒消费行为的特征和逻辑做一个分析。

一、传媒消费者的“非理性”

如同前文所述，传媒消费者是复杂、动态和社会性的，是非理性的，存在着受制于各种因素的媒介选择动机和消费心理。

（一）选择的三种模式

组织管理大师赫伯特·西蒙（Herbert A. Simon）曾经提出“选择”的三种不同模式：超凡模式（the olympian model）、直觉模式（the intuitive model）和行为模式（the behavioral model）。[①] 他认为，过去几十年学界关于理性选择理论的研究是基于“期望效用函数”建立起来的。这是一种“超凡模式”，是上帝视角，但是作为“有限理性”的人，在做整体决策的时候是不可能对未来有精准的预见的。比如在考虑买一辆新汽车时，不可能预见未来两三年会发生的重大事件，而只是对当前汽车的型号、动力、品牌、性价比做出考量，这并非一个宏观函数可以解决。西蒙把人类的这种选择模式称为“行为模式”，是在行为中不断选择的结果，而非从上帝视角通观全局的理性决策。

按照西蒙的有限理性的行为模式，人们在选择时，没有必要在时间上无限追溯、在价值观上涵盖全部，也没有必要把选择中的每一个问题都与世间所有其他问题扯在一起。同超凡模式相比，行为模式舍弃了不少形式化的优雅，但这种舍弃却赢得了更多的回报，尤其是提供了看待理性的新方式。“这种新方式能够解释，在如此复杂以至于基于主观期望效用理论的超凡模式难以解释的世界中，拥有我们这样心智能力（甚至硅谷所有计算机辅助下的心智能力）的生物如何过活。”[②] 大量的人类思维产生以及人们得以正确决策的原因，主要在于拥有良好的直觉或判断力。“所有严肃的认真的思考，都需求两种模式的参与。它既包括一个类似于搜索的过程，又包括对熟悉之物的突然识别。”[③]

（二）消费者的直觉模型

在传媒消费研究领域，由于消费者支出的主要是无形的时间和注意力，跟支付金钱和衡量预算相比较，其在理性上就更缺乏了必要的压力，对于看似无限的时间和注意力就更难产生绝对需要理性的分析和判断，更多的决策并非基于上帝视角的理性决策，而是基于实践行为中的情境、心理甚至习惯，因此有限理性的思维在传媒研究领域应该得到更多的重视。

目前，传媒消费相关领域的学者研究也越来越从绝对理性的数理模型中走出来，而将注意力放在更为复杂的难以数理化的影响领域中。如同西蒙对直觉模式的阐述，很难实现任何意义上的统计，他将直觉模式简单地描述为“啊哈”，当然这种“啊哈”建立在拥有一定知识储备的人身上。

移动互联时代的用户行为已经突破了大众传播学和新媒体研究的基本范畴，而与社会学、认知行为科学、发展心理学等学科研究呈现出融合和交叉的态势。因此，建立一个融合多学科的研究方法、考察用户在复杂环境下的使用行为的创新研究范式，将成为当下传媒接触行为和效果研究的关键要点。南波利也指出了传媒消费者行为的主要研究方向，提出可以通过研究如

---

① 西蒙．人类活动中的理性［M］．桂林：广西师范大学出版社，2016：23－27.

② 同①27.

③ 同①33.

下的问题来开始构建下一代的观众行为理论：受众接触与关注率、回忆率之间有多大程度的联系？内容类型、时段、受众统计数字与其他选择之间有多大的关联程度？受众的关注、回忆或者行为反应在多大程度上是可以通过个人与结构化受众及传媒因素来有效预测的？或者，当分析维度超越“受众”单一指标时，是否还有其他的解释因素需要被考量？是否需要探讨非数理统计意义上的行为模式和新范式上的尝试？

关于当下传媒消费最主要的影响因素，众多研究结论表明：个体因素对传媒消费的影响最大，其次是环境和传媒因素，其中最重要的影响来自个人的动力和需求，个人的动力和需求在不同类型的传媒消费中都持续发挥着作用。

二、传媒消费者的时间心理账户

在传媒消费极度个人化之后，对消费的研究显然缺失了有效的比较维度。

但是无论消费者如何在个人化的时间和空间中做选择和安排，每天24小时的时间对每个人来说都是公平的，时间不可逆转并且无法储存。所以有两种关于时间的理论可以成为衡量传媒消费的重要借鉴，它们一个是行为经济学上的“时间心理账户”（psychic accounting of time），一个是经济学角度的“时间预算”（time budget）。

（一）时间心理账户

行为经济学的“心理账户”（psychic accounting）概念最早是在20世纪80年代由行为经济学家理查德·泰勒（Richard Thalar）在解释沉默成本效应时间时首次提出的。心理账户意指，人们针对不同的经济行为会将之划归不同的心理账户，从而影响对经济行为的客观处理。由于消费者心理账户的存在，个体在做决策时往往会违背一些简单的经济运算法则，从而出现许多非理性的消费行为。

之后不同的经济学家在泰勒的基础上系统分析心理账户的特征分类及其对人们众多行为的影响，其中对消费和金融投资的影响层面的研究尤为丰富，心理账户成为行为经济学中的一个重要概念。人们在面对不同决策时的一些看似不合理性的决策，其实是由于心理账户上的损益感造成的。

国内有学者借鉴相关的概念，将“时间心理账户”定义为人们在心理上对自己的时间资源进行分类、预算、监控和评价的账户系统。也有实证研究结果发现，在日常生活中，人们通常会基于这个时间的活动内容来进行分类。“时间心理账户”具有较为稳定的五维结构模型，分别为工作时间心理账户、家庭时间心理账户、社交时间心理账户、休闲时间心理账户、学习时间心理账户。不同账户之间边界模糊，但不能互相替代，否则将产生不良心理障碍。①

（二）时间预算

时间预算，来自经济学的“预算”的概念，即在做一个消费之前最大的花费评估是怎样

---

① 赵星．时间心理账户的理论研究［J］．科学中国人，2015（33）：131－132．李爱梅，魏季．基于“时间心理账户”视角的幸福体验研究［Z］．广州：第十五届全国心理学学术会议，2012－11－30．

的，时间预算也来源于此。鉴于传媒消费主要是在时间和注意力层面的“消费”，那么你愿意在某类传媒消费活动上花费多少时间和注意力呢？美国学者做了一个基于时间预算视角的政治新闻消费兴趣研究[①]，253份邮件调查样本的调查结果是，移动新闻消费人群比非移动新闻消费的人群时间更紧张（工作时间更长、自由时间更短），因此对政治新闻更感兴趣的人在移动新闻消费中更积极。这一结果也从侧面表明了移动端消费对空隙时间的利用。

我们也可以研究传媒消费的决策选择是否有可以依据时间和空间的规律和法则，时间预算和时间心理账户是如何影响人们在传媒消费时的决策、预期和选择结果的。

如果以24小时为一天的容积，如何在有限的时间和精力之中分配注意力就成为一个命题。工作8小时、睡眠8小时之外，用餐、休息、通勤、家务、娱乐，成为心理意义上计量个人传媒消费的计算单位，那么如何在这样的衡量标准中建立心理账户的价值标签就成为生产者必须纳入考量的概念。

三、个人对传媒消费的价值认知

尼克·库尔德里对“媒介仪式”（media rituals）的定义是“媒介仪式是围绕关键的、与媒介相关的类别和边界组织起来的形式化的行为，其表演表达了更广义的与媒介有关的价值，或暗示着与这种价值的联系”[②]。简而言之，“媒介仪式指任何围绕关键的、与媒介相关的类别和边界组织起来的行为”[③]。

（一）媒介仪式

库尔德里是一个从政治经济学角度对媒介仪式持批判态度的人，他提出了“对媒介化中心的迷思”（the myth of the mediated center），这一观点或假设认为我们的社会有一个中心，并且从某种意义上讲，媒介代表那个中心发言。

> 我们把电视、广播和报刊（越来越多的是互联网）当作社会中心，接受其占据我们生活的合法性，这些观念完全植根于这一迷思。如果符号权力是社会认可的“构建社会真实的权力”，那么我所批判的这种迷思可以有另一种表述：我们对符号权力集中于媒介机构是合理的这一观念的接受。我敢断言，媒介仪式正是这种假定的合法性得以复制的关键机制。[④]

媒介仪式是传媒消费行为的重要组成部分，在以最大多数人为目标、以最大化注意力为诉求的大众传播时代，媒介仪式的存在具有巨大的经济意义，是传媒生产者对传媒消费者的基本期待。但当下的大传媒使用状态显示，传媒收视行为正在“仪式”和“习惯”两者之间发生微

---

① ZHANG X Q，HA L. Mobile news consumption and political news interest：a time budget perspective [J]. Journal of applied journalism & media studies，2016，5（2）：277-295.

② 库尔德里．媒介仪式：一种批判的视角［M］．北京：中国人民大学出版社，2016：33.

③ 同②2.

④ 同②2.

妙的转变。

媒介仪式的内涵在最初的辨析中，存在着一定的时代局限。库尔德里媒介仪式的观点提出于 2002 年，他最初是从人类学的角度里提取“仪式”的意义的，并阐述了三种仪式的内涵：（1）习惯性行为。任何习惯或重复的模式，无论其是否有特殊的意义。（2）形式化行为。例如，在某一文化里对餐桌有规则且有意义的摆放方法。（3）涉及某种更广义的价值观行为。比如圣餐，在基督教中它包含着与终极价值——上帝——直接接触的意味。

库尔德里在将仪式与传媒相结合时说道：“第一种解释没什么意思。有时候在日常用语里，我可能谈到下班回家我总是先喝上一杯，并吃点零食这一‘仪式’。”① 而第二种形式化行为和第三种价值观行为更适合用来表述受众对传媒的接受习惯。在该著作撰写的 2002 年，对这一内涵的解释具有形象和准确的意义，但是自从 2007 年智能手机逐渐普及之后，我们不得不重新审视这一概念的准确性。显然，被库尔德里认为“没什么意思”、太“日常”的第一种概念——习惯性行为，正在成为移动传媒消费者们的惯常，具有“习惯”“重复”的特点，之前所谓的仪式感、特殊意义正在因为其接触机会的日常化而不断被消解。

近年来，关于传媒消费行为是如何嵌入日常生活的研究逐年增多。因为大众传媒对资源的垄断、话语权和发布权的垄断，大众传媒曾经约等于一种权威，接近传媒约等于一种仪式。但当下的传媒消费可以随时随地发生，传媒消费者甚至自由转发和评论，传媒消费行为更具有随意性，传媒权威感也日益减弱，人人皆可解读的信息源加上自由散漫的消费形式造成了传媒消费逐渐成为一种无意识消费，是默认生活中的一部分。英国一位教师曾经在采访中描述过要禁止学生把手机带进考场有多困难：“因为问题在于，对今天的孩子们来讲，电话是他们生活中当然要携带的物品。在他们看来，电话几乎是日常着装的一部分，穿戴整齐、揣好手机，才是着装的完毕，他们甚至没有意识到携带电话是一个刻意的行为，并不是一个特别的存在。”② 当人们认为使用传媒，甚至随身携带传媒工具是日常生活中随手为之的一部分时，其仪式感正在消解，习惯感正在上升（见图 9-2）。

（二）消费价值

如果说传统传媒是获知信息的唯一渠道，那么互动和多元的传媒选择带来的是整体传媒消费行为价值感的变迁。韩国学者 2016 年的一项基于全国性在线调查的研究，关注人们在社交网站上进行新闻消费的动机和目的。③ 研究通过聚焦于三个社交网络上常见的新闻消费行为——新闻阅读（news reading）、新闻发布（news posting）、新闻支持（news endorsing）——来揭示不同消费行为的内在动力。研究结果表明，每种类型的新闻活动都可能源于不同的动机、媒体习惯和技术集群。例如，“获得认可”的动机被认为是新闻发布的重要驱动力，而它

---

① 库尔德里．媒介仪式：一种批判的视角［M］．北京：中国人民大学出版社，2016：3.

② 《独立报》2005 年 4 月 16 日刊载的一篇新闻《考试作弊的小学生增多》，作者为理查德·加德纳（Richard Gardner）。

③ CHOI J. Why do people use news differently on SNSs? an investigation of the role of motivations，media repertoires，and technology cluster on citizens' news-related activities［J］. Computers in human behavior，2016（54）：249-256.

图 9-2　2019 年阿姆斯特丹灯光节上的展出作品
"被光吸引"（absorbed by light），由卢卡斯（Gali M. Lucas）设计

并不是新闻阅读和新闻支持的重要预测因素。"娱乐"的动机与新闻阅读和新闻支持有积极的联系，而与新闻发布无积极联系。此外，那些观看互联网新闻节目的人更有可能参与新闻活动，而那些有许多移动设备的人则更频繁地参与新闻阅读。

施罗德在 2011 年的研究中提出了消费者传媒消费的"价值"维度（worthwhileness），2015 年他又进一步论述"价值"，将它作为传媒消费者们从"新闻超市"（supermarket of news）[①] 中挑选消费内容的衡量标准。关于"价值"的七个衡量维度，他做了如下的描述：

（1）时间消耗：在方便的情况下是否觉得花费在这个传媒上的时间通常是值得的。

（2）公众关联：包括大众关联、不断对照和确认自己的身份，以及私人关系的关联。

（3）标准压力：你使用的媒体是否在你认为重要的人物那里一样受欢迎。

（4）参与潜质：对这个传媒内容的消费是否有助于你对自己生产内容的建设。

（5）价格：价格可以承受并且觉得物超所值。

（6）技术吸引：是对智能数字产品的即时互动感兴趣，还是更青睐于电视文本，抑或是杂志纸张带来的光泽感。

（7）情境切合：传媒必须切合使用者的时间和地点，比如开车过程中广播是最合适的，在通勤车上阅读报纸是个不错的选择。

如果顺应施罗德"新闻超市"的说法，那么可以说，新闻信息是不断被生产和摆放进超市货架的，但是每一个走进超市的客人手里的购物清单却都不相同。每个人都倾向于选择那些符合预算（时间）、符合身份设定（关系）、满足参照标准（品质）、符合运载能力（载体）的商品来满足使用的需要，但在传媒消费视野里，选择的内容是对自己时间预算的分配、对身份关

---

① SCHRØDER K C. News media old and new [J]. Journalism studies，2015，16 (1)：60-78.

系的确认、对载体的体验感和对情境的不干预等。所有满足这种价值的商品就促成消费，成为消费者不断消费的动力。

第四节　传媒消费行为

传播新秩序所制造的“时空自由”和链接路径，促进了传媒消费者将消费行为代入绝对不同的各种利基时间和空间的组合，从而制造因人而异的传媒消费路线。因此，消费者选择从宏观上正在颠覆大众传播时代的重要规律而呈现新的线索。

一、传媒菜单与传媒啮合

米尔佐夫原则（Mirzoeff principle）告诉我们：当人们作为消费者面对很窄的选择面时，行为确实会趋同。当媒体频道有限、生产成本很高时，人们对兴趣的反应也就受限。当人人都可以成为媒体、媒体又帮助协调从前的受众时，兴趣爱好的排列组合便会让人眼花缭乱。这些关注于个人的兴趣和兴趣支配消费行为的“排列组合”的传媒菜单（media repertoire）是近些年传媒研究的新视角。

（一）个人化传媒菜单

最早使用“菜单”（repertoire）概念的研究，是用来测试传媒使用者尤其是电视观众如何从众多频道中选择形成自己的频道菜单（channel repertoires）的。早期电视频道少，观众的选择十分有限。随着有线电视的出现，研究发现了预测节目的大小和组成的因素，比如有线电视订阅、观众背景特征或生活方式、电视观众的动机或态度。近些年关于传媒菜单的研究，力图描绘个人传媒使用在节奏上是怎样的一幅图景。研究者们扩展了“菜单”的含义，用来概括人们在日常的跨传媒使用中从丰富的传媒渠道（而不只是频道）中选择的个人传媒消费行为。也有学者将概念扩展至“信息菜单”（information repertoire），信息菜单的概念表明个人倾向于使用一系列不同的信息源（例如电视、报纸、人际沟通）去获取他感兴趣的某一方面的信息。使用者不仅积极地选择多信息渠道，也会自主确定某一方面的信息会固定出现在哪几个信息源上。后续有研究也表明，个人因素（例如兴趣、动机、满足感、习惯）与结构性因素（例如受众可支配时间、技术可得性）都可以用来判断传媒菜单的规模和组成。

我国研究界对传媒菜单的讨论并不多，只有潘忠党、於红梅的研究中提到，网络媒体的普及丰富了人们的“传媒储备”即传媒菜单，并通过人们的使用经验而影响他们在评价媒体时所考虑的要素。①

另外一个与此类似的概念是“传媒家具”或者“传媒组合”（media ensembles），研究者将

① 潘忠党，於红梅．互联网使用对传统媒体的冲击：从使用与评价切入［J］．新闻大学，2010（2）：4－13.

多种媒体的使用渠道形容成传媒使用者面对的"组合家具"，它们同时存在、功能不同，供传媒消费者根据需要随时选取和使用。两个概念相对比，传媒菜单更倾向于个人消费者对传媒消费的配置行为，传媒家具更倾向于个人消费者所面对的传媒组合。本书更倾向于讨论"传媒菜单"的内在规律，但同时也会积极引用"传媒家具"的概念来阐述丰富选择权的传媒渠道状态。一系列以传媒菜单为核心的传媒使用研究方法，有以下一些特征：使用者中心视角（user-centered perspective）、整体性（entirety）、关系性（relationality）。

（二）多任务处理的"媒体啮合"

无论是对信息源的形容还是对传媒形式的比喻，研究者们都将传媒消费者置于中心，将传媒消费能力的空前提升置于研究的前景加以讨论。在这样的视域下，众多学者在研究新闻消费行为时，将新闻受众区分为新闻寻求者（news seeker）和新闻回避者（news avoider）。显然在新闻消费这个框架内，消费者不但具有"挑选"的能力，还具有主动寻求和主动规避的能力。

传媒消费的过程，损耗的是时间和注意力，获得的是传媒信息。

与商品消费最大的区别在于，商品消费是以货币换取商品使用价值的过程。交易物可支配货币的总量会在收入增减、需求增减等外在情况的改变下增多或减少，不同的消费者由于其经济状况的不同，在消费预算上也会有所区别。因而商品消费研究的是，如何能尽量多地刺激消费，提高在某商品上的预算以获得利润。而传媒消费最大的特殊性在于，每个人每天在传媒消费的时间成本上都是一致的、等同的、很难改变的。从某种程度上说，这是传媒消费的边界所在。

时间有限，注意力有限，不同传媒之间的竞争很容易被看作一场零和博弈，不同传媒形式之间具有巨大的替代关系。有学者提出传媒消费的预算是时间，时间预算（time budget）与经济学里的收益预算（income budget）在个人的消费计划里的分配方式是一样的。部分研究也证实了，工作与休闲活动之间的时间分配影响了人们的各种传媒消费行为，包括印刷媒体、广播媒体和在线媒体。但研究的巨大缺憾是其对移动媒体、社交媒体的使用尚未有定论。移动媒体和社交媒体的使用则恰好是传媒市场边界拓展的另一个维度，使得传媒消费的"共有时间"进入研究视野。

关于跨屏媒体接触的研究近年来非常丰富，边看电视边更新社交媒体内容这样的类似行为，被称为"媒体啮合"（media meshing）。以非常具有普遍性的行为来看，电视成为了与其他传媒最频繁共用时间的传媒。关于"共时性"传媒的研究很多，可见在看电视的同时看手机、更新社交媒体内容的现象早已成为常态。有学者据此提出"第二屏幕"（second screening）的概念以指代移动端在传统媒体的电视之外作为补充的终端角色，后续也有很多研究表明第二屏幕在现实中已经常常成为传媒消费行为中的"第一屏幕"。两种传媒同时存在、共时消费的现象，被韦伯斯特称为"媒体啮合"，其普遍存在证实了消费者不但在时间和空间上具备了自由消费的能力，甚至通过啮合消费的行为制造传媒消费的共时现象。

二、时空解放与时空边界

哈罗德·伊尼斯（Harold A. Innis）认为，时间观念和空间观念在不同的文明中是大相径庭的，即便在同一文明中，不同的地域、不同的历史时期也并非始终一致。以 19 世纪末的美国为例，美国曾经同时存在着 300 种地方时间，宾夕法尼亚州的地方时间比巴尔的摩早五分钟，而比纽约州晚五分钟。直到 1918 年，美国国会才通过将标准时间普及全国的法案。[①]

统一标准时间毫无疑问是一种社会秩序的组织，大众传媒曾经是社会时间的重要组织者。伊尼斯著名的《传播的偏向》从传媒的不同时空偏向出发，分析了不同的传播介质对时间和空间的压缩和改变。同时，传媒也通过这样的偏向来编织社会生活的“媒体时空”。

（一）变化的时空观念

人类社会的时间标准，经历了从自然时间到仪式时间再到个人时间的变迁，其过程也是社会时间制度力的不断示弱与个人时间影响力的不断增强。就传媒领域而言，传统媒体的出版时间正在不断失去其组织意义。

曾经，受众为了获取一定的信息，需要将个人时间与固定的时间或空间相绑定。例如，必须要在固定的时间收看全天电视新闻，才能获知当天的重要信息；必须要等到报纸一早出版，才可以挑选自己感兴趣的内容进行阅读；到了互联网时代，人们可以从门户网站挑选实时更新的新闻，在众多排列好的新闻条目里点击自己想看的，而且随时发生的新闻可以更快地被挂上网页，但是，门户网站时代的新闻消费仍然受制于接入互联网的空间限制，毕竟在无线网络和移动互联技术普及之前，离开网络接口的电脑并不是随时随地的信息源。移动互联技术之于互联网技术的变革，其意义之重大并不逊于互联网之于传统媒体。它带来的最大变革是，让新闻就在口袋里，随时都可以掏出来消费，阅读信息变成一种偶然的、不经意的、随便浏览式的阅读。学者们用看起来缺少学术气质的词来形容这种毫无规律可言的传媒使用状态——“任何地点，任何时间”(anywhere，anytime)。每个传媒使用者都有了机会按照自己的时间节奏来消费传媒信息。

有学者描述了电子传播时代社会时间的四个特征：时间意识的无序性、时间利用的碎片化、时间传导的即时性和时间概念的个人化倾向。[②] 这是对从前固定传媒时间的打破，对每个人利基时间的激活。空间也是如此。有研究指出，并没有足够的论据证明传统传媒的影响力被移动互联网渠道替代，而只是移动互联技术的发展占据和开拓了新的缝隙空间和时间（interstices in time and space）。[③]

（二）消费时空的解放

如果延续麦奎尔关于受众划分的思路——聚集在某个场所一起观看表演比赛和参加宗教仪式的人们被称为“古代受众”，而随着大众传媒出现而出现的大众受众为“现代受众”，那么，每个面对自己私人传媒手机或者平板电脑“自我配置”内容、时间、空间的受众应该是“当代受众”。不同于古代受众受制于场所，现代受众受制于传媒，当代受众正在凭借移动互联技术和绝对私人的终端演进变得不受任何时空制约。当传媒消费基本不受时空限制，终端又掌握在

---

① COWAN H J. Time and its' measurements [M]. Cleveland: The World Publishing Company, 1958: 268.

② 金琛．电子传媒的社会时间 [J]. 湖北广播电视大学学报，2008 (2): 66 - 67.

③ DIMMICK J, FEASTER J C, HOPLAMAZIAN G J. News in the interstices: the niches of mobile media in space and time [J]. New media & society, 2010, 13 (1): 23 - 39.

每一个个体手中的时候，传媒消费真正私人化了。

受限于载体和运输而实现传播的组织成为大众传媒组织，而移动互联网使新闻的运输通道回归了需求的本质。并非人们的消费碎片化了，只是消费单位下降了——从集中消费全天新闻到日常间隙消费满足差异化兴趣的新闻，以自己的时间和兴趣排列新闻的重要性。知名市场研究机构 eMarketer 的报告显示，2017 年美国人每天访问媒体的时间是 12 小时 1 分钟，其中，1/4 以上的时间来自移动设备，而这一数字比 2016 年增长 2 分钟，比 2012 年增长 24 分钟。移动设备媒体使用时间增长的主要动力是“多任务”。2017 年，美国人平均每天花 3 小时 17 分钟进行无声音的移动活动，和 2013 年比增长了近 1 个小时。

事实上，新闻消费单位上的下降从门户网站就已经开始了，门户网站将单条新闻的选择权交给消费者，同时保留以排列位置、制作专题等编辑手段对消费者的消费加以引导的传媒功能。到了移动互联时代，人们从购买一整份报纸再挑选自己喜欢的内容转为可以只点击头条新闻，甚至可以借由今日头条、一点资讯这样的整合资讯 App 来定制自己关心的头条。

在大众传媒时代，人们仍然需要为当天的全部信息“集合”付费，即便你只是被头条新闻吸引，也不得不购买整个“新闻包”，于是传媒单位默认读者以天、以份为单位消费新闻。个人化的信息消费机制兴起之后，消费者可以只看一条资讯，只看电视剧中的某一集，甚至只看某个引起话题讨论的短视频。

信息消费的单位在下降，频率在提升。总体来说，信息消费有了更多可以渗透的市场。根据美国南加利福尼亚大学 2013 年发布的《传媒消费量使用报告》，美国人 2008 年每人每天浏览 33 吉字节，传媒使用时间 11 小时；这一数字到了 2012 年提升了近一倍（约 63 吉字节），传媒使用时间延长近 3 个小时，达到 13.6 小时，当时报告预测 2015 年每个人日均传媒的使用时间是 15.5 小时。但这一数字几乎是 8 小时睡眠之外的全部时间，显然传媒消费时间是有极限的，从前即便这些时间可以闲暇，可以利用，也并非传播所能抵达，而技术的应用已经让传媒使用时长逼近极限。因此从整个市场来看，利基时间的大幅利用，其结果是整体市场规模的扩大。

因此传媒消费的碎片化，并不天然意味着市场的萎缩，而恰恰是利基时空被激活后传媒总消费增加的契机。唯一对传媒生产者发出挑战的，是消费者的消费自由度正在从传媒编排的时间空间线流向个人的时空准则，传媒商品是否能在对的时间、对的地点找到对的目标受众是能否持续发挥影响力的关键。

相对于大众传媒时代的成熟市场空间，新的缝隙时间和空间是一个尚未被满足的“利基市场”——从前技术空白所造成的固定时空消费模式局限了在更多时间和空间中开发受众的时间和注意力，这部分时间和注意力并不是没有被服务好，而是尚未形成市场。跳脱于固定时空的利基时空，就是尚未被满足的传媒利基市场，是新型传播关系生长的土壤，同时也是传媒经济新的增长点。

（三）传媒时空体积

韦伯斯特认为“新闻的本质就是碎片化的”（fragmented-nature of news exposure）。传统传媒内容是以整合方式出售内容产品的碎片集合——将新闻以某一时间集合为单位编排整理后呈现给受众。报纸生产者认为，以份为单位的报纸新闻必然会被整体消费，但实际上，读者只是受限于技术而不能分条购买他们感兴趣的内容。互联网和移动互联网的出现挣脱了这一束缚，消费者的信息消费不是碎片化的了，而是在碎片时间里被赋予了自由安排自己消费内容的权利，并由此将那些传统传媒产品无法触达的时间和空间发展成为传媒消费时间、传媒消费空间。

传媒消费单位摆脱传媒本位时期的“一份”“一条”“一集”，而是回归到消费者本位，任何制作上的单位都可以被破解——只阅读当日新闻中的五条、点播剧集中的一集、选择视频中的一部分。显然，移动互联技术已经不仅赋予超级个体们集中消费“石头”的自由，也赋予其随时消费“沙子”的自由，那么唯一的限制与空罐理论类似，都是消费内容的“体积”。

那么传媒产品有体积吗？如同前文所论述，消费者是被空前赋权的“超级个体”，其消费模式从固定时空消费转变为利基时空消费。“超级个体×利基时空”更像是一个公式，将个体和时空并置，两个因素互为系数，任何一方的微小增加都可能带来巨大的增长。这是以“加法”为基本思路的传统传媒消费统计所不能理解也无法解释的。时间上的占据和空间上的需求，同样也是乘积的关系。延续关于传媒产品体积的思路，我们能感受到 10 分钟的视频与 10 分钟的音频，时间维度是一样的，但在空间维度上，看视频不能做其他事情，听音频的同时可以开车、走路，于是不难理解为什么是音频而不是视频多成为路上通勤情境下的优先选择，这并不是时间长度能够决定的，与其调用的情境因素以及对人体的占有强度都有关。传媒产品“时空体积指数”（time space volume index，TSVI）的概念或许可以用来衡量一次传媒消费的单位，这其中的衡量标准由以下两个维度共同决定：

（1）衡量消费行为所消耗的“物理时空”维度——占有（强占有型-弱占有型）；

（2）衡量消费行为所影响的“社会时空”维度——情境（高情境要求-低情境要求）。

其中，“占有”是衡量物理时空维度的指标。“强占有型”是指在传媒消费过程中，占据时间长、动用的感官比较多，使同时兼顾其他事情的可能性降低的传媒类型；反之占据时间短、动用感官少，可以兼顾其他事情的传媒类型就是“弱占有型”。例如，相比较而言，音频是对人占有性最小的传媒类型，因此，在消费音频产品时，人们可以走路、开车、用餐甚至使用其他无声媒体；而 VR 就需要依赖设备全神贯注，全身体式投入，同时做其他事情的可能性非常低。因此我们说，10 分钟的音频与 10 分钟的 VR 视频相比较，音频是小体积产品，而 VR 显然是大体积产品。

“情境”是衡量社会时空维度的指标，“高情境要求”是指更多受使用环境约束的传媒类型，“低情境要求”是指更少受使用环境约束的传媒类型。例如，文图阅读类产品的排斥性很小，任何时间地点都可以随时开始，随时切断使用，甚至在某些工作的闲暇时间中都可以不同程度地同时消费，对他人不会造成影响，情境要求比较低；而话剧、音乐会这样的现场传媒形式，则需要按照指定时间和地点来进行，很难同时进行其他消费，需要自主切断与其他事务的联系，以免对他人造成干扰，情境要求也更高。因此，这样的传媒消费选择，必须在有巨大自由空间的时间内进行，一旦被选择其投入感也更强。

因此，时空体积指数是消费者消费某一媒体内容所占据的个人物理时空与社会时空的衡量工具，是传媒消费者在不同的状态下选择或者不选择进行消费行为的决定因素。由物理时空和社会时空所共同决定的时空体积在这里是一个复合决定的指数，感官占有强度和情境的要求程度可以共同决定其体积规模（见图 9-3）。

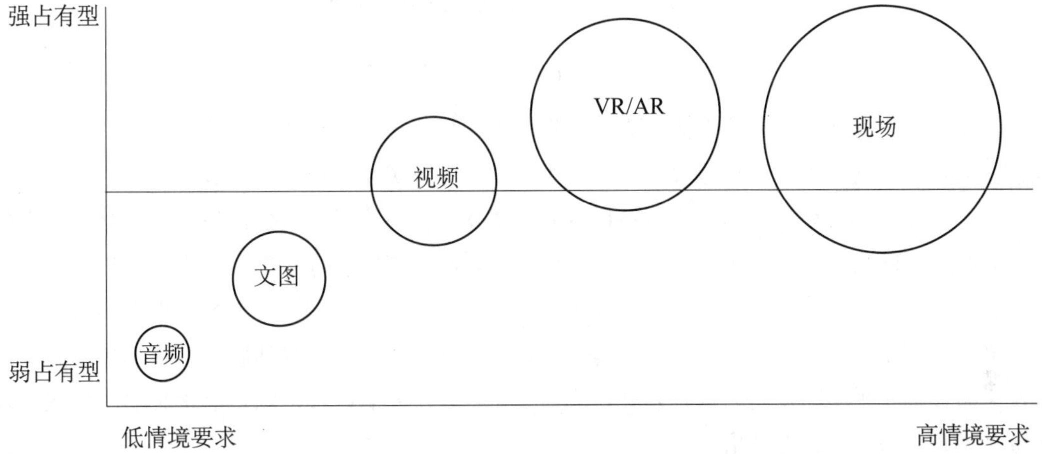

图 9-3　不同传媒形式的时空体积指数

这里暂且将目前的传媒产品从形式上分为五个类型：音频（广播、音频自媒体、私人音乐）、文图（报纸、杂志、书籍、数字端的文图资讯）、视频（数字端的影视剧、短视频自媒体）、VR/AR（虚拟现实/增强现实）和现场（电影、话剧、音乐会等）。内容、兴趣当然都是先决条件，但拥有了自主安排“节目单”的消费者行为仍然有迹可循。

依据个人的经验，我们都可以回顾这样的选择思维：对于一个难得的演出，我们会提前两个月买好票，并在日程表上留好时间，哪怕为了观看表演花费前后超过四个小时的时间也一定会投入地欣赏，当其他时间与此安排相左时会提前避免冲突；拥有一个新的 VR 设备和几个新纪录片时，我们会在一天工作之余预计不再有任何干扰时才换上家居服在客厅里开始这个需要动用设备、全身心投入且不宜随便切出的消费；如果距离睡觉时间太近，我们不会选择点开一部长达两个小时的奥斯卡获奖影片去欣赏，而是宁愿看几眼当红的电视剧，不在意情节地随便打发时间；计划读完睡前小说的最后两章，一定会预留好时间早早上床；有人说现代人在马桶上的时间长短取决于社交媒体内容更新的多少，其实任何一个事情突然打扰进来你都可以停止在社交媒体上的逗留而不会受到影响……于是你会看到，具有仪式感的现场演出观看、处理完琐事后的纪录片和电影消费、通勤路上的音频信息播放、最放松情况下的多媒体娱乐，以及随时随地的社交媒体开始与切断。

大部分人正在不自觉地按照这样的规律选择和消费着不同的传媒，虽然传媒产品多到冗余，但人们的消费行为仍然有迹可循。

与此同时，越是小体积的传媒类型越容易成为利用碎片时间的选项，越是大体积的传媒类型越需要整块时间来使用。进而，消费者在开始不自觉选择一个传媒产品消费的时候，其期待也是不尽相同的——越是小体积的产品越需要轻松消费，阅后即焚，轻松愉悦便可以满足；越是大体积的产品其进入选择菜单的可能性越低，投入性越高，一旦被选择就期待深度独特体验，无可替代。业界当下的发展趋势也由此可以得到一定的解释。

第五节　消费者群体趋势

如果说社交媒体为短暂有交集的人们提供了停留成为更持久社群的可能，那么从另外一个角度上思考，社交媒体本身也能成为创造和维持一个群体关系的渠道与工具。

传统意义上的大众传媒倾向于以最广泛和同质化的群体为目标，传播最大公约数意义上的内容，扩大影响力的方式在于更广、更多、更普遍，收视率、发行量都会成为衡量传播效果的指标。到了互联网时代，对广泛的极致追求有了更显而易见的标准，读者数、点击率都会以不断攀升的数字形式反馈给内容生产者。为了迎合人类共同无法抵抗的话题，内容不免走向低俗耸动。然而近年来不断发展的垂直领域，成为了更具有潜质的内容市场，消费者的个性化需求不断被发现、被满足甚至被培育。

一、消费者分群以社会资本为界

社交媒体的链接在某种程度上把之前托付于机构的议程设置托付给了自己的关系网络，来源于社交网络的信息在各种社会基本链接基础上增加了信息链接的维度，信息素养的判断有了相当程度的意义，机构信任让位于个人信任，人以群分有了新的解释。

（一）文化资本的关系再造能力

法国社会学家皮埃尔·布尔迪厄最早提出“文化资本是个人获得的上层社会文化素养”。布尔迪厄认为，特定的文化消费模式不仅被用来标识社会群体之间的差异，同时也生产和再生产了社会关系。①

尽管有关文化资本基本概念的论述较丰富，但到目前为止，学界针对“文化资本”仍无明确统一的界定；其中，被广泛接受的主要是布尔迪厄从社会学角度以及思罗斯比从经济学角度给出的定义，他们对文化资本的理解兼顾了具体的、物质的方面和抽象的、精神的方面。② 后续的研究中，布尔迪厄认为个人的文化偏好与他所属的社会群体之阶级具有单一对称性的观点遭受到普遍质疑，学者们更倾向于认为精英阶层的文化消费形态发生了质变，阶层之间的消费品位已经不是高雅和通俗之别，而是品位多元化与单一化的区隔。

基于此，我们可以认为在传媒研究领域，文化资本表现为既有的知识层次、文化基础、观念与传媒素养，因此传媒消费者固有的社会阶层对传媒消费中的关系起着基本的决定作用。这也能在《2017 微信用户 & 生态研究报告》中有所体现。报告中的数据指出，有约 45%的微信

---

① 庄致嘉，游腾林．反省文化资本理论在台湾的有效性：文化品味、教育和阶级的关联性及其变迁［J］．台湾教育社会学研究，2016（1）：9－87.

② 曲如晓，曾燕萍．国外文化资本研究综述［J］．国外社会科学，2016（2）：100－108.

用户拥有200人以上的好友，13.5%的用户好友数在500人以上。最早作为一个沟通工具、社交平台的微信，如今已经从真正的朋友关系的应用转变为涉及工作、人脉甚至交易关系的“泛社交”应用，微信不断推出的各种新增功能也是基于这样的社交转变。

（二）社交关系成为传媒的消费资本

“消费资本”（consumption capital）的概念是由诺贝尔经济学奖获得者斯蒂格勒（George Stigler）和贝克尔（Gary Becker）提出的。消费资本理论认为，从音乐消费中产生的边际效用依赖于消费者已经消费的总量及其欣赏音乐的能力，而欣赏音乐的能力又是以往音乐消费的一个函数。在消费音乐的过程中，消费者的消费资本会增加。受教育的程度越高，已经建立起来的消费资本就越多。随后的研究认为消费资本也可以通过与其他知情人士的交流来产生[①]，与知识渊博的同行们的互动可能会被视为一种消费资本，为继续获取相关的知识提供额外的效用[②]。

基于社交网络的传媒消费行为有着非常强的“内嵌性”，消费行为的5S模式在个人的信息系统和他人的信息系统中都有着千丝万缕的联系，任何一个个人的行为都会成为其他人社交主页的信息，进而引发新的传播或者信息链接关系的调整。这种调整从前文所述的传媒菜单视角来说是对信息渠道的调整和定制，从消费资本的视角来说是通过对信息源的不断微调所建立的继续消费的资本。

因此，在社交网络成为传媒信息的强势渠道的背景下，除了将社交媒体看成信息传播的新渠道，同时也应该转换至消费者立场，将个人社交媒体状态看作传媒信息消费的资本之一，在研究中转换观察思路。

二、消费群体两极化发展

广播与电视曾经将不具备文字认知和阅读能力的人群纳入受众范围，从而极大地延展了“大众”的覆盖广度。与广播电视媒体相比较，智能终端的互动形式，一方面给尚未开始认知文字的儿童群体提供全新的传媒系统认知，另一方面给老年群体提供自我表达和传播的空前机会。各种数据也证明，崛起的传媒青少年与不容忽视的老年群体，在前文所述的无数成为可能的人群细分基础上，是两个需要纳入消费者特别研究的两极化群体。

（一）老龄人口的传媒使用

根据中国互联网络信息中心发布的数据，从2000年到2017年6月，我国50岁以上的网民群体呈扩大趋势。2017年，50岁以上网民群体在网民中所占比例达到10.6%，越来越多的中老年人融入了互联网之中，他们与年轻人在接入方面（包括设备、基础设施、技能等）的差

---

① ADLER M. Stardom and talent [J]. American economic review，1985，75 (1)：208-212.

② FRANCK E，NÜESCH S. Avoiding “star wars”：celebrity creation as media strategy [J]. Kyklos，2007，60 (2)：211-230.

距在逐渐缩小，但在互联网应用方面依然处于相对弱势。他们通过自己的生活经验构建了独特的互联网使用方式，形成了区别于年轻人的互联网文化。

有报告显示，“银发族”正通过自己的生活经验，形成独特的新媒体使用文化，更多使用手机导航、制作表情包等新潮功能。同时，免费领红包、赠送手机流量和优惠团购商品，成为中老年人受骗三大陷阱。中老年人同时也是网络谣言的“重灾区”。中老年人因中青年时期接收信息的主要渠道是权威媒体，因此对信息的信任度高；面对新媒体，他们也习惯性“照单全收”。国外心理学专家临床测试发现，信任感存在代际差异，中老年人对骗局的识破能力更弱。①

（二）数字原住民成为新主体

施拉姆早在电视普及之初就呼吁正视儿童的收视行为，指出“儿童是电视的使用者”。半个世纪后，手握鼠标和拥抱触屏的儿童们不仅仅是“使用者”，而且是大规模存在但通常由于不直接掌握经济权而被忽视的真实“用户”——联合国儿童基金会发布的《联合国儿童基金会2017年年度报告》显示，全球每日新增逾17.5万名18岁以下的网民，平均每半秒新增一名，他们占据了全球互联网用户的三分之一。在很多国家，15岁以下网民数量远超25岁以上的人群。而在我国，据共青团中央维护青少年权益部、中国社会科学院社会学研究所等单位2018年5月联合发布的《中国青少年互联网使用及网络安全情况调研报告》，当代青少年网民的“触网”年龄越来越早，超过六成的青少年“触网”年龄在6～10岁。

对于一出生就处于互联网甚至移动互联网信息环境的儿童来说，使用传媒这一行为，无关“技术接受模型”，无关“媒介仪式”，是理应如此的日常：“卧室里有电视，手里有游戏机，口袋里有手机。媒体已经变得无处不在，它几乎是儿童物理和信息环境中永远存在的输入源。”②

在面对一个全新信息系统时，于新技术普及之前成年的使用者不得不以各种方式适应新的获取方式，有学者把“数字移民”系统地分为以下三类：回避者（avoiders）、被动调整者（unwilling adopters）和积极调整者（enthusiastic adopters）。“数字移民”的行为特征是“将数字技术当作工具”：打印出纸质版修改校对，再使用电子版传输；先检查使用手册再一步步理解新工具。而与数字技术伴生的“数字原住民”们，完全可以无纸化办公，在数字工具面前丢掉说明书秉持“使用中学习”（learning by doing）的基本态度。

事实上，无论是传统媒体还是新媒体产业，都在不断探索青少年这一全新群体的传媒使用的途径和习惯。2016年，Google儿童版问世，2017年YouTube儿童版问世，2018年初《纽约时报》推出儿童月刊（见图9-4）；国内百度儿童频道专为儿童开发搜索，“少年得到”开发儿童知识付费，因游戏产品备受争议的腾讯公司也于2018年8月推出“青少年守护”功能。这一方面是争取未来用户的商业策略，另一方面也是在探索新的传媒消费形式。研究界也不断意识到，“儿童”不再是大众传播阶段的一个“弱势群体”，而是以其独特的“传媒伴生模式”成

① 我国中老年人互联网生活研究报告[N]. 光明日报，2018-03-22.

② ZILLMANN D，BRYANT J，HUSTON A C. Media，children，and the family：social scientific，psychodynamic，and clinical perspectives[M]. New York：Routledge，2013：65.

长起来的、主导未来传媒形态的新主体，是未来传播中的一代“新人”。

图 9-4　《纽约时报》推出的儿童月刊

三、消费者选择为秩序付费

传媒经济领域不断面对的问题是，消费者将为什么而付费。在互联网和社交媒体的解构之下，受众正在为什么而付费？

（一）流动性指向有限理性

获得 2017 年诺贝尔经济学奖的行为经济学家理查德·泰勒在其代表作品《错误的行为》中如此解释创立行为经济学的出发点：经济学家们的模型用虚拟的经济人代替了真实的普通人，与完全理性的经济人相比，我们人类有很多非理性的行为，所以利用经济学模型做出的很多预测都不准确。国内行为经济学家汪丁丁认为，行为经济学不仅关注“稀缺性”，也不仅关注“不确定性”，而且关注“复杂性”。可以说，近年来经济学界对于行为经济学的重视也说明了愈加复杂和不确定的态势彰显了“有限理性”这一概念的适用性。因此，任何以个人为出发点的研究，都不能忽视主体这一逐渐明朗的普遍特性。

如前文所分析，当下的受众状态是流动的，充满了不确定性和复杂性，很多行为表现并不理性，其复杂性和为心理所影响的特征可以用行为经济学中的“有限理性”去阐释。

在当下的受众关系结构中，被赋权的受众成为相互之间的信息源、互释人。与传统大众媒体一呼百应的模式相对应的是，每一个非权威的个人似乎都可以影响其他人对一个事件的看法，或者增加事实的不确定性。技术的便捷性和扩散性使得这样的不确定性状况很难被纠正，于是，基于社交媒体时代的误读、谣言、群体情绪显得更加突出和强烈。

另外，在使用传媒的时间上，越来越多的人陷入非理性，“低头族”正在肆意挥霍真正需要珍惜的时间和情境。为了“永远在线”，我们牺牲了面对面的交谈。我们彼此背离，却去亲近手机，我们的心永远都在别处。生活正在因为非理性地使用手机而偏离本质。[①]

（二）高权利认知指向秩序诉求

传媒消费领域的赋权，也是传媒消费结构化变迁的开始。“互联网，尤其是移动互联网，极大地激活了个体及其嵌入的关系网络资源，从社会的‘底部’改变了赋权模式与权力格局。”[②] 这种空前赋权的格局尤其体现在信息传播获取和传播权上的空前提高，正如前文所提出的多元的权利身份即成为产销者、拥有自门户、担当互释人。高权利感知的传媒消费者不断调整个体传媒消费的秩序和结构，而这种调整的内在逻辑正是我们了解研究传媒消费的切入点，它们与传媒机构的生存和发展都息息相关。我们仍然需要解释传媒在给我们的生活施加秩序、对我们的社会空间进行组织时的角色。[③]

在传媒研究者看来，传媒产业面临的逻辑变革，其根本是固有秩序的失衡和新秩序的不可认知。寻求传媒消费中的秩序就是尝试对新秩序的探索。而这也正是我们研究传媒消费的目标。

以报纸为例，一度跌入低谷的报纸产业正在重新迎来新的转机——订阅的回归。英国最大的全国性综合日报之一《卫报》（*The Guardian*）也曾经是数字化内容的拥护者。早在2011年，《卫报》就以“开放新闻”（open journalism）的观念作为其数字新闻理念的核心而成为当年最受社交媒体欢迎的新闻媒体之一。有学者研究指出，当时的《卫报》或多或少承载着人们对既有新闻业的某些最乐观的设想：既坚守严肃新闻传统，又表现出面向网络时代的大胆创新和良好适应性。[④]

在2014年获得普利策新闻奖之后，《卫报》一度趁着空前的热点和影响力尝试走国际化道路，但业绩表明这条路并不成功：2015年4月到2016年期间，《卫报》盈利1 550万美元，运营损失却高达1 500万美元。2011年，戴维·彭塞尔（David Pemsel）加入卫报传媒集团，任首席执行官。他在接受经济专栏作家伊恩·伯瑞尔（Ian Burrell）的采访时说：“从1995年到2015年，《卫报》并非没有创新和进步，我们非常接受数字化带来的机遇，在过去7个月中，几乎每个月都有1.6亿IP访问和超过10亿网页浏览量，这证明了我们的数字战略和新闻能力。”彭塞尔同时也说：“庞大的读者群带来的是自满情绪。你有大量读者，每月数字都在增长，但这掩盖了你与读者的关系。”他指出，“生产垃圾内容的公司可能也会很大，但这并不意味着你对世界产生了影响……这只是意味着你很大”。自上任《卫报》CEO以来，彭塞尔逐渐明晰了对《卫报》的战略调整，“将读者放在核心的位置”[⑤]。

2016年1月起，《卫报》放弃了国际化路线，将全部重心放到读者收益上来，扩大会员制，目标是实现读者收益的翻番。据报道，《卫报》为此特别成立了跨部门团队，包括编辑、商业人员、UX和程序设计员在内的员工共同做数据分析，构建会员制框架，目前团队已经能很容

---

① 特克尔．重拾交谈［M］．北京：中信出版社，2017：39.

② 喻国明，马慧．互联网时代的新权力范式：“关系赋权”——“连接一切”场景下的社会关系的重组与权力格局的变迁［J］．国际新闻界，2016（10）：6－27.

③ 库尔德里．传媒仪式：一种批判的视角［M］．北京：中国人民大学出版社，2016：1.

④ 王辰瑶，刘娉婷．《卫报》“开放新闻”实践的个案研究［J］．编辑之友，2016（7）：17－23.

⑤ 卫报如何获得80万付费读者［EB/OL］．（2017－10－26）［2018－01－03］．http：//www.thedrum.com/opinion/2017/10/26/how-the-guardian-found-800000-paying-readers.

易地从不同的市场环境中分析出顾客的行为模式和他们的新闻偏好，并以此为依据吸引更多有付费意愿的新用户，留住现有的老用户。因此，截至 2017 年 2 月，《卫报》的读者收入（包括会员收入、订阅期刊收入和一次性捐赠）已经超过了广告收益，每月的付费读者数量达 50 万人，一次性捐赠达 30 万人，仅 2016 年的付费读者数量就翻了一番，《卫报》已经实现了里程碑式跨越。①

在《卫报》的会员制度下，读者不仅是读者。会员可以选择每月 15～60 英镑不同档位的会员等级，同时享受不同等级的权利。据《卫报》的网站显示，他们已经信心满满地制定出了 2019 年的小目标：付费会员突破 100 万大关。

订阅的回归并非个案，《纽约时报》网站报告称，2018 年第四季度结束时，数字用户达到 340 万，其中 270 万人付费购买新闻产品。订阅用户还将定期获得不同的赠品，用以通过不同的新方式更好地消费新闻内容。例如用户订阅赠品 VR 眼镜用以读者继续消费《纽约时报》生产的 VR 新闻内容（见图 9－5）。《华尔街日报》在 2017 年底出品的《科技与媒体消费者研究报告》中提到，在接受调研的 20 家媒体中，用户付费订阅收入已占到 2017 年上半年总收入的四分之一。未来只要将用户流失率控制在 30%以内，订阅收入还将有机会继续增长。

图 9－5 《纽约时报》的用户订阅赠品之一 VR 眼镜

正是传媒消费者对信息冗余、无序、鱼龙混杂状态的疲倦，为订阅与新闻付费的回归创造了基础条件与市场需求。

【本章小结】

大众传媒从根本上凭借技术垄断一定的时间或者空间，从而制造集中关注度，形成社会影响力和经济效益。但移动互联时代正在从总体上打破这种时间和空间上的垄断，甚至不断赋予

① 全媒派 .《卫报》读者收入超过广告 [EB/OL]. (2017－11－24) [2018－05－07]. http://finance.sina.com.cn/stock/usstock/c/2019－01－06/doc-ihqfskcn4640219.shtml.

个体更大的自由，使得“秩序”所必需的一致性和确定性在时间和空间上都被个体重新定义，这也导致了移动互联时代传媒消费行为的难以统计和预测。

经济学的消费者行为研究中，存在着实证主义与非实证主义的不同路径，并随着对“经济人”假设的不断认知和批判，表现为从实证主义向非实证主义的过渡。非实证主义认为，实证主义过于寻求消费者的共性，而忽视社会文化因素带来的复杂影响。因此，形成了当下通过实证主义寻求趋势、通过非实证主义研究复杂性的基本态势。

在本章的学习中，学生除了要从经济学层面理解消费者、市场需求，更需要针对传媒产业精神需求的特性，理解传媒消费者的心理特性、非理性行为，将心理学、认知传播学、行为经济学的研究立场纳入视野，更好地理解传媒消费者，从感性理解和行为中寻找理论线索和研究规律。

【思考与练习】

1. 如何理解社交媒体带来的传媒时间和空间的变化？
2. 传媒消费行为在何种情况下是非理性的？请举例说明。
3. 如何理解“时间心理账户”对传媒消费行为的影响？
4. 试析“免费时代”的消费者付费心理。

【推荐阅读书目】

韦伯斯特．注意力市场：如何吸引数字时代的受众［M］．北京：中国人民大学出版社，2017.

斯丹迪奇．从莎草纸到互联网：社交媒体 2000 年［M］．北京：中信出版社，2015.

安德森．长尾理论［M］．北京：中信出版社，2015.

舍基．认知盈余：自由时间的力量［M］．北京：中国人民大学出版社，2012.

麦奎尔．受众分析［M］．北京：中国人民大学出版社，2006.

伊尼斯．变化中的时间观念［M］．北京：中国传媒大学出版社，2015.

马尔库塞．单向度的人：发达工业社会意识形态研究［M］．上海：上海译文出版社，2013.

鲍曼．流动的现代性［M］．北京：中国人民大学出版社，2018.

第十章

人工智能时代传媒业的赋权逻辑与未来发展

【本章学习要点】

- 人工智能时代传媒业的赋权逻辑与未来发展
- 关系赋权的本质与实践样式
- 互联网“下半场”的发展关键
- 未来媒体发展在传播创新方面的价值准则
- 算法作为一种权力的影响力新范式
- 智能算法推荐的工具理性和价值适切

第一节　关系赋权：网络重构社会连接之下的传媒影响力的新范式

互联网作用于社会的方式就是“连接一切”。这种“连接一切”的巨大发展改变了什么？从根本上说就是对个人的激活——使个人作为社会运作的主体地位有了一个破天荒式的崛起。[①] 互联网发展到今天，已经不仅是传播媒介、传播渠道或者平台，而是可以与物质、能量相提并论的生产要素，是重新构造世界的结构性力量。互联网，尤其是移动互联网，极大地激活了个体及其嵌入的关系网络资源，从社会的“底部”改变了赋权模式与权力格局。“关系赋权”作为一种新的范式迅速崛起，成为比“行政赋权”“资本赋权”更加高效的赋权机制。它作用于社会资源、影响力、价值与机会的流转与分配，为少数群体、边缘群体和能力丧失者（disabled）参与社会公共事务创造了条件。关系赋权通过激发个体价值与关系网络，赋予公众

① 喻国明．互联网的价值本质是网络连接之下的关系赋权［EB/OL］.（2016－02－17）［2018－02－01］. http://www.jianshu.com/p/0684021d3b5d.

讨论、参与公共事务的机会、权利与能力，社会治理的环境与格局正在经历前所未有的变迁。本节试图探讨关系赋权对当前社会治理逻辑的影响，以及在这样的社会生态之下社会治理的重要参与者——社会中间组织将沿着何种路径演进。

一、生态变迁：互联网语境下的个体激活

互联网正以惊人的速度、深度和广度推动着中国社会深层的结构变迁。过去10年间，移动互联网在中国的快速发展对中国社会产生的影响不止于经济领域。互联网，尤其是移动互联网，已经打破了原有的社会结构、资本结构、地缘结构与文化结构，颠覆了原有的议事规则、权力格局和话语权分布，成为影响社会治理格局和规则的主导性力量。互联网对社会生态的根本性影响主要体现在以下方面。

（一）移动互联技术在中国各个阶层的广泛扩散与应用，使信息拥有者和信息匮乏者之间的“信息鸿沟”正在逐渐消失

在以往的传播格局中，传播主体是拥有传播权力的机构或新闻媒体，信息只在官方许可的渠道内传播，官方渠道发布什么信息，公众就获知什么消息。由于传者与受者之间的二元对立性和信息不对称性，公众对权威媒体发布的信息无从检验与求证，因此，少有人挑战官方信息的真实性、全面性与客观性。而开放、连接、互动又充满无限潜能的互联网带来了一种新的游戏规则，来自不同地域、阶层、文化结构的个体作为一个个节点在关系网络中交织、融合，在新的架构之下生产、共享信息和意义，这个“活”的网络不仅时刻发生着信息交换，还充满了交谈、协商与合作。传统社会建立在信息资源垄断基础上的社会治理模式发生了从“全景监狱”到“共景监狱”的根本性转换①，信息传播呈现出去中心化、多元化、平权化的格局，“信息鸿沟”逐渐趋于弥合。

（二）传统机构的权力优势与合法性日渐式微，个体的潜能与资源得到前所未有的激发

在工业社会中，信任与正式的社会结构紧密相连。组织是人们进行社会行动和交往的载体，相比于个人，正式的组织象征着更加确定的行为预期、经过反复检验的互惠机制和较低的交易风险。长期以来，个人的社会行动主要依附于制度化的机构，通过制度、组织赋权获得合法性与正当性。而今天，互联网打破了权力的疆域和组织的神话，激活了个体的潜能，使个人得以在互联互通当中成为社会生活的基本主体和基本单位，蕴含于个人身上的种种价值因子（个人的时间、知识、体验、社会资源及做事能力等）、个人能量和基础性资源纷纷被激活、被发现、被检索、被整合和利用。② 不仅如此，互联网中还诞生了针对个体间交往的声誉机制，例如，网络商务和互联网公益组织基于“一切人对一切人传播”的假设，通过有效的制度设计实施激励与惩罚，解决了网络社区中的信任问题，大大降低了“陌生人社会”的交易和交往成

---

① 喻国明．媒体变革：从“全景监狱”到“共景监狱”[J]．人民论坛，2009（15）：21-21.

② 同①.

本，为个体行动拓展了更加广阔的空间。

（三）互联网重新塑造了公众的权利意识，他们不甘于做被动的“接受者”“聆听者”，而希望在公共事务中自由表达和参与行动

互联网对于自由、多元的公共空间的构建，为人们重新审视、讨论个体与共同体之间的关系提供了机会，成为个人参与公共议题讨论、表达利益主张的重要渠道。公众的权利意识与互联网发展形成了密切的互动关系：一方面，互联网的自由表达、平等对话、理性批判等精神促进了权利意识的觉醒，有利于公民社会和公民人格的培育；另一方面，互联网赋予公众更多的话语权，在一些维权行动中，网络舆论在推动事件解决和权利落实中显现了巨大的威力，促进了公民权利的实现和现实问题的解决。在这样的氛围下，公众借由互联网参与社会治理的意愿日益强烈，互联网中诞生了大量“微公益组织”和“网络自组织”，新兴的互联网公益组织成为社会中间组织的新形态，它们重新定义了公益圈的游戏规则和行为标准，挑战传统社会组织的地位与权威，近年来一些官办社会组织遭遇的危机其实是新的公益范式对传统封闭的社会治理模式的猛烈冲击。

（四）在风险社会的语境下，互联网的复杂性使得信任与怀疑、安全与风险的关系愈加紧张，也为社会领域一些复杂问题的解决提供了新思路

全球化和信息技术的高速发展使现代社会进入了一个空前复杂的时代。用“复杂”来形容我们身处的社会，意味着我们将面临更多不确定性和悖谬，并且无法从局部推知整体。作为社会“底部”的生产要素，互联网将万事万物卷入其中，但绝非简单的堆叠，而是启动复杂的、交互性的化学变化。复杂性的隐喻无处不在，“大量简单个体如何在缺乏中央控制的情况下自行组织成能够产生模式、处理信息甚至能够进化和学习的整体”①，正是对宏大社会系统运行机制的譬喻。我们将一些视频或事件在互联网上的高烈度无序传播称为“病毒性传播”，就是将互联网的复杂性比之于生物化学系统的复杂性。社会演进越深入，社会系统越复杂，简单粗暴的社会治理模式越不可能奏效。对复杂问题的解决要求我们走出还原论和二元结构的泥沼，以非线性的思维和一种生命整体观重新看待和解决社会领域涌现的问题。

二、权力转移：网络连接之下的关系赋权

我们身处的社会是一个多重权力支配下的互动网络。关于社会权力的来源与作用机制，有学者从不同角度进行了论述。托夫勒以人类社会的演进为标尺，认为暴力、财富、知识组成了不同社会权力框架的三角基石。② 暴力是人类历史早期的主导权力，它仅能实施惩罚，是低质权力；随着资本主义和工业文明的兴起，一部分权力由暴力转移到财富，金钱可以同时实施惩罚与激励，比暴力更加灵活，是中质权力；在工业文明没落、新型社会崛起之后，知识成为主

① 米歇尔．复杂［M］．长沙：湖南科学技术出版社，2011：5.

② 托夫勒．权力的转移［M］．北京：中信出版社，2006：9.

导社会变革的力量，它可以用于惩罚、奖励、劝诫甚至转化工作，弱者和穷人亦可掌握，是最民主的权力之源，运用得当可以避免暴力冲突和财富浪费，是高质权力。迈克尔·曼则跳脱出社会和历史的框架，将权力互动放在一个纵横交错的网络中来考察，建立起一个重叠交叉的社会权力网络模型。他认为，经济、意识形态、政治和军事是存在于任何社会的权力来源，它们超越了时间和空间，共同作用于不同的社会结构。他同时指出，在不同的社会中，所有权力来源发挥的作用并不均衡，某一个或几个权力来源通常占据主导地位。①

社会资源与合法性，是个体和组织在权力格局中生存与行动的基础。尤其对传统社会中的孤立个体而言，这两个要素的获得必须依赖某种权威力量的赋权。在西方赋权理论中，赋权的对象是那些无权（powerless）的群体，如少数群体、边缘群体和能力丧失者。"无权"是一种主观感受，也是一个相对的概念。赋权作为一个互动的社会过程，是在信息沟通和人际交流中实现的，具有强烈的实践性。② 如前所述，托夫勒、迈克尔·曼等学者的研究从不同角度揭示了社会权力来源的作用机制，但没有专门论述社会权力对于个体的赋能，后者正是本节所关注的核心机制。我们试图在此基础上梳理社会权力来源对个体的赋权模式，重点关注互联网如何促进了个体赋权模式的变革。

（一）制度赋权或行政赋权

制度赋权或行政赋权是工业文明诞生之前的主导模式。这种模式基于利他主义的假定，以牺牲个体、成就社会利益为前提组成社会，建构起一系列秩序和规则。在这样的逻辑下，个体是实现整体利益的手段，整体效能只是个体效能的简单叠加，个体在社会中生存与行动的合法性完全来自权威制度或行政力量的赋权。这样的个体-共同体关系属于"臣-民"的二元关系，为统治者统合社会、治理国家提供了便利，而个体的主体性与能动性则被剥夺殆尽，个体不得不依附于威权和制度化的社会结构才能生存。

（二）资本赋权

工业资本主义兴起后，资本赋权成为市场经济条件下的主导模式。19 世纪中后期，资本主义国家快速发展，经济权力在深度与广度上都加速进行扩张，服务于威权统治者的行政赋权逐渐成为资本主义发展的障碍，一种基于"经济人"和"理性选择"假设的新型赋权模式出现了。资本赋权假定个体都是利益最大化的追逐者，并能在经济活动中做出理性选择。它认为，在财富的激励和控制下，个人对经济利益的理性追求可以在相对公平的环境下自然演化出一种秩序，推动社会福利和国民财富的增加。这种赋权模式关注和激发了个体的能动性与经济理性，但依然将个体之间隔绝起来，通过资本以组织为单位实现对个体的控制与支配。

（三）关系赋权

互联网的发展使社会对个体的赋权模式发生了范式转变，关系赋权作为一种全新的赋权机

---

① 曼．社会权力的来源：第一卷［M］．上海：上海人民出版社，2007：1.

② 丁未．新媒体赋权：理论建构与个案分析——以中国稀有血型群体网络自组织为例［J］．开放时代，2011（1）：124－145.

制，最大限度地激活了个体及其关系资源网络，从根本上改变了权力格局与游戏规则。试看今日之媒体英雄，往大里说 BAT 企业，往近里说那些崭露头角的微信公众号，往小里说那些大 V 网红，有哪个是靠着行政赋权的方式铸就自身影响力高地的？它们的成长无一例外是建立在互联网互联互通基础之上的，是对于无限网络连接下关系资源的有效吸聚、创造性开发和利用的结果。互联网作为一个新的物种出现只有几十年的时间，但它对无权个体和群体的赋权超越了以往的任何一种模式。关系赋权这一新型的赋权范式使某些在既有的行政赋权体系之外的边缘人、边缘机构成规模地进入社会舞台的中央，成为新时代的引领者。越来越多的机构、组织和个人正是站在了这一新时代的风口上迎风展翅，才成就了他们新的社会赋权下的影响力运作和价值生成。①

关系赋权来自互惠主义的假设，并与复杂性思维紧密相关。它认为，在这个彼此联系越来越紧密的社会系统中，处在利益和价值共同体中的个体一荣俱荣、一损俱损，人们要追求利益最大化，就必须在协同和妥协中共同演进。从这个角度看，互联网带来的不仅是语境的转变，而是一种基础性的赋权范式的转变。在新的范式下，基于互惠互利、互相尊重、互相认可的协作成为价值生产的必要条件，协作与共享生产的价值并非单体价值的简单叠加，而通常是指数倍的惊人增长。比如一些生发于民间的草根基金会，开始都是能量和影响力非常有限的机构，通过腾讯基金会的平台与 10 亿量级的用户连接，凭借独特的价值生产模式打动人心、撬动资源，迅速成长为募款千万级别的公益组织。互联网将人与人的连接激活、放大，这就是关系赋权的力量。

三、逻辑之变：互联网社会的共治与共享

信任，是合作与共享的价值基础，也是我们在纷繁的复杂性和不确定性中坚守的社会信仰。互联网社会的信任机制已经发生了范式性的转变，相比于传统社会的封闭组织与简单结构，互联网社会开放、交互、复杂的特性使基于特征、制度、过往体验等静态因素的信任机制日渐式微，信任不再是主体与客体之间的二元博弈，而是多重主体之间无时无刻不在发生的关系互动。今天，信任构建的核心是连接、整合、发掘、配置、应用关系资源的能力。相对于传统社会组织迟滞低效的信息反馈系统，互联网公益组织迅速构建起了简洁高效的信任系统。一个公益项目不仅可以通过社交媒体平台做到实时的捐赠信息反馈，还可以实现捐赠者和受益者的直接交流，数字、信息、图像在捐赠者、公益组织、受益者之间自由流转，及时、主动、详尽、人性化的信息反馈使互联网公益收获了更多的信任。如果说以往人们是把中国的社会组织与国外同类型组织做比较，那么现在，传统社会组织和互联网社会组织之间的竞争更加直接和直观。人们在比较和评价中表达出自己对不同模式的感受与期待，这对于传统的社会组织而言是前所未有的挑战，尤其是长期依赖于制度赋权的官办社会组织，重新思考和定位组织的结构、功能与走向已经刻不容缓。

---

① 喻国明．网络空间共享共治须以信任开放为前提［EB/OL］．（2015－03－02）［2018－02－23］．http：//www.qstheory.cn/zhuanqu/qsft/2015－03/02/c_1114487382．htm．

如果说以往的社会像一个金字塔，等级严密、层次分明、个体孤立，那么今天的社会则是一个由边连接在一起的节点组成的集合，节点对应网络中的个体，边则是个体之间的关联。在这个网络中，中心的优势开始减弱，聚拢在传统权威四周的节点呈现离散态势，表现出以自组织为中心、扁平化、流动性的结构特征，而边则超越时空，连接一切。互联网对人类社会的全面渗透与嵌入，是威权丧失和权力下移的根源，它赋予相对无权的个体和群体以社会治理的权力、渠道和能力，催生了大量的形态各异的公益组织和互益组织，一种前所未有的民间力量正以“互联网+公益”的形式迅速崛起。互联网不再只是传播信息、动员资源的工具，而且是流淌在组织血液里的基因，通过激活个体及其社会关联促成交流、分享与协作。以新浪微博“微公益”平台为例，它的真正价值不是体现在筹集了多少善款、完成了多少个项目，而是在这个开放、共享、合作的平台上成千上万的普通人因共识、认同和信任而彼此连接，聚合更多的资源和影响力惠及人人。

互联网已经带来社会治理生态的巨大变化，在这个彼此之间连接越来越紧密的世界上，利害法则越来越向着“非零和博弈”倾斜。换言之，世界上任何一个部分都无法被简单地抛弃在利益分配和决策形成的框架之外。在新的社会治理格局下，工业时代的认知惯习和赋权模式已经无法撬动蕴含着无穷动能的关系网络，“共享”和“共治”是一种互联网时代“新常态”下必须追求的目标。今天，如何打动人心、聚合人的社会关系、洞悉人心和人的需要，如何更好地把握和应用社会关系资源，是社会治理的核心所在。

在多元价值、多元利益、多元诉求交织融合的今天，社会治理的另一个基本法则是包容并蓄、求同存异，将各种族群、各种诉求包容在一个框架内，在互动和妥协中找到社会的“最大公约数”。我们必须认识到，越复杂的社会越不应以简单粗暴的方式“毕其功于一役”，社会的善治需要柔性治理、顺势而为的思维，此外还有“和而不同、各美其美”的哲学，比威权、铁血和资本控制更加精细、人性化的治理框架，以及对互联网逻辑规则的真正皈依。唯有如此，才能实现互联网结构下社会成员的支持与协同，走向共生共赢的社会格局。

第二节　互联网“下半场”的发展关键：边缘创新与价值准则

互联网是通过对个人的激活以及无限的连接形成互联网形态下新的社会现实、市场现实和产业现实的一种重新结构社会的力量；现实的社会实践中所谓“发展的中断”或“破坏式创新”其实是源于“以物为本”向“以人为本”社会发展逻辑的深刻转型；基于传媒领域面对的新现实，媒介融合正确而有效的逻辑起点必须从当下的渠道融合转型到市场融合、需求融合上来；而互联网发展“下半场”实践操作的关键是，预留出足够的“边缘创新”的制度和产业空间，并确立衡量技术、产业与产品创新的正确的价值标准。

一、“核裂变”：互联网对个人的激活是这个社会最大改变之源

当下，传播研究的一个最大问题就是如何去解释互联网，因为互联网是改变我们现在社会

生活的一个特别重要的技术性力量。当时党和政府只是把互联网作为一项IT技术引进，而这个“潘多拉魔盒”一打开之后所发生的翻天覆地的改变是当初绝大多数人无法想象的。

我们现在看得越来越清楚的是，互联网绝对不仅仅是传播技术、传播渠道，它其实不是像最初人们所认识的那种与传统传播媒介处于同样序列上的传播形态。用现在的认识来表达，互联网是一种重新结构社会的力量，它的最大价值是对整个社会要素的解构、激活和重组——通过对个人的激活，在社会要素从以机构为主体到以个人为主体的裂变的状态下连接和再连接，形成了互联网形态下的新的社会现实、市场现实和产业现实。过去我们整个社会是机构化运行的，我们整个社会是以机构为基本主体、基本单位运行的。社会上绝大多数人的生活是在机构和单位当中进行的，游离于单位之外的人是没有意义的，甚至是负价值。换言之，一个人的思想和行为只有跟单位联系在一起且个人作为单位一员的时候，你才可能是有价值的。而互联网最大的一个改变就是从整体上对社会进行了一种深刻的革命性重组，我把它叫作“核裂变”——社会从过去单位级别的分子级构造裂变成个人级别的原子级构造。显然，以个人为基本单位、基本主体构造出来的崭新社会，这其中释放出来的自由度是多么巨大，其社会要素之间连接与组合的样式是多么丰富，这就是互联网给我们带来的最为重要的改变。

今天所看到的互联网对社会、产业基础的所有改变，都是来自这种激活、裂变带来的新的自由度基础上的重新组合、重新连接所产生的新的生产方式、新的价值方式、新的权力构造方式。这里讲的新的权力构造方式其实就是所谓互联网对于个人的赋能和赋权。传统社会的赋权方式主要有两种，一种是组织性、行政性的赋权方式，还有一种是市场性的资本赋权方式。而互联网是通过连接和重新连接来创造价值和改变世界的，这种创造和改变实质上就是透过互联网对于其网结上的关系资源的发现、激活、整合与再造。于是就构成了一种新的社会权力的形成方式，造就了一种新的足以跟传统社会权力进行博弈的权力构造方式。所谓“赋能”就是过去我们不能，现在借助于互联网我们“能”了。比如说过去我想把一则信息广而告之全世界的话，只能通过传统媒体的层层把关和加工剪裁才能够做到，但今天只要我把这则信息上传到网络上，就有可能形成一场规模巨大的传播——只要我说的东西还能打动很多人，得到他们的情感共振和关系认同，就能在层层转发当中达到核裂变式的传播效应，其所覆盖的范围和造成的影响力有时候可能比《人民日报》、新华社、中央电视台等超大型媒体还要大。这就是互联网对我的“赋能”，让我现在能做到过去做不到的事情。

二、“发展的中断”或“破坏式创新”是源自“以物为本”向“以人为本”社会发展逻辑的深刻转型

当互联网将个人激活并置于社会发展的崭新地位的时候，我们的社会运作模式便也相应地发生了深刻的改变。面对这种改变，无论是社会的经济运营还是社会的权力治理，其实都是非常不适应的。企业界现在的热门话题之一就是，为什么有那么多“百年老店”今天按照原有的逻辑干着干着一夜之间便轰然坍塌、死得不明所以？比如说诺基亚、柯达等等跨国大企业。这种被称为“发展的中断”或者叫“破坏式创新”的东西因何而起？深藏的机理是什么呢？

如果按照我们原有的经济或社会发展逻辑去理解，这种跨越式、破坏式的创新发展的确让很多人觉得无所依循。其实是有所依循的，只是我们或者不愿意，或者没意识到，现实所呈现出来的这种破坏式创新所折射的是人类社会基础价值观或价值逻辑的重大转型。自有人类社会以来，历朝历代，无论哪个社会发展阶段所要解决的一个最基本问题都是物质短缺问题，这一直是人类面临的梦魇般无法摆脱的东西。所以无论是什么社会，其社会组织最重要的目标或者说第一位目标就是要解决物质短缺，以增加物质财富这个“物”的增长为“本”来改善人们缺吃少穿的状况。一直到20世纪五六十年代的时候，整个工业文明的发展、现代化的进步，才使整个人类社会已经能够从总体上解决人们吃饱穿暖的物质生产能力问题，尽管分布本身很不均匀，还有绝对贫困的地区，但是人类社会的生产能力已经能够让人类吃饱穿暖了，这是一个重大的历史性改变。再继续向前走，继续以增加物质财富的“以物为本”的逻辑组织社会生产和社会生活，能够使人们得到更多的幸福、更多的满足吗？西方的实践已经证明，整个六七十年代是西方社会一片乱象的时代，从法国到美国再到英国，都是一片乱象，工人罢工、学生罢课等等，各种各样的亚文化现象出现，甚至邪教组织也活跃起来，其实质是人们对于这种按照原有的社会逻辑向前走的一种不满足。很显然，当人们的生存需求、安全需求得到相当的满足之后，人们更高层次上的需求——交往的需求、受到尊重的需求以及个人价值实现的需求便泉涌出来。这种“以人为本”超出了传统社会那种以物质满足为本的社会运作逻辑，所以人们便有了发展当中的诸多挫败感。因此社会发展的基础逻辑必须做出重大的调整。所以到了20世纪六七十年代，西方学者做了很多这方面的反思和探讨，在70年代西方社会逐渐开始了所谓的社会主观指标运动，讲的就是社会发展的目标、评价的依据，逐渐从过去以物为本开始转移到以人为本的发展方向。用我们党常说的话来说就是，看一个政策、一项制度好不好的最高标准就是看人民群众满意不满意、欢迎不欢迎、喜欢不喜欢、拥护不拥护。也就是说，要从对人的发展、对人的需要的满足的角度去判断，从人的社会实践的自由度是否得到扩大的角度去评价。一个技术、一个产品、一个政策、一个社会的发展逻辑到底怎么跟这种“民意”与“民心”对标？这是一个重大的转型。从这个角度去分析，我们就会知道，为什么诺基亚这样一个老大帝国突然死亡，诺基亚的老板跟微软在签署股权兼并协议的时候仍然被自己狭隘的逻辑“蒙在鼓里”，她很无辜也很无奈地说：“好像我们也没有做错什么，为什么会是这个结果？”其实如果不是局限于自己的产品逻辑和技术逻辑的话，如果从人的价值逻辑的角度看，这有什么不可理解的呢？你是按照你自己的技术逻辑、产品逻辑往前走，但是整个社会已经由苹果创造了一种新的智能手机的价值模式，它更好地满足了人们与世界之间连接和通信的需要，扩大了人们借助于它所实现的社会实践的自由度，以及对这个世界的掌控力，自然就在更高的层次上“延伸了人的需要”，智能手机替代诺基亚这种专守语音通话功能的手机是再自然不过的事情了。

概言之，今天人们讨论的所谓“破坏式创新”，如果从传统的技术逻辑、产品逻辑去看今天的市场和社会发展的逻辑，的确有所谓的“断裂”和跨越之感，但如果以人的逻辑作为一种对标最根本的价值参照的话，你就会觉得一切都是顺乎逻辑和情理的，哪里有什么中断或断裂呢？这就是这个问题的症结所在。现在互联网的互联互通的巨大传导效应，已经把这个逻辑摆在了各行各业面前，包括政治、社会、文化层面，这就使这个问题成为一个全社会的问题。因此很大程度上，比如在解决互联网所带来的传播问题的时候，是否建立“以人为本”的价值逻辑就是检验一个产品、一种服务、一项政策是否有效、是否成功的关键。

三、媒介融合正确而有效的逻辑起点：必须从当下的渠道融合转型到市场融合、需求融合上来

用上述观点来看当下传播领域的现象，许多似是而非的问题就可以看得很清楚了。比如，花这么多精力和代价所做的媒介融合为什么迄今为止还很不成功、看不到预期的实效？一个根本问题就在于我们几乎所有的“媒介融合”都是站在生产者（传播者）的角度在“唱卡拉OK”，我们把注意力都集中在“渠道”如何上，孜孜不倦地在研究这个电台和那张报纸如何合并、台长和社长如何安排位置、报纸和电台如何建立一个统一的“中央厨房”之类。殊不知这种融合的起点逻辑就错了，因为真正的媒介融合必须从市场需求、消费需求这一融合的洞察环节起步，由需求和消费来重构生产和分发。这一经济学常识在这一领域被忘得干干净净，这样的媒介融合岂有成功之理？

换言之，互联网真正导致的是以下方面：（1）万物皆为渠道，拥有渠道已经变得不那么重要和关键了。仅仅在有限的传统渠道上“整合”与叠加意义甚小。（2）传统意义上的“传受”之间的主客关系已经变为“人人都是传播者”的主主关系。任何媒介融合的范式设计如果还是视用户为“待哺的羔羊”，不在平等关系的基础上尊重他们的主动性，不能容纳他们的内容及形式的创造，这种类型的“媒介融合”都注定不是互联网逻辑下的进步。（3）用户需求层面、消费层面和市场层面的改变及现实才是决定媒介融合的方式与构造的基本出发点。一个人过去看《人民日报》就行了，一报在手就能通晓天下。今天既有微信，又有微博，又有论坛和各种各样的电子书等等，消费层面已经发生深刻的融合改变，我们应该从这个视角出发重新配置资源，去满足这种需求，而不是从自我出发聚焦于这个台长和那个社长在新的机构里谁当正职、谁当副职等等。如果仅仅思考这样的问题，那么其实离市场已经很远，生产力、传播力、影响力根本没法跟上，这种融合就走错了地方。

进一步讲，今天大媒体借助媒介融合应该成为所谓的平台型媒介。作为平台型媒介，其主要任务不是作为表达和内容生产的主体，而是作为新一代传播生产力的表达和内容生产平台。互联网时代的新一代传播生产力是指什么呢？毫无疑问，就是个人被激活后所释放出来的UGC、PGC以及在此基础上形成的OGC的内容生产能力。今天，一个平台型媒体是否符合时代潮流与发展规律的关键就在于，你能否将这些以互联网作为先进生产力的代表所释放出来的UGC、PGC和OGC的内容成功和有效地纳入你的生产和消费体系当中去。平台是什么？平台提供一系列连接、整合、激活和基础条件构建的服务——为所有内容生产与分销的个人与机构服务。小机构也好，大机构也好，个人也好，对其而言，你的平台就像北京的总部基地或者说创业园区，你要给他们提供一系列创新与成功的保障性条件，包括设立运行规则、构建生态平衡、提供基础服务等等。这就是今天平台型媒介建构的基本目标。你如果不朝这个方向去做，还一味地自说自话，按照自己掌控一切的意识去做，那么真的离互联网的现实相去甚远。我们看到有许多所谓媒介融合的做法实际上与互联网发展的逻辑渐行渐远，因此，即使在这方面花

的钱、用的资源不少，但是实际效果仍然不理想，这应该让我们有所反思和警醒。现在地方的媒介融合经常搞一厢情愿式的集团战术，说我们办一万个App没效果那我们就办十万个App，但这明显是将有限的资源投入一个无限的互联网市场，有用吗？你在一个无限市场海洋里面，如果办的东西跟人家用户毫无关联，让人感觉索然无味，你办一百万个App都是打水漂——甚至连打水漂都不如，连个浪花都没有。

四、互联网发展“下半场”实践操作的关键：预留“边缘创新”的空间与衡量创新的价值标准

面对互联网时代，尤其是互联网发展的“下半场”，未来应该怎么去做？两方面最为重要：一是要为“边缘创新”预留出相应的空间和时间（像邓小平当年所说的“大胆试、不争论”）；二是要确立衡量创新发展的价值准绳——我们面对的现实不是缺少选择，而是选择泛滥。在林林总总、丰富多彩的技术新发展和传播新形态面前有主心骨和定盘星至关重要。

（一）为“边缘创新”预留出相应的空间

所谓“边缘创新”是指，无论一个国家、社会还是一个企业，都要在自己的主流发展之外留有相当的自组织空间，允许在这些领域做一些非主流的事情、包容一些非主流的想法和做法。大凡主流，其实在现实的社会运行中都与某种既得利益关联在一起，比较容易按照自己的发展惯性和利益格局的中心线走。但是，时代和社会发展的逻辑或许未必与这种既得利益的逻辑完全一致（刚刚开始的时候往往是一致的，不然既得利益也就无法形成，但接下来的发展则有可能渐行渐远）。因此，一个国家、一个社会或企业必须要给自己的可持续发展预留出一个“救赎”的空间，这个空间就是“边缘创新”的空间。

这也是一个历史性的经验。人类文明发展实践证明，一个允许边缘创新的社会就比较容易长盛不衰。比如，有人问中国封建社会为什么能在全世界特立独行，持续两千多年（这在全世界是不多见的），其中一个重要的原因就是中国封建社会的统治者从汉代开始就十分强调“皇权不下县，县下皆自治”。也就是说，尽管“溥天之下，莫非王土”，但皇帝的权力再大，他就只管到县，再往下就是你的地方自治的空间了。无论是宗族传统还是村规民约，自己管自己，封建国家对于此类事务是不管的。为什么呢？从管理学的角度看，这既免除了封建国家繁重琐碎的管理负担，同时也在其制度设计中为边缘创新预留了相当的空间，使一些有可能改善现实的新东西脱颖而出，实现其创新发展。这是中国封建社会保持活力的主要“秘密”之所在。其实，一个社会、一个国家能不能有未来，能不能有一种强劲的发展，就看它边缘创新活跃不活跃。例如，若按照腾讯团队过去既有的逻辑，QQ才是主流和发展的主线，如果它当年不允许主流之外的张小龙团队的“边缘创新”，如果一味地按照QQ的逻辑走，今天的腾讯会是什么样子？正是因为允许边缘创新，所以张小龙带领的这样一个很边缘的团队才异军突起，之后又反哺了整个腾讯公司，造成今天长盛的状态。说到底，中国的改革开放就是从运行“边缘创新”开始的：安徽小岗村的农民所要争取的不就是允许其“边缘创新”的权利嘛！我们党审时度势，给了中国社会“边缘创新”的“课件”和实践，中国社会就轰轰烈烈地发展起来了。这

是一个历史经验，我们必须牢牢记取。

今天，互联网的发展呈现出一片混沌复杂的格局。当管理者看不清局面的时候，就应该允许别人在某些领域中有所创新，而不是强调整齐划一。概言之，对于互联网的未来，管理者如果没有前瞻三年五年的能力，又怎么可以用一种决绝和刚性的方式去进行社会管理呢？这是一个很大的问题。允许边缘创新，是改革开放四十年以来最成功经验之一，也是我们这个社会持续向前发展的重要保障。

（二）确立判断发展的价值准则

确保未来发展健康可持续的另一个关键就是确立判断发展的价值准则。其实就是如下三点：

第一点是看这种创新的传播技术和传播形态以及传播制度，对于人的社会连接的丰富性有没有扩大，对于人和人之间信息的流动性有没有提升。因为中国社会现在面临的最大问题就是社会的板结化，社会板结化的基础就是信息流动的板结化、意见交换的板结化，这是中国社会未来最大的社会政治风险所在。促进流动性能够在很大程度上解决板结化的问题，这是基础。因此，能够促进信息流动性的一定是好的产品、好的制度、好的机制构建。

第二点是看这种传播技术、传播形态或传播政策能否扩大人的社会行动的自由度。所谓媒介就是人体的延伸，如果我们能够借助于某些新的传播技术和传播形态而看得更远、听得更远，能够促使我们的实践半径更加宽阔和深远，即扩大了人的自由度，那么，这些传播技术的发展和传播形态的创新就是具有巨大发展价值的。

第三点是看一种传播技术或传播形态能否化繁为简，能否有效提升人在当下混乱复杂的社会里的某种控制感。符合这一要求的传播技术或传播形态即那种能够提升人的主体性的技术形态，就是社会进步和价值准则所倡导的方向。

综上所述，判断未来传播技术、传播形态等的价值标准主要就是以上三个“以人为本”的标准。符合的，就有巨大的发展前景；不符合的，哪怕今天的表象再炫，也不过是流星划过。

第三节　算法即权力：算法范式在新闻传播全环节中的权力革命

在互联网发展的“下半场”中，算法作为数据与人工智能的结合点，发挥着构造流量入口、增强用户黏性的关键作用。在媒体和代码无处不在的社会，权力越来越存在于算法之中。

一、“算法”作为一种权力范式的理论逻辑与实践沿革

无论依照算法本身的技术哲学特征还是从其在实践中的具体作用来看，“算法”既是权力

的体现，又是权力的载体。其原因有以下方面。

（一）人工智能的技术本质是算法，而算法的社会本质则是一种权力

人工智能技术的崛起已经日益成为社会和传媒领域发展中的焦点。而人工智能技术的技术本质是一种算法模型，这种算法模型的智能化程度取决于计算能力、数据与大数据以及算法模型的“三位一体”的品质。如果我们把人工智能比喻成构成世界“三位一体”的物质、能量和信息的话，那么在人工智能中，数据就是人工智能得以成长的物质和基础，今天的互联网尤其是移动互联网的连接作用使大数据以一种前所未有的方式泉涌出来，并从多种维度上持续不断地对人的种种属性、状态和外部关系进行实时的描述和呈现，而电脑的计算能力则是数据得以处理的能量，按照摩尔定律，日益加速的计算能力是海量多维数据得以有效利用和处理的关键，算法生产的信息即内容，是电脑通过建立算法模型所实现的对于人的认识感知能力、分析处理能力和决策判断能力的一种“模拟仿真”及在此基础上的超越。

显然，就人工智能而言，大数据的价值重点不是其数据的大和多，而是其数据的多元和汇聚。这种不同品性的数据集的关联，能够对说明特定对象的属性、状态与内外部的连接起到价值增益的巨大作用。这种连接的价值在互联网的不断发展过程中日益体现出来。我们看到，内容网络、人际网络和物联网络这三者相互连接并且深度融合。大数据所具备的精准智能价值匹配的特性，将人与人、人与物、物与物之间的关系进行崭新的升级重构，在这样的作用之下，传媒社会整合、塑造意识形态、集成社会经济的空间也在不断延伸。① 同时，这种信息的传播与控制方式在新媒体时代受到来自技术赋权的挑战，算法作为“非人类行动者”和人类的传播活动编织在一起，形成了新型的复杂关系网络。英国文化研究专家斯科特·拉什强调，“在媒体和代码无处不在的社会，权力越来越存在于算法之中”②。

譬如，日活跃用户 1.2 亿、估值达 200 亿美金的今日头条，定位于“基于数据挖掘技术的个性化推荐引擎产品”，其核心是一套由代码搭建而成的算法，成为今天中国最大的资讯分发商。③ 同样，Facebook 是全球最大的社交媒体平台，它也早已“行动”在使用机器算法的路上。2016 年 8 月，“热门话题”（trending）团队被解散，Facebook 决定根据话题的帖文数量和相关文章数量等，由以往的人工编辑转变为由机器算法执行热门话题的编辑、推荐和排名。算法不管是对于新闻业的重塑还是对于各行各业的跨界整合，这无一不使人思考技术不仅能够赋能与赋权，而且它自身就成为一种权力的行使和对传统权力模式的替代。在始自 20 世纪 90 年代初的中国媒介市场化的进程中，“编辑终审权”作为一条红线是不容市场侵犯的，而今却在算法分发的大趋势中毁于无形。

问题的关键在于，真的是“得算法者得天下”吗？算法本身又代表了什么？这些已经成为

---

① 喻国明．未来传媒进化的大趋势及 VR、机器人写作与知识付费［J］．教育传媒研究，2017（4）：29.

② LASH S. Power after hegemony：cultural studies in mutation?［J］. Theory，culture & society，2007，24（3）：55-78.

③ 和讯名家．今日头条在怕什么［EB/OL］．（2017-12-07）［2018-02-03］. http：//m. hexun. com/socialmedia/2017-12-07/191901677. html.

未来社会和传媒发展中亟待研究和认识的重大课题。

(二) 话语及其传播作为一种权力的合法性是建立在“群体合意”的认同基础上的

传播作为一种权力的行使涉及传播学意义上的两个基本要素：一是话语，二是话语的传播。

“话语即权力”最早由法国哲学家福柯提出。在这里，权力的概念区别于政治学中自上而下的操纵和支配，强调的是权力在实际运作中的网络结构化和弥散性，个人既是权力的持有者，又是权力的承受者，这种“无所不在的权力”正是福柯对权力的理解。在《规训与惩罚》一书中，福柯注意到作为话语的知识是如何与上述权力嫁接、互相助长，并被运用到现实实践之中对某些特殊群体形成规训作用的。①

20 世纪 20 年代葛兰西的文化霸权理论从话语批评性分析的角度，揭示了在思想、文化和道德方面国家如何对社会实施“合意”的生产。20 世纪 70 年代符号学大师鲍德里亚以“仿像”为逻辑起点，提出在数字技术时代，由符合自我指涉所构建的“超真实”逐渐取代了真实。在他看来，“这不再是一个模仿问题……是一个用现实的符号来取代现实本身的问题”②。

20 世纪 90 年代，德国社会学家哈贝马斯通过其著作《交往行为理论》《在事实与规范之间》等详细阐述了交往理论与公共领域思想。他希冀通过话语的理性交往，重构被权力和商业侵蚀的公共领域，以促进现代民主的形成。这也为福柯之后的主要课题权力及其与知识的关系奠定了基础。③ 福柯的理论基于历史发展的角度，主要重心在于知识与权力这两者的关系：知识生产权力，权力亦通过知识话语表现出来，同时，各种规训的手段将权力渗透到社会的各个细节中去。在福柯之后，法国社会学家布尔迪厄借用“话语权”的观点延伸出“象征性权力”的概念，在其著作《实践与反思：反思社会学导引》中提出，象征性权力“通过影响世界的表象来影响世界”④，或者说是“借助象征性内容的生产和传送，干预事件进程、影响他人行为甚至制造事件的能力”⑤。这也为权力的构建提供了“群体合意”的认同基础。

在社交媒体与互联网技术不断发展的 21 世纪，这种权力以更为隐蔽、更加广泛的方式呈现出来。斯科特·拉什将其概括为“四个转变”：权力运行方式从认识论向本体论转变，从高高在上的外部特征向生活话语的内在机制转变，从规范性逻辑向事实性逻辑转变，从表达向交流转变。这些转变使得今天的权力统治方式变得更加难以辨识、难以揭露，因为权力已经以一种生命化的方式内化到其所主宰的对象之中，成为无所不在的文化与政治，成为一种本体化的存在方式。⑥ 这样的权力范式无所不在，渗透到生活的方方面面，正好与移动互联时代无所

---

① 石义彬，吴鼎铭．论媒介形态演进与话语权力的关系变迁：以话语权为研究视角 [J]．新闻爱好者，2013 (5)：4-7.

② BAUDRILLARD J. Selected writings [M]. Standford：Standford University Press，1988：67.

③ 同①.

④ 布迪厄，华康德．实践与反思：反思社会学导引 [M]．北京：中央编译出版社，1998：14.

⑤ 拉什，程艳．后霸权时代的权力：变化中的文化研究 [J]．江西社会科学，2009 (8)：248-256.

⑥ LASH S. Power after hegemony：cultural studies in mutation? [J]. Theory，culture & society，2007，24 (3)：55-78.

不在的大数据匹配对应。因而，这种对人与人、人与物、物与物的存在、属性及关系进行标识和呈现的大数据，便成为一种新的权力范式的实现逻辑。与传统政治一样，通过算法模型对“群体合意”的计算与逼近便成为这种算法型权力范式被人们认同的运作逻辑的合法性基础。

（三）“算法权力”在社会进程中的实践沿革

从媒介融合到算法推送，从无人机到机器人写作，从大数据到人工智能，从以“互联”为核心的 Web 1.0 时代到现在的以“社交”为核心的 Web 2.0 时代，这不可不谓是“五百年未有之大变局”。以消费“人口红利”为特征的规模化横向“圈地”的互联网发展的“上半场”已经结束了。如今，我们已经进入了互联网发展的“下半场”，这个阶段则是以大数据、智能化为特征的细分化的纵向“挖掘”。低频度需要、高场景需要和体验型需要成为这一时期开发长尾市场、利基市场的关键。而算法作为数据与人工智能的结合点，在这个“下半场”中发挥着构造流量入口、增强用户黏性的关键作用。

从这个意义上说，算法从来不是独立的，从数据智能到满足特定用户需求，在无缝融合之后创造崭新的用户体验成为算法的终极任务，也是其本质所在。算法随着时代发展在不断更迭，只有在数据、产品、理论等方面注入人的智慧、人的创造力，算法才会具备其应有的价值。

国内对于算法在新闻传播领域中的研究主要集中在 2012 年之后，这一阶段的研究主要是以国外媒体新闻行业新发生的变革为个案所进行的研究，如对于《华盛顿邮报》推出首个新闻聚合网站的介绍和分析。在 2014 年之后，随着互联网技术在国内更加广泛持久的应用以及国外关于数据、算法在新闻传播研究领域的兴盛，国内开始出现若干对于数据与智能化新闻的研究。有学者对机器人新闻进行分析，聚焦于新闻内容生产的自动化趋势，即基于算法的新闻内容生产和编辑、出版，并通过追溯谷歌新闻开启的机器自动选编和推荐新闻的做法来阐释这场蓄势待发的“革命”。[①] 有学者提出，我们的社会正在被这些新的技术手段和思维方式重塑。对大数据的研究发生了从“随机样本”到“总体”的研究范式改变，对大数据研究的重点正从“理论”转换到“算法”与“规则”。[②]

其后，以今日头条的推出为代表，算法在新闻行业中的应用发展成为一种“现象级”的实践，其学术研究便聚焦于以下方面：国外媒体如何应用算法，如通过牛津大学路透新闻研究院发布的《2016 年数字新闻研究报告》，从新闻移动化、算法应用、广告拦截、付费信息和新闻可信度等方面探讨原生新闻品牌的应对策略[③]；算法对新闻专业主义的冲击以及新闻背后的价值观等认识论方面的影响，如有研究者认为 Facebook 的动态新闻算法是一种基于用户社交使用的协同过滤机制，会在当前的社会条件下产生算法审查、信息操控与平台偏向，挑战了传统的新闻价值观。

---

① 金兼斌．机器新闻写作：一场正在发生的革命 [J]．新闻与写作，2014 (9)：30 - 35.

② 喻国明．大数据方法：新闻传播理论与实践的范式创新 [J]．新闻与写作，2014 (12)：43 - 45.

③ 郭雅楠．新闻消费社交化移动化：看什么，怎么看，相信谁？——牛津路透新闻研究院《2016 年数字新闻研究报告》[J]．新闻记者，2016 (7)：32 - 42.

至2017年新闻传播领域关于算法的论文呈现出爆发式的增长，大约是2016年的3倍，其涵盖的范围也更为广泛，对于算法在新闻行业的思考也更具有深度和更多样：社交媒体与新闻行业的关系，如有研究者对Facebook进军新闻业的思考，认为其表现了传播权力的转移与互联网公共领域的“再封建化”①；算法推荐类新闻的局限性与未来前景及其对新闻理念的影响，如对在智媒时代下自动化新闻的实践与思考，认为其将对新闻生产机制、新闻传播理念、媒体人的职业发展方向、受众和社会舆论产生深远影响②；另外学界还有对于“智媒化”的前景的讨论。

概言之，一百年前，李普曼提出新闻的社会性传播在我们脑海中建构出一个“拟态环境”；而今天，当算法参与新闻生产的每个环节，其自然也会对“拟态环境”的建构以及在此基础上的人们的社会认知产生影响。算法在表面上看可以做到对社会资源的整合、利用，利用个性化的推荐增加用户黏性，其实质是在行使着一种社会权力，塑造着人们的新的认知和行为模式，控制着社会认知对世界的看法和主张。由此观之，算法本身暗含着复杂的权力关系，其实质是权力关系运作的产物。算法将世界连接构建成一个整体，并且在权力的运作下组成了社会文化的基础因素。所以，算法和权力密不可分。隐藏在算法背后的权力可以通过不断调整算法的参数来执行自己的意志。同时，这些真正的权力亦可以通过话语及其传播去达成“群体合意”的逻辑，这样的权力行使在今天才是切实和有效的。

二、算法在新闻传播全环节中的应用及其权力的体现

每次信息传播方式的变革，都带给社会巨大的变迁。这种变革的意义并不仅仅在于其传递的信息内容，其核心在于，它还象征并且定义了某种信息的传播速度、传播语境甚至是处于社会心理表层的意见形态。大数据时代，数据与算法正在重塑新闻业的整个生态系统，算法本身暗含的权力关系在新闻传播的全环节中具体体现如下。

（一）新闻线索获取：信息权的弥散化

在传统媒体新闻生产流程中，除了一些突发新闻、时事热点新闻，新闻大多依赖一些固定的消息源如通讯员、政府宣传部门、爆料人等，或者是经由新闻监控→申报选题→策划会商定→可行认定等固定环节之后记者主动去寻找新闻。随着维基百科、YouTube等草根媒体，Facebook、微信等社交媒体的发展，新闻来源由原来掌握在媒体手中而逐渐向公众本体进行转移。在整个传播网络当中，内容不再由专业媒体或权力机构定义，而是由公众提供。在这种传播语境下，协作、平等、交流被放置于高位，逐渐压倒之前以宣传和利润为目的的传播方式。在这种民主化及下放式的运作模式下，信息权逐渐弥散至公众各处。

而随着算法在新闻来源环节中的应用，相继出现了机器人新闻、传感器新闻［借由传感器

---

① 史安斌，王沛楠．传播权利的转移与互联网公共领域的“再封建化”：脸谱网进军新闻业的思考［J］．新闻记者，2017（1）：20-27.

② 许向东，郭萌萌．智媒时代的新闻生产：自动化新闻的实践与思考［J］．国际新闻界，2017（5）：29-41.

(主要是传感器所记录的环境数据)，对通过可穿戴设备和智能手机等记录的人的生理特征数据等进行的可视化新闻操作]。而社交网络（即一定意义上的关系媒体）迅速“占领”人们的全部生活，使得新闻的生产与传播过程逐渐由先前的集中式趋向分布式，即多重主体在某种模式下共同介入某一个话题的报道、评论、分析与信息的加工和进一步阐释。这种范式的转变与普及得益于人工智能技术，在技术的作用下分布式新闻生产过程的参与主体甚至扩展到了物体。

在目前的新闻媒体中，一些聊天机器人承担着收集新闻线索的任务。例如由 BuzzFeed 实验室研发的即时通信工具 BuzzBot①，采用基于链接点击上升速度的算法，从数百个博客那里获取订阅源，并搜索新链接，迅速向其他网站扩散。BuzzBot 通过和用户的有限互动，来提供即时的新闻报道。但 BuzzBot 只是内容的搬运工，在它的背后有一个专门团队负责处理它收集到的信息，同时和现场记者保持联系，将最新内容通过机器人传递给用户。

福柯认为新时代新范式下的权力是“无所不在”的，它区别于政治学中自上而下的操纵和支配，强调的是权力在实际运作中的网络结构化和弥散性，个人既是权力的持有者，又是权力的承受者。新闻传播领域中话语的旧权力掌握在少数人手中。传媒话语的旧权力是一种特权，相对封闭，既难以获得也缺乏流动性，主要由行政力量等权力者驱动。随着算法等互联网技术的成熟，先前的专业传媒机构的传播垄断范式被打破，大批受众被分流，而呈现“碎片化”现象。受众分流的最大影响则体现在收视率与经济收益上，传统新闻业的广告运作模式被击碎，这种巨大的经济困难在客观上促进了传播领域新权力的诞生。新权力的本质在于拥有文本生产、解构、传播、重构能力的受众。他们可以在现实的符号世界中生产文本，也可以从已有的媒介资源中对原文本进行重构，还可以对文本进行再创作，生产快感、表达自我、重构价值，创造出自己的意义。新权力是一种开放型的范式，它鼓励参与，由同侪驱动（peer-driven，来自同事、同辈、朋友之间的驱动力）或者关系驱动。它的运行方式的突出特征是纵向“上传”并横向“扩散”。

（二）新闻写作编辑：算法对把关权力的程序化收编

传统新闻生产者是依据新闻的要素、自身新闻价值观，如对新闻重要性、新鲜性等要素的把握，以及自我认同的职业伦理来对新闻事实进行写作和编辑。而面对基于互联网的便捷性、共享性、碎片化等新的要求，过去作为信息源头的“把关者”不得不让位于数据与算法。

2015 年 7 月，一款可以帮助编辑收集内容的机器人被《纽约时报》R&D 实验室开发出来。这款机器人可以对文章内容进行识别、甄选、标记，在编辑写稿时，机器人会自动弹出文章可以采用的标签和关键词。不仅传统媒体实验室为新闻编辑部提供了一种创造性的收集内容的方式，美国知名互联网新闻博客 Mashable 早已开始使用人工智能辅助编辑，吸引用户。Mashable 开发了一个名为“Velocity”的数据分析工具平台，它可以在极短的时间内判断新闻的传播趋势和可能存在的爆点。另外，Velocity 还可以帮助博客的编辑们发现“饱和点”。比如，当某条新闻的分享率达到 95%时，它就会告诉编辑无须再费精力；如果没有达到这个分

① Buzzbot 并非一个客户端或者 App，而是 BuzzFeed 在 Messenger 上的一个账号，详见官网 https://www.buzzfeednews.com/article/mathonan/meet-buzzbot。

享率，编辑则可以考虑迅速对该事件做出其他策划报道，抢占先机。

在媒介社会学看来，媒体一直扮演着维护社会稳定、塑造社会认同和主流意识形态的角色。当算法通过对各种数据的捕捉，在传统媒体和政府之外成为广受认可的消息源时，这也就等于算法不仅在社会认知的层面产生影响，也具备影响舆论和社会情感的形成和表达的能力。因此，传统媒体的社会控制能力受到了极大的削弱，其所具备的把关能力与议程设置的功能，即根据权力主体的意志与价值取向来选择、编辑、强化或者淡化相关新闻，会逐渐交由算法来操纵和实现。算法甚至可以使公众在由自己的意志编织起来的“信息茧房”中背离事实，削弱其理性判断力，从而实现对公众的意识操纵。

算法依靠人工为它写入的运行法则进行计算，由此对海量的碎片化信息加以筛选，并研判事实，引导用户的价值判断。算法会通过对用户使用习惯的把握和预测，为编辑的写作构造“最有料”的模板。原本意义上的“媒介接近权”，特别是进行新闻写作编辑的部分权力已经被算法收编，从而构成了一种新的权力。这种权力不仅代表了原有权力格局在新时代新领域的延伸，而且在某种程度上甚至破坏或者超越了原有的权力格局，造成传媒领域原定权力的大转移，给新闻业带来颠覆性的变化。当然，必须指出的是，现阶段由算法参与的自动化新闻生产基本上还是一种“人工模板”＋“自动化数据填充”的模式，在新闻敏感、深度分析及选题发现，特别是在重大而敏感的议题上，算法暂时还无法对其把关权力进行完全的收编。但从算法迭代的可能性的角度看，这一路径上权力版图的扩张是必然的。

（三）新闻事实核查：算法通过非制度性权力来构建“社会共识”

权力作为一种特殊的影响力，从社会角度来看可以划分为两种类型：制度化的权力与非制度化的权力。在传统媒体的话语体系中，制度对传播者有着极高的要求，同时制度也赋予了传播者强大的话语权。作为现代治理术的一部分，宣传，或者说通过精心计算的信息传播操纵大众行为的社会控制已经成为现代性的重要标志之一。[①] 正是这些制度化权力构建了社会的共识，对社会功能进行整合。历史上，一些人或集团会凭借其所占有要素与技术的垄断性、等级性与对其他个体的压制性，而在特定的制度化权力背景下形成某种权势，以此种权势为圆心，可以向四周辐射出多重非制度化的社会关系。

今天，由于商业力量的操纵以及受众市场细分的需要，算法凭借着令人难以察觉的这种非制度化权力进入大众的视野并实现对社会合意的控制。这些非制度化权力的关系在政治控制与资本驱逐的背景下可以强化为权威，有的甚至为制度化权力所收编，成为权势圆心的一部分。英国的一家事实核查机构 Full Fact 在 2016 年初发布了一个测试版的监控系统，利用算法搜寻英国新闻网站的一些信息，并对其中的议会记录和其他内情进行自动分析，目的是监控可能存在的谣言的生命周期，并对其进行辟谣。但是目前显示，算法除了自身新闻核查能力还比较有限以外，掌握着算法的那个背后集团的价值观对于新闻事实核查也会产生极大影响，进而对社会合意造成巨大的社会影响。BuzzFeed 的调查显示，在美国大选前最后三个月，Facebook 上表现最好的 20 个假选举新闻的参与度远高于表现最好的 20 篇真新闻。在 20 个假新闻当中，

① 刘海龙. 宣传：观念、话语及其正当化 [M]. 北京：中国大百科全书出版社，2013：8.

有 17 个是明显支持特朗普或反对希拉里的。

由算法进行的新闻事实核查、确定新闻真实这一行为本身就使“核查”转变成了“认同”。不管新闻是真是假、是煽情还是夸张，不管是哪些因素的组合，它们最终都导致了一个结果——带着自己所属机构与算法本身的权威，将核查后的新闻推送出来，让民众看到，并形成“认同”，进而达成社会共识。对用户来说，他们没有足够的时间和资源对所推送的新闻进行核查，算法代替用户完成了这一工作。但算法作为一种传播技术，代表的是背后控制者的政治和商业利益，当用户对所推送的新闻形成认同时，无论是情感上的认同还是价值上的认同，都在无形中生成并巩固着网络话语权力。

不仅如此，在如今的时代，算法的计算范畴逐渐延伸到了对社会合意的计算，通过算法进行的对社会合意的计算则可以通过大数据将个体的诉求随时随地表达、记录、挖掘，并且将这些数据进行连接、分析，算法为社会民意搭建了一个前所未有的社会基础的平台。2017 年 12 月，斯坦福大学视觉实验室的研究人员用可以进行观察和学习的计算机算法分析了数百万张公开的 Google 街景图像。他们发现，算法通过自我训练，可以利用学到的知识研究给定社区的车辆，以此判断该社区居民的政治倾向。借助这些廉价可得的视觉数据，研究者可以充分地、实时地了解社区。相比之下，花费数十亿美元进行普查反而只能获得非常有限的断面式的一次性信息。①

（四）新闻分发与推送：大数据构建算法无所不至的传播权力，也导致其传播结果的新一轮“窄化”

传统媒体中的新闻推送（比如报纸的头版、每版的版面结构，特别是头条）是以传播者的价值考量为本位的。今天，信息空前爆炸，人们的信息需求版图也全方位、多层次地扩张，用户无法仅仅依赖媒体完成全部的信息过滤，于是原先交给媒体的权力实际上被人们部分地收回了。这一权力有两个主要的去处：一是让渡给社交关系，社交推荐和信息分发成为今天人们信息的主要来源之一，比如微博和微信；二是让渡给算法，让算法来识别你的喜好，推荐你可能感兴趣的内容，比如今日头条、一点资讯等。Blossomblot 是《纽约时报》数字部门研发的一款数据分析机器人，它通过对社交平台上所推送的海量文章进行大数据分析，能够预测哪些信息更适宜在社交平台上进行传播，帮助社交媒体网站打造爆款。《纽约时报》内部统计数据显示，由 Blossomblot 预测具有社交推广效应的文章的点击量是未经预测文章的 38 倍。在中国，用户在使用今日头条等算法型媒体平台时，他们的每一次点击、评论或其他行为方式都会被系统记录，与他们所读文章的特点如作者、关键词、DOM 标签等，共同作为用户画像的数据资料，刻画出每一个用户的特征，以便用户在下一次阅读中能够为其精准推送。但在整个过程中，用户的行为都是自然发生的和无意识的。

算法对于新闻的推送，实际上可以分成两个层面。在个体的层面上，算法可以对个体需求

---

① GEBRU T，KRAUSE J，WANG Y，et al. Using deep learning and Google Street View to estimate the demographic makeup of neighborhoods across the United States [J]. Proceedings of the national academy of sciences，2017，114 (50)：13108 - 13113.

进行准确的计算，并有效地对信息需求的长尾市场进行挖掘。基于算法的个性化信息推送，即利用算法对用户的阅读行为和社交关系进行分析计算，刻画出用户的特征进而挖掘其对内容的偏好和潜在需求，以信息聚合的方式，自动筛选出符合用户个性化需求的信息，从而实现信息需求与信息传递之间的无缝对接。但是这种以用户的体验为中心的传播模式成为主导之后，社交平台中人类意见的碰撞和聚合，是以兴趣为基础的群体快速聚合，随之而来的是个人接收信息的“窄化”及“茧房化”。

在总体层面上的类属需求中，利用算法来推送适合大多数人的新闻实际上是大数定律在新闻生产中的应用，这也是算法新闻的底层逻辑——针对类别需求的计算问题。大数定律表明，在实验条件不变的情况下，重复实验多次，随机事件的频率便近似于它的概率，即偶然中包含着某种必然。这项定律适用于所有的数据，但同时也是处理大数据时存在的通病。一方面，能够发现大多数人需要的信息，这对新闻编辑来说具有莫大的吸引力。另一方面，在制作使大多数受众满意的内容的同时，失去的则是个体的差异性。在后结构主义看来，任何同一性都有一个“构成的外部”（constitutive outside），如果存在这个“构成的外部”，其普遍性就是不可能的。在算法型媒体中，这种“构成的外部”是在用大数据对受众进行研究的过程中以三种相关的方式产生的：首先，优化对大量观众数据进行操作的算法，以使观众行为的特定消费模型凸显出来。其次，寻找最大多数的观众，产生一个“常模化”的社会平均值，这样便排除了异常值。最后，算法基于大数据所进行的新闻资讯的推送操作，在事实上形成了一整套传播的规范与法则，建立其算法的网络权力。因此，由算法所推送的新闻会将边缘性的与非消费的受众排除在外。

（五）受众接收：平等与分化的悖论——算法以“座驾”的方式实现着对人的自由度的新限定

在传统的新闻生产中，传播的主导权掌握在新闻媒体手中，新闻媒体控制着传播渠道与传播内容，通过文字、图片、音频与视频等为受众构建起新闻事实的拟态环境，受众在很大程度上只能作为新闻文本的“解码”者而存在。因此，在传统传播模式中，受众始终无法逃脱“木偶”这一角色。

而随着算法在新闻环节中的应用，其对用户兴趣的关注，使得用户的自我意识在不断觉醒；自我发布新闻、表达话语，提高了用户的参与意识；用户也可以通过聊新闻的方式来获取资讯，这增强了用户与新闻产品之间的黏性。如数字新闻商业网站 Quartz 在 2016 年 2 月推出了同名 iOS 新闻应用产品，与其他新闻 App 将所有新闻同时呈现在用户的屏幕上不同，Quartz 通过聊天的方式来为用户推荐新闻：当用户提出信息需求后，Quartz 会为其有针对性地推送内容。而这一互动式阅读功能是由机器算法来执行的。

在这种算法的权力范式之下，用户被平等地赋予了网络主体的身份，并被赋能和赋权。这种新的权力范式逐渐渗透到人们的日常生活、团体和社会的运行系统当中，与之相关的一系列价值观和信仰也随之出现。在这一过程中，权力的流动方式发生了变化，用户的身份也发生了变化。拥有自己 YouTube 频道的年轻人不再被动接受他人意见，而是成为内容的生产者。这些反馈回路（feedback loops），基于参与、分享甚至是共有的模式，让同侪的集体行动有了可观成效，并赋予参与者一种权力感。他们通过参与、合作，重新制定了标准和规范，让人感到即使摆脱主宰20世纪的旧权力这一“中介”，自己也能获得成功。这种参与的权力是他们父母那一代人不能想象的。在传统媒介时代，受众不需要创造什么东西，只需要接受与遵守。

任何传播技术（媒介形态）一旦产生，便具有了自身的客观性和独立性，传播技术决定着特定时代新闻图景的整体呈现方式和结构方式。① 算法技术在新闻生产与传播中的应用，实现了媒体新闻传播与受众新闻接收的无缝对接，但算法技术也在相当大的程度上规定了人对世界的感知及其自由度，即它框定了我们的视界，深刻地影响着我们对自我的认识与呈现，并已经渗透到我们的生活空间之中。显然，在新的技术背景下，媒介不再仅仅充当人们获取信息的工具。算法技术与媒介的完美结合超越了新闻传播者个体的局限性，反过来也以“座驾”的方式将人们限定在特定的技术结构中，塑造并控制着人们的认知以及生活方式。就像人们驾驶着一辆由算法制造的信息快车——它既给我们带来了前所未有的自由度，也将我们牢牢限定在这个信息快车特有的行驶规则和框架中。

三、算法权力范式对于新闻传播的革命性改变及其所面临的课题

（一）算法范式导致媒介权力运作方向的变化

在新的算法权力崛起的传播时代，权力运行方式从外部的高高在上向内在生命化转变、从规范性向事实性转变、从表达向交流转变。② 这是因为，新媒体本身已经和我们的生活交融为一体，媒介信息在塑造环境和生活方式中变得越来越活跃，它决定着我们所感知到的世界、我们的行为方式和消费方式等，而媒介中的算法又增强了这一现状。我们沉溺在算法推荐的新闻中，但沉溺其中的过程却是无意识的。在这种状况下，媒介权力是自下而上起作用的。例如，用户在使用今日头条时，他们每一次的点击、评论都会生成特定的元数据标签，这些标签会对在线内容进行分类，以便在用户下一次使用时使数据能够“找到”他们。这不是高高在上的、遥远的权力，而是我们生活中的、近距离的权力。因此，随着算法日益浸入我们的日常生活，媒体权力运行的方向发生了转变：从外部的高高在上变成了内部的生命化、日常化。而恰恰是这种生命化与日常化，使得媒介所拥有的权力更加难以被认识与揭露，因为算法所提供的个性化信息服务的软控制往往比直接的信息宣传更有力。

（二）算法范式赋能和赋权，提升受众在传播活动中的主动权

伴随着文明的发展和技术的进步，普通民众处在一个不断被赋能和赋权的社会进程中。在工业革命之前，大众传播处于短缺时代，但这一时期的社会结构较为简单，媒介新闻报道的内容基本上是按照“5W”的模式将所发生的事实客观地呈现给受众，受众则被动接收媒介传播的信息。因此我们可以说这一时期的新闻报道处于本体论层面，而此时的受众则是消极意义上的受众。到了工业化时代，随着无线电以及图像传播等媒介技术的发展，大众传播发展到了相对过剩的

① 杨保军．新闻理论教程［M］.3版．北京：中国人民大学出版社，2014：291.

② 拉什，程艳．后霸权时代的权力：变化中的文化研究［J］. 江西社会科学，2009（8）：248－256.

时代，市场的全球化扩张使其链条远远超出受众的认知，受众必须要依靠媒介的解释性报道才能够了解自己作为一个个体和整个社会结构之间的关系。因此这一时期的新闻报道处于认识论层面，媒介通过结构性的深度报道使受众了解日益复杂化的社会现状。而大众传播的相对过剩又使受众有了更多选择媒介的权利，使受众由消极被动的角色在一定程度上向着积极主动的角色转变。

而到了今天的新媒体时代，媒介技术的突破性进展，尤其是算法逐渐应用到新闻生产过程中，使传媒业态发生了巨大的变化。其中最显著的变化是媒体和受众之间的关系不断加强，受众不再是大众传媒时代信息的被动接收者，而是由“受”变成了“用”，由“众”变成了“户”，即由作为解码者的“受众”转变成了集解码者与编码者于一身的“用户”。所谓“用户”是与“受众”有明显差异的概念——“用”代表了其主动性，而“户”代表了其独特性、差异性。① 这是由于通过算法推送的新闻能够满足用户的个性化信息需求，凸显用户的主体性特征。因此，这一时期基于用户特定诉求的新闻报道是位于方法论层面上的，体现了用户作为主体与社会整体之间的交流。在这一过程中，算法作为一种新技术发挥了重大作用，它将媒体的传播主动权部分分流到了受众手中，受众不再是传播过程中被动的接收者，而是同样以信息传播系统中编码者的身份而存在即主动参与传播过程的用户。算法根据用户的需求与个性推送新闻，使用户自身在一定程度上成为了自己的议程设置者，打破了媒体对传播主导权的垄断。同时，不同用户的需求与个性是各不相同的，经由算法推送的新闻经过用户的分享，使得多种声音同时存在，颠覆了少数者的话语霸权。

（三）算法范式运作的黑箱：技术无意识及其纠偏机制

算法的技术赋权无疑在很大程度上提升了用户的媒介接近权与主动性，使他们能够将代表自己意见与观点的声音传递出去。然而已有研究显示，大多数用户并不了解个性化算法的运作机制②，这是由于算法的运作体现了技术无意识。技术无意识是一种强大而不可知的信息技术的运作，它产生并存在于我们的日常生活中。③ 当算法应用在新闻生产中时，它通常可以自主控制和处理信息、评估情况、做出决定，而且最重要的是，无人监督或授权行事。当算法自己执行任务的时候，它拥有麦肯锡所称的“二级代理”。但是，由于算法经常以微妙且不透明的方式嵌入对象和系统，因此在很大程度上形成了只有在错误或失败时才被注意到的技术无意识。④ Facebook 在 2014 年时推出“热门话题”功能，由编辑人工筛选出最热新闻并用一句话来概括，2016 年时则改为全部由机器算法来执行。但就在舍弃人工编辑的第三天，在“热门话题”中就出现了一条假新闻，然而它并没有被万能的算法识别到，反而堂而皇之地被推送出来，并被网友们分享了上千次。如果不是 Facebook 后来及时地删掉了这条新闻，则无法想象它最终会误导多少人的视听。⑤

---

① 张小强，郭然浩．媒介传播从受众到用户模式的转变与媒介融合［J］．科技与出版，2015（7）：123－128.

② POWERS E. My news feed is filtered?［J］. Digital journalism，2017（2）：1－21.

③ BEERD. Power through the algorithm? participatory web cultures and the technological unconscious［J］. New media & society，2009，11（6）：985－1002.

④ KITCHIN R，DODGE M. Code/space：software and everyday life［M］. Cambridge：The Mit Press，2011.

⑤ DEJARNETTE B. 4 examples of AI's rise in journalism（and what it means for journalists）［EB/OL］.（2016－09－06）［2018－12－21］. http：//mediashift. org/2016/09/4-examples-ais-rise-journalism-means-journalists/.

面对算法在新闻推送中的技术无意识以及由此带来的不良影响，我们需要做的并不是将其否定，而是应该积极寻找相应对策以纠正这一偏差。虽然算法的运作体系是不透明的，但算法在运作过程中会和“规则、人、过程、关系”等相互作用①，因此若想纠正算法的技术无意识偏差，必须要联合多种社会力量对算法的运作过程进行监督，对其运作结果进行测试，以提高算法运作的透明度。具体来说，主要包括以下四个方面：首先要允许算法多元性、多样性的存在，只要有足够多的算法存在竞争，就能够使市场维持大致平衡的状态；其次，邀请技术专家和代表性权威对算法进行评估，并利用技术逻辑对其进行检验，以期发现其中存在的偏差；再次，媒介机构在追求商业利润的同时要遵守行业规范，主动承担起自身的社会公共责任；最后，用户要提高自己的算法素养，提升信息辨别能力，并积极维护自己的合法权利。

概言之，算法作为大数据与人工智能的结合点，在互联网发展的“下半场”中发挥着构造流量入口、增强用户黏性的关键作用。经由算法推荐的新闻，削弱了大众传媒时代媒体为受众设置议程的权力，用户可以根据自己的喜好与需求自主选择信息，并可以自主传播信息。这在一定程度上将信息的选择权与传播的主动权从媒介手中转移到受众手中。但从根本上来说，由算法所推送的新闻毕竟也是由媒体生产出来的，受众的选择权与主动权也只能建立在媒体对新闻进行选择与传播的基础之上。在新闻媒体与受众的权力角逐中，媒体由于与政治权力的天然亲近性、资本力量的支持性，以及经营运作人员的专业性等，在传播主体的层次中要远远高于受众。当媒体利用算法为受众推送满足其个性化需求的新闻时，更是将受众牢牢聚拢在了自己所建立的拟态环境之中。虽然算法本身并不具有社会权力，但它实际上代表的是政治利益或商业利益，它在技术无意识的层面上运作，并且渗透到了我们的日常生活中。而用户在满足于个性化推荐的同时很大程度上意识不到自己正处于政治利益或商业利益的监控之下。

因此，在充分享受算法为用户带来的全新体验的同时也要警惕算法的运作黑箱与背后的利益操纵，要反思算法作为一种新技术究竟给予了用户多大的权力，同时又在多大程度上使用户处于全景监视中。另外，面对算法推荐带来的一系列问题，如抓取用户的多维数据时对其隐私权的侵犯、对不符合媒介实际掌握人的政治利益或商业利益的主张与意见的排斥，以及算法中人文价值的缺失等，都是在今后发展过程中亟待解决的问题。

第四节　智能算法推荐：工具理性与价值适切

一、技术逻辑：智能算法接管信息分发的工具理性

迄今为止，人类信息分发模式大体可分为三种主要形态：倚重人工编辑的媒体型分发、依

---

① NEYLAND D，MØLLERS N. Algorithmic IF… THEN rules and the conditions and consequences of power [J]. Information，communication & society，2017，20 (1)：45-62.

托社交链传播的关系型分发、基于智能算法对于信息和人进行匹配的算法型分发。① 随着技术的不断进步，智能算法分发不断“收编”人工编辑分发和社交关系分发，并成为信息传播的主要途径，这已经成为一种必然。

在中国，自2012年今日头条开启算法分发的尝试之后，越来越多的平台汇入算法潮流。早在2016年，根据《第38次中国互联网络发展状况统计报告》和第三方监测机构易观发布的《中国移动资讯信息分发市场专题研究报告》，算法分发正逐渐成为线上新闻及信息的主要分发方式，在国内资讯信息分发市场上算法推送的内容已经超过了50%。② 更进一步看，算法分发的绝非仅是资讯信息，从淘宝、京东到携程，从网易云音乐到快手、抖音，各种聚合平台均在使用算法模型进行各类信息载体的智能推荐（smart push）。

（一）智能算法型信息分发崛起的动因在于解决移动互联时代传统信息处理范式的“超载”危机，实现新的技术范式下的供需适配和消费“扩容”

在过去的数十年中，人类社会的数据爆炸式地增长。伴随着互联网技术的进步，社会信息化仍在持续推进。各类组织、个人把海量的信息上传到互联网平台上，存储在互联网空间里。海量信息在互联网上留存和呈现，传统方式根本无法进行有效的处理和价值适配，这种被称为“信息超载”的状况，本质上是传统信息处理范式的危机。

此外，移动数据传输网络的升级、个人移动智能终端的普及、移动应用平台的发展推动着传播活动迈入移动互联时代，移动传播革命带来的根本性变革是信息传播的个人化。在大众传播时代，信息接收者的个人特性几乎是被忽略的，它被标准化、规模化的内容生产类型化——所有能够与标准化、规模化相匹配的类型，才真正具有“市场意义”，除此之外是不加考虑，也是无法顾及的。而在移动互联时代，移动信息终端作为高度个人化的智能终端的普及，以及社交网络对人和人、人和内容、人和物的广泛连接，使得用户个体在人类的社会化信息传播过程中第一次作为独立主体出现，个性化需求被触发，形成基于长尾需求的巨大利基市场。

于是，信息的社会性流动就形成了三个基本的内容市场：整体性内容需求市场（人们的共性需求）、群体性内容需求市场（人们的分众化需求）、个体性内容需求市场（人们的个性化需求）。传统的人工编辑在整体性内容需求市场上仍然扮演着重要的“压舱石”式的角色；依托社交链传播的关系型分发在个体性内容需求市场上扮演着更为偶然性、场景性、低频度个性需求的满足者的亲密角色。而在所有这些层次的全域信息适配方面，智能算法推荐则扮演着主力军的角色。这是建立在海量信息的供给及其与人们整体性、群体性和个体化信息需求相对应基础上的一次巨大的传播服务市场“扩容”，而智能算法型信息分发是通过算法模型将用户信息数据与内容信息数据进行全方位、多层次的匹配，实现内容高效聚合、精准分发的一种全新范式。

（二）智能算法型信息分发的手段有效性在于更好地了解待分发的内容与待接收的用户

尽管智能算法分发中应用了各种模型或公式，但其基础原理是朴素的：更好地了解待分发

---

① 喻国明，韩婷．算法型信息分发：技术原理、机制创新与未来发展［J］．新闻爱好者，2018（4）：3.

② 方师师．算法如何重塑新闻业：现状、问题与规制［J］．新闻与写作，2018（9）：5.

的内容，更好地了解待接收的用户，更高效地完成信息与人之间的对接。

目前，协同过滤推荐、基于内容的推荐是比较主流的推荐算法。前者是从集体智慧出发实现推荐，把用户的消费行为作为特征，以此进行用户相似性或物品相似性的计算，进行信息的匹配，可以分为三个子类：基于物品（item-based）的协同、基于用户（user-based）的协同和基于模型（model-based）的协同。后者则更适用于对文本内容的解析，通过不断抽取、细化，为文本打上无数标签，用不同的标签集合来对内容和用户进行标注，向用户推荐与历史项目内容相似的信息。在实际应用中，很难有一套通用的模型架构适用于所有的推荐场景，一个优秀的工业级推荐系统通常可以支持多种算法组合，包括模型结构调整。

虽然不同平台采用的算法模型存在差异，但主要都是通过热度、用户历史数据、用户社交关系、关联内容、时间、地理位置等多重维度进行拟合，实现个性化推送。

以今日头条为例。字节跳动是最早把人工智能技术大规模应用于信息分发的公司之一，旗下产品包括今日头条、抖音、西瓜视频等。今日头条是一款基于数据挖掘的推荐引擎产品，提供连接人与信息的服务。2018 年 1 月，今日头条召开分享交流会，面向行业公开算法原理。今日头条算法架构师曹欢欢博士介绍，推荐系统实际上是拟合一个用户对内容满意度的函数，需要输入不同维度的变量。今日头条输入的变量主要有三个维度：第一个维度是内容，需要考虑怎样提取不同内容类型的特征，做好推荐；第二个维度是用户特征，包括各种兴趣标签，如职业、年龄、性别等，还有很多模型刻画出的隐式用户兴趣等；第三个维度是环境特征，这是移动互联时代推荐的特点，用户随时随地移动，在工作场合、通勤、旅游等不同的场景，信息偏好有所偏移。结合这三个维度，模型会给出一个预估，即推测推荐内容在这一场景下对这一用户是否合适。①

（三）智能算法型信息分发的效用合理性在于注意力资源的优化配置

工具理性行为即目的合乎理性的行为，将目的、手段和结果作为其行为的取向，它是目的至上的行为。② 智能算法是十分符合目的合理性的载体，其手段的有效性可以做到精确、量化，达到功利性、利益最大化。智能算法型信息分发是注意力经济中的一个优化解决工具，具体表现如下。

首先，有效提高信息分发效率。传统时代通过编辑去人工精选内容，分发的效率比较低。如今互联网平台上的信息已是海量，人工编辑确实难以胜任。智能算法高效地自动过滤筛选，大大提高了信息分发的工作效率；同时，信息供需的快速匹配大大降低了用户获取信息的时间成本。

其次，实现“千人千面”的分众化、个性化传播，用户的主体性地位得到了提升。在过去，无论是报纸版面还是门户首页，信息的筛选和排列主要考虑的是大众的普遍需求，而非用户的个体兴趣。而智能算法型信息分发推荐改变了“以传者为中心”的传播模式，以用户价值为中心，构建用户画像，为用户提供场景适配的信息服务。可以说，人们有了更多的信息权利

---

① 蓝鲸财经．今日头条公布算法原理［EB/OL］．（2018－01－16）［2019－04－05］．https：//baijiahao.baidu.com/s? id=1589740316276725584&wfr=spider&for=pc.

② 韦伯．经济与社会：上卷［M］．北京：商务印书馆，1997：56.

可以选择自己喜好的内容，强化了个人的信息主权。

最后，信息价值尤其是长尾信息被极大激活。传统的信息分发模式大多关注头部内容，无法顾及长尾信息。智能算法推荐下，信息价值被重估，信息不再有统一的标准，不再有绝对的高低之分。每条信息找到了生命，找到了该去的地方，让信息主动“找到”对它感兴趣的人。某种意义上，广告只要在正确的时间出现在对的人面前，那么它就是有用的信息。

二、价值偏移：智能算法型信息分发的人文反思

技术的发展不是最终的目的，人的发展才是技术发展的本质。① 工具理性的功利性忽视了人的存在和发展，技术容易形成一种霸权，变成支配、控制人的力量。人本精神下，需要强调技术行为的价值理性，彰显人文关怀。因此，有必要进行“算法批判”，对智能算法型信息分发这一技术展开人文反思。

（一）智能算法型信息分发的价值中立是伪命题

采用智能算法进行信息分发的平台曾主张“技术中立”与“无价值观”。今日头条创始人张一鸣将头条定位为科技公司，极力撇清与“媒体”的关系。他曾在采访中直言，“媒体是要有价值观的，它要教育人、输出主张，这个我们不提倡。因为我们不是媒体，我们更关注信息的吞吐量和信息的多元”②。而在快手被央视点名后，快手的 CEO 宿华没有极力为算法辩护，而是第一时间发表了题为《接受批评，重整前行》的声明，“社区运行用到的算法是有价值观的，因为算法的背后是人，算法的价值观就是人的价值观，算法的缺陷是价值观上的缺陷”③。不久之后，就今日头条被监管部门要求整改的问题，张一鸣发布公开致歉和反思，“一直以来，我们过分强调技术的作用，却没有意识到，技术必须要用社会主义核心价值观来引导”④。那么，算法到底是否是中立的呢？

法国著名学者雅克·埃吕尔（Jacques Ellul）提倡“技术自主”，即社会诸因素以及社会作为一个整体都不能决定、支配、控制技术。⑤ 加拿大学者达拉斯·斯迈思则强调技术的非中立性特征，认为从技术研发到应用是一个政治过程，即社会权力参与其中为实现自身的意图展开斗争的过程。⑥ 这两种观点其实并不是完全冲突的，而是在技术本体以及技术使用两个层面在探讨技术的中立性。举例来说，菜刀本身可能并无对错，但菜刀的使用却有好坏之分。同理，

---

① 张志安，刘杰．人工智能与新闻业：技术驱动与价值反思［J］．新闻与写作，2017（11）：4-9.

② 宋玮．对话张一鸣：世界不是只有你和你的对手［EB/OL］．（2016-12-14）［2018-07-05］．https：//36kr.com/p/5059197.html.

③ 宿华．接受批评，重整前行［EB/OL］．（2018-04-03）［2018-07-05］．https：//mp.weixin.qq.com/s/blhnOYRiuPZMfDO4HhhBAg.

④ 第一财经．张一鸣发致歉信：产品走了错路，接受处罚［EB/OL］．（2018-04-11）［2018-05-06］．https：//www.yicai.com/news/5414096.html.

⑤ 梅其君，陆劲松．从自主的技术到自由的伦理：埃吕尔的技术伦理思想初探［J］．科学技术与辩证法，2008（1）：71-75.

⑥ 斯迈思．自行车之后是什么？：技术的政治与意识形态属性［J］．开放时代，2014（4）：95-107.

人工智能技术具有本体论意义上的中立性，但人工智能技术的运用却不是价值中立的。在弱人工智能的技术现实下，智能算法型信息分发不是一种单纯的机器活动而是一种人类活动。从某种意义上讲，算法只是一种工具，不能完全区隔价值观、抽离价值观，必须关注技术背后渗透的人类的价值观。

（二）智能算法决策隐藏着多环节价值判断与多重价值选择

虽然运用于信息分发的智能算法看起来仅是一种基于某种指定计算将输入数据转换为所需输出的计算机程式，但实际上多种人为因素的影响都内嵌在算法规则之中，例如判断标准的选择、数据提取、语句分析和结果解读等。智能算法的设计和功能反映了人类的价值观和预期的用途，换句话说，算法是带有价值判断的。

我们可以通过考虑智能算法型信息分发做出自主决策的子决策过程——排序、分类、关联和过滤——来细致考察其中蕴藏的价值安排。排序即划分优先级，其目标为突出强调部分事物而淡化其他事物。嵌入在寻求优先级的每个算法中是标准或度量，其被计算并用于通过排序过程来定义排名；这些标准基本上嵌入了一系列选择和价值主张，这些选择和价值主张决定了什么被推到了排名的前列。分类即通过检验某一事物的部分特征，将其划分到一个特定的组别中。机器学习的分类基于人类用于产生训练数据的定义和标准，可能将人类偏见引入分类器。关联即标注不同事物之间的关系。关联算法也建立在定义关联的标准之上，它根据给定的关联定义两个事物匹配的准确程度。由于它们与分类的关系，因此关联决策也可能遭受同样的误报和误判。过滤即根据各种规则和标准包含或排除信息。实际上，对过滤算法的输入通常考虑排序、分类或关联决策。过滤决策通过过分强调或审查某些信息来发挥作用。① 这经常为政治因素所影响，表现出算法潜在的价值指向。

信息分发算法中渗透的价值选择是多层次的。首先，以盈利为目的的平台，其信息分发算法必然与商业利益相关联。流量思维主宰的信息匹配与推荐，遵循的是商业主义和消费主义的资本逐利价值观。其次，平台本身的属性定位会影响算法设计。今日头条曾经的标语为“你关心的，才是头条”，其算法模型中的价值判断遵循“用户至上”理念，以用户兴趣为法则；“信息创造价值”的新标语下，算法模型被优化以落实和支撑“用户至上”理念。最后，算法架构团队在算法模型搭建过程中的选择偏好包含着价值观。例如，在描绘用户画像时，设计者选择考虑纳入哪些因素体现其对人群划分的价值认知。

（三）智能算法背后的控制权力侵蚀着人的有限权利

英国文化研究专家斯科特·拉什认为，在媒体和代码无处不在的社会，权力越来越存在于算法之中。多项研究均显示，代码产品具有隐蔽性特征，特定的权力结构、价值观和意识形态已被事先嵌入，在产品的遮蔽下，有限性、许可、特权、障碍等限制不易被发现。②

---

① DIAKOPOULOS N. Algorithmic accountability：journalistic investigation of computational power structures [J]. Digital journalism，2015，3 (3)：398 - 415.

② LASH S. Power after hegemony：cultural studies in mutation? [J]. Theory，culture & society，2007，24 (3)：55 - 78.

基于流量思维的智能算法型信息分发，在信息匹配并提升个性化推荐的精准度的同时，也遮蔽了"算法权力"背后的多重意识形态性。也就是说，算法整合信息并利用个性化推荐增加用户黏性，其实质是在行使着一种社会权力，塑造着人们的新的认知和行为模式，控制着社会认知对世界的看法和主张，隐藏在算法背后的权力可以通过不断调整算法的参数来执行自己的意志。"算力即权力"，算法权力将人类视为可计算、可预测、可控制的客体，公民权利面对更隐微、更无所不在、更多元化的权力技术的侵蚀。

1. 人的"数据化"

智能算法对用户进行分类整理后进行个性化信息分发，在区分整理的过程中，用户作为人的主体性逐渐被数据替代。人不是数据，更不是电子痕迹的汇总，但算法模型正在使数据得到处理和整合，形成各种各样的自动化区分、评判、排序和决策，这些活动反过来令"真实自我"变得无关紧要，人们进入所谓的"微粒社会"。人们都成为数据，数据也在逐步蚕食人类的个性，人为自己创造的数据所统治，并最终成为被算法定义的人。

在人的"数据化"中，存在着隐私风险这一显性问题。算法的运行离不开数据，智能算法型信息分发需要用户个人数据。采用智能算法进行信息分发的平台可能会忽视用户的隐私保护——过度搜集用户个人数据或是对数据缺少有效保护，导致个人数据泄露。

2. 人的认知与行为的固化

个人化的信息选择会使用户沉浸在定制化信息的满足之中，很容易只关注到自己感兴趣的内容，将自己像蚕蛹一般封闭在"茧房"中，在自我肯定、自我重复、自我强化的过程中，只听从自己认同的观点，产生信息的回声室效应，造成知识、思想的固化。

认知层面的价值偏向也会导致行为层面的价值偏向。由于个体的思想和意见被固化，所以往往倾向于与持有类似观点的他人进行交流，部落化形成。在群体分化程度足够高的时候，群体分裂是不可避免的，从而形成"群体极化"现象。社会为不同的意见极化群体所分隔，难以构建理性讨论的公共空间。

3. 人的身份被预设

竞争压力下，为开发非共性的"利基市场"、分众化的"长尾市场"，采用算法信息分发的平台需要全部的用户行为和关系数据，以无条件"迎合"受众需求。算法推荐的核心竞争力在于用户定位（targeting）。一旦大数据支持的用户数字档案趋于完备，人工智能就可以了解用户的社会地位、消费能力、政治立场等，这将带来严重的社会不公问题。依据数字档案进行智能推送，是人为地给每个个体划定了边界。平台方的逻辑里没有利他主义、没有信息公平，一旦人们被判定为一个群体，那么人们获得的资讯、看到的广告、购买的用品，方方面面都只会符合这个算法为人预设的身份。[①]

4. 人的工具依赖

智能算法型信息分发造就了好看、好玩、使人沉浸其中的平台，不仅挤占了人们越来越多的生活和休息时间，更为重要的是，把人们的精力和注意力吸引到"一地鸡毛"的琐碎以及虚拟世界当中而置现实社会生活中重要的人和事于不顾。[②]

---

① 仇筠茜，陈昌凤．黑箱：人工智能技术与新闻生产格局嬗变［J］．新闻界，2018（1）：28-34．

② 喻国明．为算法植入价值观［N］．光明日报，2018-09-21（11）．

媒介依存症是传播研究经常讨论的话题之一。其特点有沉迷于媒介接触而无法自拔，从媒介中寻找价值和行为的依据，满足于媒介中的虚拟社会而回避现实的社会互动等。

5. 商业逻辑下价值观的迷失

为争夺用户注意力资源，算法推荐以“投其所好”地迎合用户作为流量争夺的武器，算法规则以博取最大点击量为主要价值取向，智能算法不仅仅展现了用户的兴趣点，更是平台本身及既得利益者价值观的体现。

进一步说，算法型信息分发依据个人兴趣偏好以及持有相似偏好用户的信息接触行为，为用户提供个性化信息。用户群体中最普遍的兴趣关注点将在算法分发中最大限度地凸显。但事实上，用户群中充斥着大量的低级趣味，算法推荐依此推送的信息隐含着负面的价值取向。在算法推荐看来，价值取向正确与否，取决于支持者的多少。然而无论如何，多数人的价值取向都会压迫少数人，在此过程中正确的价值观可能会丧失。①

三、主流价值观引导：算法分发价值偏向的规制对策

虽然算法信息分发带来很多价值风险，但不能把算法看作“洪水猛兽”。算法的出现，是互联网时代发展的一种必然；在智能技术不断进入日常生活的当下，拒绝算法是一种倒退，是荒唐可笑的。夸大和低估算法信息分发带来的影响都是过于简单的思维，我们既要承认算法的技术进步，也要直面智能算法型信息分发在当前价值判断上存在的偏向。算法只是一种工具，应强化价值观引导。符合社会主流价值观、公序良俗的价值导向，对算法来说是非常重要的。应当为信息分发的算法植入主流价值观，疏解“算法焦虑”，追寻算法中技术创新观与人本价值观的平衡，实现工具理性与价值理性的共融。对算法分发的主流价值观的引导可通过下述举措来实现。

（一）优化算法，构建更科学合理的算法模型

信息是用来消除随机不确定性的，也就是说，信息的主要功能就是帮助人们做出正确的判断和决策。人们要充分获取信息而不是偏听偏信，这需要算法信息分发实现信息的充分接触和共同经验或知识的供给。另外，在当前的互联网传播中，商业利益动机过于强烈，对经济利益的过分追逐在一定程度上损害了互联网作为公共空间的公共服务价值。

按照价值观正确的总体要求，强调社会效益。这绝不是主流媒体信息分发原则的简单堆砌，而是在考虑移动互联时代信息分发与接收规律的基础之上，优化算法推荐权重配比，重点关注内容来源规范、信息真实、用户反馈意见等质量类要素，以用户历史行为、所在位置等兴趣类要素为辅。

（二）寻求交往理性，借助人机协作强化价值引领

哈贝马斯曾提出“交往理性”这一个比工具理性范围更广的理性概念。交往理性是从社会

---

① 黄楚新．破除“信息茧房”，不以流量论英雄，重塑新媒体时代的吸引法则［J］．人民论坛，2018（17）：121-123.

系统的角度去看待科技的行动和功能。自觉地在社会系统中确定自己的位置和行为，可以有效地解决科技理性的问题，提升科技的合理性。[①]

人工智能技术将人类智能和机器智能相结合，人机关系更加紧密和复杂。即使算法信息分发占据半壁江山，信息传递的核心依然是人。采用算法信息分发的平台应当坚持人机结合，重视人工复核的作用，包括 Facebook、今日头条在内的一些平台近年来均大幅度增加了审核人员，尝试以“人工+算法”的模式构建防火墙，对不良内容和虚假信息进行拦截。人机交互是在算法信息分发中加强人的主体性、能动性的手段，通过人机协作，让算法推荐更好地体现人的主导性和价值观。

（三）加强平台自律，明晰主体伦理责任

从技术产品来看，运用算法的平台只是一个技术公司。然而，算法将信息内容进行聚合、匹配与推送，将公共信息与个人需求连接，从这个层面来讲，技术公司已被赋予媒体公司的道德义务和社会责任。[②] 因此，采用算法信息分发的平台主体应当积极地对自己的行为承担责任，理性而审慎地行动。

凸显主体责任的责任伦理的出发点是强调算法设计者和控制者在算法推进创新中的责任，旨在实现负责任的创新。目前国外已提出了很多涉及人工智能伦理的倡议，包括公平、准确、透明、可解释、可审计等原则，算法信息分发平台的责任伦理体系可对标借鉴。

另外，算法信息分发平台应对算法结果进行监督和控制，这就要求平台媒体加快升级信息监测技术系统，健全监测预警机制，加强对行为主体和行为过程的监管。

（四）制定法律法规，做好外部监督治理

部分国家和地区已将人工智能立法提上日程。欧盟《一般性数据保护法案》在 2016 年 4 月 14 日通过欧洲议会投票，并于 2018 年 5 月 25 日正式生效，法案给予用户申请基于算法得出结论的解释权。美国纽约市议会于 2017 年 12 月通过了《算法问责法案》，以解决政务系统算法歧视问题。

应用于信息分发的算法同样需要立法监管。信息推荐算法在拓展其技术可能与商业前景之前，治理与规范应该先行，不能让信息分发平台成为规则的制定者、让用户成为商业逐利的棋子。[③] 应该深入研究算法信息分发带来的新挑战和新问题，通过国家力量、社会力量与互联网企业的协同，制定出智能型算法服务与沉浸性产品的伦理指南。

同时，中央与地方网信办要监督平台媒体是否依照相关法律落实网络内容算法推荐治理机制，对违规网站和用户依法进行处理，公众也可以向网信办举报各类违规问题。

（五）打开“黑箱”，推进算法透明性

“黑箱”指的是为人所不知的那些既不能打开又不能从外部直接观察其内部状态的系统。[④]

---

① 陈昌凤，石泽．技术与价值的理性交往：人工智能时代信息传播——算法推荐中工具理性与价值理性的思考[J]．新闻战线，2017（17）：71－74.

② 郭小平．智能传播的风险治理：技术创新观与人文价值观的平衡[J]．青年记者，2018（22）：61－62.

③ 李林容．网络智能推荐算法的“伪中立性”解析[J]．现代传播，2018（8）.

④ 陶迎春．技术中的知识问题：技术黑箱[J]．科协论坛，2008（7）：54－55.

在信息智能推荐过程中，工作原理和算法程序被集成于某种框架之中，对用户构成了一个“技术黑箱”。算法的某些潜在问题为“黑箱”所掩盖和遮蔽。

“黑箱”的问题在于信息不对称和不公开，要规制无处不在又不透明的算法权力，需要破解技术黑箱、推进算法透明。推进透明的算法披露机制，有助于专业人士进行外部监督，也为用户提供了解算法信息分发过程的可能，在完善算法问责制上有一定意义。

必须承认，由于部分算法模型涉及商业利益和知识产权保护，现实中的算法透明总是有限度的。另外，算法透明不必然意味着算法权力被完全有效规制，推进算法透明只是提供了规范算法权力的一条可能路径。①

（六）社会文化准备，培育公众的算法素养

注重人工智能型算法时代全民的科技素养与新媒体素养的教育，以更为良性的社会文化准备迎接社会的经济、文化与生活的变革。这要求教育和培训体系跟上时代发展，普及新的媒体知识，培育新型人才。在教育部最新发布的《普通高中课程方案和语文等学科课程标准（2017年版）》中，高中信息技术选择性必修课程大幅度提升了在编程、计算、算法方面的思维要求，以及人工智能、开源硬件、网络空间安全等知识面要求。②

算法素养是公众所具备的认识、评判、运用算法的态度、能力与规范。③ 如果算法信息分发平台的用户不具备算法素养，其在信息消费或决策过程中就会盲从、被动，甚至被误导。减少和规避算法风险，需要社会公众具备算法的基本常识，批判地看待算法。

提升公众算法素养还是破除“技术黑箱”的逻辑要求。社会公众应学习了解算法的基本常识，更清楚地认识到算法推荐的负外部性，理性地保护个人信息，争取合理知情权。

【本章小结】

本章基于技术逻辑及其对于传媒业态的影响，探讨了人工智能时代的传媒业的赋权逻辑与未来发展。首先，本章考察了网络重构社会连接之下的传媒影响力的新范式——关系赋权；其次，分析了互联网“下半场”的发展关键，即为边缘创新预留政策和体制空间，并提出了判断传媒创新的三个价值准则；最后，人工智能是未来传媒发展的关键技术逻辑，本章就人工智能的核心即算法对于新闻传播业的深刻影响及其运作方式做出了较为全面的梳理，并对智能算法推荐的工具理性与价值适切进行了研究和分析。

【思考与练习】

1. 如何看待互联网的赋能和赋权？

---

① 张淑玲．破解黑箱：智媒时代的算法权力规制与透明实现机制［J］．中国出版，2018（7）：49－53.

② IT派．重磅｜教育部发文：AI、算法等2018年进入全国高中课程！［EB/OL］．（2018－01－22）［2019－03－05］．https：//blog.csdn.net/j2IaYU7Y/article/details/79127969.

③ 张超．新闻生产中的算法风险：成因、类型与对策［J］．中国出版，2018（13）：42－46.

2. 试述互联网发展"上下半场"的经济特征与形态发展。
3. 为什么说算法是一种权力？
4. 怎样看待智能算法推荐的工具理性？其价值适切的准则有哪些？

【推荐阅读书目】

牟怡．传播的进化：人工智能将如何重塑人类的交流［M］．北京：清华大学出版社，2017.

【推荐浏览网站】

NiemanLab 官网

哈佛尼曼新闻实验室（The Nieman Journalism Lab），是由哈佛尼曼新闻学院和哈佛尼曼基金会于2008年创办的机构，旨在研究高质量新闻的未来发展模式。该新闻实验室为有效测试和利用新技术手段进行信息传播提供了研究平台，在人工智能媒体方面进行了诸多尝试。

官网（www. niemanlab. org）中可浏览其最新的研究成果。

参考文献

丁汉青．传媒版权管理研究［M］．北京：中国人民大学出版社，2017．

董璐．媒体营销数字时代的传媒动力学［M］．北京：北京大学出版社，2009．

冯建三．传媒公共性与市场［M］．上海：华东师范大学出版社，2015．

刘海龙．大众传播理论：范式与流派［M］．北京：中国人民大学出版社，2008．

牟怡．传播的进化：人工智能将如何重塑人类的交流［M］．北京：清华大学出版社，2017．

彭兰．新媒体导论［M］．北京：高等教育出版社，2016．

彭兰．社会化媒体：理论与实践解析［M］．北京：中国人民大学出版社，2015．

孙玉胜．十年：从改变电视的语态开始［M］．北京：三联书店，2003．

谭天．媒介平台论：新兴媒体的组织形态研究［M］．北京：中国人民大学出版社，2016．

吴信训．新媒体与传媒经济［M］．上海：上海三联书店，2008．

殷琦．中国传媒组织治理结构创新研究：基于利益相关者理论的视角［M］．厦门：厦门大学出版社，2015．

喻国明．媒介革命：互联网逻辑下传媒业发展的关键与进路［M］．北京：人民日报出版社，2015．

喻国明．传媒变革力［M］．广州：南方日报出版社，2009．

喻国明．传媒的“语法革命”：解读 Web 2.0 时代传媒运营新规则［M］．广州：南方日报出版社，2007．

喻国明，丁汉青．传媒经济学：中国的学科构建［M］．北京：人民日报出版社，2016．

喻国明，丁汉青．传媒发展的范式革命：传统报业的困境与进路［M］．北京：人民日报出版社，2016．

喻国明，韩婷，杨雅．媒介用户的使用体验：研究范式与定量化模型［M］．北京：人民日报出版社，2019．

喻国明，李彪，杨雅，等．新闻传播的大数据时代［M］．北京：中国人民大学出版社，2014．

喻国明，吴文汐，许子豪，等．中国人的媒介接触：时间维度与空间界面［M］．北京：人民日报出版社，2012．

赵月枝．传播与社会：政治经济与文化分析［M］．北京：中国传媒大学出版社，2011．

朱春阳．现代传媒集团成长理论与策略［M］．上海：上海人民出版社，2008.

张雷．演化注意力经济学：注意力货币化与媒介职能银行化［M］．杭州：浙江大学出版社，2017.

张海华．形态变革与话语转型：1990年代央视新闻评论部生产实践［M］．北京：社会科学文献出版社，2018.

支庭荣．传媒管理：第三版［M］．广州：暨南大学出版社，2009.

迪克．电子商务与网络经济学［M］．长春：东北财经大学出版社，2006.

丹尼斯，德弗．数字时代的媒介［M］．北京：中国人民大学出版社，2019.

艾尔巴兰，等．全球传媒经济［M］．北京：中国传媒大学出版社，2007.

阿尔瓦兰，等．传媒经济与管理学导论［M］．北京：清华大学出版社，2010.

阿尔巴朗，彼茨．无线电广播产业［M］．北京：清华大学出版社，2007.

亚历山大，等．媒介经济学：理论与实践：第三版［M］．北京：中国人民大学出版社，2008.

康佩恩，等．谁拥有媒体？大众传媒业的竞争与集中［M］．北京：中国人民大学出版社，2006.

卡欣，瓦里安．传媒经济学：数字信息经济学与知识产权［M］．北京：中信出版社，2003.

罗素．权力论：新社会分析［M］．北京：商务印书馆，1991.

舍基．认知盈余：自由时间的力量［M］．北京：中国人民大学出版社，2012.

舍基．人人时代：无组织的组织力量［M］．杭州：浙江人民出版社，2015.

安德森．长尾理论［M］．北京：中信出版社，2015.

温伯格．万物皆无序：新数字秩序的革命［M］．太原：山西人民出版社，2017.

朗．权力论［M］．北京：中国社会科学出版社，2001.

麦奎尔．受众分析［M］．北京：中国人民大学出版社，2006.

诺思．制度、制度变迁与经济绩效［M］．上海：上海人民出版社，2014.

南波利．受众经济学：传媒机构与受众市场［M］．北京：清华大学出版社，2007.

沃格尔．娱乐产业经济学：财务分析指南：第8版［M］．北京：中国人民大学出版社，2008.

伊尼斯．变化中的时间观念［M］．北京：中国传媒大学出版社，2015.

马尔库塞．单向度的人：发达工业社会意识形态研究［M］．上海：上海译文出版社，2013.

西蒙．人类活动中的理性［M］．桂林：广西师范大学出版社，2016.

凯瑞．作为文化的传播［M］．北京：中国人民大学出版社，2019.

沃克，弗格森．美国广播电视产业［M］．北京：清华大学出版社，2005.

韦伯斯特．注意力市场：如何吸引数字时代的受众［M］．北京：中国人民大学出版社，2017.

帕夫利克．新媒体技术：文化和商业前景［M］．北京：清华大学出版社，2005.

多伊尔．传媒所有权［M］. 北京：中国传媒大学出版社，2005.

道尔．理解传媒经济学［M］. 北京：清华大学出版社，2004.

汤林森．文化帝国主义［M］. 上海：上海人民出版社，1999.

桑斯坦．网络共和国：网络社会中的民主问题［M］. 上海：上海人民出版社，2003.

凯利．必然［M］. 北京：电子工业出版社，2016.

凯利．失控［M］. 北京：电子工业出版社，2016.

延森．媒介融合：网络传播、大众传播和人际传播的三重维度［M］. 上海：复旦大学出版社，2012.

霍斯金斯，麦克法蒂耶，费恩．媒介经济学：经济学在新媒介与传统媒介中的应用［M］. 广州：暨南大学出版社，2005.

霍斯金斯，麦克法蒂耶，费恩．全球电视和电影：产业经济学导论［M］. 北京：新华出版社，2004.

李斯特．新媒体批判导论［M］. 上海：复旦大学出版社，2016.

曼昆．经济学原理：下册：第二版［M］. 北京：三联书店，2002.

格雷厄姆，达顿．另一个地球：互联网＋社会［M］. 北京：电子工业出版社，2015.

麦克卢汉．理解媒介：论人的延伸［M］. 北京：商务印书馆，2000.

麦克卢汉，菲奥里，阿吉．媒介即按摩［M］. 北京：机械工业出版社，2016.

波特．竞争优势［M］. 北京：中信出版社，2014.

哈默，钱皮．企业再造［M］. 上海：上海译文出版社，2007.

舒德森．新闻生产的社会学［M］//库兰，古尔维奇．大众媒介与社会．北京：华夏出版社，2006.

舒德森．发掘新闻：美国报业的社会史［M］. 北京：北京大学出版社，2009.

波兹曼．技术垄断［M］. 北京：中信出版社，2019.

波兹曼．娱乐至死［M］. 北京：中信出版社，2019.

波兹曼．童年的消逝［M］. 北京：中信出版社，2019.

克里斯塔基斯，富勒．大连接：社会网络是如何形成的以及对人类现实行为的影响［M］. 北京：中国人民大学出版社，2013.

库尔德里．媒介仪式：一种批判的视角［M］. 北京：中国人民大学出版社，2016.

谢伊．网络产业经济学［M］. 上海：上海财经大学出版社，2002.

莱文森．数字麦克卢汉：信息化新纪元指南［M］. 北京：社会科学文献出版社，2001.

伯克．知识社会史下卷：从《百科全书》到维基百科［M］. 杭州：浙江大学出版社，2016.

布尔迪厄．关于电视［M］. 沈阳：辽宁教育出版社，2000.

皮卡德．媒介经济学：概念与问题［M］. 北京：中国人民大学出版社，2005.

皮卡特．传媒管理学导论［M］. 北京：人民邮电出版社，2006.

皮卡德，布罗迪．美国报纸产业［M］. 北京：中国人民大学出版社，2004.

本森，内维尔．布尔迪厄与新闻场域［M］. 杭州：浙江大学出版社，2017.

特克尔．重拾交谈［M］．北京：中信出版社，2017.

科特．媒介组织与生产［M］．上海：复旦大学出版社，2014.

夏瓦．文化与社会的媒介化［M］．上海：复旦大学出版社，2018.

杰哈利．广告符码：消费社会中的政治经济学和拜物现象［M］．北京：中国人民大学出版社，2004.

库恩．科学革命的结构［M］．北京：北京大学出版社，2012.

斯丹迪奇．从莎草纸到互联网：社交媒体2000年［M］．北京：中信出版社，2015.

赫拉利．未来简史［M］．北京：中信出版社，2017.

鲍曼．立法者与阐释者：论现代性、后现代性与知识分子［M］．上海：上海人民出版社，2000.

鲍曼．后现代性及其缺憾［M］．上海：学林出版社，2002.

鲍曼．后现代伦理学［M］．南京：江苏人民出版社，2003.

鲍曼，泰斯特．与鲍曼对话［M］．台北：巨流图书公司，2004.

鲍曼．流动的现代性［M］．北京：中国人民大学出版社，2018.

ALBARRAN A B. Media economics：understanding markets，industries and concepts［M］. Ames：Iowa State University Press，1996.

ALBARRAN A B. Global media economics：commercialization and integration of world media markets［M］. Ames：Iowa State University Press，1998.

ERIC A. Social media marketing：game theory and the emergence of collaboration［M］. Heidelberg：Springer Berlin Heidelberg，2010.

WHITE A. Digital media and society：transforming economics，politics and social practices［M］. New York：Palgrave Macmillan，2014.

OWEN B M，WILDMAN S S. Video economics［M］. Cambridge：Harvard University Press，1992.

CROTEAU D，HOYNES W，MILAN S. Media/society［M］. Los Angeles：Sage，2012.

EASLEY D，KLEINBERG J. Networks，crowds and markets［M］. Boston：Cambridge University Press，2010.

DUNNETT P. The world television industry：an economic analysis［M］. New York：Routledge，1990.

ZILLMANN D，BRYANT J，HUSTON A C. Media，children，and the family：social scientific，psychodynamic，and clinical perspectives［M］. New York：Routledge，2013.

SIMPSON E. News，public affairs，and the public sphere in a digital nation［M］. Lanham：Lexington Books，2014.

NICHOLAS G. Capitalism and communication：global culture and information economics［M］. London：Sage，1990.

KINDEM G，MUSBURGER R B. Introduction to media production［M］. 4th ed. Amsterdam：Focal Press，2005.

HARBERMAS J. The structural transformation of the public sphere [M]. Cambridge: The MIT Press, 1989.

LÖWGREN J, REIMER B. Collaborative media: production, consumption, and design interventions [M]. Cambridge: The MIT Press, 2013.

LACY S, SIMON T F. The economics and regulation of United States newspapers [M]. New York: Ablex Publishing, 1993.

MCKNIGHT L W, BAILEY J P. Internet economics [M]. Boston: The MIT Press, 1998.

HANG M. Media corporate entrepreneurship: theories and cases [M]. Singapore: Springer, 2016.

VINCENT M, WASKO J. The political economy of information [M]. Madison: University of Wisconsin Press, 1988.

NOAM E. Video media competition: regulation, economics, and technology [M]. New York: Columbia University Press, 1985.

NAPOLI P M. Audience evolution: new technologies and the transformation of media [M]. New York: Columbia University Press, 2010.

PICARD R G. Media firms: structures, operations, and performance [M]. Mahwah: Lawrence Erlbaum Publishers, 2002.

MCCHESNEY R W, PICKARD V W. Will the last reporter please turn out the lights: the collapse of journalism and what can be done to fix it [M]. New York: New Press, 2011.

SANCHEZTABERNERO A, CARVAJAL M. Media concentration in the European market: new trends and challenges [M]. Pamplona: University of Navarra, 2002.

SUNDARARAJAN A. The sharing economy: the end of employment and the rise of crowd-based capitalism [M]. Cambridge: The MIT Press, 2016.

DAVID T C. Economics and culture [M]. Cambridge: Cambridge University Press, 2001.

SCHOLZ T. Digital labor: the Internet as playground and factory [M]. New York: Routledge, 2013.

VON HIPPEL E. The role of lead users in innovation [M] // TEECE D, AUGIER M. Palgrave encyclopedia of strategic management. London: Palgrave Macmillan, 2012.

BENKLER Y. The wealth of networks [M]. Boston: Yale University Press, 2006.

ZHAO Y Z. Media, market, and democracy in China: between the party line and the bottom line [M]. Urbana: University of Illinois Press, 1998.

后　记

我国传媒经济专业作为"新闻与传播学"一级学科目录下的三级学科，正式起步于2003年中国人民大学新闻学院。在中国人民大学新闻学院主管科研和研究生教育的副院长喻国明教授的带领下，在学校和学院领导的支持下，中国人民大学开始招收国内第一届传媒经济专业的硕士研究生和博士研究生。此后，经过五年的教学科研和人才培养的积累，喻国明教授被评聘为主编"'十二五'普通高等教育本科国家级规划教材"《传媒经济学教程》的首席专家，在丁汉青、支庭荣等教授的通力合作下，《传媒经济学教程》于2009年由中国人民大学出版社出版面世。学界、业界评价这本教材的主要特点如下："第一，内容新，涵盖广。第二，写法新。第三，作者阵容强大。"可以说，本书的出版在当时能够较好地满足新的发展时期新闻传播学教学发展的需要。在宏观上，使学生把握传媒经济学的基本理论，熟悉其整体的框架；在微观上，能够借助教学实验使学生对传媒经济学的实践发展有具体的把握。

《传媒经济学教程》第一版的章节内容如下：

第一章　初识传媒经济学；

第二章　影响力经济——关于传媒产业本质的经济学解读；

第三章　受众——消费者选择；

第四章　生产与成本；

第五章　需求与供给；

第六章　广告；

第七章　劳动与资本；

第八章　竞争与垄断；

第九章　市场失灵与政府规制；

第十章　信息技术与产业融合；

第十一章　国际贸易与文化保护；

第十二章　传媒投融资；

第十三章　传媒并购；

第十四章　传媒无形资本运营；

第十五章　中国传媒业三十年：发展逻辑与现实走势。

十年过去了，传媒领域发生了重大而深刻的革命性改变，传媒经济学的学科架构也亟待汲取既有的成果重新构建。因此，一年前，喻国明教授会同丁汉青教授（北京师范大学）和支庭荣教授（暨南大学）商讨了本教程再版的相关事宜，就本教程的结构、篇章及内容构成等议题达成一致，由此启动了本教程的再版工作。中央财经大学的陈端副教授和北京师范大学新闻传播学院的曲慧博士也参与到本教程的再版工作中来，他们的加盟为本教程添色不少。本教程再版的撰写原则是，力求删繁就简、突出基本原理、把握前沿趋势。其章节调整和撰写分工如下：

章节排列	章节名称	作者
再版前言	论5G时代传播学科的系统重构	喻国明
初版前言	传媒经济学的学科构建	喻国明
第一章	传媒经济学科图景概貌（第一节）	支庭荣、丁汉青
	传媒经济学科图景概貌（第二节）	支庭荣（丁汉青修订）
	传媒经济学科图景概貌（第三节）	丁汉青
第二章	影响力经济——关于传媒产业本质的经济学解读	喻国明
第三章	传媒生产要素（第一、三、四节）	陈端
	传媒生产要素（第二节）	丁汉青
第四章	传媒生产	丁汉青
第五章	传媒市场（第一、二节）	丁汉青
	传媒市场（第三、四节）	支庭荣（丁汉青修订）
第六章	市场失灵与政府规制	支庭荣
第七章	信息技术与产业融合	支庭荣
第八章	传媒产品与贸易（第一节）	丁汉青
	传媒产品与贸易（第二至六节）	支庭荣
第九章	传媒消费者	曲慧
第十章	人工智能时代传媒业的赋权逻辑与未来发展	喻国明
后记		喻国明

特别需要指出的是，丁汉青教授为本教程的再版做了大量的工作，从新的教程体系的框架构建到教程撰写工作中的每一个细节，她都付出了极大的智慧和心血。中国人民大学出版社翟江虹女士的积极促进和努力工作也为本教程添色不少。

本书不仅是我们这个团队集体智慧的结晶，同时也是中国传媒经济学界和实践界共同进步的成果。如果没有我们这个时代波澜壮阔的伟大发展，没有各位同仁的不懈努力，本教程是不可能以如此丰厚的形式面世的。在此，谢谢所有在传媒经济领域砥砺前行的行动者和思想者。

喻国明

于2019年7月23日

图书在版编目（CIP）数据

传媒经济学教程/喻国明等编著．--2版．--北京：中国人民大学出版社，2019.12（2025.7重印）
新编21世纪新闻传播学系列教材
ISBN 978-7-300-27847-6

Ⅰ.①传… Ⅱ.①喻… Ⅲ.①传播媒介—经济学—高等学校—教材 Ⅳ.①G206.2-05

中国版本图书馆CIP数据核字（2019）第293259号

"十二五"普通高等教育本科国家级规划教材
新编21世纪新闻传播学系列教材
传媒经济学教程
第二版
喻国明　丁汉青　支庭荣　陈　端　曲　慧　编著
Chuanmei Jingjixue Jiaocheng

出版发行	中国人民大学出版社		
社　　址	北京中关村大街31号	**邮政编码**	100080
电　　话	010-62511242（总编室）		010-62511770（质管部）
	010-82501766（邮购部）		010-62514148（门市部）
	010-62511173（发行公司）		010-62515275（盗版举报）
网　　址	http://www.crup.com.cn		
经　　销	新华书店		
印　　刷	运河（唐山）印务有限公司	**版　　次**	2009年3月第1版
开　　本	787 mm×1092 mm　1/16		2019年12月第2版
印　　张	20.25	**印　　次**	2025年7月第7次印刷
字　　数	473 000	**定　　价**	49.80元